黄兴涛 荆宇航 / 编

杨深秀集

山西出版传媒集团
北岳文艺出版社·太原

图书在版编目(CIP)数据

杨深秀集 / 黄兴涛,荆宇航编. —太原:北岳文艺出版社,2020.12

ISBN 978-7-5378-6350-6

Ⅰ.①杨… Ⅱ.①黄…②荆… Ⅲ.①杨深秀(1849-1898)—文集 Ⅳ.①Z425.2

中国版本图书馆CIP数据核字(2020)第263394号

杨深秀集

黄兴涛 荆宇航 编

//

策　划

韩玉峰　续小强

责任编辑

韩玉峰

书籍设计

张永文

印装监制

郭　勇

出版发行:山西出版传媒集团·北岳文艺出版社

地址:山西省太原市并州南路57号

邮编:030012

电话:0351-5628696(发行部)　0351-5628688(总编室)

传真:0351-5628680

印刷装订:山西新华印业有限公司

开本:787×1092　1/16

字数:450千字　印张:31.5

版次:2020年12月第1版

印次:2020年12月山西第1次印刷

书号:ISBN 978-7-5378-6350-6

定价:98.00元

本书版权为本社独家所有,未经本社同意不得转载、摘编或复制

前 言
——戊戌维新志士杨深秀再认识

作为近代中国著名的"戊戌六君子"之一，杨深秀因参与"戊戌变法"并为之牺牲而广为人知，学术界关于他的论述也持续未断。①尽管如此，有关的研究却并非已题无剩义，而是仍存一些薄弱环节可以深化探讨，不仅学术活动及相关思想领域尚存较多可供挖掘空间，即便是其戊戌作为、遭遇和诗歌创作特点，亦还有重新审视与深入辨析之必要。最近，笔者为编辑《杨深秀集》，较为全面地搜集、整理了有关他的历史文献，在此基础上，拟从其政治改革家、学者和诗人三重角色入手，对其一生予以整体透视，拾遗补阙，提出一点力所能及的再认识。

---

① 民国以来较为重要的专门研究，除《清史稿》中的传记外，还有：《侍御杨仪村先生事略》（常赞春纂《山西献征》卷四《忠义》，山西省文献委员会民国二十五年（1936）审印），孔祥吉《杨深秀考论》（《晋阳学刊》1983年第4期），沈珉《杨深秀传》（北岳文艺出版社2015年版）等。其中沈珉的《杨深秀传》是迄今记述杨深秀生平最为全面的著作。此外，黄彰健、汤志钧、茅海建、赵立人等人有关戊戌变法的研究，对杨氏问题也多有讨论，颇有启发。后文将会有不同程度的提及或引用。

一、戊戌维新中杨深秀的作为与遭遇再思考
——以其八月初五日的奏折和附片为中心

杨深秀（1849—1898），字漪春，山西闻喜县仪张村人，又字仪村。①他二十一岁中举，榜列第三名经魁，后捐官刑部员外郎，曾回晋赈灾，参与编纂县府志书，受聘太原崇修书院山长，令德堂协讲等。1889年得中进士，授刑部主事，累迁郎中。1897年授山东道监察御史，开始上书言事，逐渐卷入维新浪潮之中。1898年3月，杨深秀同宋伯鲁一道发起成立关学会，4月列名康有为组织的保国会，从此积极鼓动和参与变法，成为杰出的维新派代表。

杨深秀是戊戌时期最为活跃、上奏折最多、对变法实际进程影响最大的维新志士之一。据《清史稿》记载，他于御史任内曾上疏二十余封，今学者统计有确据可查者十七封，②而且这些奏折每每涉及当时变法中的关键问题，备受光绪帝关注，引起社会震动。对此，不仅梁启超在《戊戌政变记》里多有赞述，保守派胡思敬和后来《清史稿》的有关传记也多予承认。比如杨深秀痛斥八股无用、主张"正定文体"的名折，次日即被光绪皇帝"交部臣议行"，谕旨中直接钦点其名并肯定此一提议。梁启超赞其"先抗疏请更文体"，终使八股这一"千年积弊"得以废除；③胡思敬也认为"其后天子毅然诏废制艺，实自此疏发

---

① 杨深秀字号颇多，据已有材料，除漪春、仪村外，他还有漪村、虁村、虁存、漪川、衣纯等字。
② 孔祥吉：《杨深秀考论》，《晋阳学刊》1983年第4期。
③ 梁启超：《杨深秀传》，《戊戌政变记（外一种）》，上海古籍出版社2014年，第94-95页。

之"①。今更有学者认定,此举乃"百日维新中的头一件大事"②,可见杨深秀此折的重要地位与影响。又如,鉴于朝中"守旧大臣盈廷",对变法加以各种阻扰,杨深秀深感"国是不定,则人心不知所向",于是与徐致靖先后上书"请定国是",强调变法与保守不并立,必须旗帜鲜明厉行新政,惩罚阻扰者,终于促使举棋不定的光绪帝毅然下定变法决心,发布"定国是诏",诏书中有的内容就是直接录自杨氏"请定国是"一折。梁启超因此赞述道:"至四月二十三日,国是之诏遂下,天下志士喁喁向风矣。"③康有为也不禁赞之曰:"圣主感诚切,大号昭涣若。四月变法诏,永永新中国。"④

此后,面对顽固派的不断阻扰,杨深秀复与宋伯鲁合奏,参许应骙"守旧迂缪",光绪帝因此明发谕旨,令许应骙"明白回奏";⑤接着他又上疏请奖积极支持变法的湖南巡抚陈宝箴,结果"上以特旨褒宝箴,宝箴乃得行其志"⑥。这些都是变法的重要战役。在当时朝野人士看来,同其他言官相比,杨深秀上奏可谓每有"奇效",光绪帝对他也几乎"每奏必应"。不仅如此,当许应骙上疏诬告他和康有为时,"上不之诘";当文悌弹劾他"交通内外"时,"德宗责以代人报复,反获咎",⑦凡此都足见光绪帝对杨深秀的信任与器重。也正因为如此,"深秀益感奋",⑧为忠君报国,更加义无反顾地致力于维新变法活动。

---

① 胡思敬:《杨深秀传》,闵尔昌纂录《碑传集补》(第十卷),明文书局1985年,第655页。
② 孔祥吉:《杨深秀考论》。
③ 梁启超:《杨深秀传》,《戊戌政变记(外一种)》,第95页。
④ 康有为撰,楼宇烈整理《康南海自编年谱(外二种)》,中华书局1992年,第99页。
⑤ 孔祥吉:《康有为变法奏章辑考》,北京图书出版社2008年,第265页。
⑥ 《清史稿·列传二百五十一》,上海书店编《二十五史》,上海古籍出版社1986年,第1451页。
⑦ 同上。
⑧ 同上。

在戊戌维新运动中，杨深秀和谭嗣同一样，都是变法立场最为坚定的代表。当顽固派全面反攻倒算之时，维新人士里有见处境不妙而最终退缩者，如李端棻、宋伯鲁等人都借故远离京师官场，甚至康有为、梁启超等维新领袖也逃亡海外，唯独杨深秀与谭嗣同等不避险恶，仍坚持留都与后党抗争，终成唯一被害的台谏官，足见其变法意志之坚定。孔祥吉先生认为，杨深秀之所以养成此种维新品格，与他具有"强烈的爱国之心和正义感"、深受康有为等人的思想影响和自身"生活处境、经济状况"更贴近平民等因素密切相关。①这也是他在维新派同仁中赢得尊重的原因。此种分析，当有助于认知杨深秀作为维新志士的历史特点。1901年，康有为为纪念"戊戌六君子"，补作《六哀诗》，其中《故山东道监察御史闻喜杨公深秀》即被列在首位，置于哀谭嗣同诗之前②，由此可见其在这位维新思想领袖的心目中其重要地位之一斑。

在为变法流血的"戊戌六君子"里，谭嗣同、林旭、杨锐和刘光第为"军机四卿"，参与机要，首当其冲；康广仁乃康有为之弟，最先遇祸。但杨深秀和宋伯鲁同为御史台谏，都热心替康有为代呈奏折者而被目为"康党"，甚至宋所代呈康折还较杨为多，但最终杨罹难而宋仅革职得免于死，这其中一定别有缘由。在梁启超看来，此乃杨深秀曾最后上疏、敢于诘问皇上被废并请慈禧"撤帘归政"的缘故③。清末胡思敬及今人汤志钧等亦持此论，④甚至《清史稿》中关于杨深秀的传记也曾言及于此。⑤不过，杨氏此折究竟有没有草成递上，实在很成问题。据

①孔祥吉：《杨深秀考论》。
②康有为撰，楼宇烈整理《康南海自编年谱（外二种）》，第99—104页。
③梁启超：《杨深秀传》，《戊戌政变记（外一种）》，第96页。
④胡思敬：《杨深秀传》，见《碑传集补》（第十卷），明文书局1985年，第655页。
　汤志钧：《戊戌变法人物传稿》，中华书局1982年，第118页。
⑤《清史稿·列传二百五十一》，上海书店编《二十五史》，上海古籍出版社1986年，第1451页。

考证，各种相关的档案里，均未能找到此折著录的踪影。

正如孔祥吉等学者所指出的那样，杨深秀之所以被害，实与其同僚、满人御史文悌的出卖有关。文悌在《严参康有为折》中，揭发杨深秀多次秉承康有为之意动员他参与变法，甚且"竟告奴才以万不敢出口之言"①。所谓"万不敢出口之言"，也就是梁启超《戊戌政变记》和胡思敬《戊戌履霜录》中都提到的：学唐朝徐敬业讨伐武则天，用武力逼慈禧交出政权。另据《陈衍年谱》载：戊戌政变作，"六人就逮，数日未具狱词，遽斩西市。康广仁以康有为弟而诛，深秀以尝言得三千杆毛瑟枪围颐和园有余也"②。可见关于杨深秀不忌"围园去后"的传言，当是他本人"被杀害的主要原因"③。笔者查阅《康南海自编年谱》，见康所持论，亦与此同。他写道："政变之狱，一以文悌之折为案据。……而杨漪川亦以文悌劾之，有不可告人一语，遂致京城谣言满听，吾及漪川之祸，皆出于此。"④

不过笔者以为，孔祥吉等学者的上述看法虽有见地，却还不够直接有力。当时杨深秀被捕以致被杀，固然与其一向激进的强硬态度和留给顽固派的口实有关，但最主要的或者说最为直接的原因，恐怕还在于政变爆发前一天的最敏感时期，他曾密陈光绪，主张乘伊藤博文来京之际，谋求与日、美、英"合邦"，特别是借外才伊藤、联日以"共求自保"。不仅如此，他还特别附上一个折片，奏请派员到圆明园挖金以为练兵之需，这在当时帝后党争氛围极为紧张的关键时刻，极易引发后党人士的危机联想和高度警觉，继而，经袁世凯告密，杨本人又被认定参

---

① 《续录又御史严参康有为折稿》，《申报》1898年7月24日第1版。
② 翦伯赞等编《中国近代史料丛刊·戊戌变法》（第4册），神州国光社1953年，第208页。
③ 孔祥吉：《杨深秀考论》。
④ 康有为撰，楼宇烈整理《康南海自编年谱（外二种）》，第64页。

与了"围园之谋",形势因此变得愈加严峻。不妨说,前者导致了他很快被捕,后者则决定了其最终遇害。

康有为等人的围园夺权之谋,一直是个历史争议问题。在公开场合,康、梁等人始终予以否认,但杨天石先生根据毕永年的《诡谋直纪》,却认定康、梁确曾有过包围颐和园、袭捕慈禧的密谋,且曾请毕永年监视袁世凯以促成此事,后遭毕氏拒绝。袁世凯在《戊戌日记》中,也有过谭嗣同请其实施围园计划的记述。①后来,杨天石进一步论证认为,连光绪帝本人也曾参与过这一密谋。②许多学者虽然怀疑《诡谋直纪》中的不少细节,认为不可尽信,但也大体赞同康、梁等在杨锐带出光绪密诏之后的最后关头,确实有过引袁进京勤王、密谋围园一事。③有学者甚而指出,早在光绪二十四年三月初五日之前,康有为就产生了武力夺权的想法,他与杨深秀等人谈论德、俄"胶旅"一事时,曾提及要"去太后"。但具体此事谁为首倡,各方记载不同,梁启超指为文悌(似有反间之意),胡思敬则认为是杨深秀。不过康有为显然支持这一想法。④关于引兵进京勤王、围园夺权一事,也还有其他记载可以佐证。

民国初年,戊戌关键人物徐致靖就曾对其外孙许姬传回忆上疏保举袁世凯进京之事。当时,王照曾言"调袁入京,最令太后惊疑",因此提议他另上一折,请将袁世凯调往归德府剿匪,以转移注意力、冲淡慈禧等人对袁入京一事的揣测和防范。⑤此为徐致靖于清亡后对其至亲所

---

① 杨天石:《康有为谋围颐和园捕杀西太后确证》,《光明日报》1985年9月4日第3版。
② 杨天石:《光绪皇帝与康有为的"戊戌密谋"》,《历史教学》1986年第12期。
③ 房德邻:《维新派"围园"密谋考——兼谈〈诡谋直纪〉的史料价值》,《近代史研究》2001年第3期。
④ 赵立人:《戊戌密谋史实考》,《广东社会科学》1990年第3期。
⑤ 许姬传:《许姬传七十年见闻录》,中华书局1985年,第28页。

言，较为可信。惜各处均无这一另折之记录。不过，王照在《方家园杂咏纪事》中第三首诗里有"内政何须招外兵"之语下，曾专门作注透露：康有为曾托徐致靖父子及谭嗣同两次劝其游说聂士成入伙，他坚辞之后，众人才考虑去说服袁世凯。当他听说光绪帝召袁入京时，如闻"霹雳一声"，感觉就像掩耳盗铃，"败局已定"。另据王照记述，当日徐致靖责其"受皇上大恩，不趁此图报，尚为身家计"，他立马反驳说："我以为拉皇上去冒险，心更不安。"①这里徐致靖所言与王照的记录，似均未明言围园之事，但"招外兵"、令慈禧"惊疑"、"拉皇上去冒险"云云，恐均非调兵围园莫属，至少与此有关。戊戌政变后王照旅居日本时，还曾在致康有仪的信函中表示"皇上为西后所逼……诸人在外求救，西后知之，故有八月初六之事"等语②，其中所传达的实际上也是类似信息。

关于康有为等"帝党"人物"围园劫后"计划的形成和尝试过程，黄彰健先生早在20世纪70年代还无法充分利用大陆有关清代档案的条件下，就曾有过敏锐的见解。他认为康党本来希望和平变法，但在湖南举人曾廉上书请杀康、梁之后，感到希望破灭，加之后党势力日益紧逼，尤其是八月初三杨崇伊上书弹劾康有为，导致康党处境更为艰难，这才促使他们得以在见到光绪密诏之后，决定铤而走险，意图利用密诏拉拢袁世凯举兵围园。在这一过程中，杨深秀于戊戌八月初五所上的某奏折的附片《密陈搜求圆明园高宗纯皇帝窖存金银大济急需片》，乃是其计谋中的一个步骤和环节。黄彰健认为，八月初一袁世凯奉命专办练兵，八月初五杨深秀上呈此折即言为练兵筹饷而发掘金窖，而明清两代

---

① 王照：《方家园杂咏纪事》，荣孟源、章伯锋主编《近代稗海》，四川人民出版社1985年，第5页。
② 吕顺长：《清末维新派人物致山本宪书札考释》，上海交通大学出版社2017年，第300页。

朝廷又常用军人做工，明眼人几乎可以看出杨深秀此折目的就是为"要调袁军入京"的。否则，何以在这一特殊关头，竟然会如此着急地上奏这样一个关于在圆明园掘金"以济练兵急需"的奇怪折片呢？不仅如此，黄彰健还发现并引述了政变一个多月后《申报》刊登的一则新闻报道，以进一步证实他的观点。该新闻写道："京友来函云：八月初四日逆犯杨深秀上疏奏称，圆明园有金窖甚多，请准募三百人，于初八入内挖取。都人诧为奇异。实则与康有为，谭嗣同诸犯同一逆谋耳。"他由此推论此一折片，最终成为顽固派发动政变的借口。①

对于黄彰健的上述看法，孔祥吉起初不予认同，因为黄先生当时并不了解杨深秀此一折片的真实内容，而孔见过该折片之后，认为其中所谈，根本未提派兵三百之事，实看不出它与调兵围园有何真实关联，"顽固派不能以此为理由在政变后将他杀掉"②，但后来，孔祥吉的认知又有改变，转而赞同此一观点③。笔者亦大体认可黄彰健的推断。不过，在我们看来，此一关于圆明园掘金的奏折附片，不能单独发挥作用，必须同时将其与杨深秀当天上奏的《密陈时局艰危应早定大计固结英美日三国折》（一名《为时局艰危，拼瓦合以救瓦裂折》）结合起来看，才能完整把握其真正意图，了解其所传达的全部信息。

在《密陈时局艰危应早定大计固结英美日三国折》里，杨深秀明确表达了与康有为站在一起，痛斥守旧派贻误国家前途，推进变法以救亡图存的坚定立场与政治策略。他主张面对西方列强日益紧逼的"瓜分之图"（俄、法、德三国尤为猖獗），在与俄、法、德等有矛盾的英国军舰

---

①黄彰健：《论光绪赐杨锐密诏以后至政变爆发以前康有为的政治活动》，《戊戌变法史研究》（下），上海书店出版社2007年，第592-593页。查《申报》，可见《逆酞纪余》，《申报》1898年11月15日第1版。

②孔祥吉：《杨深秀考论》。

③孔祥吉：《康有为变法奏章辑考》，北京图书出版社2008年，第403页。

已至大沽的形势下，皇帝亟当采纳英人李提摩太结盟英日等国的"合邦"建议，认定"非联合英、美、日本，别无图存之策"。在奏折中，杨深秀感慨维新派基于对列强瓜分中国险境之洞悉，呼吁变法刻不容缓，但守旧之辈不仅视而不见，"反诋谓康有为所伪造，竟似臣等甘徇友党，共蔽圣聪者。今不幸而此变萌芽果现，谓之何哉？"他痛斥守旧派抵制改革，"聚谋掣曳，致皇上新政不能径布，良谋不得速行"，实在是误国行径，且给列强造成"中华守旧者阻力过大、积成痿痹"的印象，由此变得更加肆无忌惮、一意以瓜分中国为图。他痛切表示："虽食误国者之肉，又何补于危亡哉？夫白刃交前，不救流矢；死中求生之际，岂暇更顾此辈之颜面乎？"此种激烈言辞和公然摆出的与政敌势不两立的姿态，对守旧派及其所依托的慈禧太后形成何种心理冲击，今人不难想象。不过，该折中同时暴露出的维新派对列强不切实际的幻想和政治上的天真幼稚，也是相当鲜明的。折中写道：

> 值日本伊藤博文游历在都，其人曾为东瀛名相，必深愿联结吾华，共求自保者也。未为借才之举，先为借箸之筹，臣尤伏愿我皇上早定大计，固结英、美、日本三国，勿嫌合邦之名之不美，诚天下苍生之福矣。①

此种政治上的偏激和天真，恰好印证了杨崇伊等对维新派的攻击所言"非虚"，从而为慈禧等人当即发动政变、最终实施"训政"带来了借口。

据茅海建等严密考证，慈禧太后正式"训政"虽在八月初六日，但

---

① 《密陈时局艰危应早定大计固结英美日三国折》，中国第一历史档案馆藏，录副奏折，光绪二十四年八月初五日，档号：03-9455-007，缩微号：675-1719。

戊戌政变的风暴,实于八月初五日中午之后至初六日凌晨之前即已发生。①促成政变的直接因素,除了当天上午光绪帝按计划接见伊藤博文和单独召见袁世凯两件众所周知的事情外,笔者以为,还当与杨深秀上述的一折一片将两种信息汇聚起来可能造成的"内外勾结"的强烈刺激,有着直接的关系。理由如下:

其一,慈禧当天的确看到了军机处呈递给她的此一折一片。该日的军机大臣曾将其"恭呈慈览",《上谕档》对此有明确记载:"御史杨深秀奏时局艰危请联与国折,又请开凿窖金片。"本来,此一"密陈"原可径由"参与新政"的军机四章京直接办理,但八月初三日起慈禧太后堵塞了此一路径,只能交由军机大臣呈递,慈禧因得以及时见到此一密折密片。②

其二,杨崇伊八月三日奏达的请慈禧训政的奏折中,已强烈表达了对传闻帝党拟借用伊藤博文等洋人为"客卿""将专政柄"的忧虑、愤怒与不满,痛陈"依(伊)藤果用,则祖宗所传之天下,不啻拱手让人",③因此此类联盟"合邦"主张肯定触怒慈禧。事实上,早几日前刑部主事洪汝冲曾上类似主张的奏折,提出"借才"和"联邦"等策(孔祥吉认为此折为康有为代拟),就给慈禧留下深刻印象,以致政变后,她还要对洪有所追查。④而杨深秀在此折里,不仅重提洪氏奏折,还偏强调"该主事所见与臣暗合,而其语之痛切尤过于臣,是诚按切时势之言也"。可以想见慈禧当时见到此折后的感觉。

其三,八月初六,也即次日,慈禧正式训政后,一见到御史宋伯鲁重提与英日结盟并保康有为的奏折,当即恼羞成怒,命内阁明发上谕,

---

①茅海建:《戊戌变法史事考初集》,三联书店2018年,第111—122页。
②同上,第109页;第81—82页,第92页。
③国家档案局明清档案馆编《戊戌变法档案史料》,中华书局1958年,第461页。
④茅海建:《戊戌变法史事考初集》,第96页。

痛责其"滥保匪人",且"平素声名恶劣",下令将其革职"永不叙用",亦可印证前述推断。只是当时在慈禧心目中,这一切皆由罪魁康有为所指使,所以虽将宋革职,却并没有进行更为严厉的处置,对此前一日上奏的杨深秀,也暂未追究。这与袁世凯未及告密,其折片"围园劫后"的意图尚不明晰,也不便将帝、后矛盾公然暴露不无关系。不过,今人却不能、也不该因此而整体忽略杨深秀此一折一片对慈禧八月初五日最终决定训政所产生过的直接而重要的刺激作用。长期以来,学界同仁在谈及杨深秀的上述折片时,往往重附片而轻奏折,整体上未能全面认识此一折一片在戊戌政变发生过程中的重要影响,这是本文在此想提请同道注意的。

关于杨深秀此一折一片,还有一点值得辨析。那就是黄彰健在陈述有关看法的同时又表示,无论是光绪帝还是杨深秀,当时似乎都并不知晓该折片中真正的"围园劫后"意图,康有为只不过是想借挖金窖的名义骗光绪帝调袁军入京,且利用光绪对杨深秀的信任企图蒙混过关而已,也就是说当时光绪帝和杨深秀其实都被康有为所蒙蔽。①对此观点,笔者不敢苟同。

暂且不论光绪帝究竟如何,至少杨深秀当时不应完全不晓内情:一则事出如此紧急,要让其八月初三日连夜准备康氏代拟的那份奏折及其重要附片,以招袁进京"勤王",若仅只告其为了应对洋兵即将到来的所谓"瓜分",而不告其光绪"密诏"内涵及其"围园救上"意图,实令人难以置信;二则对于像杨深秀这样与己命途相系、了然帝后之争危机与风险的维新派核心人物,此种隐瞒既无可能,也无必要。如果我们仔细阅读推敲康有为后来"自编年谱"的有关记述,就不难发现,其所

---

① 黄彰健:《论光绪赐杨锐密诏以后至政变爆发以前康有为的政治活动》,《戊戌变法史研究》(下),上海书店出版社2007年,第599—603页。

谓对杨等未告"密谋",实不过是康为了摆脱"连累"光绪皇帝、铤而走险之"臭棋"责任的一种甩锅伎俩罢了。在该年谱中,康有为颇为用心地记述说,八月初三得知光绪密诏之后,康一面派谭嗣同夜访袁世凯,谋"围园救上",在等待消息的同时,他对前来"慰问"的杨深秀、宋伯鲁和王照等却保守秘密,"未与诸公谈密诏事,而以李提摩太交来'瓜分图',令诸公多觅人上折,令请调袁军入京勤王",次日,他又同容闳等分别向英美驻华公使求助"救上"无果,且"又恶假权外人,故见伊藤博文而不请救援,但请其说太后而已"①云云,其欲盖弥彰之心,显而易见。

在这个问题上,黄彰健先生可能恰好上了康氏之当。不说别的,仅就戊戌时期而言,康每于其所拟奏稿,无论大小、代奏者采用多少,他在"自编年谱"里都会有记录说明,而唯独对这一如此重要且明显系他代拟、直接反映他一贯思想的奏折,②"年谱"中竟偏偏避而不提其自身的代拟之功,便可得某种旁证。因为一提此折,便会牵连附片,从而直接暴露"围园"之谋。对此,前文述及的王照、徐致靖等人的有关回忆,以及杨深秀在政变之初仍想抗疏请慈禧归政、并拟策反董福祥"勤王"等情,③亦可佐证之。

戊戌政变当日,慈禧并未下令逮捕康氏兄弟之外的其他维新人士,杨深秀直到八月初九才被关押。但随后弹劾他的人越来越多。袁世凯告

---

① 康有为撰,楼宇烈整理《康南海自编年谱(外二种)》,第59-60页。
② 孔祥吉的《康有为变法奏章辑考》一书和姜义华等编的《康有为全集》(中国人民大学出版社2007年版)都认为杨深秀的该折及其附片均为康有为代拟。后者尽管注意到《康南海自编年谱》"并无此折记录",但还是将其作为康代拟之作收入,理由是:"此折中所言各事均为康有为一贯主张,论者多以此折为康有为代拟。"这真是一种令人感到苦涩无奈的历史讽刺。
③ 余宝滋修,杨㧱田纂《民国闻喜县志》,《中国地方志集成》(第60册),凤凰出版社2005年,第516页。

密之后，政变的烈度加大，杨深秀的"罪行"也迅速加重，至十三日被处斩之时，其作为"罪犯"的排名已列在康有为兄弟之后和其他人之前，谭嗣同则紧挨之，被提到四卿之首。谕称"康有为心存叵测……康广仁、杨深秀等与之同谋，谭嗣同等于召见时语多挟制……其情节较重之康广仁、杨深秀、谭嗣同、林旭、杨锐、刘光第六犯均著即行处斩"①，可见此时，杨深秀从原来的从犯已变成同谋的重犯，这无疑与"围园之谋"已被发觉有关。正因为有围园密谋的存在，出于对外国势力干涉的防范以及不牵涉光绪帝的考虑，慈禧等才下令对"戊戌六君子"不经审讯即行处斩。

杨深秀入狱后，曾写下题壁诗三首，由狱卒抄出，其子杨栿田将其完整记录下来，所记与康、梁等转述而广泛传播的文字略有不同。对于该诗中的有些关键诗句，还可进行更加深入细致的解读，它们或有助于体会前文中的相关讨论。如诗首章有云"久拼生死一毛轻，臣罪偏由积毁成"，"缧绁到今终不怨，未知谁复请长缨"，即可见其矢志于变法维新，早将生死置之度外的情操和心态。杨深秀对自己长期遭到"后党"诋毁而有今日，并不感奇怪，也无甚怨悔，只盼望能有人继承其遗志、继续奋斗。特别值得留意的是，其中有句"自晓龙逢非俊物，何尝虎会敢徒行"的诗，此前常被人忽略，其实颇能见及杨氏的用心。杨要借此表明的心迹，是他并不想做像关龙逢那样以死相谏夏桀的诤臣，只顾成就自己名声，毋宁毁掉君主的声誉；他则相反，其所要做的恰是那种君臣相得、符合君主心愿且赞助其变法的有力"推手"。所谓"何尝虎会敢徒行"，直译就是：我何尝像虎会对待其主赵简子那样，敢于扛戟独行，而不去为主推车、为君效力呢？

---

① 赵增越：《戊戌政变后清政府惩处康梁党人档案（上）》，《历史档案》2018年第2期。

杨深秀狱中诗的次首，描述了他面对外来侵略、虽无"靖海奇谋"，却能怀救亡中兴之志，终以"敢言"遭忌以致落难的结局。其中有句"孤臣顿作隍中鹿，酷吏终羞殿上鹰"，既表达了他对自己"顿成"虚幻牺牲品、有可能早被君主遗忘的"隍中鹿"命运之复杂心绪，同时也嘲笑了那些甘做"武后"鹰犬的周兴、来俊臣之流酷吏，终有一天将难逃被羞辱惩办的下场。该诗第三首的前四句很堪玩味："自信清操不受污，孤忠毕竟待天扶。丝纶阁下千言尽，车盖亭边一字无。"笔者以为，杨借此想要表明的是，自己虽忠心耿耿于君国的维新大业，但谋事在人、成事在天。作为御史的他已恪尽职守，此后也绝不会像宋代改革派宰相蔡确那样，再在被贬之地的"车盖亭边"题写什么牢骚诗，以防被保守派告发，酿成"诗案"，牵连同党遭受更大的祸殃。此一表白，或可视作杨对自己将守口如瓶、泰然赴死，不致另生"祸端"的一种公开承诺。此种承诺，自然也是希望光绪皇帝能够看到的。

品读杨氏的三首狱中题诗，无疑可以增加对戊戌维新中帝后党争因素的直接感悟，或有助于真切了解慈禧对"戊戌六君子"不审而斩、急于灭口的原因。

二、学术思想活动之新征与方志编纂创新之实证

杨深秀不仅是杰出的戊戌维新志士，也是晚清著名的学者。梁启超就曾赞其为"山西儒宗""负士林重望"。①康有为则赞其"大师领晋铎""论学起岳岳"。②其同窗、同年兼同事唐烜也认为他是"山右才子，素讲汉学，著述颇多"③。不过，由于杨氏存世的论著有限，以往学界只

---

①梁启超：《戊戌政变记（外一种）》，上海古籍出版社2014年，第94页。
②康有为撰，楼宇烈整理《康南海自编年谱（外二种）》，第99页。
③唐烜著，赵阳阳、马梅玉整理《唐烜日记》，《中国近现代稀见史料丛刊》（第四辑），凤凰出版社2017年，第136页。

是对其方志编纂有较多关注和探讨，尚难全面把握其学术成就。笔者新近找到杨深秀的两篇学术佚文——《〈中庸时习录〉序》和《〈管子〉校误》，可以借此窥见其戊戌之前在经学和诸子学领域的思想倾向与学术实践之一斑。

《〈中庸时习录〉序》是杨深秀为其山西同乡马鋆宇编著的《中庸时习录》一书所写的序文。在该序里，杨深秀发挥其作为汉学家的考据专长，梳理了《中庸》一书在中国历代的传习概况，并针砭时弊，指出"近人薄弇陋之学，多不措意于四书，即或治之，亦力避理语勿道"，其实是偏颇的学风，强调戴震《孟子字义疏证》所谓"理字古无作道义解"，是靠不住的说法。如果注意和引述善长理辩的裴頠和卫玠的有关言论，此说便要"不攻自破"。同时，他还明确表示："有一义未惬于心，即前贤成说亦未敢附和"，只有"能自出识解，虽朱子成书不强附和"者，才算得上真正的"豪杰之士"。由此可见其实事求是的汉学家本色，以及视野开阔、旁征博引的汉学功夫，也可见其所受戴震那种具有独特义理关怀的汉学影响至深。

杨深秀对轻视宋学论理的极端汉学倾向之抵制，顺应了晚清汉宋调和的学术主潮。他在该序中声言："要汉学言礼、宋学言理，吾欲益一说曰汉学谈经、宋学讲书"，而"吾乡汉学首推阎百诗，百诗札记固非讲书乎？"①其以汉学家阎若璩的《潜邱札记》为宋学之"讲书"，并能见"汉学言礼、宋学言理"既相同复有异的义理阐释路径，足证杨深秀汉宋融合的学术追求和敏锐的学术眼光。

在秉持汉学、不废宋学的学术取向方面，杨深秀曾经也受到山西大僚、汉学家祁寯藻和曾任山西巡抚的张之洞的影响。张氏初任晋抚时，

---

① 杨深秀：《〈中庸时习录〉序》，[清]马鋆宇：《中庸时习录》（上卷），中国国家图书馆藏光绪二十年线装本。

创办令德堂，追求经史实学，不重科举时文，"襄校责近经师，以汉学为本；监院责近人师，以宋学为本"①，他聘请杨深秀为新办之令德堂襄校及协讲，主要重视的是杨深秀的汉学修为。当时，杨醉心于朴学和金石学，"不专攻应举文字"，对沉迷于八股文者"诋諆不容口"②，这与张之洞的趣味大体一致。而这，实际上也奠定了他戊戌时期奏废八股的思想基础。不过，杨此时"讲《尚书》主今文家言"③，甚至扩大范围，"治经主今文，最嗜公羊学"④，这与后来日益厌恶公羊"今文学"的张之洞取向歧出，却在戊戌时期，构成与康有为彼此易于接近的学术共同语言。

如果说《〈中庸时习录〉序》较多包含了杨深秀的学术思想，那么《〈管子〉校误》一文，则集中反映了其汉学修为与功夫。以子证经证史、通子致用，是乾嘉以降清学发展的重要内容。诸子学因此勃兴，并逐渐汇入西学的因素，成为晚清学术发展新的潮流。杨深秀对《管子》的研究，就是在这一时潮下展开的。

杨撰《〈管子〉校误》一文，具体何时完成已不可考。民国时期它被分为两篇，分别刊于《国学荟编》杂志中。⑤文中杨深秀发挥考据特长，在梳理了《管子》一书的传袭情况后指出："近儒有核改之本，大致十得七八。然窃尝细考，犹有一二所见不同者。"于是，他再次提出

---

① 胡均撰《张文襄公（之洞）年谱》，沈云龙主编《近代中国史料丛刊》第5辑，文海出版社1967年，第69—70页。
② 《侍御杨仪村先生事略》，常赞春纂《山西献征》卷四"忠义"，山西省文献委员会民国二十五年（1936年）审印。
③ 同上。梁启超、胡思敬等人所记以杨深秀为令德堂山长，误，山长实为王轩，杨深秀为协讲和襄校。
④ 同注③。
⑤ 杨深秀：《〈管子〉校误》，《国学荟编》1914年第3期与《〈管子〉校误续》，《国学荟编》1914年第5期。两文实为一篇，且文章页边带有"存古书局"字样，或曾收入四川存古书局所编文集之中，待考。

了自己的治学原则:"学贵实事求是,碻信于心,彼虽训诂专家,亦未敢阿附也。"在该文中,杨深秀依次考证、校订了《管子》中《形势篇》《立正篇》《内业篇》《宙合篇》《七臣七主篇》《地员篇》《法禁篇》《大匡篇》等篇目中尚有争议的字词。比如关于《形势篇》,他就指出:

> 如《形势篇》:抱蜀不言而庙堂既修。近日帖括家每用抱蜀语,不知是讹字也。朱氏以为,蜀字乃器字之形误,是矣。而修字当作循,近校本引汉北海相景君碑阴"其故吏有循行",都台邱暹碑正书作"修",以证循之讹修。今检汉《石门颂》,循字亦作偱;洪氏隶续赵氏《金石录》,皆详言之。且称修、循互讹,汉碑数有,晋碑愈多,固不止景君一种也。①

此时的杨深秀更接近戴望、俞樾等人的治学理路,基本遵循的还是传统乾嘉考据学的路数。有学者将晚清的管子研究之时代主潮,大体依照时间分为"通子致用"、"援西释管"和"改塑管子"三个时期,②以杨深秀所处时代明显属于第一阶段,但揆诸实际,其管学研究"通子致用"的时代特色并不明显,仅就此一论文而言,尚未能体现学术转型的新趋向。

无论是经史研究还是诸子考据,都能见及杨深秀善用金石文字的特点。金石学在晚清颇为盛行,受时潮影响,杨深秀这方面的学问也有相当造诣。从他撰修的《(光绪)闻喜县志补》卷三《补金石》,即能窥见一斑。《补金石》是杨效仿当时河南武授堂氏所撰《偃师》《安阳》二志而作,具体考证了闻喜县出土和保存的十五通碑铭,其中还有两件瓦

---

① 杨深秀:《〈管子〉校误》,《国学荟编》1914年第3期。
② 王学斌:《晚清管子研究述论》,《管子学刊》2009年第1期。

当为其私人收藏。他发挥专长，对这些碑铭进行了详细考证，其考证并不仅仅局限于碑文文本、书法特色，更注重碑文的历史价值，尤其是碑文所记录的史事及该碑本身的流传过程。如关于《唐立隋裴镜民碑》，杨深秀就认为其最大价值在于补充了正史中所缺的裴镜民"所历官阶"及"其阵亡事"，因此强调"古碣之可贵，不仅在区区书法中也"，而更在于其史料价值。①这一观点与后来王国维的"二重证据法"有相通之处，都强调以考古材料补充、印证存世的文本资料之路径。著名方志学家杨笃在撰修《（光绪）山西通志》的《金石记》时，几乎将《补金石》中除杨深秀私人藏品外的所有碑碣都予以收录，并且在案语中大量引用《补金石》中的案语，甚至大部分碑碣，杨笃都直接全录了杨深秀的考证原文，未再自作考证，足见其对杨深秀金石考证的信服。无怪乎后来梁启超称杨"考据宏博"②，胡思敬也盛赞其"尤精金石、谱牒之学"③，可知诸人所言非虚。

2019年，有学者从中国国家图书馆特藏古籍中，新发现杨深秀作于1895年夏的题为《何遵先墓志》（山西省祁县出土）的一则佚文，这为我们了解杨深秀对金石学的认识、趣味与功力，又提供了新的佐证。何遵先，字绍庭，山西祁县人，清末山西著名的金石学家，著有《山右金石文钞》等名著。在该墓志中，杨深秀表示金石文字"皆上契经典，下订史事，不可当吾世而悠忽失之也"，他称赞何氏对于山西金石文字"重价购摹，多方别抉，每得一品，审年代、辨款识、录文字而考订之"，认为《山右金石文钞》千卷"爬罗宏富，粲然成一家言"，无愧于

---

①陈作哲修，[清]杨深秀纂《（光绪）闻喜县志补》卷三，《中国地方志集成》（第60册），凤凰出版社2005年，第298页。
②梁启超：《戊戌政变记（外一种）》，第94页。
③胡思敬：《杨深秀传》，闵尔昌纂录《碑传集补》（第十卷），明文书局1985年，第655页。

"乡邦文献之一大宗"。关于金石学的难度、由来及其在清朝的发展，他还有过如下概述，颇见其学术眼光：

> 金石考订之学，虽故经史余事，然沿涉盖广，自天度地形以至一名一物罔弗通也，而后品题尽厥理。自宋欧阳、曾氏肇其端，洎赵、薛、洪、娄而矩矱备矣。国朝此学尤盛，大氐托始于昆山顾氏，而集成于青浦王氏、仪征阮氏。自时厥后，搜访者益勤，鉴别者益详审。多有以一省所属为限断者，亦或附地志卷中，可同行可别行也。五十年来，各行省略具矣，独吾晋金石，则自高邮夏氏外，著录甚鲜。①

这也是杨深秀称赞乡贤何遵先且自己在金石考据方面也潜心用功的原因所在。

不过就学术成就而言，杨深秀的最大贡献还是体现在方志纂修领域。

光绪五年（1879），山西巡抚曾国荃欲重修山西省通志，令各县先修县志。当时闻喜县县令陈作哲即聘请正在家乡救灾的杨深秀来主持新县志的编纂工作，半年即告完成。杨深秀并未完全另起炉灶，而是在旧志基础上进行补充，特创制《志斠》《志补》《志续》三种体例，以巧妙完成旧志翻新的任务。其后他又受聘赴太原参与编修《（光绪）山西通志》，负责主持撰写《古迹考》八卷和《星度谱》两卷。

清代是中国方志学的鼎盛时期，共出现了两次修志的高峰：康、雍、乾三朝及同光两朝。在这两次高峰中，山西省的修志数量均居于全

---

① 《何遵先墓志》，中国国家图书馆"特藏古籍"，编号为墓志4161，参见董立功：《杨深秀的一则佚文》，载《社会科学论坛》2019年第5期，文中全文收录该墓志。笔者引用原文时，标点参考董文并略有调整。

国前列，足见其方志学之盛。这也是杨深秀能在这方面有所贡献的有利学术环境。清代方志学有所谓考据学派和史志学派之分，前者以戴震为代表，后者以章学诚为象征。前者极重地理，习惯"以水系辨山脉，以山川形势考察郡县建置和地理沿革"；而后者更重文献，同时"对志书的性质、源流、体例、编纂等方面，进行了系统的研究和阐述，形成了较完整、系统的方志理论，使方志学成为一门专门学问"。①杨深秀更多地受到了戴震考据学派的影响。在《闻喜新志》的序文开篇，他即赞同戴震重地理沿革的修志主张，表示"志首地理，地重沿革"，并仿"戴东原《汾州志》之例"，考订地理沿革，做到"纲目发之而纵横表之"。②体现这一点最为明显的，要推卷一《斠沿革》，其于旧志原文下以按语的方式直接补入新作，条理清晰明了。后杨深秀在撰修《（光绪）山西通志》的《古迹考》时，所用的方法亦与此同，以"古籍参旧闻而征亲历"，将山西古迹分为国都、城邑、宫室（附墟里园林）、祠宇陵墓、寺观等五类，按照年代顺序依次记述，"庶可与沿革诸篇相表里"。③《古迹考》八卷，则详尽考证了山西各古迹的历史沿革情况，尤以国都三卷质量最佳。

杨深秀编纂方志时，在有些具体做法上，也仿效戴震。如戴震在《（乾隆）汾州府志例言》中坚持"详载一邑水利水患"，为灌溉、疏浚等利民工程保存资料。④杨深秀也为保存赈灾经验，特在《闻喜新志》中增加《补蠲赈》一卷，记载闻喜县在"丁戊奇荒"时的赈灾情况，以

---

① 刘纬毅等：《中国方志史》，三晋出版社2010年，第261—265页。亦可参见仓修良：《方志学通论（增订本）》，华东师范大学出版社2014年，第301—308页。
② 陈作哲：《闻喜新志序》，《（光绪）闻喜县志斠》卷首，《中国地方志集成》（第60册），凤凰出版社2005年，第239页。
③ 曾国荃等撰《（光绪）山西通志》，《续修四库全书》（第642册），上海古籍出版社1995年，第359页。
④ 黄燕生：《清代的方志学》，《史学史研究》1991年第3期。

备后人"考核"。①凡此,都可见杨深秀所受戴震学术影响之深广。

杨深秀撰修《(光绪)闻喜县志》时,在天文、地理研究领域亦有自觉创新,体现出较为深厚的专业素养。不过,此种创新程度仍然有限,不宜评价过高。如有学者称赞杨深秀所撰《(光绪)闻喜县志斠》卷首所作之《疆域图》,认为其用网格制作坐标系,以"每格纵横为十里,成为旧时最先采用经纬度坐标地图的县级志书"②。这就有点误解和拔高了。笔者细察《(光绪)闻喜县志斠》卷首之《疆域图》,似并未见其有经纬度之测算,在《疆域图》开篇之说明中,杨深秀论及裴秀《禹贡地域图》序文时曾强调"有图象而无分率,则无以审远近之差",所以在绘制新县志的《疆域图》时,他就自觉采用"方罫亦或称棋局纹"来确定地图上的远近,并说明"每格为十里"。③可见此图只能视作一个以距离为单位的坐标系,它通过固定比例尺的网格线,可使读者对图上各地点之间的距离形成更为直观的认知,确有创新之处,但似与经纬度无涉,因这一《疆域图》而称其为"最先采用经纬度坐标地图的县级志书",当有不妥。

不过,杨深秀在制作地理图表时,确有引入经纬度的尝试,但不是在《(光绪)闻喜县志斠》中,而是在《(光绪)闻喜县志补》卷二《补星度》里。杨深秀在该卷的第一个表格中保留了其在《疆域图》里的有关做法,将京师、太原、闻喜县城、绛州府等地置于网格线中来定位,确定每格横线为二百五十里,纵线为二百里,这样读者对于京师、太原和闻喜等地的相对方位和距离,就能够有更为直观的认识。但这样

---

①杨深秀:《补蠲赈》,《(光绪)闻喜县志补》卷一,《中国地方志集成》(第60册),凤凰出版社2005年,第285-287页。
②雒春普:《维新志士杨深秀》,李玉明总主编《山西历史文化丛书》(第30辑),山西春秋电子音像出版社2008年,第13页。
③陈作哲修,杨深秀纂《(光绪)闻喜县志斠》卷首《疆域图》,《中国地方志集成》(第60册),凤凰出版社2005年,第245页。

处理只能是大概确定各地的方位、距离，并不十分准确，于是杨又进一步将经纬系统引入该表中。在各地名之下，又专门注明当地所在之纬度，并规定每格横线为经度一度，纵线为纬度一度，这样就将表示距离的坐标网格同经纬度系统结合在一起，这的确不愧为杨深秀的一个学术独创。不过，此种尝试也有自身的缺陷，那就是脱离了实际的经纬度系统。首先，杨深秀以京师所在经线为子午正线（零度经线），则闻喜为西经五度十九分，明显与现在使用的经纬系统有别；其次，他强行将经度一度定为二百五十里，纬度一度定为二百里，实忽视了纬度越高经线间的实际距离越小的客观现实，造成了不小的误差，如北京约在北纬40度左右，此处经度的一度应为85.276公里，实远非杨深秀所规定的每度二百五十里。①可见无论是制作地图还是地理坐标系，杨都更偏向于以距离为单位，而不是以经纬度为单位。在他那里，经纬度的引入不过是对以距离为单位的地理坐标系的一种补充而已。后来杨深秀可能意识到了此种做法的缺陷，故在其编修《（光绪）山西通志》中的《星度谱》时，便不再采用此种方式，而是简单以数据表格形式，来直接写明闻喜与北京的经纬度差异和直线距离。②

《（光绪）山西通志》中的《星度谱》二卷，是杨深秀存世的最为重要的天文学著作，当今学者一向认为《星度谱》"利用了当时天文、历法和地理方面的最新科学成就，也贯穿了他本人的一定创见"③。如此评价《星度谱》是否恰切？笔者在此拟就所掌握的史料，对其重新检视一番。

---

① 同上，《（光绪）闻喜县志补》卷二《补星度》，《中国地方志集成》（第60册），第288页。
② 曾国荃等撰《（光绪）山西通志》卷七《星度谱下》，《续修四库全书》（第641册），上海古籍出版社1995年，第191—194页。
③ 沈琨：《杨深秀传》，北岳文艺出版社2015年，第55页。

古代方志论及天文时，必谈及星野。有关古代中国的星野，诚如有学者所指出，它是"一种将天界星区与地理区域相互对应的理论学说"，"是古代中国人普遍信奉的一种宇宙观"，"深刻影响着人们对于天地关系的认知以及世界观念的建构"。此种做法随着政区划分的剧烈变化及王朝疆域的不断扩大，在方志实践中越来越不适用，自宋以后即已遭学者批判；明清之际经"西学东渐"之冲击，分野学说渐趋崩溃，至乾隆时遭到否定，逐步退出历史舞台。①

然而，星野书写是中国古代地方志的重要组成部分，多年来撰修方志必设天文星野一门。在星野学说逐渐被西方新进的天文知识取代时，方志编纂者也开始寻求新的体例。乾隆四十六年问世的《钦定热河志》，就曾说明："皇上学贯天人，识超今古，辟分野拘墟之旧说"而去"星野"名目、增设"晷度"一门，以承德府及下属各县的"北极出地高度"、距京师东西偏度、二分二至日"正午日景"高度及昼夜长短等实测数据充实之，实为方志撰修的开创之举。不过《钦定热河志》编者却未敢完全放弃分野之说，虽言"星野之分特出于天文家之拘墟沿袭而未足为据"，但在该卷后半部分，仍将分星情况"据历代史书所载而缀以论说"。②可见，乾隆《钦定热河志》明显具有新旧学说交替时的特点：既有新创文体和新进知识体系，又保留了传统的星野学说。正如有学者所指出，"《钦定热河志》所开创的这种以晷度替代分野的修志体例"很快就被道光《广东通志》、光绪《畿辅通志》等地方志所采用。③应该说，清代方志中天文门类的撰写，从此进入了新的发展阶段。

---

① 邱靖嘉：《天文分野说之终结——基于传统政治文化嬗变及西学东渐思潮的考察》，《历史研究》2016年第6期。
② 和珅、梁国治等奉敕撰《钦定热河志》卷六十四，永瑢、纪昀等撰《景印文渊阁四库全书》史部二五四，台湾商务印书馆1986年，第79页。
③ 邱靖嘉：《天文分野说之终结——基于传统政治文化嬗变及西学东渐思潮的考察》一文。

杨深秀在这方面，亦走在时代前列。他对传统的星野学说批判有加，认为"自来方志必立星野一门，盖欲言天而不知所以言者，聊掇古籍充数而已"。至于有人利用星野"占验灾祥"，实"未可轻信"。早在撰写《（光绪）闻喜县志补》卷二《补星度》时，杨深秀就已明确摒弃了星野学说，只记录了他所观测的相关天文数据，可见其对科学择善而从的态度。但同时，鉴于自古以来，"论国事者尚皆决诸分星，其法亦甚古矣。古义不容尽没"，他在编修《（光绪）山西通志》的《星度谱》时，还是理性地对山西的星野情况有所保留。在他看来，山西虽未尽得古晋国地，但依古说可知"昴、毕、觜、参"是山西"分星也"。①不过他清楚历代有关星野占候的记载多"蹈袭敷衍""点窜纷如"，不可使用。于是亲自进行测绘，并将山西各地北极经纬，节气、交食先后，昼夜长短变化，晨昏时刻，太阳最高时刻，计时中星变化等所测数据制作成表，甚至根据测绘的经纬度数，依靠勾股定理计算出山西各地距离京师、太原的直线距离。②可见，杨深秀在撰修《星度谱》时，明显承袭了乾隆《钦定热河志》的有关理念，虽不信从分野之说而采用了新的知识体系和编纂体例，但出于保留传统文化的目的，也并未完全放弃对星野情况的记录，且注意创造性地加以"传承"。笔者推测，"星度"一名，亦可能是为新创之"晷度"与传统之"星野"结合而来的命名，这无疑体现了晚清方志中天文学书写转型时期的某种过渡风格。

此外，杨深秀还特别重视山西分星的岁差问题，专门制成《山西分星岁差》表，详细记录了"觜"宿和"参"宿的位置及今昔赤道、黄道经度变化。③有学者指出，古代中国与西方对岁差有不同的解释，中国

---

① 曾国荃等撰《（光绪）山西通志》卷七《星度谱下》，《续修四库全书》（第641册），第195页。
② 同上，《续修四库全书》（第641册），第152—195页。
③ 同上，第194—195页。

天文学"认为是黄道沿赤道的西滑导致了冬至点的西退",而西方天文学则认为岁差是"恒星东移"的结果;双方争论的焦点在于中方认为恒星不动而黄道在动,而西方认为黄道固定不动而恒星在缓慢东移;落实在二十八宿中距离最近的"觜"和"参"上,就表现为两宿位置发生了倒置——原本觜前参后的次序变成了参前觜后。康熙时期,中国历算家终于通过"西学中源说"接受了"恒星东移"之论,其中,张雍敬甚至还"企图将其融入传统的分野理论",但未能成功。①

而相较于先贤,杨深秀似乎真的做到了将"恒星东移"之说融入分野理论:他通过亲自测算,指出"古法以参宿中三星之东一星作距星,则觜前参后。康熙年间用西法算书,以参中三星之西一星作距星,遂改为参前觜后";但其实"以星度考之古法,以觜在前则距参一度,而分野之度狭;以参在后,则距井十度三十六分,而分野之度广",似乎并不太适合,他因此放弃古法以恒星为参照物的观测法,改为以赤道为参照物进行测算,发现"今以赤道而论,元以前觜西参东,明以来乃成觜东参西矣",二星位置发生倒置,"所以然者,以每岁觜宿之差多、参宿之差少,参少则东移也缓,差多则东移也疾。故觜本在参西而移于东",也就是说"觜"宿与"参"宿向东运行的岁差不同,"觜"宿比"参"宿每年移动距离多,因此原本在"参"西的"觜"宿现在移动到了"参"东,而这一切都是自然运转的结果,"非元明人之有所改动也"。②就这样,杨深秀将"恒星东移"说引入星野理论,以中西结合方式,对觜参倒置这一天文学难题给出了自己的解释。

总而言之,杨深秀在撰写《星度谱》时,能自觉将西方天文学思想

---

① 王广超:《明清之际中国天文学关于岁差理论之争议与解释》,《自然科学史研究》2009年第1期。
② 曾国荃等撰:《(光绪)山西通志》卷七《星度谱下》,上海古籍出版社1995年,第195页。

及西法实测数据与传统分星学说进行融合，构成一种近似"中西对照"的混合模式，这颇为难得，也体现了晚清自然科学从传统向现代转变的时代特点。

除方志学、天文学外，杨深秀在数学方面据说亦有相当造诣。徐世昌即指出，杨深秀"笃好算术，出新意，自制天尺地球"[①]，拥有相当水准的数学知识。杨笃则云杨深秀"旧制铺地锦筹马，方思著说以阐其用，而鄞周氏之《中西算学辑要》，今岁新刻于沪上，其中筹式后出，乃与君闇合，君遂不欲卒其业"[②]。可见其数学水平未可小视，只是最终未能结成硕果而已。

从总体上看，杨深秀是一个能把握住时代学术发展脉搏的人。其思想和著作几乎都带有新旧融合的特征。尤其在天文历算方面，他积极接受西学，用西学思想和方法改进传统学术。此种理性态度，为其后来在政治上主张学习西方的变法思想之形成，积累了必要的心理条件和新知准备。

三、关于杨深秀诗歌创作特色的一点补释

在狱中题壁诗里，杨深秀有句诗为"经授都中愧盲杜，诗成狱底学髯苏"，他将自己同汉代通晓经学尤其是天算的名臣杜经和宋诗魁首苏东坡相比。虽含自嘲之意，却也反映了其对一生所学的自我评价和成就的自负。

清末是中国诗歌史上的一个转折时期，此期出现了风格各异的众多诗派：既有宗唐、宗宋的各种法古型流派，又有由于西学东渐、风气渐

---

① 徐世昌辑《晚晴簃诗汇》卷一七六，《续修四库全书》（第1633册），上海古籍出版社1995年，第176页。

② 杨笃：《白云司稿序》，杨深秀：《雪虚声堂诗钞》，张元济编《戊戌六君子遗集》，沈云龙主编《近代中国史料丛刊三编》（第十八辑），文海出版社1998年，第454页。

开而出现的倡导新诗体、新文格的新诗派。论者所谓"清诗既以近代为极盛……即同光以后，诗人云起，蔚为极盛"①是也。杨深秀大体属于晚清宋诗派诗人中有作为的一员。

杨深秀一生写诗不少，但却并不注意保存诗稿。现存的杨深秀诗作仅见《雪虚声堂诗钞》三卷，以及前文引述过的他在戊戌政变后的牢狱中所作《绝命诗》三首。杨深秀进京赶考时曾居住在山西会馆，他为其在会馆中的寓所取名为"雪虚声堂"，其诗集《雪虚声堂诗钞》因此得名。《诗钞》三卷分别为《童心小草》《白云司稿》《并垣皋比集》，计有诗歌一百余题，三百余首。其中，《并垣皋比集》收录的是他辛巳（1881）、壬午（1882）居住于省府太原两年间的作品，这是其诗词创作水平较为成熟的时期，很多作品颇有味道。不过，此后杨深秀诗文散佚严重，鲜有诗作存世。

当代学者王增斌曾将《雪虚声堂诗钞》所录诗作分为五类：赠寄送达之作，抒怀写志之作，表现现实之作，写景纪游之作，叹咏家乡风物古迹之作。②其分类颇有可取之处，但笔者品读杨诗，深感其中记述金石铭文考证过程和相关感想的诗作，以及谈论诗歌、评论诗人的诗作，不仅数量多，而且风格独特，值得格外关注，似应单独列出，加以凸显和研讨。以《雪虚声堂诗钞》为例，仅第三卷《并垣皋比集》里此类诗歌就占有半数，远超其他各类。且诗人早年即已创作此类风格的诗作，如《齐镈诗为寻管香给谏作》《再为管香给谏题齐镈拓本》两诗，均是诗人中举后在山西家乡为友人考证所得出土齐镈时所写，记录考证过程极为细致生动。如后一首写道：

---

①汪国垣：《方湖类稿》，沈云龙主编《近代中国史料丛刊续编》（第三辑），文海出版社1995年，第192页。

②王增斌：《英雄本多豪宕气——论杨深秀诗》，《山西大学师范学院学报》1990年第三·四期。

齐镈齐镈，乃出葵邱黄河所啮之绝壑。给事家居茂陵获鼎处，并得其鬲与其铎。为拓镈上文，绿涩墨光错。首云五月吉丁亥，中云齐师鼙叔作。（鼙字乃家秋湄孝廉所辨识出者，释作鲍字，其精核在诸家上）人征《世本》遗，字补《说文》略。铭辞百七十又二，《盘庚》《大诰》同灏噩。前诗引晋中兴书，比之义熙得钟在太霸。今再送数难，聊试发一噱。昔者韦曜郑康成，镈钟大小若相争。我云二者各自有大小，物之冤雪人讼平。独怪王肃陈统辈，强谓妇人尚柔不用镈钟声。如使女器同不迻，邾娅燕姑孰为铭？况此大钟用享祀，胡然三著姜女名。又怪杜预解《春秋》，乃云齐桓会地在陈留。果使兹役非晋地，安得惶遽赴会之晋侯。况自班固汉志来，郟上久矣名葵邱。……①

　　诗人以诗歌的形式，清晰记录为友人考证古董之真伪的过程，表达自己考证的主要观点，体现了诗人深入骨髓的学者情趣，岂非"学人之诗"？杨深秀精通金石学问，诗集中涉及金石考证的诗歌众多，这类诗作不仅是今人了解杨深秀诗歌特色的直接依据，也是研究其治学特点的重要凭证。乾嘉以降，谈诗者往往强调诗人的学问底蕴，以为无学问者诗歌浅浮无深蕴，但光有学问，却也未必能写出有诗意诗味的好诗，故晚清宋诗派评价好的诗作，常常要说"不仅为学人之诗、亦诗人之诗也"。

　　杨深秀认为当时诗坛"之所以日趋佻薄"与"绮靡"即用不用华丽的辞藻并无关联，诗人们之所以指责"绮靡"恰是因为他们没有能力恰当地运用华丽的辞藻，故为"俭陋解嘲"，于是不得不自称"性灵"而

---

① 见前引张元济编《戊戌六君子遗集》，第501—502页。

批驳"绮靡"。杨深秀论诗尚"绮靡",主"魏晋之绮丽,初唐四杰之流丽和宋诗之深厚",他推崇唐初四杰,亦是因为"四杰之流丽与魏晋之绮丽一脉相承"。①在他看来,诗之"日趋佻薄",其实乃"不学之过也"。若要扭转此风,关键其实仍在于有"学"。不可"空谈性灵",必须重视"学","学不厚则情不能深,而风韶色泽骨有所不足,是虽欲绮靡而不能"。②因此,好诗归根结底还是需要以扎实的学问为基础的。在这点上,其诗论的确体现了某种宋诗派的精神。

但是,杨深秀又没有走到"干涩瘦硬""喜用僻典"的宋诗派极端。他推崇的是诗风晓畅的苏东坡,而不是像有的"同光体"诗人那样,一味模仿黄庭坚,其末流之弊竟成为被张之洞嘲笑为"不堪吟"的"江西魔派"。专门研究清代山西诗歌的学者张瑞杰曾指出,在咸同年间,山西诗坛形成过以董文焕为中心,包括冯志沂、王轩、李文田、董麟、董文灿等人在内的"京城山右文人圈",导致"晚清山西诗坛继祁寯藻为中心之后的第二次创作高峰",但董文焕在诗学观念上与祁寯藻等人有所不同,"在宗宋的同时也学唐"。③而作为同代人的杨深秀此时亦居京师为官,且与王轩、董文灿夫妇为密友,④因此他亦属于"京城山右文人圈"的一员,其诗明显具有宋诗派风格,但亦学唐诗,应可视为董文焕之影响使然。同时,杨深秀对诗风绮丽婉转的追求,似乎又与中晚唐派"秾丽而流转"⑤的特色相类,以致有人要怀疑将其单纯归为"宋诗派"是否合适。

---

① 张瑞杰:《清代山西诗歌研究》,苏州大学2016年博士学位论文。
② 仇汝嘉:《并垣皋比集序》,见前引张元济编《戊戌六君子遗集》,第457页。
③ 张瑞杰:《清代山西诗歌研究》,苏州大学2016年博士学位论文。
④ 杨深秀与董文灿夫妇私交甚好,留有酬答唱对之作,如《题冯习三广文诗集令息佩芸夫人婉琳题也四首(婉琳适亡友洪洞董芸龛舍人文灿,今孀居)》,见前引张元济:《戊戌六君子遗集》,第564—565页。
⑤ 刘世南:《清诗流派史》,人民文学出版社2004年,第481页。

这里需要做一点辨析。在晚清，所谓宋诗派或宋诗运动的形成，主要是不满此前诗坛过崇唐诗、对宋诗地位极端轻视的一种反拨。卷入这一运动中的诗人岂能完全排斥学习唐诗的实践？就拿居高位主持诗教、开晚清宋诗风气的祁寯藻来说，他对平易的唐新乐府诗也是十分喜爱的，尤其推崇白居易，并非如有的学者所认为的那样完全不学唐诗。①同光体诗人陈衍也是如此。钱仲联就曾发现这一点，他指出陈衍之所以格外偏爱杨深秀诗，就是因为陈本人也喜爱白居易与陆游诗风的缘故。②由此可见，将杨深秀大体归为"宋诗派"，而同时看到他对唐诗和汉魏六朝诗的广采博收，恐怕更为可取。就此而言，有学者因此愿意强调杨深秀诗风博采众长，不拘于宋诗一端，也不无道理。如其好友杨笃就曾赞他"诗则渊源魏晋、泛滥百家"③。武育元亦认为他"自汉魏六朝暨唐宋名家，无不入其室而窥其奥"④。徐世昌更是明确表示，杨深秀"诗有才调，一空依傍，未可以常格绳焉"⑤。这些观察都有各自的视角，实有助于对杨深秀诗歌多彩特点的认知。

2003年，有学者新发现杨深秀1894年为山西太原诗人王汝纯《翠柏山房诗钞》所作序言，可为此论佐证。该序引山西唐代以降的王姓太原诗人王之涣兄弟、王维到当朝的王霞举等人为光荣，特别是提及其师王霞举时，明确表示："三十年来，惟驾部王霞举师，纵东野之沉思，运山谷之硬语，《西山游草》几欲合大谢永嘉、少陵蜀道而一炉铸之，

---

① 参见黄兴涛：《清代寿阳祁氏之文化》，载《寻根》2005年第1期。
② 钱仲联：《梦苕庵诗话》，齐鲁书社1986年，第10页。
③ 杨笃：《白云司稿序》，见前引张元济编《戊戌六君子遗集》，第453页。
④ 武育元：《雪虚声堂诗钞序》，见前引张元济编《戊戌六君子遗集》，第445-446页。
⑤ 见前引徐世昌辑《晚晴簃诗汇》卷一七六，《续修四库全书》（第1633册），第176页。

海内推许，吾乡罕见其匹也。"①从中不仅可见其对唐宋魏晋诗人的看重，也可见其自觉博采众长、融冶各家的格局与气度。

至于说到杨深秀诗歌的影响和地位，则不得不从同光体诗人的代表和理论代言人陈衍的有关评价谈起。陈衍在《石遗室诗话》中曾指出，就"戊戌六君子"的诗歌而言，"似以漪春为最。漪春根柢盘深，笔力荡决，而发音又皆诗人之诗"②。汪辟疆的《光宣诗坛点将录》亦接受杨诗乃"诗人之诗"的观点，认为其诗"力厚思沉，出以蕴藉"，并将他比作水浒中的天牢星病关索杨雄，承认其乃"山右近代诗人"之最，但他认为林旭的诗才是"戊戌六君子"第一，而将杨深秀和刘光第并置第二。③钱仲联对杨深秀的诗歌则评价不高，他将杨诗置为"戊戌六君子"之末。这些评价虽见仁见智，但均未能完全摆脱"宋诗派"视角的制约。相比之下，见识清诗众多的今人袁行云的评价，颇值学者玩味。袁著《清人诗集叙录》，认为杨深秀"诗亦闳博雄放，在戊戌六君子遗诗中，最为老成"，并称赞他"不求声律之苛细，不执古而病今，卓然可传也"。④这其中，似乎已隐约可见某种改革家品格的涵孕了。

以上三个方面的认识，是我们在新编《杨深秀集》的过程中形成的，希望能够对推进杨深秀的研究有所助益。不当之处，请同道批评。

---

①杨深秀：《〈翠柏山房诗草续编〉序》，王汝纯：《翠柏山房诗草续编》，国家图书馆藏清光绪二十年刻本。"东野"乃唐代大诗人孟郊之字，孟郊之诗以古朴凝重，精思苦吟著称；"山谷"即宋代大诗人黄庭坚，他写诗以杜甫为宗，崇尚写实，遣词硬涩，风格奇崛，为江西诗派的开创者；"大谢永嘉"指南朝宋时的谢灵运，他曾任永嘉太守，为山水诗派鼻祖；"少陵蜀道"，指唐代大诗人杜甫，安史之乱时曾避难蜀地。

②陈衍：《近代诗钞》，华东师范大学出版社2016年，第1666页。

③汪辟疆撰，王培军笺证《光宣诗坛点将录笺证（下）》，中华书局2008年，第405页。

④袁行云：《清人诗集叙录（下）》卷七十九，人民文学出版社2016年，第2809页。

四、编辑《杨深秀集》的简要说明

这次受命搜集存世的杨深秀论著，编成《杨深秀集》，试图较为全面地反映其政治思想、诗文创作与学术成果。在编辑过程中，我们根据杨氏论著内容的特点，出于字数分布的考虑，将其分为上下两卷，上卷收录其奏议、诗歌和一般文章，下卷则专门辑录其所主持和参与编纂、集中反映其学术活动与贡献的方志作品。

以往，学界对杨深秀的论著也曾有过汇集。早在1918年，参与过戊戌变法的上海商务印书馆经理张元济就主持出版过《戊戌六君子遗集》（丁巳年初版）①，其中收录了杨深秀的四封奏折（片）（定名为《请御门誓众折》《请惩阻挠新政片》《请厘定文体折》《劾局绅贾景仁折》，总名为《杨漪春侍御奏稿》），以及其诗集《雪虚声堂诗钞》。此后，商务印书馆、台湾文海出版社、广西师范大学出版社等，都曾以丁巳年的初版为底本，多次重版过《戊戌六君子遗集》。此外，中国史学会主编的《中国近代史资料丛刊》第八种《戊戌变法》（神州国光社出版1953年版），国家明清档案局所编的《戊戌变法档案史料》（中华书局1958年版）以及杨家骆主编的《戊戌变法文献汇编》（鼎文书局1973年版），也都收录过杨深秀的部分奏折。值得注意的是，经当代学者孔祥吉等学者考证，杨深秀的奏折不少均为康有为所代拟，故在孔祥吉编著的《康有为变法奏章辑考》（北京图书出版社2008年版）和姜义华等主编的《康有为全集》（中国人民大学社2007年版）等之中，也同样收录过杨深秀的部分奏折。

我们在编辑《杨深秀集》上卷时，以上述学界已有的成果为基础，又有所增补。其中收入他的奏议十五封，均以呈递时间为序，采用中国

---

① 《戊戌六君子遗集》虽于1918年元月出版，但在1917年十二月排印，故又称丁巳年十二月初版。

第一历史档案馆所藏奏折原件为底本，校以他本；未能找到原件者，则以现有出版的最佳版本为底本，校以他本。需要说明的是，在前贤的有关著述里，曾提到杨深秀的三折：《养息牧地请仍照旧制毋庸开垦折》《请申谕诸臣力除积习折》和《抗疏请太后归政》，①因未能得见原文，甚且其有无上奏亦难确认，故无从收录。

诗集部分，因商务印书馆初版本的《戊戌六君子遗集》质量较好，本集与以往各种版本一样，亦都以此版为底本，并参照商务印书馆1937年版本和台湾文海出版社1998年版本进行勘对；部分诗作，曾参考陈衍《近代诗钞》、钱仲联《近代诗三百首》及徐世昌《晚晴簃诗汇》等诗集进行点校。这次，我们还增收了杨深秀狱中诗三首，以其子杨翙田所作《民国闻喜县志·杨深秀传》中的版本为底本，点校时亦参考了其他版本。本集定稿之时，我们又见到王崇任先生2019年12月出版的《杨深秀诗集笺注》，从中发现两首新诗，一为《题〈松风阁图〉诗》，一为《题扇诗》，特予收录，并向王先生致谢。

文存部分，则收录有以上各种文献汇编所无的杨深秀佚文七篇，有些是我们的新发现，如前文提及过的《〈中庸时习录〉序》《〈管子〉校误》两文，有的则是近年来其他学者陆续发现的文章，如《以里书银抵公堂礼记》《〈平遥县志〉序》《杨凤冈先生墓志铭》《〈翠柏山房诗草续编〉序》《何绍庭墓志铭》等。②在收录这些文章时，我们除参照发现者所录文字之外，尽量找寻原文加以核对，有些标点也略有调整。在此，我们要对公布发现这些文章的沈琨、张梅秀、董立功等学者，表示

---

① 三折的题名，分别参见前引崔利的《戊戌变法维新人物——杨深秀》一文（载《山西文史资料全编》第58辑，《山西文史资料》编辑部1999年），孔祥吉的《康有为变法奏章辑考》一书等。

② 参见运城市河东博物馆编《河东碑刻精选》（文物出版社2014年）、沈琨：《杨深秀传》（北岳文艺出版社2015年）、张梅秀：《新见杨深秀佚文三篇》（载《沧桑》2003年03期）、董立功：《杨深秀的一则佚文》（《社会科学论坛》2019年第5期）等。

诚挚的感谢。此外，我们这次还新收有杨深秀对联一副（定名为《戊戌年楹联》）、他写给友人的金石批注一副（定名为《与石青书横批》），以及其所参与的《校邠庐抗议》签注四十七条等，这些对全面了解杨深秀的生平，政治主张，学术思想、趣味和功夫等，都有其重要价值。略有遗憾的是，我们得知杨深秀的会试朱卷现尚存山西某收藏者手中，但始终未能联系上收藏人并将其收录进来，只能留待以后有机会再作弥补了。

《杨深秀集》下卷，限于篇幅及体例，我们有选择性地辑录了杨深秀编写的《（光绪）闻喜县志斠》的卷一和《（光绪）闻喜县志补》的前三卷，并全文收录了其撰写的《（光绪）山西通志》的《星度谱》二卷和《古迹考》前三卷。这些方志辑文涉及天文学、金石学及考据学等领域，均为杨深秀在戊戌变法之前的作品，考证精当，代表了其学术水平，体现了其实现中西学融合的时代特征。收录它们，希望能有助于读者便利地了解作为学者的杨深秀之风采。

在整理《杨深秀集》的过程中，我们尽量以权威版本为底本，辅以他本进行点校。因版本不同，有些文字有出入，则通过页下注加以简要说明，一般不单独出校勘记，以方便读者使用。明显舛误字，校正之，以"【】"表示；遗漏之字，补足之，以"（）"表示；缺漏不清字，则以"□"表示。特此说明。

《杨深秀集》是我们对杨深秀的著述所进行的一次较为全面的整理。限于条件和自身能力，编校工作肯定还有疏漏和讹误之处，恳请方家批评指正。在编辑此书过程中，我们还得到了北岳文艺出版社领导的支持，特别是责任编辑韩玉峰兄，给予我们很多的帮助，花费了不少心血，在此，我们要表示衷心的感谢。

编者
2020年初冬于北京

目录

— 上 卷 —

奏 议

- 004　山东道监察御史杨深秀奏折
- 007　请联结英国立制德氛益坚俄助折
- 009　特参局绅贾景仁假公攫利纵欲败防请交部议处折
- 012　欲推行新政速见时效请定国是明赏罚以正趋向而振国祚折
- 015　请斟酌列代旧制正定《四书》文体以厉实学折
- 019　日本变法立法确有成效请饬下总署速议游学日本章程片
- 021　译书智民其功至大清饬下总署议行或拨款试办片
- 023　请派近支王公游历片
- 025　特参礼部尚书许应骙守旧迂谬阻挠新政立赐斥以儆效尤折
- 028　沥陈国势危迫急图维新请御门誓众更始庶政以救危亡折

031　请严加申饬守旧迂谬奏章明谕著其阻挠等罪以示变法之坚决片

033　津镇铁路请招商承办片

034　裁缺诸大僚擢用宜缓特保诸新进甄别宜严折

037　密陈时局艰危应早定大计固结英美日三国折

039　密陈搜求圆明园高宗纯皇帝窖存金银大济急需片

诗　集

卷一　雪虚声堂诗钞

042　《雪虚声堂诗钞》序

044　《童心小草》序

046　初应童试以默经能赋入学学使江夏彭子嘉师赐手书《观世音经》因题后

046　论婚

046　冻脚

047　壬戌元日

047　赴省试过韩侯岭谒庙时甫念《史记》

047　亲迎杂诗

049　田间作四首

049　闻邑竹枝词

052　表兄翟海田师岁贡就职族人感其经理祠堂之无私也制屏以赠属作题句

053　妻兄李雨艇茂才属题尊甫明轩外舅遗像集唐人句成转韵体

055　赴都留呈海田师

055　赴都留题斋壁

056　烈女赵二姑诗

057　京师寄表兄瞿海田师

057　怀旧诗

057　先伯祖博如公

058　先从伯父丕承公

059　先从伯父明章公

059　明经瞿海田师

060　许逸卿上舍

060　周康侯大令

061　妻兄李雨亭司训

061　徐芮南大令

062　侍讲林锡三师

062　题刘景韩师像

063　读《华佗传》

063　座师曹朗川夫子命画马因謄以诗

064　三月晦日送刘小渠比部旋里

064　赠常小轩

064　落第

065　下第次日送卫庄游游天津

065　送周康侯西归

065　热河赠刘秀书司马

067　送许桂一孝廉

067　送杜英三拔贡

067　近闻房师陶公商严卒安邑任所不审旅榇何似其幕友夏渊如先生亦久不见消息

068　次韵沈云巢方伯重宴庚午鹿鸣纪恩之作（四首录三）

069　送家春樵孝廉归里

069　赠贾小芸

070　生日至赵州桥次壁间韵

071　汤阴夜过未能瞻礼岳祠用店壁韵书意

071　雪夜寄刘选之猗氏

072　寄讯山阴陆子善出都兼以宽之

073　九日有作奉送曹朗川太史师出守南康兼呈吉三太史师叔

074　朗川师将赴南康任以诗留别次韵二首

075　朗川师命画扇一面书前九日奉送之作以当别念画成又系小诗

075　热河留别金元直西归

076　齐镈诗为寻管香给谏作

077　再为管香给谏题齐镈拓本

078　岁寒三友诗

079　为外祖母孙太孺人撰书事一篇撰毕凄然赋此

081　里门外有郭景纯碑因题长句

081　谒裴赵二公祠

卷二　白云司稿

082　《白云司稿》序

084　刑曹初直四首

084　赠家秋湄孝廉兄

086　柬柴赋嘉茂才

086　刑曹直【值】宿读秋湄诗及所撰《西宁志》辄题四首

087　题柴子芳明经杂临诸帖卷子八首

088　戏柬贾小芸员外四首

089　满洲同年常小轩屯田今总宪皂荫坊先生犹子也总宪新遇丧明之痛小轩又将假归热河祖席口号三首送之实以留之云

090　和贾小芸寓斋即目原韵

090　墨牡丹障子为王槐堂孝廉题

090　自题所作画

091　送乔翰卿大令游天津就幕南皮（八首录三）

091　虞部刘小山大兄见问诗法酒次成转韵体答之

093　负米谣

094　哺饭歌

094　挽车吟

095　守窑词

095　蒿庐哀

096　药肆铭

096　举孝诗

097　自题所作画三首

097　入关图

098　出关图

098　赠家秋湄学博大兄（八首录四）

100　题黄太守采芝图（八首录四）

101　中秋对月有怀杨大笃蔚州乔八骏保安州

101	和陈小农计部秋晚元韵
101	和许韵堂同年秋怀元韵二首
102	无题
102	出塞行
103	寄秋湄蔚州志局二首
104	送许韵堂南归二首
104	鞠歌行四首
105	滦阳怀人诗十五首
107	自题所作画
108	题画
108	除夕感怀四首
109	春暮得秋湄太原书却寄
109	和陈小农海淀二首元韵
110	再和陈小农海淀元韵
110	陈小农三索和海淀元韵
110	送梁曦初侍御出守兴化二首
111	祁子禾侍郎招祀顾亭林先生因嘱绘《顾祠雅集图》慨然有作
112	下第绮感八首
114	边拙存兄见示秋雨夜话之作次韵书怀
114	再叠前韵送令弟竹潭同年改官浙醣
115	有怀雨夜
116	怀旧
116	题常小轩庶常所藏欧阳《九成宫醴泉铭》
117	外姑李母杜太孺人寿诗

卷三　井垣皋比集

118　《井垣皋比集》序

120　题冯鲁川廉访所藏米芾《芜湖县学记》为武养斋大令作

120　题成哲亲王杂临诸帖七首为养斋大令作

121　题英煦斋相国所刻刘文清帖为养斋大令作

122　寿王遐举先生

124　外姑杜太孺人三周禫祭令嗣制屏索诗拟垂家范内子亦寄书代乞因案来状件系之得截句十四首

126　母舅刘公讣至云临终哭念余也泣作

126　哭卫庄游学博

127　拟何大复《明月篇》

129　题吴道子画佛像帧

131　前题乃王鼎丞观察课试之题闻意主论画再拟示诸生

132　卫静澜中丞课试晋阳书院有晋中景物四题拟示诸生各二首

134　题冯习三广文诗集今息佩芸夫人婉琳属题也四首

135　武养斋借得宋拓《娄寿碑》双钩见示因题四首

136　养斋因余诗故尽模祥瑞及画像为跋长句

136　拟杜《秋兴》五首

137　景龙观钟铭歌为养斋大令作

138　题欧阳询《虞恭公碑》为毛定生学博作

139　游恒山诗

142　仿元遗山《论诗绝句》五十首

007

补　遗

152　题《松风阁图》诗

152　题扇诗

153　绝命诗三首

文　存

156　以里书银抵公堂礼记

159　《平遥县志》序

161　杨凤冈先生墓志铭

164　《中庸时习录》序

167　《翠柏山房诗草续编》序

169　何绍庭墓志铭

172　《管子》校误

176　戊戌年楹联

177　与石青书横批

178　《校邠庐抗议》签注

下 卷

《闻喜县志斠》

194　卷一　沿革

《闻喜县志补》

216　卷一　补蠲赈

219　卷二　补星度

229　卷三　补金石

《山西通志·星度谱上》

244　谱二之一　山西通志弟六

《山西通志·星度谱下》

274　谱二之二　山西通志弟七

《山西通志·古迹考》

322　考四之一　山西通志弟五十

323　卷一　国都　上古、唐、虞、夏、商

355　考四之二　山西通志弟五十一

356　卷二　国都　周初至七国末

401　考四之三　山西通志弟五十二

402　卷三　国都　秦汉至元明

444	附录一	杨深秀传
447	附录二	杨深秀传
449	附录三	杨深秀传
451	附录四	侍御杨仪村先生事略
454	附录五	杨深秀传
457	附录六	杨深秀（一八四九—一八九八）

上卷

奏议

山东道监察御史杨深秀奏折①

光绪二十三年十二月初八日

　　山东道监察御史臣杨深秀跪奏，为时势艰危、图要举、谨贡刍议，恭折仰祈圣鉴事：

　　窃德人据我胶澳，要挟六款，故索难从之条，以为决裂逞志之地；兼闻英日等兵舰来者二十余艘，皆思坐获渔人之利。盖各处译出西报，其瓜分中国一语久已朗朗言之，独无人为皇上明告者，遽尔毫无防御②，

---

①此折原件藏于中国第一历史档案馆，原折暂未对外公开，仅在青岛市博物馆、中国第一历史档案馆、青岛市社会科学研究所编《德国侵占胶州湾史料选编1897-1898》（山东人民出版社1987年）和青岛市档案局、中国第一历史档案馆编《胶州湾事件档案史料汇编》（青岛出版社2015年）两书中得以一见，两书原题均为《山东道监察御史杨深秀奏折》，并署时间为"光绪二十三年十二月初八日（1897年12月31日）"，本集即以此二书中所录为底本。据孔祥吉《杨深秀考论》（《晋阳学刊》1983年第4期）考证，杨深秀于光绪二十三年十二月初七日（1897年12月30日）就任山东道监察御史，这是他就任后的第一封奏疏，但孔祥吉并没有引用原文，而是转引自《清史稿》中的《杨深秀传》，应是未见到此折原文，其在《康有为变法奏章辑考》（北京图书出版社2008年）中亦未收录此折，似未确认此折为康有为所代奏。茅海建在《戊戌变法史事考二集》（第397-398页）中提及此折时认为此折中下诏罪己、择建行都、派使游历各国等提议与康有为当时的思想较为接近，怀疑此折似为康有为所代拟，而杨深秀有所修改。编者以为，从此折行文及十二月初九日杨深秀代康有为所呈《请联结英国立制德氛益坚俄助折》来看，此折所述确近康有为之主张，因此编者赞同茅海建之观点，此折极有可能为康有为所代拟，惜尚无确据，暂存此以备一说。

②此句《德国侵占胶州湾史料选编1897-1898》记为"遂尔毫无防御"，《胶州湾事件档案史料汇编》记为"遽尔豪无防御"，本集综合两书定为"遽尔毫无防御"。

骤成万分危急之形，而朝谟枢议仍严密不令外廷与闻，只风闻政府言今日之势惟当虚与委蛇耳。臣窃以为误矣。夫有国通义，能自立始能御侮，能自守始能议和，未有敌军压境而可以委蛇却之者也。自与外洋交涉五十余年矣，我国事事失权利因循至甲午之役，以堂堂大国败于小我十倍之日本，其布置疏缓何一非"委蛇"两字误之？今而犹欲蹈其覆辙乎①？夫殷忧所以启圣，发奋即可为雄，势处万难，当集众思。臣谨按时局，抒愚虑，为我皇上披沥陈之，虽触忌讳，不敢避也。

一曰下责躬之诏激厉散漫之人心也。我国家自收复金陵以后，坐享升平，文酣武嬉，官不恤民，驯至响马会匪伏莽满山，倘乘边警而蠢动，为患殆不可问。然而转移之机无他，正在皇上一颁纶音耳。昔唐德宗初年，民困暴政，久忘爱戴之情，一旦下贬损自责之诏，虽骄将悍卒闻之痛哭，向之疾首蹙頞者，顿变而成敌忾之忱。近同治初年，我穆宗毅皇帝念时事艰难，两次下诏罪己，士气百倍，不久即削平大憝，此用之已效者也。皇上勤政爱民，赈恤屡下，如果引过归己，开诚谕人，较彼唐代，其深感尤当万万，必能使强梁革面，僻野倾心，众志成城，苞桑巩固，此所以定不拔之本也。

二曰简理剧之臣经营深固之行在也。夫燕京定鼎，肇自辽金，至元明而始称大统一之都，计已近千年矣。士气雄，漕运利，练兵措饷，昔最实宜。一自地球变为海战之局，而近海非甚宜矣。昔宋人失汴迁浙，逼入闽而无所复者，濒海而有尽也。唐人起晋都秦，暂幸蜀而终能克复者，守险而无惊也。夫据天下上游而远海氛之震荡者，首推秦之长安，次数晋之太原。太原险塞胜于秦，长安闳畅过于晋。窃维宜于两处择一，特遣大臣经略之，扫除行宫，平治辇路，核实仓储。万一敌人要

---

① 此句《德国侵占胶州湾史料选编1897—1898》记为"今而犹欲蹈其复辙乎"，似非，今从《胶州湾事件档案史料汇编》所记。

挟无已，和议难成，势不得不背城借一。彼自胶澳赴津沽，纵能顷刻而至，而我有深固之堂奥，皇太后、皇上暂为展軨西发乘舆，固无毂鸣之警矣。此所以据万安之基也。

三曰遣重望之使布告各国以明曲直也。近来地球各国皆以文明自命，无故而发大难之端，人即以野蛮待之。臣闻日本邮报有云各国同处太平之时，乃有忽遣兵舰霸占友邦土地者，殊非有教化之国所应出此。德国此番举动，我等正毋须畏怯也等语。又闻英国邮报有云，中国官场每不愿亲近西人，朝廷多听信其言，故只知疏远而不知敦睦等语。可见各国初不以德人为然，特我不向明告，遂无代持公论者耳。

夫吕相绝秦，兼述楚人之怨；汉高责项，明正义帝之仇。义声充沛，勇气倍增。皇上诚发一介之使、内识时务、外具办才者，剖是非以修辞令，不数日而遍达泰西，俾皆晓然于我之秉义、彼之寻衅，将必有发不平之鸣、责无礼之尤者。我即借兵借饷，皆可必应，此所以扬敌人之恶也。

三事既举，则亟宜整顿战备，盖言战非以挑敌氛，正以维和议也。近年以来，我之老臣宿将虽多凋谢，而鸿才硕学如张之洞，曾立武备学堂以造将才；实心任事如李秉衡，虽暂罢而深洽民情；而董福祥、聂士成、宋庆等皆战胜著威，朴实耐劳。海军虽未复，而陆军可战者精选之尚可得十余万，诚宜布之要地，以备不虞。不必定主战，要不可讳言战，庶显拒有形之恫喝，隐折无厌之要挟，似和局尚可速成。夫深畏启衅则衅愈生，豫思悍【捍】患则患自熄，万无虚与委蛇而能济此难者。闻与德人开议即定于此数日中，则安危所系在此一举。伏愿我皇上勿听畏葸之谋，坚定强立之计，天下事尚大可为也。臣诚不敢安缄默而坐视君父之急，谨献一得之愚，恭折具陈，伏乞圣鉴训示。谨奏。

请联结英国立制德氛益坚俄助折①

光绪二十三年十二月初九日

山东道监察御史臣杨深秀跪奏，为联结英国、立制德氛、益坚俄助，恭折仰祈圣鉴事：

窃德人称兵犯顺，占我胶州，悍然挟我以六条难从之事，彼其意中以为无能制其死命者耳。我适当铁舰不备、海军未复之时，不得不向俄国求将伯之助。乃俄虽有兵舰来泊旅顺，竟不闻仗义执言、立斥强横之举。盖倚人本难，集事而专倚一国，则尤未得计也。

夫今日地球大国，北俄而南则英，吾华邻于两强，势颇似春秋之郑。当日郑人从晋而亦兼从楚，俱非亲交，俱非仇雠，要处两大之中，即无专倚一国之理也。俄与我陆路毗连，诚不可不与深结矣。而英铁舰二百艘，皆大倍他国，海军之强，万国无能与比隆者。今我专倚一俄，反足召英人之怒忌。且非止英而已，日本与俄有宿愤，亦必惧而协英以谋我，我将何以堪之？强敌环来，心胆自堕，一恫吓而势必割地予之。吾地虽大，不将一朝而尽乎！

今若北联俄矣，南更结英，立可以制德人之死命。即俄亦不敢包藏

---

① 此折原件藏于台北市南港近代史研究所图书馆《总理各国事务衙门档案》。孔祥吉《康有为变法奏章辑考》（北京图书出版社2008年）考证其为康有为代作。此据孔祥吉《康有为变法奏章辑考》所录版本。

祸心，持两端以观变，矧他国而敢生觊觎乎！何以言之？西国兵舰来华，自地中海达红海，必出埃及之苏尔士河。此河总办为英太子，若竟不许其过，则无论何国，断难飞渡。且自此河而东，其要埠如亚丁、锡兰、孟加拉国、新架坡，固皆英地，即南绕好望角、三宝垄葛喇，亦罔非英土。彼所需煤水食物，船度定限，决难多携。英人若不允其添换，则固不敢涉印度洋咫尺也。故联英一策，所谓不战而折万国之兵也。

且德人之兵固亦不能太多也。法与彼宿雠，得隙便思报复，料彼不敢扫境尽来。彼船至大者，止载五百人，竭其兵力，调至二十舰，计亦不过万人。而其河路之借、煤米之供，英人若稍靳固之，即万众皆坐困矣。故我果联英，彼又将何以善其后哉？而或疑英人志图占我广东，则又不然。英属地已四十二处，其印度、加拿大、澳大利亚，皆思叛英自主，若再求广地于华，更虑控制难周矣。故瓜分我地之心较诸国为缓，特与俄、德相形，不肯太让，又以我无专使相求，故不能自来助我也。

比闻英实有愿结中华之意，散见各报。即日本亦有联我之心，盖事机立变，虽仇国亦当合也。昔楚王恨商于之诳，怒思伐秦，而陈轸即劝其合秦以攻齐。蜀先主耻猇亭之败，日图报吴，而诸葛亮即劝其合吴以伐魏。故我若联日本，日本为自卫计，亦必可听从，而我仍以济成结英之势也。又近知各国合从，惟美国初无兵来，我且遣觅美国商人，借款购船，兼可借将借兵，但少以铁路矿务作押，必可操券而得。既有强援，气势充盛，彼德人若不急急退兵，又将何以善其后哉？倘不用此策，而割地以畀德，各国谁不思踵其后而瓜分少许？英、日即其最先者矣。夫我专倚俄，俄、德固有旧盟，必不肯为我而绝德。兼闻德人未来时，其酋躬朝于俄，早已深谋坚约，而我无兵无舰、无以自立，俄岂能为我出死力以保护我哉！是故联俄非失策，专倚俄而不兼结英，则似非上策耳。当此十分危急之秋，谨贡愚人之一得，触冒忌讳，恭折具陈，伏乞皇上圣鉴训示。谨奏。

特参局绅贾景仁假公攫利纵欲败防请交部议处折①

光绪二十四年闰三月十三日

奏御史杨深秀折参局绅贾景仁由 闰三月十三日

山东道监察御史杨深秀跪奏，为局绅假公攫利、纵欲败防、有碍局务，谨胪陈劣迹，请旨惩处，以儆官邪而维商务，恭折仰祈圣鉴事：②

窃古圣人深戒小人之勿用。小人者，见利忘义，上不顾君父，下不顾物议，得隙钻营，遇事把持，稍拂其意，又必倒行逆施，大肆厥毒，而美利终不能兴。山西之设商务局也，自以开矿务、修铁路为要事，只

---

①此折原件藏于中国第一历史档案馆，录副奏折，光绪二十四年闰三月十三日，档号03-5359-037，电子文件号03-01-000-005359-0037-0000，缩微号404-3466，原题为《奏为特参局绅贾景仁假公攫利纵欲败防请交部议处事》，本集以此为底本。此折是杨深秀为自己家乡山西省事而上呈的奏折，由于其与戊戌变法之间并无太大关联，故各类史料丛刊少有收录。张元济主编的《戊戌六君子遗集》于民国七年出版（1918年元月，但此书于1917年12月排印，故又称为丁巳年十二月初版），其中收录有四篇杨深秀的奏折，定名为《杨漪春侍御奏稿》，此折即在其中，题名与本集相同，本集即参考此版本进行点校。此折所述之事为清末著名的山西争矿运动的开端，1896年英国为掠夺山西煤炭资源成立了"福公司"，为躲避华人反对，"福公司"采用"华洋合办"的方式，通过商人刘鹗和方孝杰合办的"晋丰公司"同商务局总办贾景仁勾结，共同掠夺山西的煤炭，1897年，"福公司"同山西巡抚胡聘之签订《请办晋省矿务借款合同》五条和《请办晋省矿务章程》二十条。此事一出，山西士人纷纷上奏表示反对出卖山西矿权，呼吁清廷惩处涉事官员并收回国家利权，杨深秀这封奏折即是此次运动中众多奏本之一。

②原折行文如此，在《杨漪春侍御奏稿》中并无以上文字，而以"窃古圣人"为文首，今从原档。

以局员非人，遂致有害而无利。抚臣胡聘之初调之绅士，除赴官及抱病外，到局者惟刑部郎中曹中裕一员，其性柔懦而诈，因人始能成事。至续调之国子监学录贾景仁，则桀黠跋扈，利欲熏心，自未经奏调之前，业已入局办事，曾赴外县劝集股本，乘势胁取祁县富室乔氏之婢为妾。兼之气焰凌人，各绅富望而生畏，而股本转因以难集。逮奉调入局，乃竟拉同严旨降调之方孝杰至晋，力保其承办铁路。抚臣想亦知其劣迹，初不允许。而该员为之百计斡旋，出死力以营护，凡他商具呈领办者，俱遏抑之，使不得达。即以同局周玉麟能为局中自借洋款，六厘息外不索股分，视方商之款甚为有益，乃亦遭该员阻挠而去。夫众商云集，本可择利益较多者而用之。及俱被摈绝，而只留方姓一人，抚臣虽不愿，亦无可如何矣。及刘鹗来晋揽矿，初上禀而抚臣驳之，一经谄附该员，遂得不劳而定。近日籍隶晋省京官具呈请都察院代陈所定章程之不可，而方刘二商奉旨撤退，而终不曾明指该员之劣迹。其实二商虽退而该员尚在局，则所汲引者仍如前也。讵意该员近以会试来京，乃敢明露强悍，声言二商虽斥，终当极力引还。夫该员之心，不过贪图所许股分之厚，可以尽量中饱，而遂谋翻明降谕旨之案。彼其心尚有几微知尊皇上乎？且该员乃祖乃父俱读书筮仕，今虽皆谢世，而其叔父工部主事贾璜现在，初不以其所行为然。彼家庭之曾否劝诫，与该员之有无挺触，外人固未得而知，而贾璜固公呈列名之人，闻该员议论，谓其叔父又何能为，彼其心目中亦岂尚有其叔父乎？臣所谓不顾君父者，固非深文周内言之也。至合省京官初未明指该员之贪横，而俟其警悟，则局事尚可渐臻美善。讵该员在局内挟妓酗赌，挥霍宴乐，及至京而负气恃强，未与一人言及转圜之理、酌改之条，直欲各现神通，扼众人之吭而使之噤不能言，既胜朝官，则小民愈易欺凌矣。风闻该员于原定潞泽二府、平盂二州县外，又欲将太原、平阳混入章程之内。臣所谓倒行逆施、美利终不能兴者此也。臣意抚臣初奏调时，未必料其跋扈至此，此事实不应中止，而此人万不可姑容，合无请旨即将该员撤退，并请交部议处，以儆官邪而维局务。至该局接办需人，可否由合省京员公举详慎练达之人，以期有裨时局？臣愚昧之见，伏乞皇上圣鉴训示。谨奏。

欲推行新政速见时效请定国是明赏罚以正趋向而振国祚折①

光绪二十四年四月十三日

山东道监察御史臣杨深秀跪奏，为请定国是、明赏罚、以正趋向而振国祚，恭折仰祈圣鉴事：

窃近者外国交逼，内外臣工讲求时变，多言变法，以图自保。然旧人多有恶为用夷变夏者，于是守旧、开新之名起焉。其守旧者，谓新法概宜屏绝；其开新者，谓旧习概宜扫除。小则见诸论说，大则形之奏牍，互相水火，有如仇雠。臣以为理无两可，事无中立，非定国是无以示臣民之趋向，非明赏罚无以为政事之推行。踯躅歧途者不能至，首鼠两端者不能行。午针未定、标向不立，议论不一、游移不断，未有能成功者也。非徒无成而已，两党交争，其甚必至增内讧而召外侮、挠政事

---

① 此折原件藏于中国第一历史档案馆，录副奏折，光绪二十四年四月十三日，档号03-9446-031，缩微号674-3371，题名为《奏为欲推行新政速见时效请定国是明赏罚以正趋向而振国祚事》。在《戊戌变法文献汇编》（第五册）、《近代中国史料丛刊续编·戊戌变法档案史料》、《中国近代史资料丛刊·戊戌变法》（第二册）中均收录此折，未定题名。据学界考证，此折为康有为代写，故又收入《康有为全集》（第四集），集中题名为《请定国是明赏罚以正趋向而振国祚折》；孔祥吉《康有为变法奏章辑考》（北京图书出版社2008年）中亦收入此折，题名与《康有为全集》同，孔氏认为梁启超等人也参与了此折的拟写。本集以中国第一历史档案馆馆藏文本为底本，参考《近代中国史料丛刊续编·戊戌变法档案史料》所收录的版本进行了点校。

而败国家而已。

夫当今大地既通，万国环逼，新法日出，其不能复用元明一统之旧法甚明。伏闻皇上圣明天亶，讲求变法，此祖宗艰难缔造之天下望以不坠者也。乃累奉诏书，颁行新政，而大臣置若罔闻，或阁而不宣，或宣而不行，或行而不举，则以国是未定、赏罚未明故也。乃者诏书频下，废武科，裁冗兵，开学堂，举行经济特科及经济常科，皇上于变法之方既已讲之明、审之决，而后行之矣，而犹未著定国是，申明赏罚，别黑白而定一尊，决嫌疑而去犹豫，致使新政不举。台湾既割，胶变旋生，今又半年矣，是非强敌割之，而守旧者倒戈内攻而割之也；亦非守旧者割之，而国是未定、赏罚未明割之也。夫以皇上之明，岂犹有所谓犹豫哉！

或以守旧者皆老成忧国而姑存之。臣愚窃以为忧国者不当以攘夷之空言争，而当以措施之实事见。泰西练兵皆数百万，铁舰皆百数十艘，岁入皆数万万，农工商兵人皆知学，妇女童稚人尽知书。铁路如网，作厂如林。而我兵皆不练，铁舰无一，岁入仅七千万，而国债累累，制造无有，器皆朽窳，士愚才乏。比较相形，贫富、愚智、强弱甚远矣。今彼守旧者当斯艰巨，真能制梃以挞秦楚乎？故守旧之人见外国人则极畏甚葸，挠新政则深闭固拒，此其愚蔽若此，而以之当国任政，有不速召敌侮者哉！夫守旧之人实非不知今之宜变法也，或年老不能读书，或气衰不能任事。不能读书则难考新政；不能任事则畏闻兴作。虑新法之行，于旧官必多更革，于旧人必多褫斥，于其富贵之图大有不便，则惟有出全力以阻挠之，造谣言以摇惑之。开新者通达中外，其人本寡，其势甚孤；守旧者承袭旧习，其人极多，其势甚大。以极多之党，人咸自为私计，合成大众，造作语言，阻挠百端，飞诬百出，务攻开新之人，务挠维新之政。皇上日开之于上，而守旧者日塞之于下，虽有诏书而新政不行，职是故也。故开新者，皇上所大利，而守旧者所大不利也；守旧者，于皇上有大害，而守旧者之大利也。乃上托法祖之名，下据攘夷之论，阳塞开新之口，阴便身家之图。皇上外观时变，内察人情，岂可以天下大器、四海民命而徇守旧者富贵之图哉！夫使时局不危，则此辈营营、原可置之勿论，而无如胶事之后，祸变日急，推求其本，皆由议论不一，国是未定，赏罚未著，故令守旧者昌而新政不行。

夫古今为政，未有东西未定、游移两可者。若皇上仍主由旧，则将总署、使臣、航政、铁路、电线、邮政、制造、招商之局，同文、方言之馆尽撤之，而禁言外国之故，永锢开新之人可也。若以夏葛冬裘，时变既易，量时审势，必宜开新，而徘徊中立，令臣民伥伥莫适，天下趋向无定，必至一事不立、坐待削弱。胶旅之事，是其前车。臣愚谓皇上仍主守旧则已，若审观时变，必当变法，非明降谕旨、著定国是，宣布维新之意、痛斥守旧之弊，无以定趋向而革旧俗也。

且赏罚者，人主之大柄，所以操纵奔走天下者也。皇上有赏罚之大柄而不用，徒付之吏议。夫吏议之律，是亦守旧而已。皇上无操纵天下之权，故日欲行维新之政，而未见毫厘之效也。故从古行新法之时，未有不大用赏罚也。今开新者力任艰巨，未见赏擢；守旧者废格诏书，未见罢斥。开新者事劳而势逆，守旧者事逸而势顺，是驱天下人守旧而已。昔赵武灵王之罢公叔成，秦孝公之罢甘龙，日本之君睦仁变法之罢幕府藩侯，俄彼得变法之诛近卫大臣，此皆变法已然之效也。皇上欲推行新政，速见实效，请查核内外大臣奉行甲午以来新政之谕旨，若学堂，若武备，若商务农工，何者举行，何者废格，嘉奖其举行者，罢斥其废格者。明降谕旨，雷厉风行，如此而新政不行、疆土不保者，未之有也。臣实感于时变，目击艰危，不能自已。愚氓之见，伏乞皇上圣鉴训示。谨奏。

请斟酌列代旧制正定《四书》文体以厉实学折①

光绪二十四年四月十三日

　　山东道监察御史臣杨深秀跪奏，为请斟酌列代旧制、正定四书文体，以厉实学②而取真才，恭折仰祈圣鉴事：

　　窃自取士之法未善，用非所学、学非所用，制艺帖括、消磨人才，因有建议欲变科举、废四书文者。臣窃惟制艺之科行之已数百年，沿袭至今、适承其弊。若不思变计、固无以得人才；若骤更成法、亦复猝无善策。尝统筹利弊，熟计重轻，以为非立法不善之为害，而实文体不正之为害也。故欲求真才，必自厘订文体始。

---

　　①此折原件藏于中国第一历史档案馆，录副奏折，光绪二十四年四月十三日，档号03-9446-027，缩微号674-3360，原题为《奏请斟酌列代旧制正定四书文体以励实学事》。此文曾于报刊上发表，见《申报》（光绪二十四年四月二十九日）及《知新报》第五九册（光绪二十四年六月初一日出版）；张元济主编的《戊戌六君子遗集》于民国七年出版（1918年元月，但此书于1917年12月排印，故又称为丁巳年十二月初版），其中收录有四篇杨深秀的奏折，定名为《杨漪春侍御奏稿》，此折即在其中，定题目为《请厘定文体折》，今收入沈云龙主编之《近代中国史料丛刊三编》第十八辑中；除此之外，《戊戌变法》第二册（中国史学会主编《中国近代史资料丛刊》第八种）、《戊戌变法文献汇编》第二册（杨家骆主编《中国近代史文献汇编之一》）均收有此折（以《申报》及《知新报》为底本）；现经学界考证，此折为康有为代拟，故又收入《康有为全集》第四集（中国人民大学出版社2007年版）。本集以中国第一历史档案馆所藏档案为底本，参考其他各版本予以点校，段落划分及标点主要参考《康有为全集》第四集。

　　②原折为"以厉实学"，《杨漪春侍御奏稿》（张元济编《戊戌六君子遗集》）中无此句，《戊戌变法文献汇编》《戊戌变法》《康有为全集》所录版本均记为"以励实学"，以下皆同。

查经义之体肇自宋代，因文见道、意美法良。宋人之文传于今日者，如王安石、苏洵、苏辙、陆九渊、陈傅良、文天祥诸大家，类皆发明经意、自撼伟论，初无代古人语气之谬说，无一定格式之陋习。故观其说理，可以知其行谊；观其发论，可以知其经济；有本有文，体最善矣。明世沿习既久，防弊日周，于是创为代圣立言之说，谓不得用秦汉以后之书述当世之事，夺微言大义之统，为衣冠优孟之容，诬己说为古言，侮圣人而不顾。于是束书不观，①争为谬陋文体，风俗之坏实自兹始。

有明中叶以后，②始盛行四股、六股、八股破承起讲之格，虽名为说经之文，实则本唐代诗赋、专讲排偶声病【调】③；如宋元词曲，但求按谱填词，而芜【肤】词谰言④，骈拇枝指，又加甚焉。以经意论则无所发明，以文体论则毫无取义。格式既定，务使千篇一律，稍有出入，即谓之不如格。是以习举业者陈陈相因⑤、涂涂递附，黄茅白苇一望皆同。限以三百七百之字数，拘以连上犯下之手法，虽胸有万卷学贯三才者，亦必俯就格式，不许以一字入文。其未尝学问者，亦能揣摹声调、敷衍讲章，弋获巍科、坐致高位。是使天下之人相率于不学也。

---

①原档及《杨漪春侍御奏稿》皆记为"束书不观"，当是；《戊戌变法》《戊戌变法文献汇编》《康有为全集》等所录版本皆作"史书不观"，语义不明，似非。

②原档及《杨漪春侍御奏稿》中记录如此，《戊戌变法》及《戊戌变法文献汇编》版均记为"明叶以后"，《康有为全集》版记为"明中叶以后"；今从原档。

③原档及《杨漪春侍御奏稿》记为"专讲排偶声病"；《戊戌变法》《戊戌变法文献汇编》《康有为全集》等所录版本皆作"专讲排偶声调"，当是。

④原档及《杨漪春侍御奏稿》均记为"而芜词谰言"，《戊戌变法》《戊戌变法文献汇编》《康有为全集》等所录版本皆作"而肤词谰言"，当是。

⑤原档记为"陈陈相因"，《杨漪春侍御奏稿》《戊戌变法》《戊戌变法文献汇编》《康有为全集》等所录版本皆作"陈陈相应"，今从原档。

今夫国家设科举之意有二：一以鼓厉天下之人①，使之向学以成其才也；一以试学者之才不才，择而用之也。今用此种庸滥文体，既使天下相率于不学②，而人才之消磨已十之八九矣。苟有一二自拔流俗者，则其才华学识不能发见于场屋文字之中，偶或发见，则以不合格黜之。然则使衡文者究何所凭借，以别择其才不才哉？

故用今日之文体，其弊亦有二：能使天下无人才，一也；即有人才而皇上无从知之、无从用之，二也。更有甚者，各省岁科童试、县考、府考、院考，多出截上截下、无情巧搭等题，割裂经文、渎侮圣言，律以祖制、咎有应得，而各省沿用毫不为怪。此种文体，惟讲手法，不顾经意，起承转收，擒钓渡挽，其法视文网为尤密，其例视刑律为尤严，遂使天下百千万亿之生童，日消磨精力于此等手法之中，舍纤仄机械之外无所用其心，恐有旁骛而文法因以疏也③；舍串珠类腋之外无所用其学，恐有博涉而文体因以杂也。夫天下之士子，莫多于生童也；盈廷之公卿，皆起自生童也，而其用心及其所学如此。驱天下有用之才而入于无用之地，一旦而欲举以任天下之事、当万国之冲，其可得乎！

今夫四书文之所以足贵者，将使人读书以明理、穷经以尊圣也。今截搭枯窘、割裂破碎之题，非以通经，乃以蠹经；代古立言，优孟傀儡之体，非以尊圣，乃以侮圣。故臣谓非立法不善之为害，而文体不正之为害也。请特下明诏，斟酌宋、元、明旧制，厘正四书文体。凡各试官命题，必须一章一节一句语气完足者；其制艺体裁，一仿宋人经义、明

---

①原档记为"鼓厉天下之人"，《杨漪春侍御奏稿》、孔祥吉《康有为变法奏章辑考》均记为"鼓励天下之人"，《戊戌变法》《戊戌变法文献汇编》《康有为全集》等所录版本皆作"鼓天下之人"，今以原档为准。

②原档记为"既使天下相率于不学"，孔祥吉《康有为变法奏章辑考》（北京图书出版社2008年）此句记为"即使天下相率于不学"，似非。今以原档为准。

③原档记为"而文法因以疏也"，《杨漪春侍御奏稿》《戊戌变法》《戊戌变法文献汇编》《康有为全集》等所录版本皆作"而法因以疏也"，似应以原档为准。

人大结之意，先疏证传记以释经旨，次博引子史以征蕴蓄，次发挥时事以觇学识；不拘格式、不限字数。其有仍用八股庸滥之格、讲章陈腐之言者，摈勿录；其有仍入口气，托于代圣立言之谬说者，①以僭妄诬罔、非圣无法论。轻则停廪罚科、重则或予黜革②。如此，则观听一新、人务实学，有经义取士之效而无其弊矣。

夫因文体之极弊而并欲废四书文者③，过激之谈也。因四书之足贵而并袒护今日之文体者，不通之论也。正文体乃以尊四书，变流弊乃以符旧制。其为事至顺，其图变至易，其所关至大，其收效至神。伏乞断自圣衷、即降谕旨，布告天下、咸使闻知，似于维持正学、培育真才④，必有大裨。

臣愚一得之见，是否有当，伏乞皇上圣鉴训示。谨奏。

---

① 原档及《杨漪春侍御奏稿》均记为"其有仍入口气，托于代圣立言之谬说者"，《戊戌变法》《戊戌变法文献汇编》《康有为全集》等所录版本皆作"其有仍用八股口气，为代圣立言之谬说者"，为保持原貌，此从原档。

② 原档及《杨漪春侍御奏稿》均记为"或予黜革"，《戊戌变法》《戊戌变法文献汇编》《康有为全集》《康有为变法奏章辑考》等所录版本皆作"或予斥黜"，今从原档。

③ 原档及《杨漪春侍御奏稿》《康有为变法奏章辑考》中行文如此，《戊戌变法》《戊戌变法文献汇编》《康有为全集》等所录版本皆作"而欲废四书文者"，今从原档。

④ 原档及《杨漪春侍御奏稿》均记为"培育真才"，《戊戌变法》《戊戌变法文献汇编》《康有为全集》《康有为变法奏章辑考》等所录版本皆作"培育真材"，此处从原档。

日本变法立法确有成效请饬下总署速议游学日本章程片①

再：前刑部右侍郎李端棻请开学堂派游历一折，奉旨准行。伏见皇上深观时变，亟欲变法之意，而泰西各学，自政治、律例、理财、交涉、武备、农、工、矿及一技一艺，莫不有学。日本变新之始，皆遣贵游聪敏学生出洋学习，今其相伊藤博文即与我同治时出洋学生同学者也。特吾格于守旧谬说，加以经费支绌，故事中止，遂使日人学而有成。今日人于泰西诸学灿然美备，非特追摹逼真，亦且自出新解，故能以小国凭陵中土，良有所因。

我今欲变法而章程未具，诸学无人，虽欲举事，无由措理。非派才俊出洋游学，不足以供变政之用。特泰西语言文字不同，程功之期既远，重洋舟车，饮食昂贵，虚糜之费殊多，故郑重兹事、迟迟未举。臣以为日本变法立学确有成效，中华欲游学易成，必自日本始。政俗文字同则学之易，舟车饮食贱则费无多。

---

① 此折原件藏于中国第一历史档案馆，录副奏片，档号：03-9446-028，缩微号：674-3365，题名为《奏为日本变法立学确有成效请饬下总署速议游学日本章程等事》，实为《请正定四书文体以励实学折》的三个附片之一，孔祥吉考证此为康有为代作。《戊戌变法档案史料》（沈云龙主编《近代中国史料丛刊续辑》317）及孔祥吉《康有为变法奏章辑考》（北京图书出版社2008年）将此片单独列出，《康有为全集》第四集以《戊戌变法档案史料》所录版本为底本，取题名为《请议游学日本章程片》。本集以中国第一历史档案馆所藏原档为底本，亦单独列出，参以其他版本予以校对，段落及标点主要参考《康有为全集》第四集，题名从简。

顷闻日人患俄人铁路之逼，重念唇齿辅车之依，颇悔割台相煎之急，大开东方协助之会，愿智吾人士，助吾自立，招我游学，供我经费，以著亲好之实，以弭夙昔之嫌，经其驻使矢野文雄函告译署。我与日人隔一衣带水，若吾能自强复仇，无施不可。今我既弱未能立，亟宜因其悔心，受其情意。闻日人今者有两党，一主独立，一主联我。国家虽不计此区区经费，亦何必拒之重增嫌怨，令彼独立党人有所借口，联我党人悔其被辱，谓中国止可胁以兵力、不可亲以情谊，恐因羞成怒、积成衅端。且阅彼国报纸，谓彼更将有亲好之事，图昭信于我朝，供游学之经费，乃其启端。若重拒之，彼虽有大端相结者，亦不敢再献。其于纳侮招尤，为害匪浅。莫如因而受之，既于两国可联情好，且令吾人士得通彼学，又省经费、一举三善，孰便于是？

伏乞饬下总署速议游学日本章程，准受其供给经费。其游学之士，请选举贡生监之聪敏有才、年未三十已通中学者，在京师听人报名[①]，由译署给照，在外听学政给照，庶于成人才以济时艰，纳邻好而泯猜嫌，必非小补。谨附片上陈，伏乞圣鉴。谨奏。

---

① 原档及《戊戌变法档案史料》《康有为变法奏章辑考》均记为"报名"，《康有为全集》记为"报告"，似应以原档为宜。

译书智民其功至大清饬下总署议行或拨款试办片①

再：道光后，大地交通，诸国竞长，议者已议师夷之长技而制之。考泰西学校选举，专以开新为义，合十六国人士所讲求，五百年君相所鼓厉，政治、学术、理财、练兵、农工商矿，一切技艺，日出精新，皆有专门之书，每门卷盈千百。美国养兵二万，而顷与西班牙开仗旬日，辄已大胜。盖泰西所以横行四海、掩袭大地者，不在力而在智。吾自交涉以来，同、光以前，中外议臣亦未尝不言变法，而都其所见，率皆在筑炮台、购兵舰、买枪炮、练洋操而已，尚未知讲求学校也。甲午军兴之后，渐知泰西所以富强在于有学，于是议臣始言学。当今直省督抚，亦纷纷渐知立学堂矣。然学堂以何物教之，尚未计及也。学堂仅教诸生童幼，习西国文字语言，五六年后始能通其文字语言，尚未通其政学，则又待之十年后矣。今世变甚急，朝不及夕，岂能从容待之十年乎？其不在学堂中之人士，及任官之士夫，尤今日所倚而用之者，乃无从得地球掌故物理、泰西政俗、经济农工商矿各学而考求之。

---

① 此折原件藏于中国第一历史档案馆，录副奏折，档号：03-9446-030，缩微号：674-3369，实为《请正定四书文体以励实学折》的三个附片之一。《戊戌变法档案史料》和《康有为变法奏章辑考》将其单独列出，经孔祥吉考证此片亦为康有为代拟，《康有为全集》第四册即以《戊戌变法档案史料》版本为底本收录，定题名为《请译日本书片》。本集亦将其单独列出，以原档为底本，参以各版本进行点校，《康有为变法奏章辑考》定题名为《请筹款译书片》，本集题名从《康有为全集》。

臣以为言学堂而不言译书，亦无从收变法之效也。同治时，大学士曾国藩先识远见，开制造局首译西书。而奉行者不通本原，徒译兵学医学之书，而政治经济之本，乃不得一二。然且泰西文义迥异，译者极难，越月逾岁，乃成一种；故开局至今数十年，得书不满百种，以是而言变法，是终不得其法也。

臣愚窃考日本变法，已尽译泰西精要之书，且其文字与我同，但文法稍有颠倒，学之数月而可大通，人人可为译书之用矣。若少提数万金，多养通才，则一岁月间可得数十种。若筹款愈多，养士愈众，则数年间将泰西日本各学精要之书，可尽译之，而天下人士及任官者，咸大通其故，以之措政皆有条不紊，而人才不可胜用矣。国家虽贫，而岁縻闲款，不知几许，若一铁舰一克虏伯炮之费，动需百数十万矣。若能省一炮之费以举译书之事，而尽智我民，其费至简、其事至微、其效至速、其功至大，未有过于此者。若承采择，乞饬下总理各国事务衙门议行，或年拨数万金试办。臣愚一得之见，伏维圣鉴。谨奏。

请派近支王公游历片①

再：顷割地纷纭，由我闭关守旧，王公大臣未尝游历，故为强敌所胁也。昔春秋时诸国并立，多以王子公孙出聘，见之《左传》，其数至繁。近者，泰西各国聘问游历，多其亲王近属为之。我中国向来一统，环四垂者皆小蛮夷，可鞭笞而臣妾之，自无列国聘问游历之礼。今地球大通，万国并立，不止亲王出游，亦多两君相见，德、俄、英、法之君，无岁不会，故情好欣洽，嫌隙易弭。我今仅为万国之一，必不能用一统之法，而我近支王公未尝特膺聘问，非所以联外交而崇亲好也。国朝定例，宗室不得出四十里外，又不与外廷臣工往还，故未能扩其见闻，练其才器。在当时鉴于前明宗室强横，虑其虐民乱政，故有亲王不得入军机之例。今事势相反，萦葛异时，并用亲贤以资夹辅，宜崇强干之义，应讲教练之方。考三代之制，自王之世子、庶子皆入太学，泰西犹用我经义，上自王子，旁及近亲，皆先入学堂与群士齿。又学于兵舰，亲为水手；学于练军，躬列卒伍，然后次第升擢，乃为船主、将校。稍长之后，必遍历外国，周知风俗，通其政事，或又因其性之所

---

①此为《请正定四书文体以励实学折》的三个附片之一，原件藏于中国第一历史档案馆。《戊戌变法档案史料》《康有为变法奏章辑考》将其单独列出，经孔祥吉考证此片为康有为代拟，《康有为全集》（第四集）即以《戊戌变法档案史料》版本为底本收录，定题名为《请派近支王公游历片》，今从之。本集亦将其单独列出，以《戊戌变法档案史料》所录版本为底本，参以诸版本进行点校。

长，入其各学，专习一业，期数年而成功。日本变法维新，派炽仁亲王、有栖川亲王、小宫丸亲王出游泰西，分习诸学，故能归而变政，克有成效。暹罗变法，亦使其亲王游历泰西，去年暹王且躬自游历①，故近来政治丕变，西人畏之，不敢逼胁。此诸国并立之通例，尤变法之良模也。

顷德王之弟来游，皇上接见以殊礼。盖当列国竞长之时，已不用一统闭关之旧，而我执政及百司大臣，皆足迹未尝至海外，近支王公仍闭处都城，见闻愚陋，才局不练，一旦授之以政，或使于四方，遂望其能兴内政而御外侮，何可得哉？

伏闻皇上宵旰忧勤，讲求变法，垂意人才。臣愚谓采万国之良法，当自游学始；练天下之人才，当自王公始。伏乞断自圣衷，变通旧例，特派近支王公之妙年明敏有才志者，游历泰西各国；其有美志良才，自愿游学习政习兵者，尤有裨益，乞准其所请。若蒙俞允，其于培宗干而练人才，似非小补。伏乞皇上圣鉴训示。谨奏。

---

① 《戊戌变法档案史料》《康有为变法奏章辑考》记为"躬自游历"，《康有为全集》（第四集）记为"躬自颁岁"，疑其讹误；似以《戊戌变法档案史料》所录为是。

特参礼部尚书许应骙守旧迂谬阻挠新政立赐斥以儆效尤折①

光绪二十四年五月初二日

掌山东道监察御史臣宋伯鲁、山东道监察御史臣杨深秀跪奏,为礼臣守旧迂谬、阻挠新政,②请伸乾威、立赐降斥,以儆效尤而重邦交,恭折仰祈圣鉴事:

窃臣伏读四月二十三日上谕,仰见皇上赫然发奋,图新自强,而尤垂意于学校、外交两事,此诚储才之急务,保邦之远猷也。

臣惟礼部为学校总汇之区,总署乃外交铃键之地,必得人以为理,始措置之得宜。窃见礼部尚书、总理各国事务大臣许应骙,品行平常,

---

①此折原件藏于中国第一历史档案馆,录副奏折,光绪二十四年五月初二日,档号:03-9447-005,缩微号:674-3444,原题名为《奏为特参礼部尚书许应骙守旧迂谬阻挠新政请立赐降斥以儆效尤事》。据称此折原有正副两份,正折字数较多,但有多处用纸贴盖,副折即照贴盖后的文本抄录,故副折字数少于正折。后《戊戌变法档案史料》以正折去除贴盖纸张后的全文为底本收录,孔祥吉考证此折实为康有为代宋伯鲁、杨深秀二人所作,故又收入《康有为全集》(第四集)及《康有为变法奏章辑考》,题名为《礼臣守旧迂谬阻挠新政请立赐降斥折》。本集为保存原貌,以所见录副奏折为底本,参以其他版本进行点校,所未录入的正折贴纸覆盖部分于注中注明。

②原档中行文如此,《戊戌变法档案史料》《康有为变法奏章辑考》《康有为全集》(第四集)所录版本在此句之后还有"贻笑邻使"一句,据《戊戌变法档案史料》称此句在正折中被纸贴盖,故录副奏折并未录入被纸贴盖各句,今从编者所见录副奏折原貌,在此注明。

见识庸谬，妄自尊大，刚愎凌人。礼部为文学之官，关系极为重大，国家学校贡举之制，多由核议。皇上既深惟穷变通久之义，为鼓舞人才起见，特开经济特科，岁举两途，以广登进。而许应骙庸妄狂悖，腹诽朝旨，在礼部堂上倡言经济科之无益，务欲裁减其额，使得之极难，就之者寡，然后其心始快。此外，见有诏书关乎开新下礼部议者，其多方阻挠，亦大率类是。接见门生后辈，辄痛诋西学；遇有通达时务之士，则疾之如仇。皇上日患经济之才少，而思所以养之；许应骙日患经济之才多，而思所以遏之，臣不解其何心也！

总理衙门为交涉要区，①一语一言，动易招衅，非深通洋务、洞悉敌情，岂能胜任？许应骙于中国学问尚未能十分讲求，何论西学？而犹鄙夷一切，妄自尊大。②其于伤邦交而损国体，所关非细故也。

臣以为许应骙既深恶洋务，使之承乏总署，于交涉事件一毫无所赞益，而言语举动随在可以贻误。③宜令即行退出总理衙门，实为慎重邦交之道。礼部总持天下学术，皇上方谆谆戒谕，令天下讲求时务，以救空疏迂谬之弊，而许应骙以空疏迂谬之人厕乎其间，日以窒塞风气、禁抑人才为事，④致圣意不能宣达，天下无所适从，宜解去部职，以为守旧误国者戒！

伏请皇上天威特振，可否将礼部尚书许应骙以三四品京堂降调，退

---

① 录副奏折行文如此，《戊戌变法档案史料》《康有为变法奏章辑考》《康有为全集》（第四集）则在此句之后还有"当此强邻环伺之时"一句。

②《戊戌变法档案史料》《康有为变法奏章辑考》《康有为全集》（第四集）所收此折中，则在此句之后还有"闻其尝在总署，因一无关轻重之事，忽向德使海静争论，德使瞋目一视，以手拍案，尚未发言，而许应骙已失色，即趋出署，德使乃大笑，加以讪诮。此等之事不一而足"等语。

③《戊戌变法档案史料》《康有为变法奏章辑考》《康有为全集》（第四集）则在此句之后还有"中国之见轻见侮，未必不由此辈致之"等语。

④原档及《戊戌变法档案史料》《康有为变法奏章辑考》均记为"禁抑人才为事"，《康有为全集》（第四集）记为"禁教人才为事"，似应以原档为是。

出总理衙门行走，庶几内可以去新政之壅蔽，外可以免邻封之笑柄，所关似非浅鲜。臣愚昧之见，是否有当，谨合词具奏，伏乞皇上圣鉴训示。谨奏。

沥陈国势危迫急图维新请御门誓众更始庶政以救危亡折①

光绪二十四年五月初十日

山东道监察御史臣杨深秀跪奏，为国势危迫、急图维新、乞御门誓众，更始庶政，以救危亡，恭折仰祈圣鉴事：

窃顷岁自安南失、缅甸亡、琉球灭、朝鲜去，属国已尽，遂薾辽、台。近乃割及胶州、旅顺、大连湾、广州湾、九龙等内地。其他练兵、铁路、轮船、矿产、商务，日朘月削，我国权不能自主，岌岌待亡，此何时耶？幸而皇上圣明，考察时势、明定国是，知守旧之误国、以开新为宗主，可谓神武天纵、首出庶物者矣。

使当甲申、甲午后为之，自强可立致；及今乃变，以大势论之，实已太迟。故必如救火追亡，被发缨冠，犹虑不及。而大小群僚，泥于旧习，不深维地球之大变，通考万国之比较；不内思吾国无兵、无炮、无舰、无坞、无学校、无财赋、无制造、无商务之故。一有敌患，拱手待

---

① 此折原件藏于中国第一历史档案馆，录副奏折，光绪二十四年五月初十日，档号：03-9447-013，缩微号：674-3472，原题名为《奏为沥陈国势危迫急图维新请御门誓众更始庶政以救危亡事》。后收入《杨漪春侍御奏稿》（又收入张元济编《戊戌六君子遗集》）、《戊戌变法》（第二册）、《戊戌变法文献汇编》（第二册）及《康有为全集》第四集均以《杨漪春侍御奏稿》为底本收录此折，定题名为《请御门誓众折》，孔祥吉考证此为康有为代作，故《康有为变法奏章辑考》收入此折，定名为《请御门誓众，更始庶政折》。本集以原档为底本，参以其他版本进行点校，题名从《杨漪春侍御奏稿》原题。

亡，恐惧震惶，毫无一策，听客所为，坐受束缚；及边患稍定，又复空腹高心，端坐讽议。与论危机，彼以为故甚其辞；与论新政，彼以为大叛吾教。究之五六十年来与外国交涉，有所争则不得要领，有所允则顿伏隐患，良由士大夫皆不明时务，实由不多读书、不勤访问，事过则偷安，事急则冥行，孙坚责王睿之罪曰坐无所知，正此辈之谓也。

今既奉上谕，明定国是，而守旧之徒迂谬指摘，日夜聚谋思变乱明旨；或仇视开新之人，思颠倒是非，造作谣言，以惑圣德。臣不敢谓此辈不忠，要由暗愚不知大局致之。然暗愚如此，足以亡国有余，五十年来其已事矣。夫举朝如此，皇上一人欲更新庶政，将与谁共为之哉？上谕骤下，则稍悚动，过数日则忘之，又数日则诋諆复生，又数日则骤谋变易之矣！天下岌岌，众论沸沸，臣愚睹此，窃用隐忧，恐维新之徒托空言而自强之不可望也。

臣日夜思虑，为我皇上筹之。盖皇上未有大誓群臣之举，大施赏罚之事以悚动观听也。夫数百年之旧说、千万人之陋习，虽极愚谬、积久成是，诚非一二言所能转易也。故古者有大誓之义，《书》有《甘誓》《汤誓》《泰誓》《牧誓》《费誓》，凡有大事大政，皆集群臣大众誓之，以革其面而易其心。此吾先圣之大法、经典之大义，但承平累世忘之久矣。夫王者之于天下，非能以法令卧而治之也，必有雷霆以震其郁，风雨以散其气，而后万物昭苏、人有生气也。乃者上谕频下、人人动色，其效已见，比之畴昔之怠惰废弛固有间矣。

我朝自世祖章皇帝开创百度，圣祖仁皇帝、世宗宪皇帝厉精守成，其讲求庶政，犹频御乾清门训励群臣，面相戒谕。楚庄王所谓：日诲国人，教之以民生不易，祸至无日，戒惧之不可以怠也。我祖宗所遇，天下一统，四海盛平，御门戒励，犹尚如是；况今所值之时，危亡岌岌至于此乎？若坐听群臣之迂谬，亡国则已，若犹欲维新图存也，非有大誓群臣、大施赏新罚旧之举不可也。

伏乞皇上采先圣誓众之大法，复祖宗御门之故事，特御乾清门，大召百僚，自朝官以上咸与听对，布告维新更始之义，①采集万国良法之意，严警守旧沮挠造谣乱政之罪，令群臣签名具表，咸去守旧之谬见，力图维新。其有阻挠诋諆、②首鼠两端者，重罚一人，以惩其后；必使群僚震动恐惧，心识变易，然后奉行新政，力图自强。一日之间，风云俱变，更月得数诏频下，则海内咸动色奔走矣。若皇上有日月之明，而无雷霆之震，臣未见其能行也。臣为大局危急起见，谨具折沥陈，伏乞皇上圣鉴训示。谨奏。

---

①原档及《康有为变法奏章辑考》记为"维新更始之义"，《杨漪春侍御奏稿》《戊戌变法》《戊戌变法文献汇编》及《康有为全集》版本均记为"维新更始之意"，今从原档。

②原档记为"阻挠"，《杨漪春侍御奏稿》《戊戌变法》《戊戌变法文献汇编》《康有为变法奏章辑考》及《康有为全集》版本均记为"沮挠"，今从原档。

请严加申饬守旧迂谬奏章明谕著其阻挠等罪以示变法之坚决片①

再：窃近者②伏读上谕明定国是，停废八股，明守旧之迂谬，定改弦而更张。国是一定，则天下争讲维新之政；八股一废，则士人争为有用之学。有此二次诏书，则天下想望，以为自保有基；外国动色，以为自强可望。此固皇上圣明高出诸臣之上，亦由祖宗积德累仁而有我皇上此举也。

然臣闻守旧者安其所能，保其所恃，忘国家之大患，狃习俗之陋风，议论汹汹，聚谋鼎沸，冀幸我皇上持之未坚，意图恢复。或言新旧之不宜分明，危言耸听；或言八股之能阐义理，饰说欺蒙。大僚中旧习更深，亦多乐为助力者。虽以皇上忧愤危机，深筹全局，审之甚熟，见之甚明，必非守旧迂谬之说所能疑误。然外廷既渐萌此论，不可不预峻

---

①此折原件藏于中国第一历史档案馆，录副奏片，档号：03-9447-014，缩微号：674-3477，原题名为《奏请严加申饬守旧迂谬奏章明谕著其阻挠等罪以示变法之坚决等事》，实为《请御门誓众折》的附片。此片后收入《杨漪春侍御奏稿》（又收入张元济编《戊戌六君子遗集》），后《戊戌变法》（第二册）、《戊戌变法文献汇编》第二册、《康有为全集》（第四集）、《康有为变法奏章辑考》均以《杨漪春侍御奏稿》版本为底本收录了此片，均单独列出并定题名为《请惩阻挠新政片（折）》。本集以原档为底本，参以其他版本进行点校，题名从《杨漪春侍御奏稿》原题。

②原档行文如此，其他版本均以"近者伏读上谕明定国是"开篇，无"再窃"两字，今从原档。

其防，深恐彼等言之有故，持之成理，稍不加察，即售其欺。伏乞皇上遇有此等迂谬奏章，严加申饬，明降谕旨，著其阻挠之罪，重则立加褫革，轻则薄示罚惩。饬刑部定律，凡有复言更易国是规复八股者，科以荧言乱政之罪。使无识自是之徒不敢轻为尝试，然后天下悚动，人人皆知我皇上变法之坚、决策之明，争自濯磨，以副圣意。

盖数百年之谬论，千万人之积习，藉皇上一人雷霆震动以转移之。若精神之运稍有未周，疑似之间微有不察，则群言殽兴，国是摇夺，八股复昌，新政不行，人才愈涸。方今国势岌岌，救焚拯溺尚恐莫逮，岂堪此辈再误哉！皇上实亟欲变法自强，则何爱此偷安迂谬之徒，而不为惩一警百之举耶？臣为时局至急，众论未定起见，区区愚诚，伏乞圣鉴。谨奏。

津镇铁路请招商承办片①

光绪二十四年六月二十三日

再：筑造铁路，遄行轮车，实为今日富强之要图。现在自芦汉、津榆、粤鄂、东三省等处，均已次第开办，惟津镇一路，关系东南半壁利权，办理尤宜迅速。昨闻容闳承办此条铁路，计时已及半载，而所筹备款项，至今尚无把握，若再迟延数月，无人承办，诚恐为洋商所夺，而大利转归外人。

拟请饬下该管大臣，另行招商办理，务期妥速有成，以杜外人觊觎之心。臣为收回利权起见，是否有当，谨附片具陈，伏乞圣鉴训示施行。谨奏。

---

① 此折原件藏于中国第一历史档案馆，录副奏折档光绪二十四年变法类，第壹分包。经孔祥吉《康有为变法奏章辑考》考证，此为康有为代作，实为《请申谕诸臣力除积习折》之附片。本集以孔祥吉《康有为变法奏章辑考》所录版本为底本予以收录，题目、时间皆从之。

裁缺诸大僚擢用宜缓特保诸新进甄别宜严折①

光绪二十四年七月二十九日

  山东道监察御史臣杨深秀跪奏,为裁缺诸大僚擢用宜缓,特保诸新进甄别宜严,庶以重封疆而警贪酷,恭折仰祈圣鉴事:

  窃迩日叠奉明诏,裁去詹事等六衙门及河督巡抚四缺,仍严饬中外大臣将其余应裁各缺,妥速议奏。臣跪诵一周,莫名钦服。蔓草去而立苗疏,斯地力不分可以植嘉谷矣;冗员裁而设官少,斯廉俸给足可以养真才矣。昨复以云南已裁巡抚裕祥为成都将军,而圣虑周详,又特设散卿以备献纳。盖于慎重名器之余,仍深恐良材兴投散之嗟、旧臣抱向隅之泣。然而裁缺之员,果使尽瘁多年,懋著成绩,岂止对品录用,尚当破格超升;若其声名狼藉之辈,朝奉襫带、暮庆弹冠,是莠去而复植之,未绝根于陇上、又滋蔓于隍中也。无乃违裁撤之初意乎?

---

①此折原件藏于中国第一历史档案馆,录副奏折,光绪二十四年七月二十九日,档号:03-9451-028,缩微号:675-0999,原题名为《奏为裁缺诸大僚擢用宜缓特保诸新进甄别宜严事》。后收入《戊戌变法档案史料》,经汤志钧考证认为此折似为康有为代作(《康南海自编年谱》中实无此折,只其中康有为日记有草拟一折交杨深秀奏呈的记录,似应为此折),故又以《戊戌变法档案史料》版本为底本收入《康有为全集》第四集及《康有为变法奏章辑考》,定题名为《裁缺诸大僚擢用宜缓特保诸新进甄别宜严折》;汤志钧《戊戌变法人物传稿·上卷》(增订本)(中华书局1982年)和《杨深秀传》注中识此折名为《请奖陈宝箴折》,并据《康南海自编年谱》考证此折与康的表述不同,康原意为专奖陈宝箴,而杨深秀此折褒中有贬,似应经其润色之后上呈。本集以原档为底本,参以其他版本进行点校,题名从《康有为全集》(第四集)之题名。

臣窃闻粤抚许振祎老耄贪庸①，其试广东武闱，自买闱姓，颠倒上下，得赃数十万。徇用私人裴景福为番禺知县，纵其父出入抚署，上下请托，无所不至。自奉到诏书，未尝举行一事。纵养盗贼，与督臣谭钟麟同出一气。至河道总督任道镕，贪狡素著，较裕祥之声名平常，尤为不胜疆寄。即湖北巡抚谭继洵守旧迂拘，虽人尚无他，要非能奉行新政者。此等即不逢裁缺，亦当分别罢斥，或优之听其告休。兹既被裁，即请任其归去，勿汲汲别议擢用，庶免阻挠新政，实疆场之大幸。今日国家之事，岂堪守旧者再误耶？臣与此诸人皆未识面，恩怨毫无，诚深知旧人必不可委以新政②。如强委之，彼以不解贻误，其误尚小；若遇奸狡者，外似黾勉从事，内实隐图坏之，以逞其不欲变之素志，以验其不可行之前议，所关非细故也。至京官卿贰开坊以上，外官司道以上，除鸿名硕学数人外，实鲜通才。其裁缺之员，上者俟皇上详加考察，再予录用；下者听令休致，全其冠带，庶不至再铸铁错，屡缺金瓯。

又臣前奏湖南巡抚陈宝箴锐意整顿，为中华自强之嚆矢，遂奉温旨褒嘉，以励其余。讵该抚被人胁制，闻已将学堂及诸要举全行停散，仅存保卫一局，亦复无关新政，固由守旧者日事恫喝，气焰非常，而该抚之无真识定力，灼然可知矣。今其所保之人才，杨锐、刘光第、左孝同诸人，均尚素属知名，余多守旧中之猾吏。王秉恩久在广东，贪险奸横，无所不至，前署抚游智开劾其把持各局，大类权奸，革职，嗣以夤缘李瀚章开复③，兹且营谋特荐。此人岂可复用？欧阳霖久办厘金，刻薄性成，怨声载道。杜俞居心巧诈，营私牟利，历任上司无不能得其欢

---

①原档、《康有为变法奏章辑考》及《戊戌变法档案史料》均记为"许振祎"，《康有为全集》（第四集）记为"许振祎"，今从原档。

②原档、《康有为变法奏章辑考》及《康有为全集》（第四集）均记为"诚深知"，《戊戌变法档案史料》记为"诚知深知"，今从原档。

③原档、《康有为变法奏章辑考》及《戊戌变法档案史料》均记为"夤缘"，《康有为全集》第四集记为"夤绿"，今从原档。

心者。杨枢以庶吉士入李瀚章幕，招摇纳贿，把持威福①，捐升道员。至陈宝琛虽旧有才名，闻其居乡贪鄙，罔尽商贾之利，行同市侩。余人臣所未知，特能谙时务者少耳。倘皇上以该抚新政重臣，信其所保皆贤，尽加拔擢，则非惟无补时局，适以重陈宝箴之咎。仍请严旨儆勉，以作其气，于其保举之人分别加以黜陟，万勿一概重用。

其他大臣督抚所保人才，亦有不孚物望及曾被参革者。虽未必朦混为心②，要是谀咨未的。他过或可痛改，惟贪墨者万无洗心之日，终不可与祎擢也③。拟请旨严谕中外大臣，嗣后如保革员，必将其原被参事由声明，庶桀黠辈不敢欺大臣以求保，无从施其伎俩矣。

臣非刻核存心，多否少可，诚以皇上举行新政，综核名实之日，举一人须得一人之用。若坚持旧见者，虽廉正犹乏济时之功，而况贪狡乎？虽平世犹在屏斥之列，而况艰危乎？谨不避嫌怨，恭折具陈，伏乞皇上圣鉴训示。谨奏。

---

①原档及《康有为变法奏章辑考》记为"把持威福"，《戊戌变法档案史料》及《康有为全集》第四集均记为"把握威福"，今从原档。
②原档记为"朦混为心"，《康有为变法奏章辑考》记为"蒙混为心"，今从原档。
③原档及《戊戌变法档案史料》均记为"祎"，《康有为全集》（第四集）记为"祎"，今从原档。另，此处之"祎擢"《康有为变法奏章辑考》记为"拔擢"，似是，今为保持原貌，未改。

密陈时局艰危应早定大计固结英美日三国折[1]

光绪二十四年八月初五日

山东道监察御史臣杨深秀跪奏，为时局艰危、拼瓦合以救瓦裂，恭折仰祈圣鉴事：

窃近来时事孔棘，劲敌环伺。臣尝虑皇上变法自强之计，虽如救火追亡，犹恐缓不逮事；而士大夫守旧梦梦者，[2]尚疑为故甚其辞，以耸听闻。前者敌人显绘瓜分之图，明倡破竹之说，而此辈反诋谓康有为所伪造，竟似臣等甘徇友党，共蔽圣聪者。今不幸而此变萌芽果现，谓之何哉？

臣闻德、法诸国皆言中华守旧者阻力过大，积成痿痹，商之不理，吓之不动，只宜武断从事，谋定而发，即为所欲为耳。用是共会于俄都之森彼得堡，悍然宰割天下，碎裂中原。俄则分我燕、晋、秦、陇，法

---

[1] 此折原件藏于中国第一历史档案馆，录副奏折，光绪二十四年八月初五日，档号：03-9455-007，缩微号：675-1719，原题名为《奏为密陈时局艰危应早定大计固结英美日三国事》。今收入《戊戌变法档案史料》，《康有为全集》（第四集）以《戊戌变法档案史料》所录版本为底本收录此折，《康有为变法奏章辑考》亦收录此折，定题名为《时局艰危拼瓦合以救瓦裂折》。据《康有为全集》考证，《康南海自编年谱》中并无此折记录，但此折中所言各事均为康有为一贯主张，论者多以此折为康有为代拟，故予收录。本集以原档为底本，参诸各版本进行点校，题名从《康有为全集》版本之题名。原折中所署时间原位于文末，今为便于查看且与其他各折格式统一，将时间提于文首。

[2] 原折、《康有为变法奏章辑考》及《戊戌变法档案史料》均记为"守旧梦梦者"，《康有为全集》（第四集）记为"守旧梦者"，似是；但为保存原貌，仍从原档。

则分我闽、广、滇、黔，德则分我山东、河南；英人虽本无此志，亦不得不借手于吴越、荆益以求抵制。各国重复绘图，明画分界。兼闻英舰七艘，已至大沽，可以保权利，可以敌合纵，即可以恫喝吾华。其余诸国，亦转瞬即来耳。呜乎！此语前年已泄各报，登之屡屡，通国皆知。而卒被守旧者聚谋掣曳①，致皇上新政不能径布，良谋不得速行。虽食误国者之肉，又何补于危亡哉？夫白刃交前，不救流矢；死中求生之祭【际】②，岂暇更顾此辈之颜面乎？

臣闻刑部主事洪汝冲所上封事中有迁都、借才两说，而其最要最要者，莫过联结与国之一条。盖亦深恐新政不及布置，猝为强敌所乘，蹈波兰之覆辙耳。犹忆前冬胶澳事急，臣尝建联结英、美之计；今夏奏请王公游历，臣又曾有日本宜结之论。今该主事所见与臣暗合，而其语之痛切尤过于臣，是诚按切时势之言也。

昨又闻英国牧师李提摩太新从上海来京，为吾华遍筹胜算，亦云今日危局非联合英、美、日本，别无图存之策。臣素知该牧师欧洲名士，著书甚多，实能深明大略、洞见本原。况值日本伊藤博文游历在都，其人曾为东瀛名相，必深愿联结吾华，共求自保者也。未为借才之举，先为借箸之筹，臣尤伏愿我皇上早定大计，固结英、美、日本三国，勿嫌合邦之名之不美，诚天下苍生之福矣。

时值艰危，谨恭折密陈③，伏乞皇上圣鉴施行。谨奏。

---

①原折、《康有为变法奏章辑考》及《戊戌变法档案史料》均记为"掣曳"，《康有为全集》（第四集）记为"制曳"，今从原档。
②原档记为"求生之祭"，《戊戌变法档案史料》《康有为变法奏章辑考》《康有为全集》（第四集）均记为"求生之际"，似是。
③原折、《康有为变法奏章辑考》及《戊戌变法档案史料》均记为"谨恭折密陈"，《康有为全集》（第四集）记为"谋恭折密陈"，今从原档。

密陈搜求圆明园高宗纯皇帝窑存金银大济急需片①

光绪二十四年八月初五日

再：近者欲练精兵，须备饷项，大农仰屋，杼柚告空；报效捐输已成弩末，厘金关税起色无期。臣穷于无如何之时，发莫须有之想。

臣前闻：我高宗纯皇帝修圆明园之初，尝于殿座之下存有黄金、纹银各一窖，年久遂不知处。前数年，大学士福锟兼内务府大臣时，曾有老苑户，年八十余岁，确知窖藏处所，禀见福锟，求其陈明取用；而福锟恐有未的，不敢上奏，直谓苑户为老染疯迷，逐出不理。此人愚悃未伸，至死不甘。臣既闻此事，微加询访，幸尚有他苑户曾闻此人谈及的处者，谓在滴化轩基下，又谓此一所今已坍毁。

臣伏思筹款为当今急务，矿产荒山尚谋开凿，窖藏禁籞何惮搜求。既有苑户求见福锟一事，则列祖留遗以备后来缓急之用，诚不宜久埋土中，弃置无用之地。正使求之无获，亦不过虚费数日之工，万一罗掘得之，岂不大济急需，胜于票借万万耶！

臣诚思效愚忠，未敢避言利之诮，谨附片密陈，伏乞圣鉴。谨奏。

---

① 此折原件藏于中国第一历史档案馆，录副奏片，档号：03-9455-008，缩微号：675-1722，原题名为《奏为密陈搜求圆明园高宗纯皇帝窑存金银大济急需事》。此片孔祥吉《康有为变法奏章辑考》（北京图书出版社2008年）亦有收录，定题名为《请探查窖藏金银处所，鸠工掘发以济练兵急需片》，经其考证，亦为康有为所代作。此片似为其他奏折的附片，但原件并未表明为哪封奏折的附片，据上呈时间看，似乎应为《时局艰危拼瓦合以救瓦裂折》的附片，孔祥吉亦持此观点。本集以原档为底本，题名自拟，点校参考《康有为变法奏章辑考》，时间从之。

诗 集

卷一　雪虚声堂诗钞

《雪虚声堂诗钞》序

同治甲戌夏五月，始识杨君仪邨于都门。余时年二十三，君长余三岁，见其言论丰采，为倾倒者久之。既又读其为寻管香丈题齐镈诗，纵横恣肆，如壁上诸侯观项王破章邯巨鹿下，叱咤喑哑不可仰视，乃知其雄于诗，然犹未窥其全也。厥后余以知县赴豫需次，不见者五六年，其间余两遭大故，读礼家居。值吾晋纂修通志，余与君先后膺聘来局，以文史相切磋。

余所藏弄金石文字，君一一以韵语跋尾，因得尽读其旧制，盖至是始有以论君之诗矣。余尝窃谓我朝之诗教极盛，即以吾乡论，午亭相国、莲洋征君外，无虑数十百家。然讲王孟者，或失于孱弱；仿温李者，或病在纤缛；矜才尚气者，恒高自标格于杜韩之间。其弊也，外桦然而中无物；而矫之者又袭乾嘉后谈性灵者之唾余，黜格律，废学殖，佻巧横生而诗乃大坏。

君少具宿慧，负奇气，复泛滥子史，自汉魏六朝暨唐宋名家，无不入其室而窥其奥。故其发而为诗，运笔于尺楮之间，寄想在九垓之表；对客挥毫不名一格，英鸷朴厚而出以和平。即偶作艳体，亦犹是美人香草之遗，是实能一空依傍而兼有诸家之长者。君顾欿然不自意，随手零落，录存者才寸余，若将终秘诸箧衍不出者。王顾斋师、杨秋湄先生并劝锓木以代钞胥，余亦敦迫再四，乃始付梓，署曰《雪虚声堂诗集》。是集出，吾乡从事于诗者，其将人手一编，以奉为津梁也必矣。

虽然，余前与君契阔久，获聚处年余，知君乃日深，今又将赴豫，与君别，益自憾业不加修，自兹以往，欲求得如君者与之友，未可卜也。意惝然，殊不乐，乃愈厚有望于君。君以考据名家，是集也故出其绪余而为之者也。出绪余而为之，已足一空依傍而兼诸家之长矣。他若天箕之精，地望之确，形声训诂之核，君故积有著述，其益辑而成之，出以问世，庶将与潜邱太原阎先生若璩、确轩介休梁先生锡屿、古愚临【阳】城张先生敦仁、翼圣垣曲安先生清翘、半塘父子安邑宋先生鉴及其子葆纯诸老宿并峙不朽，而岂徒与前辈诗人斤斤然较短长于字句间哉？若夫读是集者，目未睹其他著或竟谓是遂足以窥其全也，有识者当自辨之。

光绪七年太岁在辛巳，长至后五日。安邑武育元伯申甫。

童心小草[①]

《童心小草》序

将欲发响,神皋振平林之落叶;□□回澜,灵壑涵众派之支流。声屏噌吰,乃寂群窍;量宏吐纳,斯耸巨观。是必博通古今,包函雅故;珠囊列籍,犀镜群言。抗揖汉魏之间,结想周秦之上。辛瓴癸鼎,都任摩挲;虱脑虮肝,尽归淘汰。送抱于周情孔思,撷腴于宋艳班香;托嵇志之遥深,标阮旨之清峻。譬诸精耀良冶,六合大以炉锤;火盎仙丹,九转深其鼓铸。庶几选楼独步,雅奏应声;成一队之雄师,树九门之通轨。谁与嗣音,实难作者。吾乡杨君仪邠比部,殆其人乎?尝检箧中,出示旧作,始自成童,亦越弱冠,拣百许首,剩六千言,大都摅写性灵,本源伦纪;无錾凿俗状,合风雅遗规。班管缀花,代文通饰笔;古囊香溢,为长吉存诗。论者比之杨柳方春,便饶姿态;芙蕖初日,尽得丰神。谓非秀孕仙才,福分慧业,其能含宫振羽,能事聿肇孩提;翔玉锵金,出言辄惊长老哉。然而游倦龙门,史才益肆,年来开府,文律更成。仪村历官京曹,交遍海内,磊落之气既动于远游,锡石之功复精其磨琢。三坟五典之义,天盖地舆之学,旁及窥窍测线,绘素镌文;靡不睥睨百家,开拓两界。故时出意解,汇为文章。踦驳者避席,磁硶者却

[①] 庚申至甲戌汰录本。

步。如游五都，中有宝气；如合群乐，独听韶鸣。洵足以遍酌衢尊，咸得餍心之契；别开蹊径，皆归屐齿所穷。是编者，则又全豹之一斑，昆冈之片玉也。河东古称帝都，代有贤者。太行左转，黄河西来；郁郁深深，苍苍莽莽；奇气所蟠，钟灵益信。又况涑水旧居，温公著史之才；汤山石室，景纯读书之所。希轨前哲，其在兹乎？把臂时贤，方斯蔑矣。时君主讲首郡，谋付手民，署曰《童心小草》，意归纪实，辞取鸣谦。余既服盘才，尤钦绩学；不辞谫陋，谨缀序言。语不惊人，愧我寒竽失响；射能通圣，羡君嚆矢先鸣。

时光绪壬午七月既望，曲沃苏晋康侯甫序于并门志局之寄螺室。

初应童试以默经能赋入学
学使江夏彭子嘉师赐
手书《观世音经》因题后 时十二岁

蚕眠细字妙花簪,手写高王观世音。
我似善才童子否,旃檀一瓣答婆心。

论 婚 十三岁

孤儿依伯叔,取次与论婚。
土物仪殊洁,冰人语亦温。
俗同宜近里,名著属高门。
仅觉私衷慰,终怜只影存①。

冻 脚

饿肠莫与饭,与饭亦须稀。
冻脚莫向火,向火亦须微。
所以求治人,贵示善者机。

---

①作者自注:前问名王氏未成,赋诗有"生子当如李亚,娶妻岂必齐姜"句,通幅遗忘,不录。

壬戌元日 十四岁

往岁颁新朔,春回庆改元。
飞龙仍上哲,封豕敢中原。
粟麦今朝卜,衣冠古意存。
太平真气象,大抵在山村。

赴省试过韩侯岭谒庙时甫念《史记》

寄食既不终,南昌一亭长。
推食仍不终,泗上一亭长。
食人死事纵自期,无那二人各有妻。
亭长妻存漂母死,伤哉国士困牝鸡。

亲迎杂诗 癸亥三月二十四日

果然练得此良辰,杏雨梨云色色新。
夹路桃花何预汝,红摊步障迟香轮①。

散花手重恐难胜,吉语同祈五谷登。

---

①作者自注:铺步障,俗名铺践子。

疑是今朝天雨粟，谁知红豆撒三升①。

官窑瓷式两相同，腹插花枝耳挂红。
侍者双双齐抱入，日躔应值宝瓶宫②。

两束黄禾簇簇新，侍儿提掇总随身。
聊将刈楚迎之子，敢道纯茅况玉人③。

帖子题词小阁春，斜铺拜毯待新人。
无须喜字环三六，只画梅花谱喜神④。

岂是双行赋锦缠，赤绳系足彩披肩。
刚从帐里徐徐曳，齐唱姻缘一线牵⑤。

交斟绿醑溢陶匏，斜背银灯解粉包。
洗手羹汤何处进，伤心不忍唉嘉殽⑥。

灯前乍见解铃人，手赠红囊白氎巾。
自笑平生无长物，酬君约指一钩银⑦。

---

①作者自注：撒五谷。
②作者自注：抱宝瓶。
③作者自注：提草把。
④作者自注：拜喜神。
⑤作者自注：牵红丝。
⑥作者自注：合卺，俗名交杯酒。
⑦作者自注：解辫铃，赠指环。

田间作四首 有序

八九龄，日，大伯父恒令同子特兄芟草习勤，唱储王句若农歌焉。顷弟辈者无复以亲穑为事矣。谷雨下，辄率往田间种豆，为忆昔况，一泫然也。

一痴一醒童子，半读半耕秀才。
记得饭牛刈草，茸茸苜蓿花开。

便有濠濮间想，自云羲皇上人。
不妨日涉成趣，但觉掇皮皆真。

田中稳跨乌犍，山外时闻杜鹃。
一带苍烟如叠，半规红日犹圆。

杨柳堤边孤堠，桃花潭上闲田。
吾家旧业如此，世上浮名淡然①。

闻邑竹枝词 乙丑十七岁作

春鸡绚彩闹蛾华，几度灯前手剪纱。

---

①作者自注：沙渠水入涑之交有潭焉，吾家田即在此，亦直大路十里墩也。

明日迎春郎去否，新成一串水荭花①。
新正十六好游城，燕瘦环肥取次评。
爆竹斜飞裙底过，金莲瓣瓣火中生②。
百花生日斗新妆，拈取旃檀一瓣香。
喜得头生儿子好，与君同谢石娘娘③。
漫愁窄窄小弓靴，也上城南八里坡。
但到香山休乞子，此山儿子博徒多④。
绿阴翁郁隐儿家，肯放墙头露杏花。
伴我当依楸奶奶，啮人莫惹柳哇哇⑤。
野外游民懒灌浇，厨中拙妇厌烹调。
山田半亩商量种，女曰蔓菁士曰荞⑥。
白土河边杏子黄，紫金山下麦花香。
今年四月风光好，七社轮番赛稷王⑦。
董湖西畔是侬家，艳似红莲敢自夸。
不愿为花愿为藕，愿郎怜藕莫贪花⑧。

---

①作者自注：俗于迎春日杂剪彩丝作鸡及水荭花簪帽上，游毕投之河流，妇人则绉帛作仙人杂剧、麟凤虎鹿，背黏白鸡氄毛如云气，曰"闹蛾簪"，过元宵乃已。
②作者自注：元宵次日，乡人皆入城，穿街越巷，是曰"游城"，妇女辈列坐门前，靓妆袨服不避人，游冶少年或然炮张暗掷坐下以骇之，陋俗也。然大家无之。
③作者自注：昔年邑东十里沟中崖土坼裂出一石像，若好女子，土人立庙祀之，曰"石娘娘"。岁以二月十五日为香火之期，妇人往往祷子于此。
④作者自注：香山在城南，即《唐摭言》所载裴晋公还带处也，上有八里坡池。
⑤作者自注：楸花含苞日，大如绿豆，破之中有乳，甚甘香，小儿食之，呼为"楸奶奶"；柳叶上有起泡者，中皆蚊蚋，俗名"柳哇哇"，榆叶亦有之，则曰"榆哇哇"。
⑥作者自注：荞麦种即待收，男子无耘锄浇灌之苦；蔓菁煮即可食，女子无刀匕烹炙之劳。苡，白诗已作荞。
⑦作者自注：后稷教稼地，名稷王山，本邑西境，后割为稷山县，邑城仍有稷王庙，每岁以数村主祷赛，例于四月十七日入庙，凡七年而周焉。白土河在城北，紫金山在城东北。
⑧作者自注：湖即左传董泽，在邑东四十里许，村曰"湖村"，多红莲。

霜红柿子满筠篮，蒸酒成花晒饼甜。

妾自别郎醒亦醉，郎如念妾苦皆甘①。

苇簟精工蒜辫匀，灯前共作约村邻。

休令女子偷看见，教女何殊教外人②。

警省清晨玉案钟，钟楼近日忽泥封。

何人闭绝嘈呔响，天鼠空传治耳聋③。

交杯饮罢甫团圆，何处曾缔一面缘。

往岁郎看台阁否，儿身扮作牡丹仙④。

翠绕珠围助结褵，靓妆同醉婿家卮。

旁人只道家门盛，那晓虚姑与假姨⑤。

泥金新印秀才衔，毕竟郎君才不凡。

昨日闻娘亲口道，今朝来与送襕衫⑥。

千花绣服蝶衣香，百叶裁裙鸳带长。

赢得周身穿着好，一生魂梦绕瞿唐⑦。

---

①作者自注：邑北原多柿，蒸酒甚清冽，其上者泻杯中泡影涨起，是曰"对花"。故河东盛称花子酒，或晒作柿饼，食之甘加蜜也。

②作者自注：邑东涑渠凡五堰，产苇产蒜，织席编蒜之技，教儿教妇不教女，恐女嫁他处夺其利也。

③作者自注：邑三门楼上有巨钟，金时玉案寺物也。昔每夕击以节更，近忽封闭楼门，不解何故。

④作者自注：俗赛社日选好女子缚铁杆上，扮小说、杂剧诸故事，四人舁以游街，名曰台阁。有时扮吕洞宾、牡丹精也。

⑤作者自注：俗送嫁者往往数十百人，且女子居十之六七，故里语厌之，云是"虚姑姑、假姨姨也"。

⑥作者自注：凡始入学者，妻家为作襕衫以鼓吹送之。编者案：据沈云龙主编《近代中国史料丛刊三编》第十八辑（文海出版社1998年）中所收录的《戊戌六君子遗集》版本，此句为"今朝来与送襕衫"，本集从商务印书馆所刊印的丁巳年（1917）12月初版《戊戌六君子遗集》。

⑦作者自注：邑多服贾蜀中者，以道远故，五年始一归者，夫妇一生不数觏，然衣服多华丽。

表兄翟海田师岁贡就职族人感其经理祠堂之无私也制屏以赠属作题句

平生大布黯无华,黼藻初贲处士家。
绣服当心鹑火丽,未妨君实也簪花①。
函丈清严得未曾,一生书味问寒灯。
梦魂终少全身热,冷绝头衔一道冰。
岁欠粢盛托荐饥,君来斗觉祭田肥。
无他谬巧催租法,龙伯廉公自有威。
共羡通经冠十科,胡然贺客总无多。
可知家法传廷尉,世世门堪设雀罗。
中丞②方伯③并光荣,荣及麻城④并太平⑤。
一瓣心香三爵酒,文孙承诏举经明。
卅载谈经精舍开,多文真个胜多财。
家书何用贻王粲,公子新闻举茂才。

---

①作者自注:岁贡就教职,例用鹌鹑补服。
②作者自注:绣裳。
③作者自注:凤翥。
④作者自注:鸿仪。
⑤作者自注:垣。

妻兄李雨艇茂才属题尊甫明轩外舅遗像集唐人句成转韵体

家占中条第一峰①,蔼然林下昔贤风②。
得从岳叟诚堪重③,今古悠悠不再逢④。
暂惊风烛难留世⑤,想到病身浑不识⑥。
眼不浮花耳不喧⑦,皂貂拥出花当背⑧。
夏腊高来雪印眉⑨,光添银烛晃朝衣⑩。
貌堪良匠抽豪写⑪,何似先教画取归⑫。
如今说著犹堪泣⑬,长愧昔年招我入⑭。
捩碧融青瑞色新⑮,挂君高堂之素壁⑯。

---

①作者自注:王建。
②作者自注:陆龟蒙。
③作者自注:李中,妻父俗呼岳丈,故用此。
④作者自注:黄滔。
⑤作者自注:杨郇伯。
⑥作者自注:李绅。
⑦作者自注:杜荀鹤。
⑧作者自注:施肩吾。
⑨作者自注:杜荀鹤。
⑩作者自注:岑参。
⑪作者自注:贾岛。
⑫作者自注:方干。
⑬作者自注:徐夤。
⑭作者自注:李建勋。
⑮作者自注:徐夤。
⑯作者自注:杜甫。

一时惊喜见风仪①，点笔操纸为君题②。
忆事怀人兼得句③，纵然相见只相悲④。
相逢但说新正寿⑤，相留且待鸡黍熟⑥。
须为当时一怆怀⑦，指似旁人因痛哭⑧。
六十衰翁儿女悲⑨，嵩阳松雪有心期⑩。
不知家道能多少⑪，今日河南胜昔时⑫。
七里滩西片月新⑬，劝农原本是耕人⑭。
即今惟见青松在⑮，冥漠重泉哭不闻⑯。
斗酒十千恣欢谑⑰，黄金用尽还疏索⑱。
我闻此语心骨悲⑲，今日偶题题似著⑳。
在生惟求多子孙㉑，闲夜分明结梦魂㉒。

---

①作者自注：刘禹锡。
②作者自注：岑参。
③作者自注：李商隐。
④作者自注：罗隐。
⑤作者自注：薛能。
⑥作者自注：沈佺期，翁初度在正月八日，每岁必往祝焉。
⑦作者自注：皮日休。
⑧作者自注：元稹。
⑨作者自注：白居易。
⑩作者自注：李商隐。
⑪作者自注：皮日休。
⑫作者自注：岑参，翁有山庄及廛肆在河南嵩县雨亭，近整顿之，岁入益丰。
⑬作者自注：雍陶。
⑭作者自注：李频。
⑮作者自注：卢照邻。
⑯作者自注：白居易，翁家田皆在邑城北之七里店，生时常课耕于此，卒亦葬焉。
⑰作者自注：李白。
⑱作者自注：高适。
⑲作者自注：元稹。
⑳作者自注：杜荀鹤，翁每以俭训两郎，因深戒酒食游戏之徵逐也。
㉑作者自注：张谓。
㉒作者自注：权德舆。

共羡府中棠棣好①，和风迟日在兰荪②。
龙马精神海鹤姿③，行义惟愁被众知④。
借问路旁名利客⑤，争名夺利徒尔为⑥。

赴都留呈海田师

师真知我者，师事我尤知。
身老文章慰，家贫礼义支。
廿年深雨化，千里入秋思。
朔雪龙沙夜，难忘侍立时。

赴都留题斋壁

一曲骊驹千里驰，衷怀料亦少人知。
山中小草云宜出，阶下名花号可离。
弱冠终童空壮往，远游屈子本艰危。
瘦男无送伶仃去，尚念家园发五噫。

---

①作者自注：刘禹锡，此谓两郎。
②作者自注：刘兼，此谓两孙男。
③作者自注：李郢。
④作者自注：张籍。
⑤作者自注：崔颢。
⑥作者自注：骆宾王。

烈女赵二姑诗 有序

　　二姑，榆次农家女，生十四年矣，灼灼有艳态，强邻窥之久，女小无猜，竟罹暴横。事破到官，官受赇并蔑污其母。二姑腼腆之余，忽奋然曰：亦至此乎？吾何爱一死明母耶？死无知斯已耳，若犹有知，厉鬼亦人所为者。袖小薤刀，遂血溅堂上。数年矣，京师御史始闻而奏之。淫人伏法，贞女得旌。墓前碑盖顾南雅之词云四首：

　　榆次二十里，有碑大堤上。
　　烈女赵二姑，遗骸此中葬。

　　生小人如玉，双眉随意绿。
　　雏凤自飞飞，却被鸺鹠辱。

　　偏斜到纤履，身僵心不死。
　　涤污并流香，十里洞涡水。

　　古有女郎山，今有女郎墓。
　　草有好女花，木有女贞树。

京师寄表兄翟海田师

娟娟皓月见春城,遥忆先生坐月明。
绕屋树深添茗色,开帘花颤听书声。
风狂廿四身无恙,路阻三千字有情。
壮志未衰矜未去,旁人错道为功名。

怀旧诗

停云凝树,积雪皓墀。此夜怀人,能无惆怅?死者已矣,叹宿草之黏天;别去黯然,怜垂杨之踠地。每下西州之泪,为念南皮之游。永夕呻吟,万感坌集。呜乎!谢康乐述德之什况出恨人,阮元瑜思旧之铭都为知己。可能寄诸地下,尚欲问之天涯。方习试帖,未免俳体。虽无诠次,正有深情。

先伯祖博如公 公讳全溥

盥罢蔷薇露,遗容捧德馨。
先生亲赞柳,彼美合思苓①。
少日饥谋禄,中年愤诵经。

---

①作者自注:公小照有自题赞。

五常眉首白①,小阮眼承青。
词韵歌残月②,游踪感客星。
友于姜氏被,慎尔富公瓶。
百载庭槐植,三秋墓草零。
贻孙空有谷,何日负螟蛉。

先从伯父丕承公 公讳崇烈

世本农家子,穷经四十年。
阳刚真学问,阴德老因缘。
蕊榜知谁捷,花楼与弟眠。
不侯非战罪,乃圣已名传③。
扑我尘三斗,推人麦一船④。
耕余诗画地,病闲史谈天。
兰玉空闻苗,藜床痛见穿。
龙蛇嗟往岁,月已百回圆。

---

①作者自注:先祖兄弟五人,公为长也。
②作者自注:公有选钞宋词。
③作者自注:公有厚德,兼料事如神,乡里称为圣人。至吾邑询圣人家为谁,虽妇孺皆知为吾家也。以富郑公"六丈圣人"语论之,亦不为僭。
④作者自注:道光丙午,邑大饥,公开仓以赈同里。

先从伯父明章公 公讳崇祈

平生知己泪，第一洒家庭。
适口铜盘食，低头玉屑听。
当年初龀毁，镇日已心盟。
伯道中途泣，康侯后阁扃。
儿痴誉有癖，弟死痛无灵。
杏绕求医路，蕉围问字亭。
上殇怜稚子，晚节枉添丁。
孑孑仓公女，凄凉出小星。

明经翟海田师 名鸿飞，同里人

夫子何为者，年来鬓欲丝。
先人真宅相，后学大经师。
似舅称多识，求郎惜少赀。
书横翁子担，布补仲舒帷。
鸦觜同兄作，豚蹄有母遗。
高才惊哲匠①，厚德付佳儿。
身老文章慰，家贫礼义支。

---

①作者自注：师曾以解经诗百首大见赏于学使沈公。

昔曾题此句，至竟确难移。

许逸卿上舍 名贞才，同里人

大隐无泉石，儒冠入市游。
万花严卜肆，一叶范【泛】扁舟。
自服车牛贾，讵思绶狗侯。
画山巫峡雨，饮水上池秋。
品望陈惊座，声名赵倚楼。
结交轻富贵，论古破穷愁。
武库千人服，文林百代收[①]。
平生虽强项，低首拜风流。

周康侯大令 名晋，夏人

周郎天下士，憔悴在京华。
三北神仍王，双南价久奢。
自蒙青眼对，甚感赤心加。
醉聚春恒驻，谈深日易斜。
春居骢使宅，剑哭狗屠家。
人海余容膝，文坛少拾牙。

---

①作者自注：君贾于市，得钱除供母外，尽以买书。尝取丁卯句，自镂印曰"家为买书贫"，所收自唐以来古人集，多人间希见本也。

芙蓉无赖月，杨柳莫愁花①。
十字须千古，荒寒问暮鸦。

妻兄李雨亭司训 名润之，同里人

自挟方严气，亭亭壁立端。
闲邪蓬矢直，医热蔗浆寒。
亦具中人产，常留大帛冠。
父书佳日理，昆玉盛年欢。
论出千言切，吟成五字安。
家肥思豹泽，身苦答熊丸。
须望芙蓉镜，胡求苜蓿盘。
长材怜短驭，争忍付闲官。

徐芮南大令 名林，朝邑人

岳色河声里，斯人有故关。
尊师知学邃②，爱客赖官闲。
挈眷囊羞涩，耽书帕腻颜。
似弹长剑铗，未唱大刀环。

---

①作者自注：君有古今官词百首，皆试帖体。二语乃咏景华官者，实可以囊括隋炀一生也。

②作者自注：君为鳌屋路闰生、泾阳许子中二公高足。

往岁槐花踏，清秋桂子攀。
识韩惊异数，说项傲同班。
今日知何处，斜阳隐远山。
西方思彼美，引领碧云间。

侍讲林锡三师 名天龄

当代文章伯，遥瞻在九天。
早科森玉笋，夜语撤金莲。
永叔持衡日，兰成射策年。
红殊横卷帛，青选入囊钱①。
侍宴常三爵，趋朝敢八砖。
食蒿邪必却，谏草秘无传。
福地张华博，高门□□贤。
望洋人自叹，闽海浩春烟。

题刘景韩师像 师名仰斗

早岁便余冷峭风，不因人热似梁鸿。
图中今作羔裘燠，如此传神恐未工。

青灯如豆雪初晴，夜作蝇头老眼明。

---

①作者自注：同治丙寅，师督学晋中，余年十七，以第一人食廪饩。

案上一编农器谱，刚逢春及恰钞成。

汉寝常哀麦饭空，族坟今置祭田丰。
年年芳草清明节，酒絮香花总是功。

处处皋比讲少仪，经师争合比人师。
先生别有通经处，褚野无言备四时。

读《华佗传》

稻糠黄犬术何如，漆叶青黏世有诸。
烧绝囊书群叹息，问谁真解五禽图。

座师曹朗川夫子命画马因媵以诗

往日盐车下，谁曾拔尔身。
耳批双竹直，鬃散五花匀。
澡浴常宜水，腾骧不动尘。
休言千里志，鸣处便惊人。

三月晦日送刘小渠比部旋里

软风吹绿燕南草,雨过御沟新柳袅。
三载秋曹乡梦深,人归欲趁春归早。
春归天末俟来春,人归汾上有故人。
未审回头蓟门树,尚能念我天街尘。
我今却忆鬓龄日,试院同挥呵冻笔。
弹指十年冉冉过,谈心一夕匆匆毕。
丰台芍药金带围,欲赠翻嫌号可离。
只应拂拭桃花纸,为君一赋送春诗。

赠常小轩

公子终筵爱客诚,论交坐满鲁诸生。
同人自醉周公瑾,俗物谁撄阮步兵。
日暮窥书星夜下,春深搦管雪时晴。
高科正是君家事,努力前贤身后名。

落第

鹊噪灯花夜夜同,可怜头脑尚冬烘。

非关月旦评无准,终是阴符练未工。
末路桑榆在何日,比邻桃李独春风。
二千里外深闺月,犹盼泥金一纸红。

下第次日送卫庄游游天津

风气新成绕指柔,问君能否曲如钩。
几人漂落黄霉雨,有客思观碧海流。
垂柳千条春夏别,扶桑一望古今浮。
鸡虫得失须臾事,大鸟从他笑鸳鸠。

送周康侯西归

禅榻春风白发侵,朝来忽地动归心。
三年衫色伤尘涴,一路铃声趁雨淋。
人类文园余壁立,家邻汾水易秋深。
平生正有名山业,莫为穷愁掷寸阴。

热河赠刘秀书司马

刘君才大何燊燊,别驾诚宜授士元。

绝塞春风好相识，高斋霁雪夜不寒。
剪刀面香蚍酱美，泥我屏间写山水。
投刺便迎僮仆忙，挥豪虽拙主人喜。
当日家贫乏立锥，成童已赋远游诗。
关塞不讥杖剑者①，英雄亦有捉刀时。
终年不借尚须借，终日炙行谁识炙。
撒手愤游宝山中，金银气照须眉碧。
麦麸云叶粲成苗②，药鼎丹垆爇自烧。
直是天财输鬼役，人间十万已缠腰。
何须马磨徒辛苦，何用牛车远服贾。
喜换头衔且称觞，敬持手版来听鼓。
鹊华山上草萋萋，趵突泉边柳未齐。
客里终朝思寄鲊，目中何处着醯鸡。
腰身岂为督邮折，臂血奚烦慈母啮。
杜宇声中游宦归，山公背上同官别。
东来荏苒五年余，两鬓萧萧赋遂初。
只拟散财同马援，那知窃藏遇头须。
伊我与君同磨蝎，中人之产一朝竭。
只今妙手号空空，徒剩雄心书咄咄。
风波虽复似同舟，就里事情迥不侔。
自得自失君何恨，肯构肯获我则羞。

---

　①本集此句以商务印书馆所刊印的丁巳年（1917）12月初版《戊戌六君子遗集》为准，而沈云龙主编《近代中国史料丛刊三编》第十八辑（文海出版社1998年）中所收录的《戊戌六君子遗集》版本，记为"关塞不识杖剑者"，似非。

　②作者自注：君时游蒙古喀拉沁之孤山，见矿苗透出，遂谓都统奏充矿商，以是大饶裕，登仕版。案：《格古要论》载，金有云子、叶子、麦麸等名。

誓将投笔学耕牧，缝掖何如短后服。
雀鼠壮难窃尽仓，牛羊多且量成谷。
谋生虽鄙免干人，百口况犹倚此身。
岂以多财求作宰，愿因修德共为邻。

送许桂一孝廉

旗亭尽日共追攀，送尔西风独自还。
倘典征袍谋醉月，中秋计已到中山。

送杜英三拔贡

驿亭黄叶落深秋，下马重看破鹿裘。
可有红毡留裹背，燕南十月雪花稠。

近闻房师陶公商严卒安邑任所不审旅榇何似其幕友夏渊如先生亦久不见消息

终古惟留一面缘，文章契合亦徒然。
几人死友忧身后，三夜生魂恍眼前。
灵几犹陈安邑枣，归舟不睹石湖莲。

布帆他日南中去，濑渚谁为指墓田。

陶潜初仕弹冠出，夏统曾闻卖药来。
渌水芙蓉方结契，泰山梁木遽经颓。
猪肝久受行厨供，马足应随遗榇回。
独有门生千里外，只鸡絮酒总衔哀。

次韵沈云巢方伯重宴庚午鹿鸣纪恩之作（四首录三）

夹毂停观满道周，老成终是迈时流。
初心不负寻梧月，晚节多香证菊秋。
半壁东南方岳望，一生前后曲江游。
大臣曼寿皇情豫，中使遥闻杖赐鸠。

福星灼灼照奎躔，帝念耆英征召联。
蕊榜同升云里阙，蒲轮暂舍海滨田。
珠围佳士三千履，瑟鼓嘉宾廿五弦。
惜抱云崧当日事，渊源一脉接前贤[①]。

老竹孤枝嫩百竿，龙钟玉笋许同班。
使来绿野三征尹，士到青云一识韩。
荣世文章齐上寿，耄年德望耐高官。

[①] 作者自注：姚姬传、赵瓯北两先生均于嘉庆庚午科重宴鹿鸣。

题名直作朱书耳,何待他时始改观。

送家春樵孝廉归里

独鹤飞飞饮太和,屡游燕赵无悲歌。
有时老子兴不浅,依旧深情唤奈何。
岁云秋矣露华冷,红蓼白蘋香满艇。
东海遥遥迂客途,西风策策念乡井。
紫金山下草萋迷,我亦山村旧隐栖。
玉楮三年成未得,铜鞮十日醉如泥。
醉中送客况为客,春明门外杨柳陌。
布帆空望顾凯船,胡床却少桓伊笛。
行矣君子慎波涛,问天莫便搔二毛。
到家犹及重阳日,满插茱萸好题糕。

赠贾小芸①

王郎作宰独贤劳,径上东床代捉刀。
冀北礼罗初到幕,睢阳贼栅骤穿濠。
焚身药替新磨剑,溅血花留旧赠袍。
亲在那堪随友死,不妨忠孝两分曹。

①作者自注:同治丁卯十二月,贼陷垣曲,县令王国宝自焚死,是君姊夫也。君时在署,为贼所得,至直隶望都逸出。甲戌腊月,君谈前事而泣,为赋六诗,录四。

当日缒城拟省亲，常山遗发尚随身。
豺狼犹自纷围邑，魑魅公然喜得人。
岂有空拳冒白刃，曾闻盛德感黄巾。
求生恶死原非怯，每为高堂祷鬼神。

问君奚术得无伤，尚记逃来尧母乡。
何日朝天泣摩诘，一时缩地走长房。
民知长者椎牛享，虏诧奇人夺马亡。
痛定迥思当日痛，①生生死死总难忘。

云山绝北望河东，尚忆英魂一炬红。
城破身经铜马虏，路难音少纸鸢通。
亲看死节留传信，幸得生还撰表忠。
腊粥年年供忌日，伯桃羊角两英雄。

生日至赵州桥次壁间韵

乌帽鹑衣驼褐装，长歌吊古入斜阳。
城痕叠甓披斑藓，桥影横弓挂绿杨。
燕市经年仍独返，平原异代为谁忙。
今朝赵北逢生日，浇酒何须忆故乡。

---

① 此句以商务印书馆所刊印的丁巳年（1917）12月初版《戊戌六君子遗集》为准，而沈云龙主编《近代中国史料丛刊三编》第十八辑（文海出版社1998年）中所收录的《戊戌六君子遗集》版本，记为"痛定迥思当日痛"，似非。

汤阴夜过未能瞻礼岳祠用店壁韵书意

直抵黄龙奏凯歌，金牌不受奈君何？
太行无限英雄骨，化石犹然望渡河。
五国城中望眼枯，罪臣归骨竟西湖。
他年把臂于忠肃，羡尔功成始受诛。
又见金陀撰粹编，忠臣子孝更孙贤。
颇闻近有汤阴岳，杀马不驮秦涧泉①。

雪夜寄刘选之猗氏

朔风吹雪花如掌，酒醒萧斋中夜朗。
倚窗八尺青琅玕，谡谡向人发琤响。
拥衾起掩敝貂裘，长啸寒甚却登楼。
西望山川都一色，故人何处心悠悠。
记得前年跨骏马，出门大笑游天下。
三春桃李盛长安，杨柳风流胡为者。
洗耳听鹏作针砭，自携斗酒佐双柑。
素心数辈话人物，为说令狐刘孝廉。
孝廉文名雷灌耳，目中落落无余子。

---

①作者自注：相传秦大士公车至汤阴，不谒岳王庙，骡夫问曰：君秦氏乎？余岳姓，余马不能送君矣。秦呵斥之，乃自杀其马于路，秦不得已，别赁乘而行。

本充骏骨到金台，翻共狗屠饮燕市。
着屐实时访斯人，幽居毕竟远嚣尘。
万花丛里兴圣寺，趺坐藤萝无主宾。
有时君来直入座，据案呼伻今日饿。
冷淘面成鲊酱香，看君甘于驼峰炙。
又或冶游过铜街，鞭丝帽影群诽谐。
斗然正色规我错，橄榄有味药无乖。
未几秋空书咄咄，辞君饮马长城窟。
闻君幨被即西归，依然高卧南斋月。
而今我亦返故关，同在河汾百里间。
把棹欲寻戴安道，闭门想类袁君山。
高才定有聚星句，逸兴能无菟园赋。
期君映雪类孙康，熟读旧书求无误。
如能过我定何难，禅房文酒追古欢。
不然努力崇明德，无事区区劝加餐。

寄讯山阴陆子善出都兼以宽之

见说空回偕计车，都中往返意何如。
赀郎谁遗相如免，米价无难白傅居①。
到处贫交天下士，归来富有枕中书。
五人捧檄为亲喜，莫学温生便绝裾。

---

①此句以商务印书馆所刊印的丁巳年（1917）12月初版《戊戌六君子遗集》为准，而沈云龙主编《近代中国史料丛刊三编》第十八辑（文海出版社1998年）中所收录的《戊戌六君子遗集》版本，记为"米价无难白传居"，似非。

九日有作奉送曹朗川太史师出守南康兼呈吉三太史师叔

日下勾留岂异乡，岁华荏苒此重阳。
紫萸人祝明年健，黄菊天开晚节香。
秋怀对此良无已，西去征鸿东去水。
北阙忽闻择使君，南辕遂复送夫子。
夫子玉堂余十年，双丁二陆俨星联。
夜听风雨同舒被，晓入明光共步砖。
今兹特授南康守，皂盖朱轓往江右。
长孺何尝薄淮阳，乐天深喜临庐阜。
绿涨宫亭迟布帆，清悬石镜鉴冰衔。
栖贤寺近先看竹，直节堂成合补杉①。
作书偶到鹅池上，铁画银钩笔力壮。
觅句或来鹤观中，棋声幡影吟怀畅。
似此皇恩寄一麾，未妨夺去凤凰池。
羊城接壤能将父，鹿洞放衙兼作师。
师道南矣疑孰质，师资孰得我先失。
最难矜字去三年，敢说阿蒙变十日。
槐花往岁粲并垣，夫子曾乘使者轩。

---

①作者自注：南康府署毁于兵燹，郡守借治试院。近闻议修，案：宋徐师回守南康日，筑堂成，植六杉树于堂下，曰"吾欲守节如此杉之直"，因名曰"直节堂"，即府治堂也。

时月惟偕黄叔度，异才首拔王公孙①。
贱子文名殊录录，几曾累作三千牍。
何期薛下一时遭，视若青萍与结绿。
尔日刚过重九来，暂逢笑口当筵开。
蜣丸尚欲推绝顶，虬户谁知暴雨腮。
于今屡阅登高节，古道长亭偏赋别。
辞爨焦桐不胜吟，经霜红柳那堪折。
送人作郡若为心，送者自崖思更深。
况乃一堂丝竹响，今成三叠渭城音。
我闻昔者杨中立，伯叔程门皆所及。
未审先生编史余，可容小子持经入。
代管三鳣岂异人，速驱五马慰斯民。
他时召相二千石，日日沙堤永坐春。

朗川师将赴南康任以诗留别次韵二首

温纶一下九重闉，莫更东华踏软尘。
郡国练才储政府，湖山循例付词人。
穷檐有苦三时访，吏舍无权百务亲。
记取来年听报最，下应如草泽如春。

早岁高科赋《北征》，菊豀蒲涧②达蓬瀛。

---

①作者自注：庚午，余以第三人获隽，主考即师与善化黄晓岱侍御师也，是科解首为河津王君凤笙。

②作者自注：皆番禺胜迹也。

雄州偶入三刀梦，乐国行添五袴声。
江右学延朱子脉，匡山诗见白公情。
讲堂如故吟坛在，牛耳同期来主盟。

朗川师命画扇一面书前九日奉送之作以当别念画成又系小诗

绿玉扶身替五驹，青鞋着脚抵双凫。
何当杖履追陪去，画取香炉瀑布图。

热河留别金元直西归

二月乌桓未识春，寒衣惜解远游人。
乡心胜日闲中动，友谊天涯分外亲。
立志莫矜依渌水，怀才何惮踏缁尘。
吾侪政有千秋业，努力加餐爱此身。

塞花边柳蓟门东，乍入乡心尽转蓬。
日下有声来旧雨，月余无福坐春风。
销魂漫赋文通句，远志犹存伯约龙。
记取明年京国聚，与君分折杏花红。

齐镈诗为寻管香给谏作

脽上后土祠，汉皇获鼎所。
金气颎秋空，斑斓作伏虎。
阴崖閟怀宝，阳侯盛赍怒。
高浪掀天来，射岸丛万弩。
石礧閜然裂，縋出古镛虡。
伊谁窟室悬，乃有歌钟拊。
黄门钟鼎家，昆季并嗜古。
脱贯径购归，通夕手摩抚。
绿绣剡薜斑，墨华捶麻楮。
举例先辨体，析疑自画肚。
微霭带繁星，平畴擢秬黍。
涎迹盘蜗交，斗形瘦蛟舞。
旁行忽斜上，中栾左右鼓。
齐字秀三禾，铭文围九乳。
齐景族铸钟，鸿烈典堪数。
钟大镈乃小，高陵注周语。
独怪此齐钟，何由埋晋土。
葵邱会所悬，崔氏赂所取。
我闻晋义熙，霍山得钟五。
篆古识者希，箝口尽龃龉。
嗟我河东郡，法物兹焉聚。
即欲考古文，何用寻峋嵝。
况乎古之乐，悬钟必成堵。
此镈既来归，应为啸匹侣。

鼎有盖底铭，剑分雌雄股。
神物不独见，试更觅故处。
齐人有韶乐，所铸备律吕。
上以考籀文，下以佐杜举。
太平既有征，逸经何难补。

再为管香给谏题齐镈拓本

齐镈齐镈，乃出葵邱黄河所啮之绝壑。给事家居茂陵获鼎处，并得其鬲与其铎。为拓镈上文，绿涩墨光错。首云五月吉丁亥，中云齐师罄叔作①。人征《世本》遗，字补《说文》略。铭辞百七十又二，《盘庚》《大诰》同灏噩。前诗引《晋中兴书》，比之义熙得钟在太霍。今再送数难，聊试发一噱。昔者韦曜郑康成，镈钟大小若相争。我云二者各自有大小，物之冤雪人讼平。独怪王肃陈统辈，强谓妇人尚柔不用镈钟声。如使女器同不迩，邾娷燕姞孰为铭？况此大钟用享祀，胡然三著姜女名。又怪杜预解《春秋》，乃云齐桓会地在陈留。果使兹役非晋地，安得惶遽赴会之晋侯。况自班固汉志来，郊上久矣名葵邱。今者齐镈又出此，益信西河攘翟有方舟。数事皆足证经义，环宝真欲胜天球。无怪好事潘司寇，千金购存攀古麇。我闻北魏张恩发汤冢，钟磬尽向河中掷。同出尻脽一片土，兹遭拂拭彼沉溺。又闻唐时宋沇精于音，塔铃车铎尽能识。广平文孙知律吕，倘见此者更不释。噫嘻贱子敢一言，此器千金良不易。古今出地第二钟，自宣和来难再得。何不悬置汾阴后土祠？永与焦山周鼎张南北。

----

①作者自注：罄字乃家秋湄孝廉所辨识出者，释作鲍字，其精核在诸家上。

岁寒三友诗 有序

甲戌冬，阎梦严师消寒小集，或醉写松竹梅花，随俗名之岁寒三友。诸君皆有题句，余不预会，异日方命继作，忽值遏密八音，声律不能谐矣①。

愁惨如读北风篇，兹寒不减尧崩年。
宫槐叶落生野烟，谁者天生多节坚。
君子幽贞美人妍，大夫芰舍与周旋。
泪斑欲比湘浦溅，缟素普将官阁环。
支离莫逮攀龙髯，冰天雪地同洒涟。
来岁东皇春改元，铁石心肠贵任专。
拔擢青士植苍官，勿任一暴十日寒。
诸君树立共勉旃，千古人从晚节观。
老柏森森葛庙前，劲节贞操试一攀。
呜乎，莫让独支半壁天。

---

①作者自注：时甲戌腊月也。

为外祖母孙太孺人撰书事一篇撰毕凄然赋此

我昔遭闵凶，七龄惨失母。
明年父见背，生人乐何有？
共道癖书深，偏思逃塾走。
孑孑吾何归，茫茫丧家狗。
暂得依阿婆，孤儿计诚苟。
借事幸来勤，托病希住久。
怖鸽近即安，放豚归斯受。
维时外家衰，生计割膏亩。
老人辨色兴，躬自任箕帚。
涤拭遍几榻，安顿及罂缶。
我方起迟迟，恃爱挽襟肘。
褪衣搜虮虱，解袜搓腻垢。
柏庐格言帧，指字详告诱。
悬知能理解，喜赞不容口。
旋闻叹息云，吾今已中寿。
早晚闭双睛，难见尔成偶。
我有约指环，碧玉宜素手。
即今以畀儿，他日畀儿妇。
洎我十二龄，游泮采芹茆。

孺人垂泪言，五娣尔知否①？
夫妻有佳儿，命短不厮守。
但得儿有成，是汝死不朽。
明年咸丰末，太岁在辛酉。
老病临春三，厄数遇阳九。
姻戚致赙襚，邻里断杵臼。
严霜摧树萱，高坟挽广柳。
追惟平生训，事事蕲忠厚。
佩我必韦弦，贻我况琼玖。
尔时有痴念，得第拖紫绶。
迎养奉板舆，介眉进觞酒。
庶持将母忱，代为祈寿耇。
岂知总空空，徒尔呼负负。
虽复一榜列，远在十年后。
扫墓果何知，枉用荐春韭。
孺人赐玉环，室内偏粗丑。
孺人教家训，家事几分剖。
孺人期高第，而我拙进取。
孺人勖明德，而我愧多咎。
经济束高阁，文章覆酱瓿。
纵使功名成，金印大如斗。
既难答恩慈，只可炫宾友。
中夜起思惟，存者余吾舅。
大布缝春衣，小麦奉粮糗。

---

①作者自注：先母于姊妹中行第五也。

再拜告孺人，可得一颔首。

里门外有郭景纯碑因题长句

神仙安得谤经师，智士忠臣独任之。
偏王预陈天下统，成仁甘赴日中期。
阳明异代诚知己，忠武同岑信可儿①。
我愧先生乡里客，摩挲石阙有余思。

谒裴赵二公祠_{有序}

唐裴文忠度、宋赵忠简鼎胥生吾邑，乡贤祠外别有两公合祠。间尝披读本传，一则曰：臣誓不与贼俱生；一则曰：誓九死以不移。迹其严毅刚正，如出一涂，此实难矣。

天下安危际，何人只手扶？
一乡名世薮，两代中兴书。
耻发俱生处，忠坚九死余。
臣心同此誓，几辈尚全躯？

---

①作者自注：案：温峤谥忠武。

卷二　白云司稿 乙亥至戊寅

《白云司稿》序

　　涑水之曲,景山之阴,有石室焉,世传郭景纯读书处也。余尝再至闻喜,过郭村,求其遗书不得,久之而得交吾友仪村比部。仪村于经通小学、于史长地理,又精历算,旁及绘事,诗则渊源魏晋、泛滥百家,盖生景纯之乡而能为其学者也。

　　余每谓近代经生为诗,恒患意滞于物、词蹇于韵,而才人逸足奔放。又华而不实,往往流于浅薄,为通儒鄙弃。虽班、杨、孔、郑造诣各别,要不可谓非限于才也。仪村少负神童誉,自髫龀洎通籍,所为诗不下千余篇,巧缛而谢雕锼,奇崛而出以婉逸,实祛经生之弊、脱才人之习而兼擅其长者。《白云司稿》一卷,皆其官京朝时所作,其中投赠之什半及于余。余性懒,又苦才尽,恒置不报,仪村亦不自顾惜,脱稿后辄弃去。余尝谓之曰:君学如景纯,多能亦复似景纯,集十七卷,与所注《三苍》《水经》《易》《诗》诸说,久佚无传;昭明选诗止录《游仙》之作,世亦第传其《鬼眼》《狐首》,诸书尽举神异怪诞之说归之。经学且为所掩,又乌知其以诗雄一代哉?君之齿未也,名山著述固将有待,盍先集所为韵语及时刊布,为注虫鱼非磊落人一解嘲乎?仪村不谬余言,始稍稍存稿,暇辄疏记旧作。虽遗忘过半,而就所存者论之,已足问世,况为之不已,且有进于此乎?

　　抑余犹有为君告者,君笃好算术,旧制铺地锦筹马,方思著说以阐其用,而鄞周氏之《中西算学辑要》,今岁新刻于沪上,其中筹式后出,乃与君暗合,君遂不欲卒其业。昨王顾斋丈闻君制天尺地球,亦笑曰:异时人恐复以京房、管辂目仪村,仪村将与景纯并受神仙之诬矣。时余同在坐,亦劝君穷经治朴学,勿再驰思高远,滋后人疑也。诗又其末焉者矣,仍弁诸简端以告仪村,并以告世之读仪村诗者。

乡宁杨笃虬麋父序于太原志局

刑曹初直四首

隐囊团扇只身孤,暗祝今朝个事无。
但得讼庭长寂寂,不妨秋色满平芜。

印匣铜封涩绿斑,笔床铅黯蘸红殷。
放衙枯坐空厅里,也抵浮生半日闲。

食罢公然事不烦,转因落寞怯黄昏。
官厨净肉官仓米,权当今朝咬菜根。

伍伯持刑面色蓝,三曹抱册目光眈。
几回开口翻无语,新妇遑当问拊骖。

赠家秋湄孝廉兄

仪征太傅掌院日,特为国史创儒林。
我朝经学超前古,一一胪列无湮沈【沉】。
有时致书何东洲,谓补经籍赖吉金。
更端乃及张月斋,硕舟硕儒折服深①。
硕舟觥觥晋男子,著述等身傫然死。

---

①作者自注:阮文达与何子贞书,谓张硕舟乃硕儒也。

自后吾乡盖多儒，有两魁儒近百里。
曲沃闻人曰卫一，注经点史奋巨笔。
明眉秀目饮十斛，酰鸡来前皆奴叱。
吕香美人蔚吾宗，身如植鳍声如钟。
精核水地潜邱比，博识金石亭林同。
少年束发走代北，宏州一志何处得？
磨笄之山桑干源，千年文献皆增色①。
前冬忽遇上计车，出门大笑走京国。
文章虽复解憎命，斯人讵论通与塞。
五月不雨盛京尘，胡床坐啸若无人。
我时解衣盘礴裸，风期暗与君子亲。
读君篆籀味君诗，即此便当作吾师。
况为善长纠不逮，兼与尚功补未知。
经史纷纶寄玉麈，每闻一义为起舞。
郎署无由窥中秘，似此便欲胜稽古。
就令季野自无言，预决子云有必传。
更忆传人号六福②，索居远隔绛山烟。
噫哉聚散恒如此，西去飞鸿东流水。
我今又欲出塞游，奉手才踰两月耳。
何当秋老木兰归，一骑款段随君西。
执经问字规廿载，为辟蒙瞽发天倪。

---

①作者自注：君前年撰直隶《西宁县志》。
②作者自注：卫庄游自镂一印曰"六福传人"。

柬柴赋嘉茂才 _{尊甫子芳明经,名桂森,有书名}

见说而翁寿且康,平生篆草老清苍。
何人换帖遗红友?得尔工书替墨王。
漏屋无痕模晋法,磨崖有字仿秦章。
与君南望中条雨,柏塔遥遥天一方。

刑曹直【值】宿读秋湄诗
及所撰《西宁志》辄题四首

吏散云司烛影寒,携君诗卷共盘桓。
短歌九首俱奇绝,明远休矜行路难。

不其城下老经师,余事犹称婢解诗。
今日诵君裙屐句,知君侍史亦如斯①。

高柳安能混柳城,频为善长订遗经②。
石州精撰延昌志,见此犹当畏后生③。

---

①作者自注:集中寄王姬蕊真有句云:何日趋庭同问字,屐裙相对两书生。
②作者自注:《水经注》云:高柳故代郡治,又云高柳在代中连山,隐隐东出辽塞,昔牵招斩韩忠于此,是郦误以高柳为即辽西之柳城也,君于志中有辨甚核。
③作者自注:吾乡张石州先生撰《北魏延昌地形志》。

俎豆宏州乡社尊，不教遗漏到金源。
编诗秀野功输此，拜谢犹来月夜魂①。

题柴子芳明经杂临诸帖卷子八首

某家书法费搜寻，纸尾题明即度针。
枣木初雕银锭本，明窗一日几回临②。

妙笔传神得伯时，图来驸马好山池。
西园雅集频频写，一瓣心香炷虎儿③。

馆筑犁邱缣素香，空闻鹦鹉属渔洋。
石庵题识覃溪跋，不让南人拜墨皇④。

燕子红笺小楷书，狡童狎客总相于。
请君珍重松枝笔，只写真山莫写渠⑤。

小说荒唐二度梅，开场尤合赧然咍⑥。

---

①作者自注：世俗袭明人谬论，外视金元，故西宁先达如李屏山、王逊斋、魏玉峰、魏青厓、王伊滨诸公，皆不得与于乡贤之祀，其入乡贤祠，自君修志始也。
②作者自注：临阁帖。
③作者自注：两临米芾《西园雅集图记》。
④作者自注：临邢侗书及刘墉、翁方纲二跋。
⑤作者自注：临王铎《拟山园帖》。
⑥作者自注：其开场曲云"离了朝官位儿，跳出是非窝儿"云云，甚俗俚。

高人一纸庄书出，竟似柴桑归去来①。

人居晋鄙德余熏，古墨流香佐苾芬。
得志何须重裂诏，正书批勑答吾君②。

老痴临池似此稀，麻笺斑管不停挥。
初时得髓人知否，圣教胚胎定武肥。

大字锋芒不可鞱，趋庭犹哂小儿曹。
从今莫论家鸡事，公子翩翩有凤毛③。

戏柬贾小芸员外四首

屡索槟榔诧忽须，更堪携客扰郇厨。
知君故意邀吾辈，自显罗敷夫婿殊④。

一弓摇曳两弦吟，不藉铃声得雨淋⑤。
寄语射洪陈正字，能文何事破胡琴⑥。

莫问开头与反唇，两人同此詈申申。

---

①作者自注：书《二度梅》小说开场曲。
②作者自注：君自署曰"晋之鄙人"，盖所居柳谷，即唐阳城故里也。
③作者自注：次君亦工书。
④作者自注：小芸是日拉往其岳家张枫廷员外宅午饭，余力辞。
⑤作者自注：是日遇雨。
⑥作者自注：王向甫比部胡琴最工。

纵令人世均无恨,刘四谁云可骂人①?

定子当筵拨恨声,烧槽玉手可怜生。
不缘金凤衔花曲,争得词人录小名②。

满洲同年常小轩屯田今总宪皂荫坊先生犹子也总宪新遇丧明之痛小轩又将假归热河祖席口号三首送之实以留之云

中年谢傅近无欢,玉树生阶差自宽。
为告封胡休远去,棋前屐后劝加餐。

君家正有狄梁公,只合宽心住药笼。
未必当归胜远志,劝君今日且从容。

词人例合作屯田,柳岸新词柳七填。
我道哥哥行不得,当筵代唱鹧鸪天。

---

①作者自注:小芸与刘小山虞部相骂,几至挥拳。
②作者自注:歌者陈喜凤琵琶。

和贾小芸寓斋即目原韵

兀坐蕉窗绿浸裾,寓公应亦爱吾庐。
导行旌节栽花处,倚读瓶笙试茗余。
十笏龛成诗界拓,一炉香好睡魔祛。
何时许赁皋通庑,愿为钞书代小胥。

墨牡丹障子为王槐堂孝廉题[①]

名花艳冶儗环妃,几见身披坏色衣。
每笑山阴田水月,墨丸涂染美人颐。

如何便作解弢看,滴粉搓酥几日残。
见说新罗工墨戏,风姿绝世效颦难。

自题所作画

泉声㶁㶁破平芜,大好岚光澹欲无。
政有高人支脚坐,一窗松影读阴符。

---

①作者自注:原题云《仿新罗山人》。

送乔翰卿大令游天津就幕南皮（八首录三）

雨霁山光俨画图，故人辞我赋骊驹。
轻舠满载春明梦，红蓼香中到葛沽。

东海扬帆大谢奇，南皮较射五官宜。
归来试解奚囊看，定有鲸鱼掣得时。

少年便赋芙蓉镜，故里犹饶苜蓿盘。
怪底轻离安邑市，天涯何处觅猪肝①。

虞部刘小山大兄见问诗法酒次成转韵体答之

鹔裘貂帽水部郎，迟我金尊琥珀光。
自踞胡床诵小说，精神不减东阿王。
燕都十月霜威冷，美酒羊羔替苦茗。
轰饮兼听作雄谈，剑光霍霍逼人醒。
却忆髫龄扃试时，一堂雪战斗英姿②。
骤惊杜牧风流句③，坐爱王戎简要词④。

---

①作者自注：君即安邑人，前两年掌教本邑书院。
②作者自注：咸丰十年冬，学使江夏彭子嘉师按临至平阳，天大雪，吾辈幼童凡五人提堂面试。
③作者自注：稷山杜英三拔贡时十六岁。
④作者自注：河津王凤笙解元时十三岁。

君家兄弟号联璧，呵冻书成片玉策①。
贱子齿稚最末行，谈笑赋成日未夕②。
才声一日喧郡城，夹毂人看那得行。
吾辈小时俱盛气，只能彼此一通名。
归来十载不相见，百里而遥各异县。
闻道诸君共一龙，何甘自作不鸣雁。
今年同踏软红尘，面目依然肺腑亲。
只此浑浑有雅致，便应尽尔瓮头春。
为君画作的卢马，知是支公心爱者。
却更殷殷问作诗，岂非扠抑多问寡。
尝云此事有元音，勿论疾书与苦吟。
弹扣虚空成气象，销融破碎得胸襟。
映发安能泥处所，苍茫非必啸俦侣。
铿然天籁齐横吹，隽绝人寰汉乐府。
芳草生池挹自然，杂花发树状鲜妍。
清新不在添僧字，秾郁岂因忆妓船。
果有高怀余远眺，脱喉便抵苏门啸。
若无奇气寄长征，吹角奚关边塞调。
诗教良须如是观，为君计者定何难。
此中况乃极渊博，读史兼能读稗官。
古者多文便曰富，非论鸣玉与衣绣。
何哉坐是掩文名，里语徒称财力厚。
愿君已博更贯穿，囊中原足买书钱。

---

①作者自注：君年十五岁，令弟小渠比部十四岁。
②作者自注：余时十二岁，于诸君中最幼也。

千金散尽来还易,一往不留此盛年。
噫嘻狂歌聊尔尔,欹崎历落君应喜。
酒阑不复著言辞,冷月窥窗吾醉矣。

明末,吾邑上邱村赵加爵字璘玉,与弟加品,乞食养病母。母殁,庐墓三年,每饭必哭奠焉。一时无识不识,咸称曰孝子。赵四郎初父工医术,至是四郎嗣业益精,洎闯氛日逼,逃山中。众谓孝子所止,必有神守护。故随之者常数百千人,四郎独部署饮食之,卒不遇寇。康熙中,同里朱小晋司农与家少宰起斋公合词奏于朝,乃得以巡检官辽东,孝子之名大噪天下矣。崔子高学使居与比邻,为作传;徐卧云山人摭其事迹,绘为图,凡七番。国初,诸老题咏者册厚盖尺余矣。光绪初元,其元孙翔凤、仲翙官中书出册重装池之。余为徵海内名宿,诗亦甚夥,与原册埒厚。仲翙仍丐余作,乃逐七图各系以诗。诗亦无定格,期于达意而已。

负米谣①

吁嗟复吁嗟,阿娘在家剧田种麻。麻子落满地,扶犁不任伤其臂。吁嗟阿娘,娘臂伤,父医良。父在蒲反或解梁,日日得米一囊,儿负回儿臂尚强。阿娘道儿扛不起,但看阶下两黑蚁,扛去一粒米,比身大几倍。儿之负米正如此,阿娘煮饭儿饥矣。今日负归二百里,明日再往二百里。

---

①作者自注:原弟一图曰"负米百里",盖孝子父行医蒲、解间,日得升斗,必使负归贻母,孝子时才十一岁耳。

哺饭歌①

母齿危,母臂痿,母唤荷荷知母饥。枣糕豆粥烹露葵,扶母倚床跪进之。母思下咽苦伸脰,羹饭蓬蓬气馈馏。口口嚼碎送入喉,生儿岂嫌儿口臭。饥鼠窥壁雀噪檐,垂涎半盏黄米泔。舍汝残渖汝慢吃,穴中老饕正自馋。我亦不向黄花洞,为母祈寿饭僧众②。

挽车吟③

咿哑声来四椎轮,双条绳迹碾绿春。
阿弟力推阿兄挽,牛衣严覆龙钟人。
柳阴【荫】跪地朝未歇,丽旭胧胧射皓发。
洮河水碧冷淘时,沃国烟清寒食节。
隐辚震耳集童媪,糍团炊饼掷多少。
嚼余密裹衣上絮,驮去深藏窑边草。
晚霞绚艳照村明,夹路杂花引归程。
辘轳转入柿林去,扫叶共炊仁里鲭。

---

①作者自注：原弟二图曰"哺饭七年",盖孝子母病瘫瘓,每食必使弟拥背而自以口哺之,凡七年云。
②作者自注：黄花洞,梁时志公尝卓锡于此,即在上邱村南。
③作者自注：原弟三图曰"挽车觅食",案崔传中有曰：母既病废,孝子将出营食则左右无人,乃乞钱为母制一车,兄弟或推或挽之,乞食近村,得食则跪进母,歌舞车前为母寿。

守窑词①

奉母卧破窑，曲突而厚土。
突曲能障风，土厚能遮雨。
窑边兔丝子，宛转不离根。
采供阿母睡，兄弟左右蹲。
兄持汲水瓢，弟持爇火篝。
赠刀作守卫，贤哉此督邮。
阿母告两儿，弄刀莫伤手。
竟夜循刀环，不敢按以拇。

蒿庐哀②

灼灼东升日，照我华表颠。
忆昔亲闱在，朝厨起炊烟。
蒸饼茆屋中，韭卵佐芳鲜。
祝哽余几日，杳杳归穷泉。
蚯蚓窃酒浆，乌鹊衔纸钱。
痛哭当闷绝，坟草青如毡。
呜乎儿在此，一庐年复年。
勿回长者车，蒿莱森山阡。

---

①作者自注：四章，原弟四图曰"守窑待旦"，崔传云：家惟一土窑，无门，母卧后兄弟共守门焉。典史巡夜见之，叹息不已，与一刀使备虎狼。

②作者自注：原弟三【五】图曰"蒿庐拜墓"，即母死庐墓五年事也。

勿赐仁者粟，禾黍绕墓田。

寄言供职者，愿迨母也天。

药肆铭①

大药不煮，《内则》惟经。菽水捐椀，乃理参苓。闭尔药肆，画像徽灵。泽笋挺牖，陔兰缛楹。十笏闲敞，二簋丰盈。垂帘言孝，刀圭佐馨。愿人父母，千载长生。受兹元炁，以寿以康。

举孝诗②

涑水出黍葭谷，至周阳侯城南合于洮，其水清绝滔滔，其人忠烈如毋邱镇东，乃在闻喜之近郊，毋邱之里曰上邱村，流风千古存，忠孝非二致。国初赵子以孝闻，尔时知县王景皋、卢士魁，乡先生曰杨永宁、朱裴，此人皆不轻许可，独于赵子动其怀。生孝死孝一身该，士民罔不推。二公奏之天子，天子曰俞哉，嘉尔行其试尔才，巡检辽海，敷政无乖。乡有画师徐卧云，七幅绘其真。邻有进士崔子高，一传具其文。题诗作颂海内纷，至今披读若有神。呜乎赵子信有神，将何以答我士民？宜隐佑其子若孙，俱为孝行人。毋邱山兮高入云，涑之水白石粼粼。陵谷变迁，仁里永春。

---

①作者自注：原弟六图曰"药肆飨亲"母服阕而嗣父业时也。
②作者自注：原弟七图曰"士民佥举"。

自题所作画三首

折角乌巾扫塔衣,携书尽日坐苔矶。
年来奇字无人问,山锁空亭碧四围。

曾闻福地有奇书,可欲移家画里居。
为报此中人语道,琅环不许俗人租。

花围亭子树遮山,一卷横披晼晚间。
十载尘中牛马走,胸襟正不减荆关。

湖南宜章宋蘅,少好剑术。里有邪教讲堂,不逞之徒聚焉,或以药术迷里中儿,取儿睛。蘅怒纠里人毁其堂,互有歼者。教徒贿官,名捕蘅。蘅亡至黔中,又念老母弱妹,恐陷狱,乃阴归省,而补【捕】者数百,围其宅。蘅孤剑转斗出,威勇、关卒无敢逼者。事既解,绘《仗剑入关》《出关》二图志其痛。其同邑吴醉琴农部与余善,代为索题,乃各系以诗。

入关图

鬼子何敢尔,壮士有如此。
紫气缠客星,剑在身不死。
冲开一丸泥,倒提三尺水。
看君倭铁刀,正似铅刀耳。
却笑张俭弱,望门便投止。

出关图

若耶水淬赤堇英，未许世间有不平。
千里携来鬼夜哭，十年矿出月失明。
有客黔中丁窘蹙，得君何敢呼君仆？
同归为揭广柳车，此去何须短后服。
吴钩一日飞着胸，骨肉相逢此夜中。
霜刃三更跃出匣，咫尺垣外有伏戎。
爱丝缕缕一挥断，鬼火荧荧四面散。
山深月黑拔来看，生死天涯终结伴。
悬崖矗立天西南，对插一双不见镡。
密箐森排岭上下，横磠十万不能函。
大剑小剑威关下，彼之剑多吾剑寡。
仗君胆气无风鹤，得君尻轮有神马。
君是何年铸得成，骈诛魍魉血花腥。
当关试一摩挲否，不信旄头无陨星。

赠家秋湄学博大兄（八首录四）

蹄涔萦道周，瀺瀺发繁响。
溟涨包洪纤，无声自泱漭。
怪彼片长徒，逢人便技痒。

尽罄乃中藏，量之得盂盎。
不辞北海笑，仍诩西山爽。
惟君有若无，胸次巨川广。
与人故无争，依然重名享。
寄言名子者，浑湛学王昶。

倚剑望燕台，此中忽郁塞。
骏骨何时无，昭王不易得。
我昔乘一马，方瞳掩圆骼。
金络玉连钱，千里直瞬息。
官路野花紫，长城边月黑。
自爱汗血姿，不作骄嘶色。
颇欲持赠人，无人有马癖。
乃至强梧年①，遂入绿林贼。
以此举似君，君亦应嚘唶。
吾侪老枥下，谁肯走南北。

南园有一树，理坚而心赤。
实虽充筐筥，身奈多棘刺。
北园有一树，夭夭粲花红。
既以荐嘉果，又以荫清风。
主人将移植，何者宜庭中。
谓枣实恶木，谓桃乃佳丛。
匪主人摈汝，实汝自求摈。

① 作者自注：丁卯冬也。

谁遣草木姿，而外具芒刃。
我好面折人，人益不相信。
君但微感人，受者自无愠。
呜乎我师君，久久当有进。

青阳二三月，微服游平康。
女儿皆春态，三五自相将。
前者盘龙髻，后者堕马妆。
朱樱发艳曲，玉笋弄清商。
娟娟秋水外，有女娥眉长。
上无金钿钗，下无罗衣裳。
坐使深闺秀，不如大道倡。
此语不忍道，道之令君伤。

题黄太守采芝图（八首录四）代

现身真在此山中，莫莫歌成唱未终。
甪绮东园都不似，黄公只是夏黄公。

君家旧有谢公墩①，拂拂庭阶兰玉存。
寄语逶迤深谷者，休疑此草本无根。

金光餐罢寿齐天，天与名儒驻大年。

---

①作者自注：谓令叔尚书公。

自当陆家杞菊吃，不须谤道是神仙。

南方草木有专书，百卉俱详此品无。
我欲亲从高士问，九茎三秀状何如。

中秋对月有怀杨大笃蔚州乔八骏保安州

美人隔秋水，遥夜同月明。
桂树散仙馥，桑干流客情。
多文腾虎采，晚达迟鸿声。
何日捉刀手，鸾刀亲荐腥。

和陈小农计部秋晚元韵

残阳忽西匿，城市若疏林。
积雨将寒至，停云向夜深。
蠡倾高士酒，雁度故人琴。
有客孤灯里，怀归千里心。

和许韵堂同年秋怀元韵二首

一往深情唤奈何，非关薤露与阳阿。

馨香远路谁能致，哀感中年顷已多。
不忿浮名消福尽，更堪沈痾带秋过。
日来新得排愁法，自唱曹公对酒歌。

露坐凄清对月明，空堂容易又三更。
短檠张夜双鱼讯，长笛横秋一雁声。
屠贩亦侯惭术误，钓游有侣觉官轻。
雄飞雌伏寻常事，戒向人间号善鸣。

无题

当日鸣声彻九皋，稻粱分得饷寒号。
如今一一飞天鹤，非复氄毷旧羽毛。

出塞行

大螺篸篸刺晴蒙，高下榭隐长城红。
女墙缭曲关势雄，辇路分峙九骊宫。
一径行人鞯覆狨，书生善骑有军容。
花榆鞍子悬雕弓，鞭丝剑匣意雍雍。
自笑频年度卢龙，眼中落落谁适从。
独念别业在关东，先人耕牧称素封。
泪余头脑殊冬烘，泽有牛羊术未工。

好读已自得途穷，远宦更将减产空。
今又遇讼讼终凶，耻争魑魅安得聋。
誓将解组出蠨蛸，短衣射猎磬椎峰①。
虾菜香与辽海同，山间榛栗欲成丛。
名场热客可怜虫，速去勿复溷乃公。

寄秋湄蔚州志局二首

塞垣西望暮天青，昴毕分中见客星。
晋乘藩篱先志代②，史才根柢在穷经。
孰齐环极无双品③，此直行山弟几陉。
郡国志兼耆旧传，居然尽出子云亭。

迩来书体半冬烘，君志宏州迥不同④。
人表古今班固例，水详西北郦元功。
剜苔寺墓碑痕绿，削稿衙斋烛影红。
此日重赓书局寄，勉求文笔媲寒松⑤。

---

①作者自注：磬椎峰在热河，《水经注》云："武列水东南历石挺下，挺在层峦之上，孤石云举，临崖危峻，可高百余仞。"即此。
②作者自注：案蔚州古代国。
③作者自注：谓魏敏果公也。
④作者自注：君前撰《西宁县志》，有声畿辅间。
⑤作者自注：蔚旧志乃敏果所撰，故云。

送许韵堂南归二首

三年米价贵长安,一日西风返故山。
大好龟莼龙鹤菜,垂虹亭下劝加餐。

风来北固剪江时,舴艋声中鬓欲丝。
今日重吟怀古句,青山鬻鬻佛狸祠①。

鞠歌行四首

酾酒金台下,泪落心惨伤。易求惟昌国,难得乃昭王。霸图一例滔滔水,东望棘城西楼桑。古人已矣伤春目,岁岁蓟邱春草长。意者燕市今犹有狗屠,愿从痛饮击剑去,不愿三十尚为儒!

吾昔年十二,号为千里驹。常思蹵②足青云上,岂有下民敢侮予?大来渐渐更事久,忽复嗒然丧其耦。剑敌一人书记姓,所著只堪覆酱瓿。如此头颅欲何为?只应闭户学雌守。呜乎当时神骏姿,岂意今成牛马走?

曳裾富人堂,金多欲相役。结客少年场,酒酣动遭叱。至竟悠悠谁可亲,愤极归家自休息。秋树根头日醉哦,眉宇高寒照空碧。二八文婢气如兰,笑倚吟声吹玉笛。多谢二豪莫相轻,如此高韵不易得。

---

①作者自注:君前有北固怀古诗甚工。
②原诗中为籋,意为"锯",今应用"蹵"。

久宦减兄产,远游废父书。仆本农家子,何必怀此都？拔刀斫柱誓归去,求食不争鹅与鹜。身后名与身外事,蹀躞十年被尔误。陆沉金马门,不异虱处裈。念此世间无穷已,中夜涟洏不能言。

溧阳怀人诗十五首

经义群推井大春，谁因学富念官贫？
仪真悔识月斋晚①，宰相胡应失此人②。

清远吴兴代有人，难将花草比精神。
君诗胜处君能道，政似蘼芜冒雨春③。

太史昔时在北边，骊歌送我杏花天④。
今秋重过销魂处，一读君诗一黯然⑤。

边生经笥亦诗囊，北曲悲歌慨以慷。
鹍子飞天群雀寂，不容凡鸟说文章⑥。

---

①作者自注：阮文达尝叹"张硕舟为硕儒"，见"与何子贞书"。硕舟者，吾乡张月斋先生穆也。
②作者自注：右乡宁杨秋湄广文笃。
③作者自注：右德清许韵堂孝廉德裕，孝廉旧有"人随鸿雁向阳去，春逐蘼芜冒雨生"句。
④作者自注：余壬申春自热河西归，君时未第，游幕祖道，四律诵之，不觉感泣也。
⑤作者自注：右桐乡金元植太史星桂。
⑥作者自注：右任邱边竹村水部保枢君有《拟北齐横吹》诸曲。

记得旗亭酒一瓢，君家兄弟阿龙超。
而今怊怅南云暮，不见扬州皂荚桥①。

梦里同填双豆词，碧云笺纸界乌丝②。
不知秦七与黄九，甚事关人日日思③。

杂诗风格自堂堂，不著心源傍景阳。
莫问同衔杯酒未，谈君便觉齿生香④。

绮语禅心两两兼，病中参彻首楞严⑤。
诸君听唱黄金缕，何减瞿夷花笑拈⑥。

具有渊源虔礼谱，羌无故实子荆诗。
才名翻被书名掩，谁见雨零秋草时⑦。

居贫特立士无双，需次三吴文献邦。
但祝见闻皆第一，莫同枫落冷吴江⑧。

心香一瓣在停云，楷法精能迥不群。

①作者自注：右萧县张枫廷员外翊宸，君近居扬州。
②作者自注：君工填词，自制纸曰"碧云馆笺"。
③作者自注：右夏县贾小芸水部璜。
④作者自注：右荣城陈小农户部福绶，君近著《杂诗》数十章。
⑤作者自注：君病中从余受楞严要义。
⑥作者自注：右仁和蔡黼臣比部世佐，君近制《蝶恋花》词，倩余书之。
⑦作者自注：右襄陵孙石卿水部毓琇。
⑧作者自注：右安邑乔翰卿大令骏。

濯濯王恭春月柳，君书秀绝亦如君①。

落落难逢笑口开，诗成何处著尘埃。
寄声当世中郎道，貌寝公孙有异才②。

岳色湖南万里青，焦桐长与吊湘灵。
香兰微笑红泉咽，落落琴心正尔馨③。

翩翩公子著文声，三绝居然一座倾。
我似并州刘越石，悲凉万绪念卢生④。

楷法鸥波斗笔姿，辱书常道欲相师。
哀哉呕出心肝后，犹据乌皮写拙诗⑤。

自题所作画

深林叠巘隐牛宫，略彴弯环处处通。
槲叶冷翻千嶂溜，稻花香飐一川风。
鱼龙卷水江翻白，燕雀穿云日漏红。
闻道故园春不雨，聊将泼墨补天功。

---

①作者自注：右太平刘小渠比部笃敬。
②作者自注：右太谷王粹父农部汝纯。
③作者自注：右宜章吴醉琴农部楚梁。
④作者自注：右天津卢梅初秀才炳麟。
⑤作者自注：右宜章姚星奎上舍棣，君于去年以咯血卒。

题画

虚堂寂无人,恐是王官谷。
春尽不归山,竹柏为谁绿?

除夕感怀四首

又送残冬去,飘零尚客中。
灯花旧年似,爆竹故乡同。
壮志星犹灿,牢愁雪未融。
春风无不到,真见几英雄?

虚生三十岁,自命竟何如?
过虑乾坤大,空谈日月除。
哀鸿中泽集,异鸟国门居。
无用成迂阔,徒矜万卷书。

黔首纷沟壑,苍苍意未休。
舟空输粟国,辙涸监河侯。
耗鬼灯难照,芳春价不酬。
遥怜焚柏叶,尚欲辟鸺鹠。

宦情真鲁酒,才笔尚齐纨。
往事千般悔,今宵五字安。

祭诗权作佛，卜灶不因官。

痛饮高歌意，人生贵自宽。

春暮得秋湄太原书却寄

美人在雁门，寄我一端绮。春风吹我愁，忽满晋祠水。晋祠春水绿沄沄，万树桃花粲锦云。长亭短亭一百五，茅龙一夜度吟魂。却从天际路，邂逅云中君。月映群帝佩，风摇列仙裙。红尾小凤臆语我，使我手撎碧玉称外臣。臣家赤野无春草，麦苗桑叶青欲了。往日膏腴比龙鳞，即今灼裂成龟兆。臣谨顿首，伏俯私告。帝旁玉女何不排青云撒白雨，使我士女前歌而后舞。帝乃嘘万里之天风，送我太行之西洪河之东。鲸波百丈悬瓮寺，羊肠九折铜鞮宫。美人幽居怨瑶瑟，明睐垂泪双玉红。告我春欲尽，寂寞无花丛。台骀之帝子，藐姑射之神人。赤豹云軿日六簿，屯膏不下愁吾民。美人美人尔莫怨，三十六帝余亲见。无须膜拜祝香花，会有唾咳激竹箭。君不闻唐祠峨峨晋水曲，自昔能为一方福。若令群黎靡孑遗，至今谁为荐椒菊？还君锦绣段，持作荒年谷。不用蓬首怨春归，行看夏雨生众绿。

和陈小农海淀二首元韵

数枝风柳曳残鸦，辇路今无迎辇花。
见说毅皇临御日，不耕宫道望官家。

金源遗址属吾清，稗史流传姑妄听。

落日晾鹰台下望,更无人放海东青。

再和陈小农海淀元韵

玉颜散尽剩寒鸦,寥落宫中临砌花。
坏殿不修谁识得,我朝恭俭足传家。

坏道哀湍满耳清,行人掩泣不堪听。
玉华宫畔吟诗老,凄绝阴房鬼火青。

陈小农三索和海淀元韵

畏吾村畔起昏鸦,耶律坟前见野花。
毕竟天心留有待,五云晴护帝王家。

先皇盛德契穆清,工事垂成谏即听。
今日工人犹感泣,东陵岁岁哭冬青。

送梁曦初侍御出守兴化二首 代

闽疆要郡简名贤,不比潮阳路八千。
一鹤有缘翔碧海,百蛮无瘴翳青天。

建兰香里诗笔寄，谏草焚余贾舶传。
闻道吏民齐额手，福星来处兆丰年。

蛮雨霏霏趁布帆，海明如镜鉴冰衔。
八闽遥望长安北，二曲应知吾道南①。
美政不将茶树拔，高怀岂为荔支馋。
只余桃李公门下，坐惯春风别不堪。

祁子禾侍郎招祀顾亭林先生因嘱绘《顾祠雅集图》慨然有作

宣武城南慈仁寺，郁郁双松发寒翠。
西南偏有亭林祠，寿阳侍郎董祀事。
招集诸君作文游，饮福不为无名醉。
使我为绘雅集图，图成再拜更题字。
有明中叶儒风陋，学术无用丛诟谇。
高者盛传姚江衣，下者竞树竟陵帜。
一二不学求举者，附会元灯务制义。
亭林挺挺生东吴，其出愈晚学愈粹。
万卷穷探古圣心，诸陵偏洒逸民泪。
仇家任作叶方恒，门生肯伏钱谦益。
南冠犹是庄烈臣，布衣不负贞孝志。
称曰王佐曰经神，未必尽合先生意。

①作者自注：公为蠡屋路闰生先生高足。

国朝蔚蔚盛儒林，筚路篮【蓝】缕功谁比？
往者吾乡月斋老，排纂年谱豁蒙翳①。
公家文端实倡首，醵金共买十弓地。
建祠于今三十年，年年不废上丁祭。
公也传经若韦平，未愧汉学一线寄。
贱子举觞贡一言，迩者吾晋学稍弊。
诗书既多束高阁，文章颇似饰鞶帨。
青主匪莪复何人②，恐难再回高人辔。
迤西更有潜邱祠，闻此语者愈生恚。
惟愿公及我同人，益倡实学回风气。
勿令枵腹谈经徒，滥厕国家春秋试。
亭林先生如有灵，歆兹丹诚庶一至。

下第绮感八首

淡粉楼头明媚姿，一回觌面一回痴。
亦非太上忘情者，难得相逢未嫁时。
锉蘖染黄终是苦，拗莲作寸转多丝。
分明十二巫峰近，矜护朝云到反迟。

林风何意落平康，低首羞为时世妆。
拾李从知儿命苦，食瓜那得我心凉。

---

①作者自注：吾乡张石州先生撰先生年谱。
②作者自注：阳曲傅先生山、曲沃卫先生蒿，皆亭林道义交。

微波尔果通辞好，永画谁教惹恨长。
毕竟鸣鸠佻巧甚，终朝只会妒鸳鸯。

更比黄花瘦几多，无言脉脉意如何。
迟来常带翩珊韵，早嫁难同捉搦歌。
但使情深南浦碧，未妨计拙北山罗。
秋霖腹疾谁排遣，只合宽胸代按摩。

深颦浅笑吐愁难，软语喁喁夜欲阑。
交甫逢仙原是梦，周郎作婿讵为欢。
久拼眉黛双弯秀，剩有腰围一尺宽。
如此精神如此地，好花无语遭谁看？

袅袅风前弱柳腰，春寒无力曳生绡。
痴情每欲窥眉曲，庄语何缘晕脸潮。
扇叶日遮黄子影，鬓花天助白人娇。
谁怜圣笺三更卜，半穗旃檀迄不消。

滴粉搂酥出意新，妆成自诩十分春。
门前桐树惟吾子，核里桃瓤少别人。
车走雷声终自去，杯邀月影欲谁亲。
鹣鹣飞过真堪羡，碧海青天共一身。

迩来禅榻学维摩，黯黯春愁忤益多。
当日萧郎成陌路，明年织女隔天河。
谁怜有口衔碑石，自誓无心起井波。

回首前尘成底事，苍茫独唱懊侬歌。

月过中秋迄不圆，谁将离恨作遥天。
仙人下嫁终成别，主簿为媒讵有缘。
素袜难谐蒲子履，青衫悔遇荻花船。
凉宵独诵湘累赋，犹道他人怵我先。

边拙存兄见示秋雨夜话之作次韵书怀

凄风凉雨耸吟魂，读彻离骚眼不昏。
灯灭耻争山鬼照，诗清拟配水仙尊。
已捐秋扇仍挥麈，尽典春衣且曝裈。
为问候虫终夜语，欲将哀怨向谁论？

世情翻覆日为新，米贵长安孰赠囷。
冰似头衔留故我，铜成面具向何人？
庚寅纫佩芳招忌，丁卯贪书读致贫。
闻道今秋稍有熟，儿童拍手望归轮①。

再叠前韵送令弟竹潭同年改官浙皑

壮怀最耻赋销魂，百幅蒲悬海月昏。

①作者自注：末韵原唱轮字，此用王粹甫和韵。

破浪方酬豪士愿,看山未觉上官尊。
客囊羞涩书为枕,公廨萧条屋作裈。
似此襟期何处得,升沈后事不须论。

葛岭苏堤景物新,公余诗胆尚轮囷。
简书藏袖思名父,①盐铁持筹得士人。
一棹藕红宜客泛,半斋茄紫耐官贫。
春明门外天涯路,行矣风波慎画舯。

有怀雨夜

半榻维摩病,枨触秋宵雨。
嗟我怀故人,萧寥知何处?
著书蚤虱丛,饥来字难煮。
舍旃诸君子,呕血终何补?
兀坐秋树根,寂寞松枝麈。
何如酒满瓢,相赌作危语。
顾影客衣单,寒逼灯一黍。
开门听履声,秋气满平楚。

---

①作者自注:谓尊人方伯袖石先生。

怀旧

结习从来喜论文,穷途何意复离群。
阮生一掬英雄泪,日向长空洒碧云。

题常小轩庶常所藏欧阳《九成宫醴泉铭》有引

初唐人正书,信本第一;信本书,《醴泉铭》第一。昔人称草里惊蛇云间电发、森森若武库矛戟者,殊未尽其妙。予尝谓正如郭河阳界画楼阁,纤微合度,了无安排,庶为近之。此本文氏停云馆故物,又归煦斋相国藏弄,定为宋元间毡蜡,正不在宫,字左捺点伪而竖真也。至题名王良常、沈子大诸人,并是恶札,而行间朱圈累累,似亦此人所为。急觅良工洗去,重加装池乃称耳。昔唐彦猷得《化度塔铭》数行,精思学之,遂以名世。矧吾小轩,既以工书,更锐志临此郁珠黍罗,界岂远哉!可憙之至,作诗张之。

渤海甲观推醴泉,良工蝉翼妙椎毡。
墨王曾记归文璧,鼻祖安知出李璇。
此册原无肥本相,君家合得指头禅。
能书万遍胝生手,岂让兰台得髓全。

外姑李母杜太孺人寿诗 正月初九日

往日牵丝绣幕前,左家娇女小偏怜。
婿乡原自惭潘岳,子舍新来有郑虔。
老福无烦封大国,芳春正好在斜川。
一杯持祝人长健,岁岁慈云照绮筵。

新年共拜水仙王,似此神明合寿康。
大练裁衣留后福,小舆推板趁春阳。
女同德曜随春庑,儿嗣宣文主讲堂。
独有金龟京邸婿,惭无长物佐瑶觞。

卷三　并垣皋比集_{辛巳、壬午}

《并垣皋比集》序

　　温柔敦厚，诗教也。而陆士衡乃更为缘情绮靡之说，前辈鄙为六朝之习言。吾友杨仪村比部独曰：是于六朝为习言，于近世则药言也。近世之称诗者，往往俭腹固陋而蕲于速成，既揣难登昔贤之堂，遂遁而援性灵以自解。不难取鲍、谢、徐、庾，概薄为绮靡之音，而唐初四子勿论矣；下至张、王、温、李，宋之杨、刘，元之天锡、廉夫，明初之季迪、孟端，以暨国朝骏公、贻上、锡鬯、天章诸公，胥指为绮靡而弗视矣。此诗之所以日趋于佻薄也。夫绮论其藻，靡论其声，藻恐其苦窳，而声惧其噍杀也，则绮靡真急务也。彼之诋而不为，岂真有以胜之哉？特欲为俭陋解嘲耳，不学之过也。学不厚则情不能深，而风韵色泽胥有所不足。是虽欲绮靡而不能，不能而反诋之，诚何心矣！使其人不甘文过，积其学以培其情，铸调于乐府而储材于选楼，知所谓绮靡者，本乎情之不容已，音节可歌，风景可绘，而文采不可掩也。则虽士衡之措语，如或小失，犹将视为性灵之补剂，足医吾固陋而当吾师资矣。故曰近世之药言也。

　　余聆其论鼓掌称快，既乃得尽观其所作，婉丽缠绵，神味独绝，间出悲壮之音，清远之格，而壮不流于粗莽，清不邻于脆弱，则微会于绮靡之恉，而终底于温柔敦厚之归，不啻借径而造极也。以视夫空谈性灵之末流，盖倜乎远矣。比录其近作，将刊为《并垣皋比集》而属序于余。余本固陋，敢辱君诗？然乡所承教于君者，与君诗若合符节，应即以君言序君诗，而救弊之恉亦以著。至所谓"皋比"者，君时主讲太原之崇修书院，讲经辨史、步天考地之暇，复欲以风雅为诸生倡，故以名其集云。

时光绪壬午春王月人日，曲沃仇汝嘉楸侯甫序。

题冯鲁川廉访所藏米芾《芜湖县学记》为武养斋大令作

老颠洁癖深，祭裳涤藻火。
想其俊逸情，礼法无一可。
何意仍书学宫碑，天马能教羁鞿施。
蛇惊电发不可状，凤泊云纷信有之。
芜湖月皎砚山洁，一刻挥成八尺碣。
放衙脱帽踞胡床，正对石兄矜奇绝。
代州廉访有拓本，满纸纠蟠见春蚓。
可怜墨宝易朝餐，仍似黄金掷虚牝。
君今何处得此书？莫令泪滴玉蟾蜍。

题成哲亲王杂临诸帖七首为养斋大令作

乌丝满册总成阑，算子连行妙染翰。
凤术龙芝天挺秀，不教专美有红兰①。

中郎汉法散如烟，太傅新工劝进笺。
小楷群夸宣示帖，争堪妩媚敌孙权②。

---

①作者自注：前辈云，成邸书如凤术龙芝，人间不可多得。
②作者自注：临钟繇《宣示帖》。

俗书姿媚一生多，只合山阴换白鹅。
不借邯郸黄绢笔，可能葩艳似曹娥①。

春松秋菊靓风姿，想见桃根侍砚时。
侥幸佳人能再得，九行先出四行随②。

道德黄庭迹已微，重闻贵主写灵飞。
钟生秀骨姗姗甚，合被仙人一品衣③。

并世定文曹与杨，戏鸿书法亦堂堂。
文人知己千秋事，何意君家爱晚香④。

帝子挥毫雅甚都，何缘行押出奴书。
玺螭折角琴焦尾，未碍人间异宝储⑤。

题英煦斋相国所刻刘文清帖为养斋大令作

东武老子工执笔，法彻中边类石蜜。

---

①作者自注：临王羲之《曹娥碑》。
②作者自注：临王献之《洛神十三行》。
③作者自注：临钟绍京《灵飞经》。
④作者自注：临董其昌《曹植与杨修书》。
⑤作者自注：跋尾两行书迹劣甚，不知何故，迹真而欵伪也。

龙保贻留地黄方①,鼠须盘礴天香室②。
纹裂大龟兆庚庚,体结灵蛇珠乙乙。
小章似慕汪水云③,大字颇同苏玉局。
世上沾丐脚汗人,慎莫近前讨奴叱。

寿王遐举先生 正月初八日

先生汪汪千顷波,闻道最早读书多。
寔事恒被儒者服,寱言永矢硕人薖。
我从髫龀应郡试,高名震耳鼓灵鼍。
同时虽见大人赋,异县其如饮马歌。
见说先生春官捷,射策独对金銮坡。
一官大似因人授,武库森严富矛戈。
尔时才杰萃帝里,海曲之许道州何。
寿阳代郡洎平定,并州男子无婷婴。
一一忘年似孔祢,日携樽酒往烟萝。
先生此时饮一石,手捉松枝口悬河。
训故累累有深细,形声凿凿无偏颇。
日暮诗成新月上,半天霞绮绚纤蛾。
得句西山秋气爽,谈经东鲁春风和。
十载不迁细事耳,头童齿呿颜常酡。
縶我计偕走京国,已闻归山事养疴。

---

① 作者自注:临王大令《地黄汤帖》。
② 作者自注:公书斋榜曰"天香深处",乃御书也。
③ 作者自注:公有印曰"水云居士"。

裴裹仪征履道宅①，缅望真予安乐窝②。
往岁假归省亲串，始见君子赋菁莪。
猪肝虽贵体不惫，貂蝉既脱冠仍峨。
湘乡宫保好贤切，钦仰高风设礼罗。
文献百年书局启，云山千里蒲轮过。
远溯虞夏近昭代，南尽汾洮北虖沱。
此邦人地归述作，析疑举要蠲小苛。
黄钟大吕噌吰响，不遗下里与阳阿。
何意寡陋如贱子？亦蒙奖借少谴诃。
折楮教画新距度，剡苔俾识古隶蝌。
经史大义骈云集，挑灯危坐纷缕觇。
孟陬之月皇览揆，朱颜粲粲鬓皤皤。
占书古重八日谷，典礼今逢九门傩。
弱孙戏秉阿爷笏，侍史深护进士靴。
蔼蔼门生通家子，锵锵佩玉鸣相摩。
或羡仙服金光草，或称凤食玉山禾。
或引大夫赐鸠杖，或祝老人处鸡窠。
贱子举觞贡一言，古来大师寿不磨。
桓子五更荣何极，伏生九旬语无讹。
矧乃吾乡诸老后，应遗一老独委蛇。
孔林之桧葛庙柏，森森千古无改柯。
吾晋尚留汉槐古，如见林宗有道科。
乔木贤人同大耋，养生安问郭橐驼。

①作者自注：先生在京寓阮文达故宅。
②作者自注：主讲安邑宏运书院，曹自梁故居也。

永为人伦作楷式，讵曰将寿补蹉跎。
晋祠碧流斜川似，岁岁称觞舞婆娑。

外姑杜太孺人三周禫祭令嗣制屏索诗拟垂家范内子亦寄书代乞因案来状件系之得截句十四首

分明小女嫁黔娄，射雉曾非贾大夫。
惭愧升堂初拜母，蒙称快婿比周瑜。

门第城南尺五天，身传礼法自笄年。
林风闺秀均无愧，却恨今无中垒编①。

唇边樱颗额梅花，妆点燕支未足夸。
异相天昭贞白性，脚心生带守宫砂②。

父亡亲手纳珠含，母老终身供脆甘。
五女尤推中女孝，仓公何必羡生男③。

鸠遭妇逐竟无归，鸡遇牝晨尤有威。
每代仲喈怜故伯，不妨桓妇送新衣④。

---

①作者自注：孺人事实前年已登邑志列女门。
②作者自注：案来状云，孺人生有异相，足心志如朱粒。
③作者自注：孺人父无子有五女，孺人其第三也，葬父养母终赖其力。
④作者自注：先是，外舅明轩翁之兄娶妇悍甚，遂至出居，于外衣不蔽体，孺人每具衣遗之。

常为前女绣腰襦,肯使衣中絮有芦。
翻笑杜家亲母女,女衣颠倒补天吴①。

寇来逃窜死如麻,独议婴城静不哗。
古有夫人城守者,保全何翅万人家②。

老人痿𤸷处窠鸡,日敛双眉举椀齐。
绝似宣王风痹发,躬亲执爨有贤妻③。

螟蛉藉得慰幽忧,卵翼兼为赋好逑。
寡妇孤儿仍一脉,不同牵合自三州④。

荒年闭籴正纷纭,升斗寻常孰肯分?
教子麦舟与戚友,妇人中有范希文⑤。

儒侠分途孰是非?攻书习射代弦韦。
岂望生儿为将相,两男聊抵尹翁归⑥。

---

①作者自注:孺人初来时,前室有遗女甫周晬抚之,恩勤备至,人不知为异腹也。
②作者自注:咸丰癸丑,粤逆逼境,逃窜过害者甚众,孺人以为"有城可守,纵城破,死于家尚胜死于野也"。坚守不肯出,城竟以无虞,从孺人护者皆得保全。
③作者自注:丁卯夏,外舅明轩翁得瘫疾,孺人老矣,犹拮据数月,衣不得解带而事之。
④作者自注:从孙妇郭孺居无子,又从曾孙金安少孤无依,孺人为金安娶妇,俾侍郭同居,又有从孙鹪子亦为娶妇。
⑤作者自注:光绪丁丑、戊寅,晋大饥,人相食。孺人捐赈戚友,全活者甚众。
⑥作者自注:孺人命长君雨汀读书,次君菱川习射,曰:"此各传一艺之法也。"

教子诗书劝母餐,广文清福得来难。
敬儿妻梦全身热,那解令儿作冷官①。

齑臼辛勤到外孙,梳头剪蚤总蒙恩。
痴儿睡醒啼双下,犹有桃花醺面痕。

三年岁月白驹驰,日代闺人念母仪。
我似闲居潘骑省,每怀东武有余思。

母舅刘公讣至云临终哭念余也泣作舅讳月桂,武生

吾母仪容记不明,典型今复丧同生。
文传家法偏能武,贫得人心只积诚。
道洽庚桑千户祝,患除周处一乡清②。
临终儿女当前侍,独望并垣念外甥。

哭卫庄游学博

曲沃卫庄游与余投分十年,所作《囊室经译》,余一一亲见属草稿

---

①作者自注:孺人尝谓长君雨汀曰:"读书岂必望大官?教职清闲,能事亲教子,足矣。"雨汀今就教职,孺人志也。
②作者自注:舅以排解有德于乡。

时。独时人道其狂诡，余所未睹。岁丁丑，湘乡宫保延主金石志局，家秋湄、学博兄既婉辞，余竟未至，君之狂名乃愈噪于兹时矣。一官虑虒，块然遂死，故人酸楚，知复何言？

积雨空阶五月寒，思君生世倍汍澜。
奖成后辈翻招谤，瞠视中丞屡见宽。
磊块填胸增病易，文章糊口矫廉难。
凉宵独检当时札，字字分明不忍看。

鹏集枭鸣觉不祥，少微真已失光芒。
卖文金到多仍尽，使酒名成醒亦狂。
旧羡青毡叹福薄，新亡碧玉竟神伤[①]。
戢棺何日能归去，麦饭香花冷署凉。

拟何大复《明月篇》[②] 有序

夫歌行之制，原于乐府，心声绮靡，斯歌喉渺绵。故自魏帝《燕歌》，晋人《白纻》、庾子山之《折柳》，卢子行之《听蝉》，斯并清便婉转，乃唐初王、杨、卢、骆之权舆也。若夫鲍明远之《路难》[③]，太白师其俊逸；斛律金之《敕勒》，裕之叹其英雄。一则才人下位，抒感概

[①]作者自注：君姬人张氏，以产难新亡。
[②]此诗为仿写何景明《明月篇》之作，但与何景明《明月篇》相比少一联。且各版本所录第三十二联均为"归去来计已审我心如醉不关饮"，少一字，编者以为依对仗规则似应为上联缺一字，全句应为"归去来兮计已审，我心如醉不关饮"，上联似缺一"兮"字，惜今无确据，暂存疑。
[③]作者自注：《行路难》，明远诗中只称《路难》。

而击唾壶；一则老将穷边，唱横吹而答觱栗。杜子美一生歌行，与此貌异神似，间不尽似，要于四子者不似也。是则身际其变，不期而成变徵之声矣。明信阳何景明仲默与李献吉，并世大名，献吉专学少陵，仲默暇日乃独有意于四子者之所为，选声练色作为《明月篇》。虽至今代，新城王文简、长洲沈文悫皆极称之，以为妙悟从天矣。仆闻士衡文采，乃赓苏李之篇；康乐风流，遍撰曹刘之体。矧四子者，杜老所谓江河万古而可废乎？闲亦效作一首，不敢显然附于四子，姑于仲默执窃比之义焉，亦题曰《明月篇》，从其朔也。

  长安月，皎皎出云端。
  千门万户凝秋碧，五剧三条荡夜寒。
  寒生白玉宇，光泛黄金阙。
  觚棱花隐望犹迷，辇路草生芳未歇。
  觚棱辇路月蝉联，天上今宵是何年。
  郁郁九霄偏灿烂，迢迢千里共婵娟。
  戚里豪情飞羽盏，宫人细语炷龙涎。
  梁家画阁金流甓，赵后文窗玉叠钱。
  画阁文窗帷半卷，金樽绮席灯初剪。
  正见酒人著接䍦，如闻园客弹独茧。
  长堤杨柳未藏乌，小院芙蓉犹吠犬。
  笛里关山怨别离，楼头河汉望清浅。
  别有倡家花满蹊，人圆如月正双栖。
  光摇银掠妆初罢，色晃缣裙舞乍低。
  誓作生生比翼鸟，厌闻膴膴长鸣鸡。
  长看锦帐千金笑，那记璇闺双玉啼。
  闺人啼彻董娇娆，戍客长随霍嫖姚。

幽恨万千看破镜，凉宵三五念征袍。
却从舍北闻碪杵，未识辽西认斗杓。
白草牛羊君梦远，黄芦鸿雁妾心劳。
黄芦白草边亭见，佳蕙崇兰官阁绚。
关门柳色已经霜，禁籞花林正如霰。
草绿萤飞长信门，叶黄蝉噪未央殿。
秦宫怨女卷罗衣，汉代婕妤赋纨扇。
纨扇年年捐素秋，一轮皓月几时休。
凤阙偏涂云母粉，龙宫高捧水精球。
齐卷蒜帘临镜阁，仍雕瓜瓣拜针楼。
织女隔河终有耦，嫦娥广殿竟无俦。
借问嫦娥若为心，青天碧海冷谁禁。
盛年迅似东流水，良夜珍如南土金。
旅人紫陌玩桂魄，思妇红闺念藁碪。
归去来□计已审，我心如醉不关饮。
直将喜字写如环，莫令回文织成锦。
月明似锦圆似环，应照离人双解颜。
胡麻饭好须先种，丛桂花开正满山。

题吴道子画佛像帧[1]

皇觉真人统天纪，萨迦思巴西北徙。
手裂舆图王诸男，三男曰㭎分参髩。

---

[1]作者自注：旧在太原崇善寺，乃明晋恭王㭎所赐，今亡矣。

中朝有诏赐高僧，道场无遮荐皇妣。
崇善古刹城东偏，素车白马王来止。
特颁佛像招提中，天龙八部大欢喜。
谁能如许出神奇？云是前辈吴道子。
妙湛总持三世尊，圆融无漏两大士。
犍连尊者横大目，菩提长者老无齿。
青螺髻子旋顶光，紫金卍字沁肌理。
如闻狮吼震动声，法界缤纷雨香蕊。
吴生画笔盖有神，谢赫姚最那堪比。
元精直贯雀明王，余力犹胜龙眠李。
大李将军王右丞，南北分宗写山水。
若令写作如来像，正恐庄严未及此。
自唐迄明八百年，金刚呵护灵无已。
玉炉恒受旃檀香，锦嚫仍装藏经纸。
我闻道子水陆图，今在平阳废寺里。
康熙诗人王西樵，曾赋长歌盛称美。
胡为崇善访此帧，寺僧谢云已亡矣。
闯氛昔到晋阳城，竟随藩府同销毁。
噫哉有明三百载，恒与沙门作缘起。
北固和尚竟能兵，西山老佛疑未死。
晚有隆庆李太后，唤作菩萨竞奇诡。
只余一幅九莲像，供养长椿坏殿址。
唐贤妙迹尚云烟，此像虽存安可恃。
不如太原铁弥勒，劫火荼毗终不毁。
何况一颂镌墨王，清河房璘妻高氏。

前题乃王鼎丞观察课试之题
闻意主论画再拟示诸生

曹顾陆张日已远，画家一脉递盛唐。
将军金碧格明丽，右丞水石气清苍。
曹霸韩干貌人物，犹逊吴生远擅场。
蜀江千山挥殿壁，洛庙五圣绘宫墙。
既工天尊复工佛，弹指华严无尽藏。
如来趺坐师子座，阿难迦叶侍其旁。
正眼慧运青莲色，舒臂神耀紫金光。
手轮海印胸卍字，广长说法听琅琅。
三十二相妙俱足，千百五众肃成行。
文殊师利合掌白，憍陈阿若两眉长。
一切无漏阿罗汉，雷音海潮震十方。
下列比邱优婆塞，龙王鬼王夜叉王。
灵鹫森森上下顾，怖鸽翾翾左右翔。
雨散万花贝多树，烟飘千穗旃檀香。
八流环绕水功德，五色迷离云吉祥。
观者如生极乐界，欢喜赞叹不可当。
奇哉前辈真能事，不知几日方成章。
晋中佛画凡二本，一在平阳一晋阳。
习闻崇善老僧说，赐出明代晋王枊。
非徒妙迹酬古德，实为冥福资高皇。
身居人上崇佛事，北有姚秦南萧梁。

此举琐事无足论，此画绝作试评量。
笔底精心通道妙，篇终元气接混茫。
直与菩萨争慧业，那能弟子传芬芳？
衣钵千年得髓少，宋惟伯时元子昂。
十洲秘戏剧亵渎，两峰鬼趣太披猖。
便有老莲青蚓辈，每画盗魁志亦荒[①]。
可知古人诚难及，初时命意已堂堂。
神品不知今何在？能购何惜千金偿。
非学沙门瓣香供，只同宋殿古锦装。
得暇有缘开玉躞，历劫不坏同金刚。

卫静澜中丞课试晋阳书院有晋中景物四题拟示诸生各二首

三门激浪 在平陆县

莽莽黄流万里奔，龙门甫过又三门。
桃花春涨残冰裂，瓜蔓秋漭孤月翻。
䤃坂浪淘虞虢去，漕仓址溯汉唐存。
于今盛世阳侯靖，古冶何须勇断鼋。

河流东注划乾坤，阊阖天开日月昏。
石裂黄熊神禹凿，涛驱白马巨灵奔。

[①] 作者自注：陈章侯画《水浒传像》。

洪波广受千川注，砥柱孤撑三晋尊。
天下巨观何所似？临江凫赭庶同论。

五台连云_{在五台县}

法王跌印偏中台，杖策登临实壮哉。
光拥佛头山北向，法流龙颊水西来。
六时梵呗禅堂课，百宝轮将属国财。
自古清凉称圣境，蒼葡今日几花开？

佛月光华澹不摇，曼殊圣境矗层霄。
千年古雪明驰道，百尺飞虹现彩桥。
绀宇花围龙象吼，阴崖输拥鬼神朝。
宵来恍梦称檀越，烟穗三生迄未消。

冽石寒泉_{在阳曲县}

知是人间第几泉？松根草际日溅溅。
崖开石罅千珠迸，井受天光一镜圆。
廉让终依鸣犊庙，神灵遥合起龙渊。
管涔神剑殊多事，独守清泠不计年。

远望云根点数星，近寻山脚一泓渟。
悬流瀑曳千条练，落井风摇九子铃。

侧石熊蹲披碧藓,圆波鱼唼破青萍。
何当谢弃人间世,漱齿晨翻贝叶经。

蕊罗春色_{在阳曲县}

蕊罗孤秀崛岷东,山隔城闉入望雄。
芳草仍沿隋道绿,桃花直接晋祠红。
酒旗蜗屋三春雨,油壁羊车九陌风。
莫向游人谈险塞,霸图销歇禁烟中。

峰攒嫩蕊矹轻罗,大好岚光浸黛螺。
万灶烟清寒食节,千村鼓间太平歌。
听鹏花底红飞槛,叱犊秧边绿上蓑。
卜筑秀容良不远,系舟山下素心多。

题冯习三广文诗集令息佩芸夫人婉琳属题也四首①

寒山秋水各成家,又见枯梅尽著花②。
七叶人人俱有集,方知大树富奇葩。

---

①作者自注:婉琳适亡友洪洞董芸龛舍人文灿,今孀居。
②作者自注:集中句。

代北词人盛道光，鲁川诗笔独堂堂。
官阶虽逊才名并，马磨宁输许子将。

六十论诗工别裁，老来技痒语无乖①。
留将玉尺传谁子，合有衡量天下孩②。

磨笄石畔女郎祠，闺秀而今又在兹。
浪说山阴暎然子③，几闻传得乃翁诗。

武养斋借得宋拓《娄寿碑》双钩见示因题四首

题额元儒作易名，东都处士善蜚声。
文中贞曜纷纭起，作俑谁知在熹平④。

三世颜严蔑以加，春秋家学薄浮夸。
征南未出刘歆死，贫士应归卖饼家。

彷佛鸥波小印存⑤，斯人讵解隐衡门⑥。
倘能微学元儒节，何愧天潢安僖孙。

---

①作者自注：集中有论诗绝句六十首。
②作者自注：上官昭容生弥月，母问曰："尔非衡量天下孩？"应曰："是。"
③作者自注：王季重思任女端淑号暎然子。
④作者自注：额题元儒先生，此汉碑以处士而有私谥之始，文范先生犹在其后。"熹"，汉人或作"憙"。
⑤作者自注：此本末有赵子昂印。
⑥作者自注：碑中有"栖迟衡门"语。

祠堂遍画忠贤像[1]，石室全雕祥瑞图[2]。
持此双钩填廓笔，何妨尽拓武家书。

养斋因余诗故尽模祥瑞及画像为跋长句

汉碑多者惟孔林，其次吾杨及武氏。
武宅山头断碣纷，开明荣班世济美。
石室瑞图文吉祥，祠堂古贤画奇诡。
一础别存榛莽中，题作宣圣见老子。
此阙直钱十五万，孝子用以享考妣。
因是颇笑南北朝，竞造佛像结欢喜。
先汉去古良非遥，法物堂堂宜难毁。
仙吏嗜奇勤搜爬，尽汇家碣萃一纸。
敝帚犹然享千金，此本万金更不止。

拟杜《秋兴》五首 绍方伯课士题

西风瑟瑟动南天，每望京华一泫然。
白发江湖三戍雪，素秋云物五陵烟。
招魂乍睹枫林落，作客长看菊蕊妍。
暮色萧森巴子国，山城雉堞此何年。

[1] 作者自注：武梁祠堂画像。
[2] 作者自注：武氏石室祥瑞图。

支离一病卧夔关，万里风尘两鬓斑。
乱石草深鱼复浦，残阳树隐麝香山。
百年戎马天方蹙，三峡吟猿夜未阑。
永忆中书簪笔日，纵横老泪独潸潸。

曲江一曲草如烟，皓齿青蛾记满船。
杨柳高楼春旖旎，芙蓉小院月婵娟。
孤臣去国天心醉，老病依人地主贤。
屈指少年歌舞侣，隐囊纱帽几翩翻。

始皇当日凿昆明，高驾戈船治水兵。
金狄千秋依北阙，橐驼一夜满西京。
青槐夹道群嘶马，红藕飘波尚拂鲸。
毕竟秦中王气在，无须哀感赋兰成。

骊宫佳气接终南，树里皇陂浸紫岚。
丹凤东来阿母辇，青牛西驻圣人骖。
和诗左掖宵灯朗，赐醹昆明春酒酣。
今日溪蛮同涸辙，髭须密箐两毵毵。

景龙观钟铭歌为养斋大令作

玉匣茧纸入昭陵，雉奴潦倒书品能。
老狐瘦金亦奇绝，生儿不愧祖武绳。

相王飞白曾一见，太子谁云仙可升。
立意止媚控鹤监，瞽说无识到今称。
我云钟铭推弟一，隶法入楷媚藏棱。
缩头体乃如春蚓，入骨筋尤比秋鹰。
中宗崇道作宫观，悦妇勿乃类裂缯。
及帝即位尤聩聩，踵事更复有所增。
当时黄气生炉韛，至今绿绣隐崚嶒。
金器出土世所贵，狻猊镜子雁足镫。
况此大钟应无射，鳄工凫匠共作朋。
正书三百古秀绝，蒲牢声发龙气腾。
四栾法天乳象地，地平天成圣主兴。
帝之铸钟岂解此，女谒宫室坐相仍。
摩挲此本三叹息，听钟思武非所胜。
只合案头作文玩，寻常一纸剡溪藤。

题欧阳询《虞恭公碑》为毛寯生学博作

武库矛戟颖森森，信本正书字千金。
醴泉化度并奇绝，妙迹弟一温大临。
行行不肯排算子，笔笔正欲度金针。
羚羊挂角迹虽灭，惊蛇入草法可寻。
君从何处得此本，毡椎岁久墨光沈。

翻雕未被曾滋蕙①，装池原出梁蕉林②。
金坛王氏书名盛，始知从此入法深③。
谛观神物久睅眙，舌挢不下口欲瘖。
迩来馆阁成结习，规樵勃海称宜今。
侧艳合上金陵腿，刚态谁识铁石心。
闻君工书富藏弆，近有韭花远来禽。
既得妙拓能宝贵，莫令煤尾坐生蟫。
他时得髓可名世，岂止兰台称嗣音。
一灯青荧题诗罢，黍罗世界夜横参。

游恒山诗 拟谢康乐体

是日，澄霁引望神尖，阳林耀葩，阴冈停素，此心飘然已在山麓矣④。

曰余乐青山，积载成淹滞。
解组期转回，披图志逾锐。
礐礐紫岳峰，陉岘构灵慧。
岭拔摩苍穹，岩列朝黑帝。
仙者闷清都，隐沦驻末契。
丹房叠红藟，铜磴散芳蕙。

---

①作者自注：未有曾恒德印。
②作者自注：前有真定梁相国收藏印。
③作者自注：中有王虚舟印。
④作者自注：恒山又名神尖山，见唐《括地志》。

梦游缅无像，翘望阴霾霁。
异花媚人外，古雪划天际。
增嶂排修鳞，群松栉云鬐。
怀新料多奇，鼓勇揽大势。
杖策裹糇粮，明发谢再计。

言入云路，陟琴台，昔有二鹤化为美人，舞斯台上已而拊落霞之琴，歌《清吴春波》之曲，四崖响答，山虚水深。

谢公足佳游，宗生秉微尚。
岳图既历四，屐齿仍余两。
兹辰啸侣俦，高兴追天放。
日出空翠明，千霞非一状。
竹疏系马进，苔滑连臂上。
数武陟琴台，万巘环青障。
缅昔操缦人，天际动高唱。
理深泉欲凝，声远云如涨。
并啸青鸾吟，初回白鹄舫。
斯人已千秋，余韵留丹嶂。
神女化鹤归，两忘人禽相。
莞尔语山灵，洒然齐得丧。

翠雪亭下，万松翳涧，虎峰风至，飒然而已。

径仄诚知劳，溪回未觉远。
郁郁碧松林，横掩石梯断。

挽锁陟增巅，菌阁张如伞。
苍耳铺坐茵，绿荷解包饭。
涧溜寒漱齿，餐余稍僵蹇。
午际凉飚生，万松仰复偃。
碧云渟不流，翠盖纷欲踠。
方夏白袷单，未雨黄尘散。
五粒拾花香，千针摘叶短。
中峰勇欲登，斜景恋忘返。
坐久乘夕凉，松下蹑鹿瞳。

岳庙北崖，壁立万仞，凿石架木，构楼崖半，是曰"悬空精舍"。

蜃楼事匪经，贝阙语多袭。
谁信华构奇，无根空际集。
维兹悬空寺，经始由孰茸。
画栋树杪横，丹梯石罅入。
翘颈栏如危，蹋臂级堪拾。
窗户摘星明，衣裳蒸雾湿。
高鸟迷俯瞰，真宰接平揖。
九烟罗南州，五云掫京邑。
大哉造化伟，神尖古巇岌。
卧游世转低，高唱天通吸。
禋望典久讹，朔巡瑞此辑。
昔事晌成空，佛舍乘空立。

仿元遗山《论诗绝句》五十首① 专论山右诗人

镇东忠义欲匡时，一表魂飞司马师。
记得嘉诗酬杜挚，哀鸣凤鸟系人思②。

虫鱼注罢薄雕虫，不道游仙语倍工。
经术湛深诗隽上，千秋只见郭河东③。

磊落英多数子荆，无妨恶剧学驴鸣。
若论零雨被秋草，百鸟喧时鹤一声④。

兰亭墨妙笔尤工，亘古无人与角雄。
谁识永和修禊日，先诗后序有兴公⑤。

百升明月剧英雄，健将能诗有乃公。
敕勒牛羊千古调，南朝竞病恐难同⑥。

女郎袨靓太纷纭，艳到齐梁诗可焚。
绝代高情柳文畅，亭皋木叶下秋云⑦。

---

①此诗虽名为五十首，其实只四十九首，陈衍《近代诗钞》收录此诗，亦只有四十九首。
②作者自注：毌邱俭，俭答杜挚诗曰："凤鸟翔京邑，哀鸣有所思。""嘉诗"亦原诗中语也。
③作者自注：郭璞。
④作者自注：孙楚。
⑤作者自注：孙绰。
⑥作者自注：斛律金。
⑦作者自注：柳恽。

魏收工赋傲温邢，只有中书赋《豁情》。
不意恃才惊蛱蝶，能令对酒忆公荣①。

裴佗文季六男儿，酬答徐陵有让之。
为诵五郎公燕作，谁云不及乃兄诗②。

雁后花前名士题，吟成昔昔恨长赍。
微辞自是瞋鱼藻，佳句空云妒燕泥③。

唐初将相尽门墙，有弟偏思隐醉乡。
余事作诗犹矫矫，东皋集合冠三唐④。

闲云潭影咏滕王，绮丽独先卢骆杨。
水府效灵消受得，一帆风送到南昌⑤。

鹦鹉须令振翼双，宗臣一语定家邦。
赋诗摩厉郑丹刃，何事今犹刻石淙⑥。

锦袍应诏几人工，少保诗篇独古风。

---

①作者自注：裴伯茂，伯茂有《豁情赋》甚工，卒后魏收论叙之诗曰："临风想玄度，对酒思公荣。"
②作者自注：裴让之、讷之。
③作者自注：薛道衡。
④作者自注：王绩。
⑤作者自注：王勃。
⑥作者自注：狄仁杰。

一首陕郊留异日，尚能倾倒浣花翁①。

翠华春幸到昆明，一代才归女子衡。
至竟夜珠明月语，精神十倍沈云卿②。

魂如厉鬼髯如神，闻笛高吟虏马屯。
万古睢阳城下路，阵云边月不成春③。

诗中有画调无弦，学佛真宜住辋川。
解识维摩祖师语，渔洋殊得指头禅④。

几篇宫怨韵翛翛，不让青莲独自超。
今日太行岚翠满，茆亭花影忆龙标⑤。

蓝田游侣秀才名，绿野诗怀圣相清。
毕竟輂乡多作者，又闻觞咏岘山亭⑥。

春风不度玉门关，隽绝三唐谁可攀？
千古艳称红袖拂，争如绝句唱双鬟⑦。

---

①作者自注：薛稷。
②作者自注：宋之问。
③作者自注：张巡。
④作者自注：王维。
⑤作者自注：王昌龄。
⑥作者自注：裴迪，裴度，又裴均有《岘山觞咏集》。
⑦作者自注：王之涣。

元凯从来作美谈，多才不仅号多男。
谁知秀气河汾聚，两见王家珠树三①。

潾潾河流入断山，山河两戒此回环。
朗吟鹳鹊楼头句，逸气飘飘天地间②。

谁妄言之谁妄听，故将韦柳两相形。
渔洋不识唐灵运，真赏终输野史亭③。

鄙论从来出腐儒，颇嫌白传负姑苏。
怀民忆妓衡多寡，曾见香山乐府无④？

生纸红描金凤凰，太平万岁颂吾皇。
宫词百首谁堪比，合与仲初称二王⑤。

鹊喜虫吟格律高，边情更赋寄征袍。
回刀剪破澄江色，佳句真将掩法曹⑥。

早闻一箭取聊城，老去逢人说项生。
古有齿牙誉孔颙，怜才同此发丹诚⑦。

---

①作者自注：王勃兄弟及王之涣兄弟。
②作者自注：畅当。
③作者自注：柳宗元，案元遗山诗自注云：柳柳州，唐之谢灵运。
④作者自注：白居易。
⑤作者自注：王涯。
⑥作者自注：裴说。
⑦作者自注：杨巨源。

轻薄嗤人太叫嚣，金荃浮艳玉溪佻。
千年论定功臣在，顾秀野同程午桥①。

耿沣秋风动禾黍，卢纶大雪满弓刀。
两君同出河中产，笔挟洪河万丈涛②。

坠笏朝堂伪失仪，吟成廿四品尤奇。
王官谷里唐遗老，总结唐家一代诗③。

可怜元载负贤妻，大似欧阳与介溪。
何物胡椒八百石，遂忘扫路两相携④。

约指银钩弹落雁，搔头宝髻咏佳人。
漫因绮语轻温潞，著手能成天下春⑤。

秃节苏卿五字工，坚贞司马颇相同。
遗诗弁冕南冠首，不愧忠清涑水风⑥。

皓首丹心倔强名，丰公气壮本神清。

---

①作者自注：温庭筠、李商隐。
②作者自注：耿沣、卢纶。
③作者自注：司空图。
④作者自注：元载妻太原王韫秀诗曰：路扫饥寒迹，又曰：携手入西秦。
⑤作者自注：文彦博、司马光，首句用潞公诗，次句用温公词。
⑥作者自注：司马朴，棨朴字文季，夏县人，文正犹子，使金被留不降，教授以终；元好问《中州集》录南冠五人，以朴为首。

杏花吹尽东风紧，何减梅花赋广平①。

邱濬犹容桑悦妄，雷渊却忌李汾能。
馆中犹有李钦叔，屈宋衙官总不胜②。

南山翁后得云卿，京叔归潜老更成。
独孕恒山千古秀，史载诗品一家清③。

太原常与合河刘，数载齐名麻九畴。
五字诗成天籁发，神童何意萃并州④。

系舟山上采薇餐，野史亭中削竹看。
三百年无此作矣，闲闲公外解人难⑤。

郝氏文章接祖孙，裕之师友互渊源。
科名何似诗名重，试问陵川七状元⑥。

范揭虞杨何足论，豪如太白丽如温。
中州万古英雄气，又产人才萨雁门⑦。

---

①作者自注：赵鼎。
②作者自注：雷渊，李汾，李献能。
③作者自注：刘拟及孙从益，曾孙祈【祁】。
④作者自注：常添寿四岁诗云："我有一卷经，不用笔写成。展开无一字，昼夜放光明。"刘滋六岁诗云："莺花新物态，日月老天公。"
⑤作者自注：元好问。
⑥作者自注：郝天挺及孙经。
⑦作者自注：萨都拉。

立诚仍不废修辞，尽识文清百世师。
谁见河东三凤集？晋溪虎谷白岩诗①。

巢云文谷并清新，四海论交谢茂秦。
愧杀登坛王李辈，名成不认眇山人②。

真山奇古寿髦工，绰有太原王霸风。
父子齐雄四家选，霜红知己在丹枫③。

渔洋声望盛康熙，进御常同午壁诗。
圣祖知深频下诏，积词累句几能窥④。

金鹅馆集本无瑕，苦被河间诮柳葩。
品骘终推秋谷切，莲洋诗格如莲花⑤。

玉昆仑碎为檀超，韵比阿龙旧句调。
多少长安苦吟客，平阳蒋五擅诗瓢⑥。

汾水绵山二妙存，何刘佳句动随园。

---

①作者自注：薛瑄，又王琼、王云凤、乔宇号曰"河东三凤"。
②作者自注：裴邦奇、孔天允。
③作者自注：傅山及子眉、戴廷栻。
④作者自注：陈廷敬，末句即诏中语。
⑤作者自注：吴雯，纪文达讥莲洋以柳花为柳葩，见义山诗批。
⑥作者自注：蒋仁锡。

风流更有张风子，细雨骑驴度剑门①。

天南万里失劳臣，闺里能宣抚字仁。
传得午桥诗一脉，女公子与少夫人②。

四山人后一容斋，衣钵流传竟有涯。
艳雪楼中师友盛，松溪荔浦总清佳③。

经生诗调每钩辀，老学工吟得石州。
死拟青蝇为吊客，一人知己射鹰楼④。

---

①作者自注：何道生，刘锡五，又张道渥改官四川，罗聘为绘《张风子骑驴图》。
②作者自注：裴宗锡卒云南巡抚任所，女与媳各有诗，袁简斋亟称之，采入《诗话》。
③作者自注：介休四山人及茹伦常，阳城张晋、李毅廷君寿及子厚。
④作者自注：张穆，闽林氏著《射鹰楼诗话》，录石州先生诗甚夥。

补遗

题《松风阁图》诗①

小阁松风里,烟岚远列窗。
坐忘无一事,流玉日淙淙。②

题扇诗③

危亭倚天降,俯临千仞峰。
白云界其腰,苍龙喷故雪。

---

①此诗题写于杨深秀所绘之《松风阁图》上,王崇任编著的《杨深秀诗集笺注》(中国书籍出版社2019年,第246页)一书中收录了此诗,本集即以此版本为底本予以收录,题名从之,以便读者查考。松风阁,在今湖北省鄂州市的西山灵泉寺附近,在古代即是著名景点,《舆地纪胜》(卷八十一)寿昌军:松风阁,"在西山寺。旧有松林甚茂,黄庭坚自黄州游西山爱之,因名"。宋徽宗崇宁元年(1102)九月,黄庭坚与友人游鄂州西山,曾在此处过夜,听风吹松涛,有感成韵,提笔而作《松风阁诗帖》,不过该诗帖的书法价值高于其文学价值,是黄庭坚最负盛名的行书作品,其书法地位并不逊于王羲之的《兰亭集序》及颜真卿的《祭侄季明文稿》。此诗帖现藏于台北故宫博物院,清末杨深秀应见过此帖,且他精通诗文及书画,并对黄庭坚颇为推崇,不知其受同年所请而作的这幅《松风阁图》及题诗是否与黄庭坚的《松风阁诗帖》有关。

②作者自注:筱轩六兄同年命画,并系小诗一绝,统希指政,弟杨深秀。

③此诗题写于一折扇扇面之上,王崇任编著的《杨深秀诗集笺注》(中国书籍出版社2019年,第246页)一书中收录了此诗,本集即以此版本为底本予以收录,题名从之,以便读者查考。

绝命诗三首①

久拼生死一毛轻②,臣罪偏由积毁成③。
自晓龙逢非俊物,何尝虎会敢徒行。
圣人安有胸中气④,下士空思身后名。

---

①杨深秀的这三首绝命诗颇为著名,在多人著述中有收录,但各版本中字句略有差异。杨深秀之子杨圮田于民国时撰修《(民国)闻喜县志》,曾为其父作传,其中就收录有这三首诗,本集即以此为底本进行收录。三首诗中,第一首诗为1898年八月十一日之作,第二首为十二日之作,第三首为十三日之作。除此之外,梁启超主办的《清议报》(1898年第3期)中也刊有此诗,名为"狱中作",应经过康有为之校订,其后康有为的《万木草堂诗集》及国家清史编纂委员会编《康有为全集》第十二集(中国人民大学出版社出版2007年)中亦收录此三首诗。后人之作,如汤志钧《戊戌变法人物传稿》、《山西文学史》(第四编)、沈珉《杨深秀传》、周宗奇《雏凤哀鸿:孔祥熙》(山西人民出版社2014年)等诸多作品均收有此诗。甚至有人将此三首诗误认为谭嗣同之作,而收入李一飞编注之《谭嗣同诗全编》(北京出版社1998年)。综而言之,杨圮田与康有为最早注意搜集杨深秀之绝命诗,现存三首绝命诗的两个版本即源于此二人,他人作品中之收录多本诸此二版本。编者以为,杨圮田为杨深秀之子,且杨深秀就义之时他就在北京,在其为父所撰传记中也写明从"狱壁钞出遗诗三章";而当时康有为已出逃海外,所得信息必为传闻,绝非其亲自收集之原稿。因此在关系亲密度、时间和距离上看,杨圮田所记版本似应比康有为版更为接近杨深秀原作,更为可信,故本集以杨圮田所记版本为底本,参以其他版本进行点校。

②汤志钧《戊戌变法人物传稿》(中华书局1982年)、《清议报》(1898年第3期)均与此同;但国家清史编纂委员会编《康有为全集》第十二集(中国人民大学出版社出版2007年)所收录的版本为"九拼生死一毛轻"。

③此句诸版本所记相同;惟沈珉《杨深秀传》(北岳文艺出版社2015年),此句记为"罪臣偏由积毁成";康有为《万木草堂诗集》(上海人民出版社1996年)所记为"臣罪偏因积毁成"。

④此句《清议报》《万木草堂诗集》《雏凤哀鸿:孔祥熙》记载与此相同;《康有为全集》与《戊戌变法人物传稿》中此句记为"圣人岂有胸中气"。

缧绁到今终不怨①，未知谁复请长缨。

长鲸跋浪势凭陵②，靖海奇谋愧未承③。
每耻汉边多下策④，尚思殷武有中兴⑤。
孤臣顿作隍中鹿⑥，酷吏终羞殿上鹰⑦。
平日敢言成底事，覆盆秋水已如冰。

自信清操不受污⑧，孤忠毕竟待天扶。
丝纶阁下千言尽，车盖亭边一字无。
经授都中愧盲杜，诗成狱底学髯苏。
朝来鹊喜频频送，尚忆墙东早晚乌。

---

①此句周宗奇所著传记文学作品《雏凤哀鸿：孔祥熙》一书所收版本与此相同；但《康有为全集》《清议报》《万木草堂诗集》《戊戌变法人物传稿》所录版本此句记为"缧绁到头真不怨"。

②《雏凤哀鸿：孔祥熙》所记与此相同；《康有为全集》《戊戌变法人物传稿》《清议报》《万木草堂诗集》等此句记载为"长鲸跋浪足凭陵"。

③《雏凤哀鸿：孔祥熙》所记与此相同；《康有为全集》《戊戌变法人物传稿》《清议报》《万木草堂诗集》等此句记载为"靖海奇谋愧未能"。

④周宗奇《雏凤哀鸿：孔祥熙》所记版本与此相同；《康有为全集》《戊戌变法人物传稿》《清议报》《万木草堂诗集》所记为"安耻□边多下策"；沈琨《杨深秀传》记载此句为"安耻汉边多下策"。

⑤《雏凤哀鸿：孔祥熙》所记与此相同；《康有为全集》《戊戌变法人物传稿》《清议报》《万木草堂诗集》所记为"当思殷武有中兴"。

⑥《雏凤哀鸿：孔祥熙》所记与此相同；《康有为全集》《戊戌变法人物传稿》所记为"孤臣顷作湟中鹿"；《清议报》《万木草堂诗集》及沈琨《杨深秀传》此句记为"孤臣顿作湟中鹿"。

⑦《雏凤哀鸿：孔祥熙》所记与此相同；《康有为全集》《戊戌变法人物传稿》《清议报》《万木草堂诗集》所记为"酷吏终羞殿下鹰"。

⑧杨被田自注此句为空，后从报纸补此七字，但未详据何报纸，《雏凤哀鸿：孔祥熙》记载与此相同；《康有为全集》《清议报》《戊戌变法人物传稿》《万木草堂诗集》此句为空；沈琨《杨深秀传》记为"自信情操不受污"。

文 存

以里书银抵公堂礼记①

古之为政者，为民兴利而已。有一事焉，骤闻之利也，实核之而非利，是可行乎？有一事焉，骤闻之非利也，及身历之而利见，是可不行乎？且非利之利乃大利，行之民，或不能即知；行之士，则宜一望而知也。士固能深谙事理者也，然且仓卒未能周知者，良以此事之初本有小利焉，一用以易此大利，大利或未即至；纵至而非人人身被之也，而其初之小利已顿失矣，是以不免有后言。然而君子毅然行之而不疑者，见其大而不惜其小故也。闻喜大县，士之举弟子员者，三岁两试入学，约六七十人。科试借棚平阳，岁试则学使者直按临于绛。厨传仆从供张之费，实由县署摊捐，值科尚少，值岁且倍之。往时诸令每索此费于新进生，曰公堂礼。甚至名捕比追，烈于催科之扰。中间也有贤父母，如侯官彭公翊杞、方公戊昌，俱尝豁免，不索一钱于士子，而相沿既久，历

---

①此文为碑文，记载了闻喜县革除陋规，以"里书银"抵补"公堂礼"，避免新入学的士子受官方摊派费用之压迫的情形，具有珍贵的史料价值。文中可以看出，杨深秀在此次活动中处于核心地位，最终达到目的，减轻了入学新生的经济负担。此碑立于光绪八年（1882），今仍立于闻喜县城文庙前。全部碑文由大小相同的四块石碑构成，其中正文一块，附文三块，因附文为官府的回应情况，并非杨深秀所作之文，故仅录正文。此碑文录入运城市河东博物馆编《河东碑刻精选》（文物出版社2014年）中，本集即以此为底本进行点校。文中"里书银"是县节用局所收的里书包写之银；"公堂礼"即科考新进生所摊岁科两试之费用。此文即沈珺《杨深秀传》（北岳文艺出版社2015年）所记之《以礼书银抵新进士公堂礼记》一文，今从《河东碑刻精选》本。

任之追索仍不少贷。去岁科试，归安朱公光绶署是邑，初亦拟豁免此项。吾辈再四思之，异数幸邀，不如陋规杜绝之为善也；廉俸抵补，不如羡余挹注之为安也。吾局为里民之总，里民每岁置买田产、过割钱粮，亩出若干文，雇书手誊册。书手欲为此者，向皆醵金里局，署券承揽。今局章业已更新，局费幸不支绌，吾辈安所用此金哉？夫此金虽出书手，实亦里民之赀也。新进士虽号士子，实即里民之秀也。以里民之赀，济里民之秀者，圣人所云因利而利，计无便于此矣。因即禀请转详上台，以里书每岁醵金献署中，抵岁科两试摊捐，使士之入学者终无追呼之虞，且永革"公堂礼"名色。骤闻之，一若小利顿失，仍无所谓大利者。第询之后来入学人，一身历而利自见矣，吾辈亦何必身被之哉？又况吾局实皆在籍士夫，昔入学日尝受追呼之扰，一旦去此，抚髀爽然，且又安知吾子弟不即入学行且自被之矣。吾所谓非利之利乃夫利者，愿与吾里民共享之，此所以毅然行之而不顾浮言也。

诰授中宪大夫、刑部河南清吏司员外郎兼广东清事司行走加三级、新奉旨充当山西通志总局纂修官兼太原府崇修书院山长、庚午科经魁杨深秀制文并书石。

敕授征仕郎、吏部候选、直隶州判、癸酉科拔贡生潘梦凤篆书并题额。

敕授修职佐郎、吏部候选、儒学训导、增贡生李润之督工镌字。

中书科中书赵翔凤、六品衔候选训导岁贡王保昌、候选训导岁贡翟鸿飞、六品衔优行生翟尔泉、六品衔生员杨运升、附贡刘仰斗、耆宾翟安详扶石。

具禀人：刑部员外郎杨深秀、候选州判潘梦凤、候选训导李润之、中书科中书赵翔凤、六品衔优行生员翟尔泉、六品衔候选训导王保昌、乡饮耆宾翟安祥、候选训导翟鸿飞、六品衔生员杨运升、附贡生刘仰斗为事拟酌中呈请转详立案，以维德政，用期垂久事。窃闻喜"公堂礼"

一项，原由学宪按临科岁两试，州府分派公给之需，不知始于何年何任。因项无所出，向新进诸生分等摊派，在有力者尚可措办，无力者倍形拮据。嗣后或行票传，或经管押，至使求荣反辱，指不能屈。前县宪侯官彭公、杞县方公屡行豁免，而历任仍依旧规，所以游泮水者每有幸不幸之叹。我仁宪奉檄抚临闻喜，念自荒寝之后，士风孱弱，筹款栽培，殚阙心力，并暂行豁免。捐廉补赔，足见培养士气体恤周至。特是贤良父母，两袖清风，将此等杂项尽行赔垫，则琴鹤莫供，后难为继；德政所施，何以垂诸久远？深等再四思维，惟有里书每年包写过割之银饷，归里局办差，自均差之后，蒙钦宪批拨书院，栽培士子，但未指明出项，近者膏火奖赏，各有筹款，而此项独属虚悬。因思钦宪拨归书院，原为士子造端，我仁宪捐免公堂，亦为士林起见，拟将里书银两抵填公堂礼，以仰副钦宪及仁宪雅惠儒林之至意。包写里书，仍由局办，写定银数，由局呈明，则里书不至所用非人，于过割之时苛索花户。且年岁丰欠不常，里甲大小不等，斯包写之数，多少无恒。如光绪三、四两年，大寝之下，包写过割者无人，反由局贴钱雇觅，今以至多者论之，每年不过一百四五十两，统计之，三年之中得银不过四百余两。谨按科试摊派微轻，拟得一年之银，岁试摊派较重，拟得二年之银。科岁两试各有抵垫，则上可减廉俸之赔，下可免摊派之扰。将见陈太邱治先左邑，与古为邻；朱司农爱在桐乡，于今有匹。无小无大，世颂尔公尔侯矣。为此虞修芜禀，恳乞明老父台大人案下，恩准施行。

《平遥县志》序[1]

岁庚辰,余膺山西通志之聘赴会垣。道出平遥,访吾友灵石王幹堂农部于超山书院。时邑令恩君子严方延君续纂县志。未几,恩君擢首邑,继之者蒙古锡君清弼。越壬午,锡君去而徐君芮南来宰是邑,志于是乎成。君贻书索序,会余痁作,五旬不克操觚。君又专人来督,乃强为序。

其大略曰:古之方志,志郡县废置、疆域分合、山川险易、田赋多寡而已。降及后世,乃复俯陈人物,胪列文词,而于地之沿革反区雾荒忽,十不能得五,何怪乎识者之过而不顾也。平遥为中都平陶,史册章章。而平陶有二,中都有三,稍有未晰即涉纷如矣。二平陶者,左昭二十八年,分祁氏田以为十县,司马弥牟为邬大夫,贾辛为祁大夫,司马乌为平陵大夫。杜注直指为太原之邬县、祁县,而不言平陵所在。窃以为汉之平陶,东北曰大陵,西南曰京陵,恐三邑皆平陵之地,一名而三析之也矣。此汉之平陶,在今文水县境者也。《魏·地形志》太原郡平遥县下注曰:二汉、晋为平陶,有京陵城、平遥城、过山。吉甫以为本平陶县地,子元以为避太武名焘而改此;则魏之平陶改为遥以避讳,在

---

[1]此文见于光绪《平遥县志》,本集以凤凰出版社2005年出版《中国地方志集成》中所录版本为底本进行点校。杨深秀于此文中阐述了自己的修志主张,并对平遥县的历史沿革进行了考证,充分体现了其考据学功底。此文亦见于张梅秀的文章《新见杨深秀佚文三篇》(载《沧桑》2003年第3期,第14页),此处点校参考该文。

今县境者也。三中都者，左昭二年，晋侯谓陈无宇非卿，执诸中都；杜云，晋邑，在西河界休县东南。夫自汉置中都，晋初未废。元凯不以见有之县实之，而必远指界休东南，则其确有依据可知矣。此今介休境之中都，《春秋》即见者也。《魏志》太原中都下注曰，有榆次城。然魏本自有榆次县，无乃复乎？及乐史乃云，真君九年，徙中都治废榆次县东北。始知所谓榆次城者，盖废县而非见置之县也。此今榆次境之中都，魏以后始有者也。《史记·秦本纪》：惠文君后九年，伐取赵中都、西阳，《赵世家》同。①《正义》引《括地志》云，中都，故县在汾州平遥县西十二里，即西都也。案：汉高十年置代王，文帝所都之中都，即此。此则今县境之中都，汉以来所治者也。凡此数者，君于志中略同此意，其勤于考订，概可见矣。

抑余尤有奇者，平遥旧志为合阳康太乙所撰，而今邑令徐君籍朝邑，又与康为乡里，非偶然也。徐君与余交十年，稔知其淹洽，今为君下榻计，必有针芥之投。二君杯酒余闲，取自来沿谬袭讹之说，从容论定，则辨明三古上之遗迹，较之汉、唐以后为功尤巨。因地主寓公皆雅材鸿博，故敢以是蕲之，度不至河汉斯言也。

光绪壬午十月之望，闻喜杨深秀冔存甫撰于太原志局。

案：中都亦有西都之名，即据《括地志》，当自不误。中阳东翼汾水，《水经注》亦言之。戴东原称西都中阳，实非杜撰，特《史记》原文不尔耳。惟戴之《汾州志》实是名作，属邑自多遵用其说。要知其一说不可从也，志中于西都一条，亟应采魏王泰之说，以备异名。若中阳，则在今宁乡境，平遥志勿问可也。存又识。

---

①作者自注：东原戴氏与曹给事书误引作西都、中阳。

杨凤冈先生墓志铭①

蒙幼孤,外僻学罕的授,前世老师知之,十未能二三。后稍识经史,涂辙文章结构者,大抵得诸友朋为多。他不具论,如安邱王菉友先生。小学诸书,则闻之吾宗秋湄学博者也。忆自髫龄相识于郡试,弱冠计偕,又得于京师聚首,始悉学博盖与尊人凤冈翁两世,及安邱门亲奉手有所受者,既羡子舍之欢,复钦家学之正,恨未获即日瞻礼风仪则,且时时私叩翁学行大凡焉。往岁通志局开,学博与蒙同膺聘,以繁峙教谕调署阳曲训导,取便修书。遂迎翁会垣就养,维时以通家子谒翁,聆绪论尤详云。翁自言曰:先君年六十八而举,吾少弟宝树又半年而捐馆,临终指弟嘱曰:以累汝,莫令受凄惶也。复嘱曰:吾恳苦力学而不

---

① 此文见于民国二十年石印本《教授杨凤冈先生行述》,刘纬毅主编的《山西文献总目提要》(山西人民出版社1998年)中也载有相关信息,原铭现存山西省乡宁县城关镇富家原村,原标明:"闻喜杨深秀撰,安阳马吉樟书。"杨凤冈,名恩树,字汝桐,别字凤冈,为近代山西学者杨笃之父,道光年间举人,官至潞安府教授,曾参与修撰长治等县志。杨笃(1834-1894),字巩同,又字雅利,别署琴如,号秋湄,别号北屈,又号虬麋道人、吕香真逸,晚号东渎老人,山西省乡宁县人。他还是山西近代著名的方志学家、诗人,著有《秋湄诗钞》和《秋湄遗集》。从文中可以看出,杨深秀曾从杨笃学书,《雪虚声堂诗钞》中也有两人应答酬对的诗作,其中《白云司稿》的序文即是杨笃所作,足见两人关系之密切。光绪六年后,杨深秀受聘赴省城任教,同时参修《山西通志》。此时的杨笃亦调署阳曲县训导,并任山西通志局分纂,二人成为同僚。杨笃为方便照顾父亲起见,将老父迎至身边赡养。光绪十一年,杨父无疾而终,杨笃请杨深秀为其父撰写墓志铭,遂有此文。此文见于张梅秀《新见杨深秀佚文三篇》(《沧桑》2003年第3期,第15页)一文中,这里点校参考该文。

仇，尔其千万毕吾志矣。则泣而应曰，唯不敢忘。后吾与儿子各掇一榜，先人其少慰。惟弟中年艰子业，为置滕而仍不育，则真吾恨也已。呜乎！翁不自知孝友而孝友过毕矣。已而又言曰：家自曾伯祖月远公来，恪守程、朱，洎先菉友师令吾邑，始闻汉儒许郑之学。然吾尽得师手自点勘二种《说文》及《鄂宰四稿》等副本，朱墨烂然，独以钝拙不能有所述记，株守章句而已。儿子亦非上材，吾又不善教，第使遇经家治经，遇史家治史，终不晓所造何如。若吾友教绛稷间，惟督弟子读书勿辍，不敢皮傅师说，自尊声望也。呜乎！翁不以学自任而学大可见矣。间又独语蒙曰：自士大夫习为选儒，即值分所当言，亦默而息焉。吾性直语憨，菉友师固谓非仕途中人，劝就校官。校官例不预地方公事，然在天镇日，力陈书院之颓弛，又因八里河涨入城门，创议斯渠筑堰，吾首捐膏火，躬视畚插，皆赖贤有司齐心不掣曳以迄于成。始悟举念果正，人必莫逆；立论果坚，事自无中止。一切避嫌畏讥者，皆其诚有不足也。独老见县人侯四姑拒奸惨死一案，虽淫人皆已伏法，而烈状未宣，旌典不及，吾为侘傺。视天者十余年，每书空独语，则雷声隐隐和之。丁戌大旱，吾援东海孝妇事，诵言于潞守，祈雨者前试以伸冤请旌，祷则夏霖冬霰，罔弗应念立需。顾再四揭陈，迭逢晋抚鲍公之廉明，曾公之奋迅，而迄不得一入奏也。则意者吾诚之歉欤？抑古所云诚罔不格者之未可尽信耶？呜乎！翁固自咎诚之未至，而以蒙所见诚于任事者殆亦蔑以加矣。乃至今光绪十一年三月十三日，向晨，观书前楹，端坐而逝。学博以是日五鼓赴府监试，归已瞑矣。距生嘉庆十七年正月十六日，计寿七十又四岁。所著书潞府诸志，叙述固半出学博，而体例则尽翁手定也。诗笔向不存稿，蒙止见《侯女哀辞》一章，是其睠睠不忘者。尝闻长老言，道光丙午乡试，天下皆知晋闱二杨，名曰屯留杨中桂，即是科解首杨丹林大令；曰乡宁杨恩树，即翁讳也。配郑武生陶元君女，贤孝有妇德，举丈夫子一，即学博名笃，咸丰辛酉拔贡，同治甲子举人，学行名天下，能继翁传安邱师法。继室阎监生政德君女亦贤，而前卒与郑并以翁阶赠安人。侧室顾亡赵存，赵前产一男骞，三岁而殇；女子二，一适附生阎友仁，一适王焕之学博。冢妇阎增生时中君女，生三女亡男。翁有女弟子王，少孤，美容仪，工笔札，以望孙之造切也，俾于学博，果生孙监生之培，又生三女而殁。兹学博筮得十月十五日将葬翁于县北富家原祖茔，两安人皆袝礼也。铭旌书曰：敕授儒林郎光禄寺署正衔潞安府教授、前国子监学正衔、天镇县训导，皆翁所历官阶也。既质铭于旌，复文铭于石，铭曰：

《说文》者，群经之钤辖，微于赵宋而著于今朝，一雕五刓，汲古小毛繇，是而启钱辛楣、段茂堂、严铁桥；若北方之学者，义证推曲阜之桂，通读有肃宁之苗，安邱王先生先后其间，遂乃兼容而并包。先生作令晋鄙，固何殊叔重之长洨。其书虽成于晋，其弟子乃尔寥寥。二滇肆而少纯，秋湄简而益高。梦篆几文，吞卦几爻，实则凤冈翁问字安邱，固绝早。而前其曹观海先于河见梓，斯知桥。以颜路曾晳之贤，子同门即无述作而亦足以豪。又况翁爱才如命，嫉恶如仇，直言危行而不挠，文名远绍魏县内，行近续孝子，人不知之亦嚣嚣，千百载下若见斯人之藏尚，为封其垄而禁其樵。

《中庸时习录》序[1]

介休马君亶斋寝馈于四子书，有得即签记之，成时习录。惟《中庸》用功最深，其门人冀达堂观察以龢将为付梓，[2]问序于余。余惟《小戴记》四十九篇《中庸》弟三十一，孔冲远引郑目录云此于别录属通论。元陈澔撰集说，竟与《大学》一并删去，而于篇目下注曰，程朱已拔出之，识者所以诃其不逊也。今国家颁四书学宫，春秋闱且用试士，诚煌煌不刊之□功令矣。然自宋至今，亦岂有废弃《礼记》中二篇之诏？元人之擅删不录即为□漏，明人乃与本书平列为十三经，又成重复，总之无一当也。抑考二篇之别行也，又微有间。《大学》自宋仁宗御书赐进士司马光始，独注之在程朱前者，只此耳。洎明中叶而有丰道生古本，妄增颜渊问仁至非礼勿动二十二字，唐伯元表上其书，造作汉贾逵说以张之。郑晓撰古言，又附会魏虞松刻石以实之。周从龙又臆指

---

[1] 此文见于中国国家图书馆所藏清光绪二十年线装本《中庸时习录》（上卷），是杨深秀为其同乡马鑾宇著《中庸时习录》所作序文。从此文中可以看出杨深秀的儒学功底及文本考订功力，亦可看出杨深秀对儒学发展的看法。马鑾宇，字亶斋，山西介休人。本文以国家图书馆所藏线装本《中庸时习录》为底本，加以点校。

[2] 冀以龢（1831-1900），字达堂，又字协邦，号蔼一，又号芸阶，山西介休人，清末著名商人。他是介休冀氏家族第十八代财东，其家族于清末经营布匹、茶叶、钱庄等业务，曾于全国设有分店一百余处，最后因八国联军侵华导致破产。冀以龢对文化事业颇为注意，曾在自家花园开办私塾，取名"登瀛文社"，招收秀才免费学习，并曾从事过一定的文化出版工作。据杨深秀此文可知，冀以龢是马鑾宇之门生，双方联系密切，且马鑾宇之《中庸时习录》实为冀以龢筹办刊印。

颜渊问仁一节是唐明皇削去者，其讹魏正始为政和。稍读书者知鄙其荒陋矣。国初，毛奇龄又出一古本，妄称高笠僧授之嵩山者。彼诸人盲谈怪说，何足重轻？毛之博雅而亦蹈此弊，良可叹诧。在程朱后者，亦只如此，知《大学》古实无别行本矣。

若乃《中庸》，《汉·艺文志》有说二篇，《隋·经籍志》有传二卷、讲疏一卷、私记制旨义五卷，其别行而有师说也古矣。固不藉欧阳永叔强指李翱《复性书》为《中庸》义疏也。自尔以来，撰著愈夥，司马君实之广义，程明道之解，以及晁以道、杨中立、游定夫、郭忠孝、项安世各有成书，至张九成无垢《中庸说》六卷，源渊虽出杨氏，而阳儒阴释，大抵得力于大慧和尚之论禅。惟石塾子重录周、张、二程、吕与叔、谢显道、侯仲良及游、杨之说为集解，皆儒先绪论也。朱子辟张氏之谬异为杂学，辨删石氏之繁芜为辑略。

两书与《章句或问》并行于世久矣，由温国而上汉学之说备，由明道而下宋学之说详，士生今日，复何论撰？虽然，吾人读书有一义未惬于心，即前贤成说亦未敢附和。朱子论《中庸》当作六大节，而马君只作三大支，此体段之不同也。朱子所解费隐，马君正与之相反，而贯穿全书恰然理顺，此文义之不同也。具此识解，自名一家亦何不可？且汉、宋二家之各立帜志也，亦何妨乎？汉儒分守师说至高密而六籍并通，宋儒勇肩绝绪至新安而四书大定，乃暨元明凿空日甚□昭，代诸大儒力矫其弊，言礼必详制度，释文必精训诂，每得一义，往往契周情孔思于数千载上，而高阁正义墨守大全者流，遂深恶而痛诋之，亦有游心琐屑、借口穿穴、不能不贻世诟病者。由是两相讥呵，迄无定评。平心论之，《中庸》与《大学》皆自《礼记》拔出，《礼记》中精义可拔者，何止二篇？且宋儒言理，天理字出《乐记》，何反舍其宗旨而不叙耶？况朱子平生最服膺郑君礼注，诋之者又何知耶？至近人薄弇陋之学，多不措意于四书，即或治之，亦力避理语勿道。戴震疏证至驳理字、谓古无作道义解者，试引裴仆射、卫洗马语，岂非不攻自破乎？今必侃然为二家驿骑亦诚不易，要汉学言礼、宋学言理，吾欲益一说，曰汉学谈经、宋学讲书，庶其切于事情乎？马君此书亦讲书者之规模，然能自出识解，虽朱子成书不强附和，亦可云豪杰之士矣。况吾乡汉学首推阎百诗，百诗札记固非讲书乎？亦观其所讲何如耳，观察其即梓之。

闻喜杨深秀

《翠柏山房诗草续编》序[①]

有唐诗人,吾晋为盛,而太原王氏最夥。有之涣兄弟及涯及翰,至右丞维,虽定居河东数世,然犹太原籍也。若乃居晋而族非太原,如龙标一辈;或族出太原而不产于晋,如金王黄华、王滹南,明王凤洲诸老,皆不可一世才也。

逮本朝,王氏称诗于晋者不少,而苦少重望。三十年来,惟驾部王霞举师,纵东野之沉思,运山谷之硬语,西山游草,几欲合大谢、永嘉、少陵、蜀道而一炉铸之,海内推许,吾乡罕见其匹也。及读吾友粹甫先生集,于是始叹太原王氏诗事之盛,固未有艾也。粹甫居太谷,仍太原属邑,家世沃饶,罗绮周身。顾自幼孤介,视里俗奢丽之事,落落无当意者,而独癖于书。弱冠筮仕广曹,退食氿埽,弹琴赋诗,虽在都门人海中,往还者词客数人而已。犹忆甲戌、乙亥间,余偕任邱边君拙存、荣城陈君小农、夏县贾君小芸与粹甫排日唱酬,狂飞大句,竞赌小

[①] 此文见于国家图书馆藏清光绪二十年刻本《翠柏山房诗草续编》,乃杨深秀为其同学王汝纯的诗集所作之序文。王汝纯,字邃村,号粹甫,别号蒋谷老农,山西太谷人,清末山西名士,曾任农部主事,著作有《翠柏山房诗草》(三编)、《游梁诗草》、《醉芙诗余》。同、光期间二人俱在京师求学,既为同窗又为同乡,关系密切;光绪十五年,杨深秀中进士,赴京供职,而王汝纯则一直留居京师,二人再次聚首。光绪十八年,王汝纯编成《翠柏山房诗集》,请杨深秀作序,未成;二年后又作续编,再请杨作序,乃有此文。此文见于张梅秀《新见杨深秀佚文三篇》(载《沧桑》2003年第3期,第15-16页),点校参考该文。

词，轰饮快谈，致足乐也。自己丑再来供职，曩日胜流，或专城出守，或闭关养疴，雅集日稀。余亦噫郁寡欢，遂疏篇咏。知粹甫生事牢落，宦况羁迟，独能日课联绝，久久无倦，禁体白战，捻髭苦吟，积成古今杂诗数百千首及诗余一册，删汰屡屡，尚存寸余。是真有甚适于中者耶？兼闻粹甫综核大农掌故，举国家田赋、漕粮、关征、盐法及一切榷酤算缗之事，上录纶音，下收札奏，州次部分，灿然大备。是其留心经济，计当薄雕虫而不为者。乃犹琢句缋章，兴复不浅，此固韵度胜绝而精力亦过人远矣。觥觥乎称太原王氏一诗人，岂过论哉？粹甫之诗，清拔而生新，沉浸而入细，不以功名顿滞而露噍杀之音，亦不以簿领烦猥而染蹇涩之气。铿然雅韵，夫固有目共睹者。前索余序，久无以应。兹又以续集见示，其精进为何如耶！为之不已，即前代王氏诸诗人，举不足以限之矣。

光绪甲午，长夏同学弟，闻喜杨深秀衣纯父序。

何绍庭墓志铭①

皇清诰授奉宜大夫、候选员外郎、恩贡生何君绍庭墓志铭。

赐进士出身、诰授中宪大夫、刑部江西司员外郎加五级、闻喜杨深秀顿首拜撰。

赐进士及第、诰授朝议大夫、翰林院修撰、国史馆协修加四级、桂林刘福姚顿首拜书。

赐进士出身、诰授奉政大夫、翰林院编修、武英殿协修、国史馆协修、记名遇缺题奏、贵阳李立元顿首拜篆盖。

金石考订之学，虽故经史余事，然沿涉盖广，自天度地形以至一名一物，罔弗通也，而后品题尽厥理。自宋欧阳、曾氏肇其端，洎赵、

---

① 此墓志铭拓片现藏于中国国家图书馆"特藏古籍"中，题名为《何遵先墓志》，馆藏信息为：墓志4161，山西省祁县出土。何遵先，字绍庭，一字对蒙，山西祁县人。自幼读书聪颖，但成年后屡试不中，遂放弃科举，转而以著述为业。他是清末山西著名的金石学家，著有《山右金石文钞》《山右四朝诗》《王太史稿》等，同时收藏、考订了不少古籍。在杨笃、杨深秀于太原编修《山西通志》时，何绍庭主动捐献自己的收藏和著作，对《山西通志》的编修工作贡献很大，杨笃、杨深秀等人对其甚是称许，故杨深秀为其作此墓志铭。原碑未记作文时间，但据文中记载，何绍庭卒于光绪二十年十一月二十七日，而将葬于二十一年七月二十二日，则此文应作于此段时间之中。中国国家图书馆记载此文作于光绪二十一年（1895）七月二十二日，盖误以何绍庭下葬时间为所作时间，文中只记"将葬"，即计划，并未实行，似作文时间应在此之前。此文不见于他处，仅在董立功所作《杨深秀的一则佚文》（《社会科学论坛》2019年第5期）中有收录，这里以国家图书馆藏本为底本，点校参考董文。

薛、洪、娄而矩矱备矣。国朝此学尤盛，大氐托始于昆山顾氏，而集成于青浦王氏、仪征阮氏。自时厥后，搜访者益勤，鉴别者益详审。多有以一省所属为限断者，亦或附地志卷中，可同行可别行也。五十年来，各行省略具矣，独吾晋金石，则自高邮夏氏外，著录甚鲜。迩来胜流渐有造述，宦游则扶风王君炜之《志略》，土著则洪洞董君文灿之《碑目》、临汾宋君琦之《存略》，并已确有成书，至景州戈君履征，介休曹君子勤，皆缒幽跋险，于此事不遗余力，而或杀青未竟，或游屐未毕，尚未见遽写定。□若余所甄录，则止闻喜一邑，且续获者犹未遑撰入也。当斯时而祁县何君遵先著《山右金石文钞》如千卷，爬罗宏富，粲然成一家言。呜乎，岂易得哉！

君字绍庭，别字对蒙，著籍于祁寓矣。旧居祁城村，国初迁入县城。曾祖应山，武生，以守御所千总衔，诰授武德佐骑尉。祖增盛，增贡生，大同县教谕，加五品衔。父自强，候选布政司，经历两世，并晋赠通奉大夫经历。君有丈夫子五人，而君为中子，幼颖悟，读书异常儿，祖教谕君甚贵爱之。比长，风仪秀发，欣然蕙立。同治六年，补本邑庠生，旋以高等廪于庠，文声籍甚，益淬厉，为春秋闱计。逮娄踬乡场，乃遂毅然弃举子业，而毕力从事于著述。筑园城东约十余亩，激流植援，缀以亭台，藏书数万卷，其中尤多弄周秦铜青、汉魏石墨。每至胜日，乌帽筇仗，招携二三佳士，徜徉清流嘉木间，弹琴赋诗以为乐。已而箪锻濂浊酒，相与辨析疑义，商定体裁，所编辑者有《山右四朝诗》《王太史稿》，都已付梓。校定而未梓者，则有傅青主征君《霜红龛集》。要半生精力所注，只在金石一门。念晋中自三古以来，帝图霸烈甲天下，金器之出土中者，郟鼎、霍钟、长平戈、虑虒尺、晋阳、平阳诸鈚布，所在时间迄于今未已。至如碑碣，则岷霸迭备，五岳河洑兼列，四渎虎守庭鸟，浚池神异，书石必不止柏人证字、孚女助钱之琐事矣。且以龙门禹之宫，晋源邑姜之祠，首山伯夷叔齐之庙，涞上韩循吏之堂，汾旁郭宗两有道之阡。诸有名汉石，虽已泐不知时，佚不知处，而佛狸黑獭之造像，贺六浑、普六茹之经幢，触目琳琅，他方万万无与伦比。下至李唐塔砖、赵宗钟铁，多且不数。然皆上契经典，下订史事，不可当吾世而悠忽失之也。于是重价购募，多方剔抉，每得一品，审年代、辩款识、录文字而考订之。期于灵性孤炯，左证累弗，字字心开，人人首肯而后已。然则署以文钞，良是谦词，究何愧乡邦文献之一大宗乎？

呜乎！君冥搜渺虑若此，虽生处饶裕，其刻苦有寒士所不堪者。且自成童，连丁内外艰，复叠遘手足之戚，哀毁过差，是始得咯血之疾。又其少时抚幼弟妹劳瘁逾恒情，长而摒挡家务，竭蹶周姻族老，犹兴蚕桑舍药饵。迹其平生，无斯须暇逸，乌得不呕出心肝耶？适遇先忌悲感，遂触发旧证，吐血数升，终以不起。卒于光绪二十年十一月二十七日，距生道光二十五年十二月七日，计享寿五十岁。初配胡君永裕女，无出；继配千总郝君长清女，生长子为儒，出嗣伯兄向先；又继配千总张君敏女，生子为德、为官、为福及两女。为儒县庠生，河南试用同知，娶李氏，继娶孙氏；为德，辛卯举人，议叙同知，娶渠氏；为官、为福俱监生，又俱议叙翰林院侍诏衔，官亦娶渠氏，福未婚也。一女适渠本沂，一女适平遥李五玉。孙男五，孙女二，俱幼。兹将以二十一年七月二十二日葬君祁城村东北之新茔，以余亦好金石学，且前在太原志局与家秋湄教谕共议，采君书入通志金石略，意能深知君者。又余儿子黻田与为德同举辛卯乡试，为年家，乃介其姻渠中翰楚南来索铭，谊不得辞。铭曰：

金之吉耶，石之贞耶，万年永宝，畴与京耶。嗟君嗜此，庶长生耶。五十恒干，胡遽倾耶。呕心入地，碧血腥耶。金薤石华，发异声耶。鼎文绿郁，碑字青耶。掇奇刷伪，书何精耶。削藁千秋，名孰争耶。理玉光煊，过者惊耶。我铭幽宫，亦足旌耶。鸣乎有哀，悼国英耶。

《管子》校误①

《管子》书八十六篇，实不无后人附益，今见存者七十六篇，其中尚多古字、古义，而流传既久，讹误滋多。盖自唐尹知章作注时，已据误本，强为解释，望文生义，动多抵牾。明刘绩颇有纠改，而其人不明古训，终鲜是正。今世所传，有仿宋本及明赵用贤、朱东光二本，与通行本对核，往往歧异。近儒有核改之本，大致十得七八。然窃尝细考，犹有一二所见不同者。学贵实事求是，确信于心，彼虽训诂专家，亦未敢阿附也。

如《形势篇》：抱蜀不言而庙堂既修，近日帖括家每用抱蜀语，不知是讹字也。朱氏以为，蜀字乃器字之形误，是矣。而修字当作循，近校本引汉北海相景君碑阴其故吏有循行，都台邱遥碑正书作修，以证循之讹修。今检汉《石门颂》，循字亦作俏；洪氏《隶续》赵氏《金石录》，皆详言之。且称修、循互讹，汉碑数有，晋碑愈多，固不止景君一种也。

《立正篇》之一道路博出入，近校谓博是搏字，与专同。而引《商子》之民不营则国力搏。《战国·卫策》之愿王搏事秦，无有他计。《韩诗外传》之好一则搏三；书俗本并讹作博，以证此搏字之讹博。其实，

---

①此文载于《国学荟编》1914年第3期，实为一篇长文，后分两部分刊出。该刊当年第5期之《〈管子〉校误续》为其下半部。为保其完整，现合而为一，用《〈管子〉校误》名之。原刊文章页边有"存古书局"字样，估计其可能曾另收入成都存古书局所编文集之中，待考。本集以所见《国学荟编》版本为底本进行点校。此乃杨深秀不可多得的学术文章，从中可以一窥其考据学功力。

搏、博互讹，《管子》本书即可证，如《八观篇》之博民于生谷，博亦当作搏；《幼篇》之九本搏大，搏又当作博；知两字亦混淆久矣。

《内业篇》之谋乎莫问其音。近校谓，谋乃誅字之形讹，誅即寂寞之寂，《说文》誅作，与谋篆相似，故讹作谋。窃谓未尽然也。案，寂寞，《说文》或作宋莫，或作嗽嘆，古言口两部之字，本可互换建首。而此口部嘆之一字，独不可改从言，斯成典谟之谟矣。且谟字，《尔雅》《说文》并训谋也。意者原文作嘆乎？莫闻其音，或用言口互换之法书嘆成谟，或又用训诂相代之例书谟作谋，遂至不可解乎？

《宙合篇》上通于天之上，下泉于地之下。泉字难通。近校本定为臬字，臬俗书作洎，而古人与暨字同用。《汉书》引《禹贡》之朔南；暨，《说文》引尧之暨皋陶，并引作臬，校改诚是也。

《七臣七主篇》之男不田、女不缁。陋者以缁为织字之声讹，近校本则云是绩字之形讹。窃谓此本纺字，或讹作紂，紂即缁，《玉篇》言之矣。其在经典则《诗·召南》之毛传周官媒氏之；郑注《礼记》，祭统之贾疏，檀弓之陆，释文皆详悉证明。盖必读者见此紂字、不知改还纺字，反以紂字正体书之，遂成缁字耳。

《地员篇》之其木乃品榆，近校定作区榆，而谓品乃区之坏字。引《诗·唐风》之山有枢，隰有榆，亦以此二木连举，盖枢或作藲，亦作区，夺其外匡即成品字，定为区实确不可易。至于其木，宜种扰桑。近校定为杻桑，而以《左氏传》之公山不狃。①

《论语》作公山弗擾证之，亦甚谛当。但试以《说文》例推之，似此擾字定作桡字，而训为曲木亦无不可。何也？夫《说文》偏旁相同者，训解例得相通，今检女部之嬈、手部之撓，并训擾也。是字之从尧者，皆有擾义，即字之训擾者，亦可抵尧形。桡入木部，非桡而何？

---

① 以上为原《〈管子〉校误》部分。下为原《〈管子〉校误续》部分。

《地员篇》之苴草林木。近校谓苴亦草名，首引《逸周书·大聚篇》之蘱苴，《吕氏春秋·贵生篇》之土苴。高诱注曰，苴草，蓟也，亦可作草芥，似草名之解是也。次引《广雅》及《灵枢经》，则苴又书作蒩，而解作枯草。既曰枯草，斯非草名矣。又引《楚辞》九章之草苴比而不芳，王逸注云，生曰草枯，曰苴，是仍非草名。连犿引之，岂非自相矛楯乎？且《管子》本书《霸言篇》有上狭下苴之句，苴当粗字解。此篇之苴草即非训粗，断当训枯，不得谓是草名。兼本句文势，木言林木，非一木；即草，亦不得偏举一草明矣。

《法禁篇》之涣利苏功。苏当训取。案：《汉书·韩信传》，樵苏后爨；《音义》曰，苏，取草也。《楚辞》《离骚经》之苏，粪壤；《淮南·修务篇》之苏援世事，王注训取也，高注训索，亦取也。且《广雅》训苏为取，似本《说文》穌杷取禾。若之解是，此篇之苏亦即穌矣。

《大匡篇》：耕者，农农用力。近校训农为勉，义出《广雅》。窃以农字在晨部，晨，早昧爽也，本属会意字，曰辰为农，犹丮夕为夙，皆言操作当早起，是圣人以文字勉人勤也。农自从晨，故可训勉君臣。下篇之腾至则北。北本从二人相背，故韦昭注《国语》曰：北者，古之背字，今引申作北方。余义行而正义转泯，遂复加月作背耳。犹之臣字、自字、要字、止字，本皆象形，今各遂用借义。而本字加页始为颐，加畀始为鼻，加月始为腰，加足始为趾也。兼上下以环其私，尹注不晓环即营字，近校引韩非子《五蠹篇》曰，古者，仓颉之作书也，自环者谓之私，盖古私字只作厶，正是竖下带一圆环耳。《说文》厶字下即引作自营为厶矣。又《诗·齐风》子之还兮，《汉书·地理志》引作子之营兮。余诸子书此两字，可通者《谷梁·文十四年传》《战国·秦策》《荀子·臣道篇》等，尤不可枚举。窃意《诗》之嬛、茕同字而互用，以嬛从瞏而茕从营者也。《诗》又作惸字，古环、营音似旬，旬亦音环。《路史》：晋有郇氏，徐鼎臣读环。《广韵》《集韵》郇并户关切，亦其佳证也。

　　凡此十余事，近儒校本得者为多，其数事不同者，亦自引经典著于篇，其合者则加证以助之。学问本公道，固不存彼此之见也。况敢翘前辈之过以自异哉？

戊戌年楹联①

家散千金酬士死，
身留一剑报君恩。

---

① 此联辑自唐烜著，赵阳阳、马梅玉整理《唐烜日记》，《中国近现代稀见史料丛刊》（第4辑），凤凰出版社2017年，第141页。据唐烜记载，王兰亭曾告知他在戊戌新年时见杨深秀在家门口所贴为此联，当时有人问杨深秀为何写上"死"字这样不祥之字，杨深秀回答说："余素负文名，每撰联觅句，举笔即是。除岁时方书楹联，伸纸濡毫，竟苦索不得，遂信笔用此一联，亦不解何故。"唐烜认为这是一语成谶。

与石青书横批[1]

　　此碑自靖国年毁碎，遂稀传本。今得见之，犹钦宝篆矣。诸贤自涑水、眉山数十公外，当世鲜有知者，不赖此碑，何由知其姓氏哉？当毁碑时，蔡京厉声曰：碑可毁，名不可灭也。

　　录倪鸿宝《〈党人碑〉书后》，石青姻世兄大雅之□即正。衣纯杨深秀

---

[1]此文录自沈琨《杨深秀传》，北岳文艺出版社2015年。

《校邠庐抗议》签注[1]

公黜陟议

此条可缓行。

臣谨案：西国多行此法，然中国在今日变法之初，决不可用，盖士习帖括通达时势者少，若用此，诸多窒碍；必待学校兴而民智开，然后用之，方无流弊。

汰冗员议

此条可速行。

臣谨案：汰冗员正所以节縻费，即以其费并为廉俸，一举两得之道也。

---

[1] 此签注辑自中国第一历史档案馆编《清廷签议〈校邠庐抗议〉档案汇编》第19册（线装书局2008年）。光绪二十四年（1898）戊戌变法期间，在"明定国是"上谕宣布后，为确定具体的变法纲目，光绪帝采纳孙家鼐之建议，将《校邠庐抗议》一书发给中央各部院卿寺堂司官员，限期十日内对书中所提各条议论签注可行与否，或作简明论说，以备参考，遂有此作。本集所录签注于档案中记录为"掌山东道监察御史文琫、掌山东道监察御史宋伯鲁、山东道监察御史觉罗忠林、山东道监察御史庆秀、山东道监察御史何乃莹、山东道监察御史杨深秀签注"，据此可推论该签注实为都察院山东道所有监察御史的共同作品。虽然无法确认具体哪条为杨深秀个人之作，但多条签注中所体现出的思想确与杨深秀暗合，且这些签注能够上呈必然也得到了杨深秀的认可，因此可将此签注视为杨深秀的参与合著作品。本集以《清廷签议〈校邠庐抗议〉档案汇编》所录版本为底本，依照原作顺序逐条收录并加以点校。

又案：京官不宜概从简陋，此则迁就之说。京官如尚、侍以下，多一员不如少一员；至于九卿有名无实，徒耗天庚，亦必在可裁之列。今宜按文武各项大小官员分别有用无用，严加裁汰，可并者并，可省者省，务使一官有一官之用，糜费节而廉俸可加，实为今日当务之急。

免回避议

此条似不必行。

臣谨案：此条议论极精辟，惟近来官常贪婪，中饱之弊不系乎此，若能厚其廉俸，继以严威，有不爱惜身名者未之有也。

厚养廉议

此条宜速行。

臣谨案：此条为正本清源之关键。近年银价日贱，食用日昂，十倍往昔。外官以陋规中饱为性命，得之愈艰出之愈啬；而京官实无所恃，缊袍垢面往往若乞匄焉。故加俸一条不特有合九经，兼且爱惜国体。昔李泌入相，首建加百官俸糈之议，盖惟隆其养而后可收其用也。此条在今日尤为救时之急务，断断可行，然厚养廉必自汰冗员始。

许自陈议

此条不可行。

臣谨案：大小学堂既开，则因材器使，不虞其不称职也。

复乡职议

此条可酌行。

臣谨案：折衷周汉，其法最善，妙在公举。公举则众人服从，百事易举。西国用此法而治，即其效也。又寓保甲团练于其中，尤法之至善者。

省则例议

此条已行。

臣谨案：李端棻条陈即此意，已奉旨施行，若能令各部司员亲其事，群吏但供帖写而已，则弊绝风清矣。刑部以司员亲吏事，故无此弊，其明证也。外省吏胥应如后议。

易吏胥议

此条宜酌行。

臣谨案：幕职用诸生与今之供事略同，京署凡用供事者皆无弊，此其明证。若省则例之后，外署改用诸生，京署均改供事，亦补偏救弊之法。昔胡林翼办理鄂省军务所设厘局，悉屏书吏而用官绅，寄以腹心指臂，故用足而兵强，其大效也。

折南漕议

此条宜速行。

臣谨案：此条尤切中今日时弊。以今日银价计之，殆不止二十金而致一石矣，而仅为易一两之用，诚可太息。今若招商贩运，较前尤易，盖各处铁路渐次告成，京都百物殷赈，麦米杂粮何患不充裕哉？且漕督以下各项官员糜费一扫而空之，诚中兴之盛举也。

利淮鹾议

此条似可采行。

臣谨案：陶澍改票之后，左宗棠复整顿之，径省易行，无昔日盐商之汰侈，亦无昔日之亏累，此数法参酌行之，自多裨益。

改土贡议

此条可行。

臣谨案：此条于今日时政无甚关系，要亦弊之宜剔者，况铁路交通珍赆辐辏，发价购采，贱值可得，又不必劳吾民也。

罢关征议

此条可采行。

臣谨案：厘捐之弊十倍于关，大吏付之委员，委员付之幕友，幕友付之家丁，家丁付之吏役。委员曰月为我纳若干许盈无绌，幕友曰月为我纳若干许盈无绌，家丁曰月为我纳若干许盈无绌，重重加贿以至吏役，吏役遂得以任意鱼肉商民，商无可诉也，不得不倚洋商为护符。近年江南各省通行三连单洋票，而厘捐之利渐夺，其不能用三连单者，受害亦愈酷，为丛驱爵非细故也。故在今日，以恤商为第一要务，恤之者何裁厘金是也。西人论中国商务亦谆谆言之，盍亦思自返哉！

节经费议

此条可行。

臣谨案：此条尤为根本至计，分地兴屯，其利与开矿产同，不特厚赡宗支，国家亦兼收其利益。

筹国用议

此条宜酌行。

臣谨案：今日筹国用莫要于仿西法，讲商务、兴农学、办矿务、造土货，商之实际也；开铁路、创银行、行金银币，商之转输也。外省则设商局商会以联之，京师设商务大臣以统之。外国富强皆以此，所谓以商战也，中国正宜取法。原议于现在情形不甚合，谨附而论之。

杜亏空议

此条窒碍难行。

臣谨案：亏空有因公因私之殊，如山东蒲台、高苑等县，几于年年全境皆灾，又盗贼遍地，缉捕等费在在需款，所领养廉，以之抵摊、捐、正、杂各款有绌无盈，故从无获领养廉之事。正项既不得领，应用之正项又不得不用，然则舍亏空更有何法？如此之类，严惩则悖理，不惩则废法，故欲杜州县之亏空，先须均缺分之肥瘠，虽前十倍养廉之说，行亦只能赡其私，非能赡其公也。

复陈诗议

此条不必行。

臣谨案：此议主意在通上下之情，持论甚精。今时务各报论说切直较愈于诗，而得进呈乙览，至今以后，下情不至上壅，诚盛典也。

变科举议

此条不必行。

臣谨案：原议主废八股试经古，今科举已变三场，章程较此更加精密，诗赋小楷辍而不尚，创制显庸，实为开风气一大关键。

改会试议

此条可行。

臣谨案：此为体恤寒士而设，末数语最简切可行。

广取士议

此条可采行。

臣谨案：荐举用众用下，其法最善。原议略如今日特科，惟特科现定三品以上始得保举人才，而滥竽请托行乎其间，若以用众用下之法行之，则得人必矣。然亦须学堂办有成效、民智大开而后行之，庶无流弊。

停武试议

此条不可行。

臣谨案：停武科极是，然以力选举，犹之科目也。今既设学堂、试枪炮，张之洞欲合学堂考试兵勇而一之，纲举目张，巨细毕具，法之至善者也。原议支离，多不可行。

减兵额议

此条可采行。

臣谨案：原议以武生充兵，与张之洞意吻合，在今日亟宜行之，而三倍其口粮则与西国相埒，此尤宜行者，盖汰冗兵而后能加口粮，犹之汰冗员而后可厚养廉也。

严盗课议

此条可采行。

臣谨案：治盗之法，法严则讳，法宽则纵，惟在平日讲求养民之政，使之无饥寒而已。西国之垦荒也，开矿也，修路也，开厂也，一事之兴动辄养数千人、数十万人不等，且商务振兴，百货价廉，衣食自易，水旱有备，巡捕有方，虽赏之为盗，谁肯为之？原议反本之说未达，谨附而论之。

制洋器议

此条可采行。

臣谨案：原议在自强雪耻，而其所以自强雪耻之法不过曰：昔吴受车战于晋而长晋，赵武灵为胡服而胜胡，师其所长以制之数语尽之矣。今日情形与当日不同，要之自强雪耻之理则一也。

善驭夷议

此条不可行。

臣谨案：今昔情形不同，当另议。

采西学议

此条可行。

臣谨案：此议最宏通，今之同文馆、广方言馆及通艺学塾皆渐著成效，惟未能推广为憾耳。宜通饬各省仿照成案筹款办理，早办一日早收一日之效。当时中土风气未开，故但拟设广东、上海二处，今非昔比矣。

重专对议

此条可行。

臣谨案：专对非周知西国之为不可，末处第言口辩、胆气，尚未得其要领。

变捐例议

此条不可行。

臣谨案：捐例为权宜之计，停止固善，否则宜将大八成分缺先间等花样概行停止，仍将各项加增实数以杜躁进。捐纳者到省后，由督抚考课察看，因才擢用。才能出众者不妨立予超迁，冒滥不能者罢，则君子进而小人退矣。

绘地图议

此条不必行。

臣谨案：此云明以前不知计里开方。其实晋司空裴秀有"制图六体"，其云分率所以辨广轮之度，实即开方之体，余高下诸义裴序皆已兼之，知必《禹贡》遗法。近来测绘俱用西法，如经纬、象限、纪限、矩度诸仪器皆精密，非旧器所能仿佛也。

兴水利议

此条可行。

臣谨案：营田必先治水，此定论也。惟近来举行新政，行见铁路畅行，南漕改折，商贩云集京师，何忧匮乏？然畿辅水利为根本要图，又乌可以不讲虞集、徐贞明之言有以哉？

均赋税议

此条可缓行。

臣谨案：此事不可骤办，稍不得法便扰民矣。然亦视得人与否耳。

稽旱潦议

此条宜亟行。

臣谨案：水则碑诚为善法，特验定不易耳。灌口有李守石埭，卢奴有刘侯石碣，皆数千百年不能易焉，得不尊为神人乎？但能悉心求之，自可得准，宜将原议推广并讲求补救之法。

改河道议

此条宜实行。

臣谨案：西人刷沙机器，李鸿章曾用之以治永定河，惜经理非人且款项支绌，日久遂成废物。且大吏以因循苟且为省事，故虽有擅水学、算学之术之人亦不能用，非赵、郭之法不传也。

重酒酤议

此条可行。

臣谨案：西人酒税最重，亦是阴寓禁止之意。昔人禁酒妨其作乱，今则指为食蠹，尤为切要之论，宜仿原议行之。烟税已重，无庸再议加增。

收贫民议

此条可行。

臣谨案：善堂之法，惟西人最善，如恤穷院、工作场、养病、训聋哑各院不可偻数，宜博取其章程，采而行之。西国机器厂最多，亦最大，贫民赖以生活者不知其几百千万也，故通国无乞匄，此非善堂一事所能竟其效也。

劝树桑议

此条可行。

臣谨案：树桑利□厚，树棉利亦不薄。树桑则产丝多，树棉则产线多；丝多则锦贱，线多则布贱。锦贱之利在富人，布贱之利在贫人，是桑与棉较，棉尤重于桑也。惟现在丝为出口大宗，为收回利权要策，故蚕桑不可不亟讲。其实洋棉纱为入口大宗，亦收回利权之要策也，棉纱尤不可不亟讲者也。西北诸省棉质极佳，惜无大力者创设公司以提倡之耳。

壹权量议

此条宜速行。

臣谨案：谨权量为成周开国大政，后世不讲，弊端百出，上下交受其害，原议极精当可行。

稽户口议

此条可行。

臣谨案：原议甚精当可行无疑。

崇节俭议

此条宜采行。

臣谨案：通商以来，百货流通中国，服用奢丽度越前古。若如原议，则洋货不能畅销，似乎利权可保，而不知彼将易一途以相饵也。且既许通商矣，而反禁止吾民，能之乎？货好而价廉，谁不趋之若鹜？此又不能以奢俭论也。故在今日，良法亦有不可行者，此类是也。

复宗法议

此条可缓行。

臣谨案：宗法行而保甲举，此圣人大经大法也，此时骤举之近迂，宜缓办。

重儒官议

此条不可行。

臣谨案：大中小各学堂既建，不患无人才，况教官如赘疣，本与冗员均在可裁之列，若如原议断不可行。

裁屯田议

此条可行。

臣谨案：若将南漕改折，此弊不扫自除。屯田尽数归官而漕督以下各员弁全行裁汰，诚今日之要务也。

寓兵于工议

此条可采行。

臣谨案：原议筹划精详，诚安静地方之一法，然亦须相地方之情形行之，不能执一也。

通道大江运米运盐议

此条不必行。

臣谨案：现在江轮畅行内河，小轮船亦开驶，米盐不患不足。今昔情形大不相同，此议在今日可不行。

垦荒议

此条宜速行。

臣谨案：泰西农学利用机器、利用化学，事半功倍。今宜筹款购贸彼国机器，令各省兴农学会，则荒田、熟田皆当十倍从前矣。

上海设立同文馆议

此条可采行。

臣谨案：语言文字为西学入门要务，必语言文字通而后能读其书，探其精微以求寒水胜蓝之效。英国敖斯佛大书院专习十六国语言文字，各国亦皆仿效，诚交涉之根本。今宜将京师通艺学塾章程颁发各省，□地筹建，逐渐推广，亦今日之急务也。

用钱不废银议

此条不可行。

臣谨案：西人行三品之币而以金镑为枢纽，以银元为流通，铜钱只本国用之，行之无弊，兼一国之中处处有银行以转输，上下相通，有益无损，诚仿而行之，何漏出外洋之患哉？

以工巧为币议

此条不必行。

臣谨案：今外省已铸银元，在当时已自知其无用，况今昔情形又大相悬殊乎？

下卷

《闻喜县志斟》

卷一　沿革

邑，三古上概在畿内，已代有侯封。自少梁西折以前，散地名见三传、《策》《史》者，又指不胜偻然；玉璧交争时，侨置纷杂，兹地独无，盖自南粤告捷，闻喜至今名矣。惟当时疆界辽阔，忽割忽并，割置者或昧所出；并省者亦不审所从来，是犹治丝而棼之也。今就各志所载，详加考订，纵横表出，期衷于至当而已。其诸家臆说，径宜划除，第恐疑为漏载，复据以相难，故胪列而条辨之，表沿革。

邑，皇古为冀州地，有洮水

案：九州岛之名，不起唐虞。小司马补撰《三皇本纪》，引《河图》及三五历，谓人皇兄弟九人，分长九州，则邃古已有之矣。

又案：《左传》：金天氏裔子台骀，能宣汾洮，即邑洮水；唐，为冀州地，有稷山。

邑故翟象陆方伯凤翥著《涑水编》，有《姜嫄墓记》，其略曰：邑西北三十五里，有冰池，世传后稷弃此，《诗》云：寞之寒冰是也。池东为姜嫄墓，山后荒垄数十亩，为有邰氏坟。先年地陷，人穴而入，石砌如宫室犹新，事甚异，迹甚古。《郡邑志》：稷播谷于此始，故名其山曰稷。上有后稷陵，下有姜嫄墓。案谓：嫄为帝喾元妃，祀禖生稷，俨然元子矣。以天子元子，而弃之隘巷平林寒冰乎？且嫄既为帝妃，尚云无人道乎？不圻不蕾以赫厥灵，尚云怪乎？又有疑者：帝喾，父也，帝也,圣人也。乃《诗》曰:"厥初生民,时惟姜嫄。"又曰:"赫赫姜嫄,其德不回。"何叹母而不及父欤?郑氏谓,姜嫄高辛氏世妃,乃喾后世子孙妃也。太史公《帝喾纪》止云娶陈锋及娵訾氏,生放勋、挚,未及姜嫄。若云帝妃,稷与尧为兄弟,尧在位七十载不能用,必待舜举之耶?然则嫄非帝妃明矣。又,今邠州有履迹坪,武功有姜嫄墓,绛县亦有姜嫄墓。夫邠至公刘始著,非稷在邠也,而有坪乎?武功即有邰,稷所封,或祖于彼,迁于此乎?抑武功其食邑乎?李汝宽曰:墓者慕也,圣人殂亡,四海若丧考妣,殊俗之人,各起土而坟,是以所在有焉,犹汉时诸远郡国,皆有天子庙也。舜葬九疑,安邑鸣条冈有舜陵,当以鸣条为是,岂天子南巡,卒不能归葬而道路之乎?谓卒苍梧,可也;谓葬九疑,非也。稷佐尧及舜,其母子宜俱葬于此。武功之墓,绛之墓,又不必辨矣①。

案:翟意以姜嫄非帝妃,故稷生在野也,然意殊未畅。欲辨别姜嫄之非帝妃,则谯周之言较显于康成;欲辨稷之生卒在此山,则当取展禽之语,佐以杜预、司马彪说;而山之所以名稷者自彰。《索隐》引谯周曰:弃,帝喾之胄。其父亦不著,是明云稷非帝喾子。而嫄非帝妃益决矣。《国语》展禽谓,稷勤百谷而山死。杜预《左传》注云:河东闻喜县西北有稷山亭,司马彪亦云然。是山之名稷,虽未知何时,而稷之生卒在此,不待言矣。又《史记》前云:有邰氏女姜嫄,生稷;后云:尧封稷于邰。毛苌曰:尧见天因邰而生后稷,故因封邰。是皆未敢深信。稷既是有邰自出,帝又夺邰祀而畀之,圣者为之乎?且受者安乎?况史公、毛公所称,亦不云出何书也。窃谓此山既有有邰氏坟,疑姜嫄母家之邰在此,未可与后稷肇封之邰,同混入武功也。即不然,此地亦当是侯国,盖弃父虽不著,要是高辛之胄,岂遂降为氓隶?且必云不夫

①作者自注:原文太多,兹撮精要者三之一。

而孕，则周人何以又禘喾乎？又《山海经》大荒经曰：黑水、青水之间，有广都之野，后稷葬焉。《帝王世纪》曰：冢去中国三万里，此则荒渺之言，不辨可矣①。

虞，为冀州地，有鬷川，为董国

案：《路史》，有董姓伯；《左传》，晋蔡墨曰：昔飂叔安有裔子曰董父，实甚好龙，能饮食之，以服事帝舜，帝赐之姓曰董氏，曰豢龙，封鬷川。又，晋魏锜曰：董泽之蒲，可胜既乎？杜注：闻喜县东北有董池陂，是鬷川即董泽，舜所封董父之国也。

夏，《禹贡》冀州地，有大夏之墟，为唐国

案：《史记正义》引《括地志》云：唐城在翼城县西二十里，夏后名孟，别封刘累之孙于大夏之墟为侯；又云：与绛州夏县禹都相近，故云大夏也。然《左传》云：后帝不臧，迁实、沈于大夏。杜以后帝为尧，则大夏之名在禹前，乃知地非因禹得名，禹盖因地建号耳。传又：唐人是因，杜以唐人为刘累之等，是也。又以大夏为晋阳县，则大误。夫刘累学扰龙于豢龙氏，而后为御龙氏，晋蔡墨言之矣。豢龙之董泽在闻喜，就学者何又能远在晋阳乎？传虽云累后迁鲁县，而魏王泰称所封唐侯，乃其孙也，亦不足以相难。顾数千年来，以闻喜为董父之国，人人知之；以闻喜为刘累之国，则人皆骇诧。不知豢龙、御龙并封董泽左右，故《左氏传》以鬷夷氏为董父之后。杜注云：鬷水上夷皆董姓，盖春秋时皆董姓也。而此注云，刘累之等，盖追溯夏时，即不作专指一族之辞矣。合诸书互勘之，则刘累之国于宿主参②。而在翼城迤西③，与夏

---

① 作者自注：案：明吕枏《稷山县志·序》，亦同此意，泾野秦产，何不云在武功耶？
② 作者自注：即见昭元年传。
③ 作者自注：《括地志》称，城在翼城西二十里，其封疆必更西矣。

县禹都相近①，兼可就董泽学扰龙，非凿凿在闻喜境内而何？

商为桐宫，有葛国，有景山、景水，有三峻山，为三㻑国

案：《史记》：伊尹放太甲于桐宫；宋初杨缄《保宁寺碑》：伊尹放太甲之地，金曰桐宫。汉武下尉佗之年，方更闻喜。金张邦彦《闻喜宣圣庙碑》即同此论。明李汝宽作《桐宫辨》以驳邦彦，大致谓《刘向传》叙帝王陵墓，独殷汤无葬处，司马光《闻喜宣圣庙碑》亦未及此。刘、班、司马，汉宋大儒且不知汤葬处，邦彦何以知其在闻喜？引《尚书》孔安国注以信之也。张象《蒲亳都辨》则与汝宽不相谋，而正足以驳汝宽，其略曰：《括地志》云，汤冢在北亳；《皇览》云，在济阴亳县；垣曲当宇文周时，名亳城县；《汉书音义》称，济阴亳县者，济水出济源山，而山在县东也。《诗》云，景员维河，垣曲面景山、濒大河，桐在其西北，即伊尹放太甲处，今闻喜是也。郑康成谓，桐地有王离宫；而《晋太康地记》云：桐在尸乡，为太甲所放处。信此，彼何不名桐？而所谓桐乡者，乃在偪近垣曲之闻喜耶？愚谓张、李皆未见宋碑，又皆未知古文孔传之伪，然张说较李为核。且宋碑侃侃而言，必有所受之矣。金碑未必即祖宋碑，以张说考之，亦必有据也。又李意在汤陵之真伪，兹亦不暇与细论，要桐宫必无可疑。盖成王弱弟之封，即以桐宫实其桐叶之戏；而地之名桐，自商以来章章矣②。

又案：《山海经》：景山，南望贩盐之泽；郭璞注，谓即今盐池。《水经注》：涑水与景水合，水出景山北谷；储大文《山西通志》：景山即汤山。据此则《诗》云，景员维河，陟彼景山者，实在邑境内，亳亦实在垣曲。而张象蒲即以邑之葛伯寨为葛国，历驳长葛、宁陵、郾城三

---

① 作者自注：禹都今名禹王城，在夏县西南。
② 作者自注：宋《沙渠寺碑》亦同金碑说。

葛之谬，诚不可易矣。

又案：《上林赋》：凌三嵕之危；郭璞《三苍》注，三嵕山，在闻喜。《史记》：汤遂伐三㚇，俘厥宝玉。孔安国以为国名，桀走保之，今定陶也。《正义》亦同。愚意此间地名，多误指为定陶者，以泥济阴而误耳。不思陶邱东出者为济阴，沇水东流者独非济阴乎？况此地既有董父、畷川之封，见《春秋传》矣。畷、嵕、㚇本一地，特字有繁省耳。郭璞亲为兹邑人，见闻必确。孔传伪书，今已昭昭，而可据乎？且《史记》明云，桀犇鸣条，汤伐三㚇矣；注引孔亦解为桀保三㚇，何又在定陶乎？为守节者，何不信真景纯而信伪安国乎？三㚇果否董父之后固无明文，而其不在定陶也，断断然矣。《通志》谓，即县东焦山，非。盖焦去豢龙池稍远，不合畷川之地，恐即是紫金山。紫金于县东最高，有三峰。今俗名三县顶，谓一近曲沃，一近绛，一近闻喜也。杨【扬】雄《校猎赋》注，三嵕，言三峰聚也，释嵕字义更合。

周，职方，冀州地，初为唐国，后改晋；而此邑为曲沃，别名新城下国。后曲沃复并晋国，有鹄，有周川，有清原，有涑川，又仍有董国，有辇城，为解邑君国。三分晋后，邑属魏，有干河；魏襄王时属秦，仍曰曲沃，有平周

案：《左传》：成王灭唐而封大叔焉；《括地志》：唐人作乱，成王灭之而封大叔；《史记》：成王削桐叶与叔虞曰："以此封若。"《史佚》曰：天子无戏言，遂封叔虞于唐，子燮徙居晋水旁，改曰晋侯；《通鉴前编》：周成王九年甲午，始封，是成王灭刘累后裔，因其旧名桐，可以实其桐叶之戏言，而封叔虞也。唐柳宗元辨之极力，谓周公不宜有此，末仍云《史佚》成之，而托诸或人之言，岂子厚未见《史记》耶？必谓无此事，则县之为桐乡，何以称焉？大抵议论虽正，事实未核，乃文人通弊，终不可据为典要也。

又案：《史记》：晋昭侯元年，封文侯弟成师于曲沃，号为桓叔；桓叔卒，子鱓代之，是为庄伯；庄伯卒，子称代之，是为武公；武公三十七年，伐晋灭之，尽以其宝器赂献于周厘王①，王命曲沃武公为晋君，列为诸侯。自桓叔初封曲沃，以至武公灭晋也，凡六十七岁，而卒代晋为诸侯。《索隐》曰：曲沃，河东之县名，汉武帝改曰闻喜也②。

又案：《唐书·宰相世系表》：非子之支孙，封甓乡，因以为氏，今闻喜甓城是也。六世孙陵，当周僖王之时，封为解邑君，乃安邑从衣；一云，晋平公封颛顼之孙针于周川之裴中，号裴君；疑不可辨。愚案：周川即《竹书》所称，晋献公二十五年正月，狄人伐晋，周有白兔舞于市，《水经》涑水又西过周阳也。今其地仍与甓城毗连，俱在闻喜境。二说实不相悖，永叔何疑之有③。

又案：《竹书纪年》：晋武公元年，尚一军，芮人乘京，荀人、董伯皆叛。董伯即杜预《集解》所云瞰水夷，皆董姓。罗泌《路史》所云：董姓伯，董父之后也。

又案：邑地名见《左传》者，曰涑川，曰清原，亦曰清；是即马融《广成颂》所云：采清原；郦元《水经注》所云：故清阳亭也；杜注皆在闻喜。见《史记》者，曰干河；《山海经》：水冬干而夏流，实维干河；郭璞曰：闻喜县东北有干河口，但有故沟处，无复水，意即干庆村沟。见《竹书》者，曰桐庭即桐宫，亦即翼人所侵之陉庭也。

又案：《史记》：魏襄王十三年，秦取曲沃、平周；《正义》曰：绛州桐乡。前此魏襄王五年，秦围焦、曲沃；八年，义成君归魏焦、曲沃；《正义》又以此陕县之曲沃店。勿论店舍俗称未当，古地岂有为古书作训，数行之中二三其说者乎？守节盖以独称者为桐乡，与焦连称者

---

① 作者自注：厘与僖同。
② 作者自注：李汝宽《曲沃辨》，见前志，兹亦有辨，散见后各条。
③ 作者自注：甓城，亦见《说文》，又见唐杨炯庭《菊赋》。

在陕县。然古人连举之地，非尽接壤：《左传》烛之武篇，许君焦、瑕；证以韩原篇，焦即东尽虢略，瑕即内及解梁城。盖是并举起讫处也，亦将因瑕与焦连称而谓陕县别有瑕乎？

秦属河东郡，东为桐乡县，西为左邑县

案：《汉书·地理志》：河东郡下，孟坚自注曰，秦置。明此郡二十四县，皆曰秦之旧也。志中左邑、闻喜并列。闻喜即桐乡，孝武所改；魏高贵乡公诏亦曰：汉武以桐乡为闻喜；若左邑则仍在也。《水经注》：涑水西经桐乡城北，又西南经左邑故城南，明明二县。而小颜注《武帝本纪》曰：左邑，河东之县也。桐乡，其乡名也。俨若一县也者，盖其误本于应劭。劭于闻喜下已注曰：秦为左邑，而左邑下乃反无注，心计偶粗，遂致读之者名实愈紊。旧志云：秦以安邑在右，故名左邑，是矣。又云：桐乡附焉，则亦沿应氏之误也①。又以邑城即古桐乡，左邑故城在县东三十里，显与《水经》相背，故不可从②。

汉初仍秦旧，有周阳，为侯国者二十年，后改桐乡为闻喜。王莽改左邑为洮亭，东汉又省左邑入闻喜，为公主邑者一，为侯国者一，有青新山，亦曰青襄山

案：《史记·孝景本纪》：后三年三月，孝武即位，封皇太后弟胜为周阳侯。《汉书·外戚恩泽侯表》：周阳懿侯田胜以皇太后同母弟侯，孝景后三年三月封，十二年薨；元光六年，侯祖嗣，八年，元狩二【三】年，坐当归轵侯宅不与，免。《水经》：涑水又西过周阳邑南，注至周阳

---

① 作者自注：应注闻喜，云今曲沃也。应生后汉时，时无曲沃，今字之讹明甚，然遂助张坊等伪论。

② 作者自注：案：《武帝本纪》称，左邑、桐乡是两县，旧志乃引之云左邑之桐乡，遂成一县，故引古者不可妄加一字。

与洮水合，其城南临涑水，北倚山原。是即《竹书》所称狄人伐晋周，唐表所称裴针之周川，《魏世家》所称秦取我曲沃平周也。

又，《前汉·武帝纪》：元鼎六年，将幸缑氏，至左邑桐乡，闻南粤破，以为闻喜县。《地理志》：河东县二十四，七左邑，九闻喜。《后汉·郡国志》：凡前志有县名，今不载者，皆世祖所并省也。河东省左邑，而改称闻喜，为闻喜邑，至莽以邑为洮亭。《水经注》：洮水源东出青新山，世以为青襄山也。

又案：《班志》曰：闻喜，故曲沃，晋武公自晋阳徙此。唐撰《晋书》亦袭此语。夫自桓、庄以来，世居曲沃，武公何时越在大卤之地，必俟徙而始返其宗邑乎？司马志曰：闻喜邑，本曲沃。刘昭注引《毛诗谱》注曰：曲沃，在县东北数里，与晋相去六七百里。尝疑此语不明，所谓晋者，谓封疆耶？谓国都耶？如谓封疆，则河东皆晋域也；如谓国都，则晋之立国，于翼、于鄂、于绛、于新田，其去闻喜，均不能六七百里明矣。后屡寻求，始知刘昭此注，盖欲以后书证前书之讹，特晋字下脱一阳字耳。昭若曰：曲沃与晋阳相去六七百里，则武公之非自晋阳徙也，不必问已【矣】。又《班志》绛县下自注曰：晋武公自曲沃徙此，是又以故绛为即今之绛县矣。非武公之好迁，乃孟坚之多误也。

又案：窦武初封槐里侯，灵帝立，以定策功，建宁元年，晋封闻喜侯；其年九月，以谋诛宦官兵败，自杀。又，闻喜公主名兴，肃宗女，延平元年封。

魏仍为闻喜县，属河东郡，有毌邱

案：观《三少帝纪》及《毌邱俭传》，知魏时此县仍旧也。

又案：《史记·田敬仲完世家》：宣公四十九年，与郑人会西城，伐卫取毌邱。《索隐》曰：毌音贯，古国名，卫之邑，今作毌者，字残缺耳。愚谓小司马说，非也。《说文》：毌，穿物持之也，从一横贯，象宝货之形；是毌字乃本字，贯字则后世附益耳，何反指本字为残缺也？《字汇补》引《古音略》云：贯高之贯，音贯，本毌邱复姓，后去邱为毌氏，又作贯氏；魏有毌邱俭，今多呼为父母之母，非也。《康熙字典》：毌邱氏，当从沽欢切之毌字，不当从微夫切之毋字。其误已久，不可不辨。至其地，则《括地志》云：故贯城，即古贯国。故贯今名蒙泽城，在曹州济阴县南五十六里也。愚谓曹州是曹国，何缘有卫地乎？前尝云此间地名混入济阴者多矣，济源县亦古卫地，何必曹州乃有济阴乎？且毌邱氏见于史者，皆闻喜人，今邑以毌邱名其里者三村；而其村后之山，亦名毌邱山。纵或卫地不在兹邑，然彼是周以前毌邱，此是汉以后毌邱，夫亦各有当也。杨秋湄学博笃，《题毌邱村赵孝子图迹诗》曰：朝发舜井侧，暮登毌邱道。直举见在，勿尚考据矣①。

晋仍为闻喜县，属司州河东郡，后陷入刘氏，有高侯原，东晋侨置闻喜于荆州；又，西晋时，县东为清通乡

案：晋司州统郡十二，其六曰河东郡，统县九，其二曰闻喜。《宋书·州郡志》：晋成帝咸康三年，征西将军庾亮以司州侨户，立南河东太守于荆州，领县八，曰：广戚、闻喜、宏农、临汾、松滋、安邑、永安、谯。《晋书·文苑传》：伏滔有才学，大司马桓温引为参军；寿阳平，以功封闻喜县侯。意即在侨置荆州之闻喜也。

又案：《晋书·载记·刘曜》记：石勒遣石季龙率众四万，自轵关西入，伐曜河东，应之者五十余县。曜尽中外精锐水陆赴之，自卫关北

---

① 作者自注：《三国志·毌邱俭传》注，载俭表曰"臣等先人，皆随太祖武皇帝，征讨凶暴，获成大功"云云。而本传只载俭父兴乃文帝黄初年人，随武帝者史遂不载；惟《先主传》云：大将军何进遣都尉毌邱毅诣丹阳募兵，注不载其里居，《蜀书》亦不再见，未知即俭先人否，要是兹邑人也。又，北魏、后周时造像记，邑中毌邱氏人甚夥，盖以地为氏者，其为闻喜旧族，不在裴下，未可专以贵盛论也。

济。季龙惧，引师而退。追之，及于高侯，大战，败之，斩其将军石瞻。曜遂济自大阳，攻石生于金墉。旧志称，高侯原即县北原，亦即古之清原也。

宋仍有侨置之闻喜，又并广戚入焉

案：《宋书·州郡志》荆州南河东下曰：孝武孝建二年，以广戚并闻喜。《晋太康地志》云：广戚，属彭城。详此，可知侨置之所在矣。

北魏仍为闻喜县，属东雍州，为正平郡首县，有仲邮、郳、忻。邑，稷山以西，为高凉郡高凉县邻封，始置曲沃县、夏县

案：《魏书·地形志》：正平郡，故南太平。神䴥元年，改为征平，太和十八年复为正平，领县二，曰闻喜，曰曲沃。至《山西志辑要》云：闻喜，魏正平郡治，非也。夫正平于二汉为临汾，后魏东雍治此，周改曰绛州，隋改曰绛郡，唐改曰绛州、绛郡，是即今之绛州也。若谓即在闻喜，何以隋唐于闻喜之外，又别有正平县乎？司马彪于县名先书者，郡所治也，魏收则无此例也。

又案：《水经注》：涑水又西经仲邮、郳北，又西过桐乡城北。考其地望，意即寺底村泉也。

又案：《隋书·地理志》：开皇十八年，改魏高凉为稷山，盖因高凉即古之稷山亭也。而《魏书·地形志》高凉下，乃称太和十一年，分龙门置。夫稷山亭之旧在闻喜，一见于杜预《左传注》，再见于司马彪《后书【汉】志》，兹以稷山为独龙门所分。然则闻喜之稷山亭，于何年归于乌有乎？盖稷山西鄙，或分自龙门，而其东鄙则断断为闻喜所割，魏收疏漏不足据也。

又案：《地形志》：太和十一年，始置曲沃县，乃割绛县所置，实即二汉之绛邑治也①。太和十八年，始置夏县，乃割安邑县所置，即后周之北安邑也②。

又案：《魏书》：裴道护封闻喜公，裴宏亦封闻喜公；裴骏卒，赠闻喜侯。

周，废东雍州，始置绛州，邑属焉，有柏壁，有涑川

案：《周书·明帝纪》：二年正月，于正平置绛州。《隋书·地理志》：绛郡下称，后魏置东雍州，后周改曰绛州。旧志称后周移邑治柏壁，今亦在绛州境，而绛州则徙治龙头城，今在邑东五十里龙头堡，见周保定二年造像碑。

又案：《武帝纪》：建德五年，春正月辛卯，行幸河东涑川，集关中河东诸军校猎。

又案：《周书》：岳阳王萧詧承制，赐柳霞爵闻喜县公，裴藻以归附封闻喜县男。

隋属冀州绛郡，有甘谷

案：《隋书·地理志》：冀州绛郡，统县八，其六曰闻喜。储《通志》：甘泉，在县东三十里东镇北，水甘，南流入涑，隋移县治于甘谷。

又案：《随志》：垣县有黑山，而旧志乃云黑山县，相传在县南三十

---

① 作者自注：案：李廷宝、张坊，皆以今沃为即古沃，而取新田之名，虚加于今沃之侯马驿；取桐乡之名，虚加于今沃之驿桥村，谓其安鹄村，为《唐风》之鹄，谓其盈村为乐盈之邑，大抵皆属附会。李汝宽《曲沃辨》，虽经顾炎武采入《郡国利病书》，学者多未见，往往惑于二人之伪论，兹故于邻封之建置亦备书之，将使伪论无所托也。

② 作者自注：案：夏县在闻喜西南，谓割安邑北鄙，良是。第今安邑、夏，皆尚为大县，恐古安邑虽大，不能东北境如此其辽廓。至今闻喜西南境，裁十余里，缺然如月之胐。当时曲沃为三晋宗邑，左邑为秦汉大县，四境皆六七十里，不应西南独狭也。意桐乡一置一省之际，遂举闻喜之旧西南境阑入夏县耳。有详辨见后桐乡条下。

里吴村。遍检史志，无于此邑置黑山县者，如以为汉末贼杨凤、张燕之黑山，则在今河北道界，且亦非县名也。附会之言，今遍通国，不得不辨。

又案：《裴矩传》：开皇中，封闻喜县公。

唐仍为闻喜县，属河东道绛州绛郡，初析西南置桐乡县，后省。有折冲府六，曰涑川、平原、桐乡、董泽、景山、周阳，皆设都尉，有美良川，有中条山，有近川、沙渠水，有黍葭谷，即华谷，有涑渠，有香山，有湖园，有铜冶

案：《新唐书·地理志》：绛郡领县七，其六曰闻喜；武德元年置，有铜冶，东南三十五里有沙渠。《水经注》：水出东南近川，西北流注于涑水，即今苏村董村河也。仪凤二年，诏引中条山水于南城下，西流经十六里，溉涑阴田，即今宋家庄之山河也。又虞乡下曰，北十五里有涑水渠。贞观十七年，刺史薛万彻开，自闻喜引涑水，下入临晋。

又案：《地理志》：安邑下称，武德元年，析置桐乡县；贞观十七年，省桐乡入闻喜。窃以志误也，如志所云，是从安邑东北割出一邑之地，未久即益入闻喜西南耳。闻喜西南当益阔，何以反止十里？又缺如月钩耶？况桐乡之在闻喜，旧矣；唐祖何缘独割安邑置之？且武德之置也，割自安邑；贞观之省也，何又并入闻喜乎？今闻喜犹是古城，亦不得疑为城西南移，以致境狭也。又，今闻喜、安邑中隔夏县，不接壤，则谓割诸彼并诸此者，又不可通矣。反复思之，实是史误。盖割置时，多取安邑，亦少取闻喜；并省时，少入闻喜，反多入夏县耳。博雅君子，必不河汉斯言。

又案：太宗与尉迟敬德战美良川，《通鉴纲目》注曰：美良川在蔚州，谬甚。考《唐书·刘武周传》：夏县人吕崇茂杀其令以应贼，诏永安王孝基与于筠、独孤怀恩、唐俭等，攻夏县，不克，军城南；崇茂与尉迟敬德袭破孝基军，四将被执，敬德还浍州，王邀战，破之于美良川。《太宗纪》：武德二年十一月，出龙门关，屯柏壁，柏壁在绛州；而浍州即翼城，武德元年所置也。敬德自夏县还浍州，太宗自柏壁出而邀之，战地合在闻喜境，岂有两军各舍营垒，行二千里，北博一战于蔚州者乎？况闻喜之美良川历见于宋元碑碣，至今终未改也。

又案：《水经》：别有涑水，郦元注云：出河北县①，雷首山，亦曰雷水。《穆天子传》："壬戌，至于雷首，戎觞于雷首之阿，乃献良马四六、使孔牙受之于雷水之干"是也。《春秋传》谓之涑川者也，俗谓之阳安涧水。至邑之涑水，则《水经》云：出闻喜县东山黍葭谷，亦曰华谷。惟是彼之涑水从来不著。《左传》之涑川，则杜元凯固云是闻喜，郦善长何见而指为河北乎？将谓吕相以"伐我涑川"与"俘我王官"连举，遂以焚舟之役之取王官当之，见茅津亦在河北县，遂以济茅津一事当伐涑川，因指涑川为河北水。然彼是穆公事，此是康公事，不得混为一也。大抵善长虽博雅，亦不能无误，《左传》之涑川自应以杜注为正，不在河北也②。

又案：《唐摭言》：裴晋公还带之香山，在县东南三里许，其湖园则即董泽湖也。

又案：《裴寂传》：义即初起，封闻喜公。《裴行俭传》：调露二年，封闻喜公，又裴寂子法师袭闻喜公。

又案：《宰相世系表》：裴延庆亦封闻喜公。又，王景嵩封桐乡男。

---

① 作者自注：案：即今平陆县。
② 作者自注：杨秋湄学博笃，云郦元博雅，然注《水经》时只凭记忆，不复检书，故往往有误，如将柳城、高柳混而为一，是亦一大误也。善乎毛大可奇龄之言，日临文时一展卷，则无误且终身不忘也。

五代，梁、唐、晋、汉、周，皆有此地，惟后唐时改属河中；后汉时，新置解州，邑又改属焉

案：《唐书·地理志》：闻喜属绛州绛郡，安邑、解属河中府河东郡，秩然各别。《五代史记·职方考》则称，汉乾祐元年九月，置解州，割河中之闻喜、安邑、解三县为属，而治解。夫割隶新州，特书必自无误。第闻喜旧属绛州，今云割自河中，其改隶河中之年，何以不著？唐、五代皆文忠一人撰，乃彼此不相顾乎？窃意邑之由绛改河中，当在后唐时，何以明之？盖自天复二年，周德威、李嗣昭攻绛州，为朱友宁所败，此方固久为后唐所郑重。故稷山旧属河中，唐归绛州，必当时以闻喜与稷山交易其属，乱世史官缺略无征，至割隶之时，但据见在直书之，遂不及补其入河中时矣。

宋以解州归陕西路、永兴军路，初属河东郡，护国军节度兼辖；后置庆成军防御使，仍以邑及解、安邑属焉。有鄝乡、鄽乡

案：《宋史·地理志》：大中祥符中，以荣河为庆成军，注即县治置军使；《职官志》：防御使，从五品；《金史》亦曰：解州，宋庆成军防御也。

又案：旧志，鄝乡，古地名，见《集韵》，即今县东二十五里羊圈头。今捡【检】《集韵》，鄝字下注曰，乞约切，音却，乡名，在河东闻喜县，或省作鄝；鄝字，《正字通》注曰，鄝字之讹。又，《集韵》鄽字下注曰，驱圆切，音拳，乡名，在闻喜县。旧志所引，既误书鄽字为讹省之鄝，又误读鄝字为音拳之鄽，两地而混为一，遂至辗转牵合，指为羊圈头耳。实则宋丁度诸公撰《集韵》时，无此说也。鄝、鄽自是两地，皆在闻喜，鄝音却，鄽音拳，皆不可书作鄝。若其地，则皆当阙，疑亦不可妄指为羊圈头也。

又案：邑西太岳庙，有宋至道元年碑，村落之见于碑者，曰刘傅、社傅、郭社、水磑社①、张祁、上官庄、张庄、曲村、县南庄、郭下、牛磑社，今皆无有矣。曰，宋村②、上姚村、后宫、邱村③、韩村、上丁村、神柏社、乔庄、西王村、仪张村，今犹有之。曰，西傅村④、晋庄、小郭社、南宋村、宋店、韩家庄、上郭村，皆去县治十余里，而已滨夏县界。曰，西牛社、王村、沙流村、大李村，则去县治十里外，竟已割入夏县矣。前谓邑西南之狭，盖有阑入夏县者，观此益信，此碑碣之所以有资考证也。

辽无河东

案：此行可以不书，惟旧志人物，辽有王从，其传曰，镇守河东，遂占籍闻喜，为王氏始祖。《通志》亦本此书之，彼旧志之疏陋不论，王氏诸公，其肯自诬其祖乎？

案：《辽史·地理志》：五京并建，其三京在东北，远已【矣】。太宗升幽州为南京，则今京师顺天府也，有州六县十一，是辽最南未过顺天矣。圣宗升云州为西京，则今山西大同府也，有州二县七，是辽最西未过大同矣。其得河东，定在何时，胡以诸史皆不著也？盖旧志本王氏谱，而其谱先未详考，只凭故老传闻，遂一讹再讹至此。本无河东，而何镇守焉？今王氏号曰西直，太原县村名称之是也。是犹韩曰昌黎、苏曰赵郡、朱曰新安，本朝阎若璩亦称潜邱，不忘太原故里耳。惟地理、职官乃一代大事，岂可空言附会乎？况王氏孙支蕃衍，稷山、垣曲、安邑、介休皆此公之后，名卿林立，今其谱虽误，俗士必有以为不误者，他日或据以坐《辽史》之漏，而强以邑属之辽，将如之何？故不得不辨也⑤。

---

① 作者自注：磑疑是砲。
② 作者自注：今分为东西二宋村。
③ 作者自注：即古毌邱村，魏毌邱俭故里也。
④ 作者自注：今讹为西皁村。
⑤ 作者自注：王从一传，谬误太多，有详考见后卷。

金初，以解州为解梁郡军，后废，旋又为宝昌军，邑属焉。又置二镇军，曰东镇，曰刘庄，有九龙山、汤山

案：《金史·地理志》：河东南路解州，初置解梁郡军，后废为刺郡；贞祐三年，复升为节镇军，名宝昌；兴定四年，徙治平陆，其第六县曰闻喜，注曰有九龙山、汤山、涑水；镇二，曰东镇、刘庄。案：汤山，即景山；东镇者，距县三十里，即甘谷，隋移治之故城也；刘庄隘亦见顾炎武《天下郡国利病书》，今为邑赴垣曲正路，皆有铺递。

元属晋宁路解州，有甘泉镇，即东镇

案：《元史·地理志》：中书省腹里河东山西道宣慰司第二十九路晋宁路第四解州所领六县，仍金之旧而邑升列第三。但自唐分天下县为赤、畿、望、紧、上、中、下七等，邑本为望县，宋亦同，至元则注为下县矣。且不惟邑为下县，解州之六县皆注曰下，良由宋金戎马之余，凋敝已甚故耳。

又案：元志解州下注曰：宋属京兆府，是读《宋史》而未悉也。《宋史》于永兴军路下曰府二，先列京兆次列河中，解州在河中下，本自明晰。彼见解州前一叶大书京兆，而未见中间尚有河中别成一军也。读书者卤莽灭裂如此，可乎？盖《元史》成之太速，谬误重沓，至今为讥，此又其小者矣。

又，邑东镇有元昭毅大将军塔察儿忽神墓碑，孛术鲁翀撰。又，邑东白莲寺碑，元白云老人撰①。又，邑东洞霞观碑，及甘泉龙王庙八撒儿遗爱碑，元张希良撰，皆称塔察儿曾孙，名伯里阁不花，洞霞观即其故宅，而舍为观；白莲寺即其所创建之景福院也。

---

① 作者自注：平章察罕别号。

案：《元史》：塔察儿一名奔儯，伯祖博尔忽从太祖起朔方，直宿卫，为火儿赤，与木华黎、博尔术、赤老温号掇里班曲律，犹华言四杰也。塔察儿骁勇善战，授兵马都元帅，下河东诸州郡。甲午灭金，遂留镇中原，皆与碑合。顾独不言其驻居闻喜，亦不言其孙曾今墓碑首行题曰云中郡公谥襄懋忽神墓，而旧志乃误读懋字属下，以为谥襄名懋忽，而去一神字；又讹懋为茂，《通志》则书曰茂忽神，而以云中公为云中侯，皆不见元碑之过也。

明属山西布政司，平阳府解州

案：《明史·地理志》：洪武二年，置山西等处行中书省，盖初年尚沿元制也。至九年六月，改为山西承宣布政使司平阳府解州，省解县入州治，邑仍与其四县属焉。其布政司之制，则至今沿而未改也。

又案：《明史》注曰：东南有汤山，产铜，殆即《唐书》所谓铜冶者乎？惟《唐书》翼城、曲沃下，皆曰有铜；翼城、绛县下，又皆曰有铁；铁则有之矣，而开铁冶者，终未云有铜也。意明代矿使四出，未免粉饰古语以报，不然则古今地脉不同，物产亦异矣①。

又案：《明史》：绛县下注曰，有陈村峪，涑水出焉，殆即《水经》所称黍葭谷者乎？

又，邑东董池神庙有明隆庆年碑，山阴王撰文，有云闻喜父老诣爵告曰，闻喜，□□食邑也，比年稻禾不登云云。案，山阴是代府一派，代简王桂第四子逊煓。天顺五年，徙王蒲州，是为康惠王，是生端裕王仕㙺，仕㙺生荣靖王成鋆，成鋆生僖顺王聪澍，聪澍生嗣王俊栅。撰碑者未知何王，不敢臆决。又，邑北北张村，有明万历十三年碑，朴野不

---

① 作者自注：案：宋《铜利牒》云，绛、稷、垣、翼等县有唐铜冶，钱坊七，不言闻喜也，牒见《通志·艺文》。

成文，而其题名有曰：灵邱王府位下，辅国中尉充黩，号仁冈。案：明代山西有两灵邱王，一名美埛，是晋府一派，晋恭王枫之孙、定王济熺之第七子也；一名逊烇，是代府一派，代简王桂之第六子，以天顺五年，徙王绛州，是为荣顺王，是生僖靖王仕㙌，仕㙌生庄和王成鈠，成鈠生端懿王聪㵂，聪㵂生康悼王俊格，俊格生悼懿王充爌[①]。今碑有充黩，乃充爌兄弟行也，二碑皆可补《明史》之阙。又见邑当胜代，隶属虽在解州，而董泽之湖属蒲藩，清原之田属绛藩，今号更名里屯田者也。旧志乃指更名为晋府王田，不考之甚矣。盖山阴、灵邱，皆代北县名，天顺时徙王于蒲、绛，终未改初号，要皆代王府枝属而于晋王府无涉也。

国朝初因明旧，后改属绛州

案：旧志，雍正七年，巡抚石因距绛近便，题准改隶绛州。乾隆七年，改为冲繁难调缺。

朝代	封国	建置割并(侨附)	隶属	山水杂地名
上古	未详	无	冀州	洮
陶唐	未详	无	仍旧	稷山
虞	董父豢龙氏	无	仍旧	鬷川
夏	刘累唐国	无	仍旧	大夏之墟
商	葛国	桐宫	仍旧	三崚山
	三㚇国			景山景水
周	唐	新城、下国	晋	桐庭即陉庭
	晋			董泽亦名董
	曲沃			清原亦名清
	晋			鹄、涑、稷
	董即鬷夷氏		魏	干河
	韮城即裴中			平周即周川

[①] 作者自注：二王皆先卒未嗣，其号乃嘉靖三十四年追谥。

朝代		封国	建置割并(侨附)	隶属	山水杂地名
秦		无	析为二县，东桐乡、西左邑	河东郡	无
汉		周阳侯田胜	孝武改桐乡为闻喜，莽改左邑为兆亭，或曰洮亭；光武废兆亭、省左邑入闻喜	仍旧	青新山亦曰青襄山，洮水出焉
		闻喜公主兴			
		闻喜侯窦武			
曹魏		无	仍旧	仍旧	毌邱
晋	西	无	仍旧	司州河东郡	清通乡
	东	闻喜侯伏滔	侨置于荆州	南河东(汉)	高侯原
刘宋		无	仍有侨置，又并广戚入焉	仍旧	无
元魏		闻喜公裴道护	析邑西北稷山亭及龙门县地置高凉县，周改稷山	东雍州正平郡	清阳亭
		闻喜公裴宏			仲邮鄢
		闻喜侯裴骏			
北周		闻喜公柳霞	州徙邑龙头堡，邑移柏壁	绛州	涑川
		闻喜男裴藻			
隋		闻喜公裴矩	移治甘谷	冀州绛郡	无
唐		闻喜公裴寂及子法师，又闻喜公裴行俭、裴延庆，桐乡男王景曷	邑仍旧，高祖析邑西南与安邑东北别置桐乡县，太宗省，少以闻喜多入夏县。又，唐置六府，曰涑川、平原、桐乡、董泽、景山、周阳	属河东道之绛州绛郡	美良川、中条山及水、近川、沙渠水、黍葭谷、华谷、涑渠、香山、湖园、铜冶
朱梁		无	仍为闻喜县	绛州	无
后唐		无	仍旧	河中府	无
石晋		无	仍旧	仍旧	无
刘汉		无	仍旧	始置解州改邑属焉	无
后周		无	仍旧	仍旧	无
宋		无	仍旧	陕西路永兴军路河中府庆成军解州	鄯乡
					鄯乡
辽		无	无	无	无
金		无	置二镇，曰东镇、刘庄	解梁郡军宝昌军解州	九龙山、汤山即景山

朝代	封国	建置割并(侨附)	隶属	山水杂地名
元	云中公塔察儿忽神食邑	仍为闻喜县	中书省腹里晋宁路解州	甘泉镇
明	代府,山阴王、灵邱王	仍旧	山西布政司平阳府解州	有皆见前
国朝	未有	仍旧	雍正七年改属绛州	前地名山川今皆具

《闻喜县志补》

卷一　补蠲赈[1]

尧水九载，汤旱七年，天灾流行，古圣恒引为己咎。我国家二百余年，屡丰奏颂，一有不登，无不立沛恩施大振饥黎，盖应天以实不以文也。特是列圣实录非官中秘者，不得读。至计吏册籍，则积久散失。荒年如嘉庆乙丑、道光丙午，近在数十载内，尔时赈典竟无从考核，遑及康雍以前乎？然自光绪三、四年，比岁旱饥，户口减去大半，近古无此奇荒。皇上轸念民依发帑，截漕之使络绎于路，前世亦未尝有也。此而不纪，异时何考焉？昔人有宣上德尽忠孝之论，下邑子遗窃踊跃附斯义云，恭志蠲赈。

光绪三年，蒙恩缓征下忙钱粮；四年三月，蒙恩蠲免上忙钱粮；四年八月，蒙恩蠲免下忙钱粮并蠲免三年缓征钱粮；五年十一月，蒙恩蠲免下忙钱粮，又支义仓谷一千二百九十一石，领收平阳局米麦、高粱六千六百五十石，领收翼城局小麦一千九百石，领收良马局籼米三百石；又拨来麦种银三千两，荞麦四十五石，棉袄、裤共一千件，耕牛二百四只。光绪四年四月并五年二月、三月，共领平粜小麦二十九万九千斤，闰三月又领小麦、高粱、小米、黄豆共十五万五百二十五斤，出粜以平市价。盖晋境自丁丑夏不雨，邑居其冲，无麦无禾者，几三载。前抚和

---

[1]此文为杨深秀所作《闻喜县志补》卷一中的文章，记载了清末丁戊奇荒时闻喜县的状况，是不可多得的珍贵史料。

州鲍公以状奏闻，旋即谢病去。

皇上焦劳旁午，以前河帅、宫保威毅伯湘乡曾公抚山西。而霍太山迤南平阳、蒲、解、绛、隰等府州，距会垣稍远者，又以前东抚、工部侍郎朝邑阎公驻节河东，同办荒政。凡所以察贪吏、邮灾黎、招商贩、缉啸聚、兴工作、省繇【徭】役诸事，一时并举。斯时，邑前令谢挂弹章以去，署县陈下车即取饥毙逃亡、朝不保夕之状，每月申之行台及各宪辕。于是，大臣绘流离之图，朝廷下宽大之诏，使仗开仓之节，官给水衡之钱。三辅及十八行省各输泛舟之粟，而邑中则令尹日赋元结之诗，富民或指鲁肃之囷，而捧黔敖之食。综而计之，前令捐廉一千两，邑绅等多寡不齐，合捐银二万一千九两助赈。哀此茕独，虽不救者，犹知戴皇仁感宪惠也。散赈起三年七月，贫民共三万三千有奇；十月，贫民四万三百有奇；十一月，贫民四万一千五百有奇。前后散放银米二十三次；其散赈也，城乡分为五日一周；其日邀齐绅耆、僚佐至常平仓，审定极贫、次贫、大小、名口应领银粮，付各村巷公直甲长领回分给，并责令缮簿送案，以备稽核。又时使在籍绅士及子衿等分路访查，以防中饱。是时，城内设立保赤局，署县陈倡捐银八十两，邑人复捐银一千七十两，收恤孤孩，掩埋道殣，凡八阅月，各给资有差。署县陈念古人以工代赈之义，乃兴工修理水西门，在工者数百人赖以济。至光绪五年竣事之后，编查户口，户一万五千八百十一、口十三万八千七百三十一；盖较光绪三年未荒之时，户则减一万一千余、口且减十万矣。因而荆蓬蔽野，膏腴尽芜，计无主荒地四百六十顷九亩三厘七毫，粮银二千七百七十一两四钱三分六厘；有主荒地二百五十一顷四亩，粮银一千五百六十五两七钱。蒙恩停征三年、二年有差，又有前平粜官粮囊袋买钱三十万有奇，署县陈捐廉补足三百五十缗；阎公、曾公批令存典商生息以兴蚕桑之利，并购买陕抚谭所梓《蚕桑辑要》书，散布民间。既而在籍绅士、刑部候补员外郎、举人杨深秀，候选州判、拔贡潘梦凤、候选训导增贡李润之等禀称：闻喜邑值驿途，车马麸草向资民力，从前苛派滥收，屡经裁减，每粮银一两岁出钱二百八十文，其实尚有浮冒，不免侵吞之弊。今大祲后，民困已极，若不大加核减，恐逃户观望不归，荒田久悬无主，于善后美政大有关碍。旋奉善后总局刊发宫保曾公均减差徭章程，裁去一切浮差，计每粮银一两出钱二百文即可足用，因共议新规三十余条，蒙各宪批准，即于光绪六年七月初一日起，公举正直明事绅耆照新章办理。于是，署县陈面谕士民曰：比年以来，旱灾甚巨，尔等小民饿毙逃亡之惨，实属目不忍睹，今虽尔等残喘幸存，须知非尔等之能，圣上闿泽汪濊、诸大宪早夜忧勤以救尔等于垂毙，是不啻生死人而肉白骨也。方事之殷也，宫保曾公奏曰：山西民气纯良，甲于天下，饿死而不敢为非，医疮而犹肯剜肉，此实盛朝深仁厚泽、沦浃晋民肌肤之所致。自此疏一上，尔等流离困苦之状，愈厪于圣虑；而吾河东州郡复得钦差阎部堂驻节于兹，于尔等疾苦不啻临汝衡茅而目睹之也，尔等可谓有二天矣。自今以后，其益务事尔父兄、勤尔农亩、训尔子孙，勿或抗粮玩法，及在乡里相斗争，或好甘食褕衣惰于耕作，抑或唆人讼、陷人罪、致人死，一切阴谋，如再上干天怒，召致水旱，则尔等久空之杼柚，不死何待？

  皇家非常之恩，不可以屡幸也，本署县至此，愧无他善政，惟此一片实心，与尔等相摩忧耳。第圣恩及大宪惠政，恐身受罔觉，故谕尔等知之。是岁也，麦大熟，亩率一石，秋苗亦芃芃可爱，民间所生小儿，较往岁且多数倍，盖至是而荒政始蒇事矣。

卷二　补星度①

古之言天者，步算占验，犁然二宗②。占验多虚说，步算必以实测为准，儒家别于术家以此耳。旧志依分野参觜录《丹元（子）步天歌》则疎③，依参觜录甘氏《占候（书）》④则诞。夫方志之义，不考定纬，地望难确；不测经度，时节皆误。谨以勾股矩先测极度经纬，以弧三角

---

①此文为杨深秀所作《闻喜县志补》卷二《星度》全文，记载了他在修志期间所作的天文实测方法及测算的数据。杨深秀在《（光绪）山西通志》的《星度谱》中亦有闻喜县的相关记载，但不如此文记载详细，并且观测数据和所得部分结论也有一定差异，通志的《星度谱》中多次提及西方的天文学知识，而此文中却基本只论及中国传统的天文学理念，基本没有涉及西学，似乎此时的他还没有熟练掌握西学知识。

②作者自注：张作楠云，《周礼》"保章"凭相所司各异。《汉书·艺文志》天文二十一家，术谱十八家，亦分为二。

③作者自注：案：《（灵台）仪象志》《仪象考成》，列宿粲然大备，以较《步天歌》则误不胜举，如紫微垣误多二座，少六星；天市垣少一座；东方七宿少一座，多二十七星；北方七宿，少六十五星；西方七宿多二座；南方七宿多十二座，七十四星；近南极少一座，多四星。又案康熙甲子宿铃：参，一度二十一分；觜，一十一度三十三分。乾隆十七年十一月，大臣议改觜前参后，参宿中三星，昔以西一星为距，今改东一星为距，惟二宿度尔时未考。《步天歌》参十二度，觜二度，盖不如康熙实测之可凭。而旧志倒钞《步天（歌）》作参前觜后，又显与乾隆新改之宿位背谬，则何也？

④杨深秀所记"甘氏《占候》"一语似有所误。甘氏应为战国时甘德（又名甘文卿），著有《天文星占》八卷，后人将此书与石申（后人考证其名应为石申夫）所著《天文》合并为《甘石星经》，此书历代正史中均有论及，原著宋代之已散佚，只在唐《开元占经》中保留有部分片段，宋晁公武《郡斋读书志》的书目中保有此书梗概。清代范懋柱家曾有天一阁本《占候书》十卷，并未著撰者姓名，其中录有《步天歌》等诸多古代占验之作，杨深秀所言应指此书而将其记于甘氏名下。

西六度						西五度						西四度						西三		
六十分	五十分	四十分	卅分	廿分	十分	六十分	五十分	四十分	卅分	廿分	十分	六十分	五十分	四十分	卅分	廿分	十分	六十分	五十分	四十分
																山西省城三十七度五十四分，偏西三度五十六分三秒				
			偏西五度一十三																	
			偏西五度十九																	
				闻喜三十五度二十三分	绛州三十五度三十七分四秒															
		偏西五度三十分	河东三十五度七分																	

度	西二度									西一度						北		分	六十	北极出地四十一度
																子午正线		分	五十	
																		分	四十	
																		分	三十	
卅分	廿分	十分	六十分	五十分	四十分	卅分	廿分	十分	六十分	五十分	四十分	卅分	廿分	十分	廿分	卅分	分	分	二十	
																			十	
																京师		分	六十	四十度
																三十九度五十五分		分	五十	
																		分	四十	
																		分	三十	
																		分	二十	
																		分	十	
																正中线无偏度		分	六十	三十九度
																		分	五十	
																		分	四十	
																		分	三十	
																		分	二十	
																		分	十	
																		分	六十	三十八度
																		分	五十	
																		分	四十	
																		分	三十	
																		分	二十	
																		分	十	
																		分	六十	三十七度
																		分	五十	
																		分	四十	
																		分	三十	
																		分	二十	
																		分	十	
																		分	六十	三十六度
																		分	五十	
																		分	四十	
																		分	三十	
																		分	二十	
																		分	十	
																子午正线		分	六十	三十五度
																		分	五十	
																		分	四十	
																		分	三十	
																		分	二十	
																南		分	十	

算而定之，庶节气时刻、日出入及朦影，皆以次明白矣①。其分野占候，则置而不论。志星度。

闻喜北极出地三十五度二十三分，偏西五度一十九分，今表列如左②：右表每方为一度，依横黍尺二百五十里③，每度为六十分，每分当地上四里六分里之一④。纵捡之⑤，则恒星隐见以明⑥；横捡之⑦，则七曜出没⑧，交食浅深先后以定⑨。至节气则偏东一度，迟时之四分，偏西早四分⑩，亦以是取准焉⑪。

因是算得闻喜节气早于京师一刻六分二秒强，早于省垣五分五秒强，早于绛州四秒，迟于河东节司八秒弱。其各节之昼夜永短⑫、朦影多少⑬，另衍表如左⑭：

---

① 作者自注：时宪铺注者皆是京师，各省节气表亦止及省城。
② 作者自注：依《揣籥小录》度数，另为排列。编者注：因原县志为竖版排印，故文中"如右"实为"如上"，"如左"实为"如下"，以下皆同。
③ 作者自注：纵黍尺则二百里。
④ 作者自注：每里三百六十弓，六之一，则六十弓也。
⑤ 作者自注：纵为南北。
⑥ 作者自注：南行二百五十里，则南星多见一度，北行反是。
⑦ 作者自注：横为东西。
⑧ 作者自注：偏东诸曜早见，偏西迟见。
⑨ 作者自注：日食随地各异，月食天下皆同，但入限有昼夜，或见或不见，偏东后见，偏西先见。
⑩ 作者自注：见《会典》。
⑪ 作者自注：案：问闻喜去京、省各若干里，是非问驿路，乃问直线也。驿路尽人知之，直线必以勾股算出，今以高度、偏度互为勾股，自乘相并，开方求弦算得闻喜去京师一千七百四十七里弱，去省垣七百十七里三分里之一。
⑫ 作者自注：极高之地，冬日短夜长，夏反是。其差多少也，极渐低，其差亦渐少。
⑬ 作者自注：愈北愈多，愈南愈少。
⑭ 作者自注：依徐朝俊《太阳出入表》另为推算，不合者以现行宪书更正之。

三十五度		日出			日入			昼		夜		朦胧影	
二十三分		时	刻	分	时	刻	分	刻	分	刻	分	刻	分
冬至		辰	初初	十二	申	正三	三	三八	六	五七	九	六	七
小寒	大雪	辰	初初	九	申	正三	六	三八	十二	五七	三	六	六
大寒	小雪	辰	初初	一	申	正三	十四	三九	十三	五六	二	六	三
立春	立冬	卯	正三	三	酉	初初	十二	四一	九	五四	六	六	
雨水	霜降	卯	正二	三	酉	初一	十二	四三	九	五二	六	五	十四
惊蛰	寒露	卯	正一	二	酉	初二	十三	四六	十一	四九	四	五	十三
春分	秋分	卯	正初		酉	正初		四八		四八		五	五
清明	白露	卯	初二	十三	酉	正一	二	四九	四	四六	十一	六	三
谷雨	处暑	卯	初一	十二	酉	正二	三	五二	六	四三	九	六	六
立夏	立秋	卯	初初	十二	酉	正三	三	五四	六	四一	九	六	十
小满	大暑	寅	正三	十四	戌	初初	一	五六	二	三九	十三	七	
芒种	小暑	寅	正三	六	戌	初初	九	五七	三	三八	十二	七	六
夏至		寅	正三	三	戌	初初	十二	五七	九	三八	六	七	惊蛰

　　右日出入表乃实测算出者，除春秋分天下皆同外，冬至昼长于京师一刻十一分，长于省垣十四分；夏至昼短于京师一刻十一分，短于省垣十四分。其余节气，据表加减即得，如欲知每日日出入者，则依表自二分及二至视其逐节加减之差等，列三候十五日，而以衰分算之，则某候某日应加减几何自了然矣。取而加减，丝毫不爽①。

---

①作者自注：加减皆从日出入两头施之，冬至后则加分自少而多，日多一日，以至春分；春分后则加分自多而少，日少一日，以至夏至；夏至后则减分自少而多，日多一日，以至秋分；秋分后则减分自多而少，日少一日，以至冬至。依法加减昼长刻分乃出，以减九十六刻，而夜长亦以明矣。

至各节之日高弧①、余弧②及晷影③之高低长短，别衍十三表如左④：

第一表：

冬至	日高弧		余弧		直表一尺影			横表一尺影			
	度	分	度	分	尺	寸	分	厘	尺	寸	分	厘	
午正	三一	〇八	五八	五二	一	六	五	〇	〇	五	九	八	午正
午初	二九	一一	六〇	四九	一	七	五	六	〇	五	五	九	未初
巳正	二四	三七	六五	二三	二	一	五	九	〇	四	五	三	未正
巳初	一七	二〇	七二	四〇	三	一	五	八	〇	三	〇	七	申初
辰正	〇八	一一	八一	四九	六	七	五	五	〇	一	三	九	申正

第二表：

大雪 小寒	日高弧		余弧		直表一尺影				横表一尺影				
	度	分	度	分	尺	寸	分	厘	尺	寸	分	厘	
午正	三一	五九	五八	〇一	一	五	八	六	〇	六	一	九	午正
午初	三〇	一六	五九	四四	一	六	九	七	〇	五	七	八	未初
巳正	二五	二一	六四	三九	二	〇	九	〇	〇	四	六	九	未正
巳初	一八	〇〇	七二	〇〇	二	九	九	一	〇	三	二	〇	申初
辰正	〇八	四七	八一	一三	六	二	九	三	〇	一	五	〇	申正

第三表：

小雪 大寒	日高弧		余弧		直表一尺影				横表一尺影				
	度	分	度	分	尺	寸	分	厘	尺	寸	分	厘	
午正	三四	二六	五五	三四	一	四	四	六	〇	六	七	九	午正
午初	三二	二七	五七	二三	一	五	四	八	〇	六	三	四	未初
巳正	二七	三三	六二	二七	一	八	九	八	〇	五	一	六	未正
巳初	一九	五八	七〇	〇二	二	七	一	九	〇	三	五	九	申初
辰正	一〇	三三	七九	二八	五	四	一	〇	〇	一	八	二	申正

---

① 作者自注：即日距地平度数。
② 作者自注：即日距天顶度数。
③ 作者自注：直表、横表二种影。
④ 作者自注：依《高弧细草》式，弧取张丹村《揣籥续录》，晷取江云槎《表影立成》，一一排列，不载算法，志之体也。

第四表：

立冬立春	日高弧		余弧		直表一尺影				横表一尺影				
	度	分	度	分	尺	寸	分	厘	尺	寸	分	厘	
午正	三八	一五	五一	四五	一	二	五	七	〇	七	八	一	午正
午初	三六	二〇	五三	四〇	一	三	四	八	〇	七	二	八	未初
巳正	三〇	五七	五九	〇三	一	六	五	二	〇	五	九	四	未正
巳初	一三	五六	六七	〇四	二	三	三	五	〇	四	一	八	申初
辰正	一三	一〇	七六	五〇	四	一	九	四	〇	二	三	〇	申正
辰初	〇二	一六	八七	四四	廿三	四	八	五	〇	〇	三	五	酉初

第五表：

霜降雨水	日高弧		余弧		直表一尺影				横表一尺影				
	度	分	度	分	尺	寸	分	厘	尺	寸	分	厘	
午正	四三	〇八	四六	五二	一	〇	五	八	〇	九	二	九	午正
午初	四一	〇一	四八	五九	一	一	四	〇	〇	八	六	二	未初
巳正	三五	一四	五四	四六	一	四	〇	三	〇	七	〇	〇	未正
巳初	二六	四三	六三	一七	一	九	六	五	〇	四	九	八	申初
辰正	一六	三〇	七三	三〇	三	三	二	三	〇	二	九	二	申正
辰初	〇五	一四	八四	四六	十〇	四	一	八	〇	〇	八	八	酉初

第六表：

寒露惊蛰	日高弧		余弧		直表一尺影				横表一尺影				
	度	分	度	分	尺	寸	分	厘	尺	寸	分	厘	
午正	四八	四二	四一	一八	〇	八	七	一	一	一	二	九	午正
午初	四六	二一	四三	三九	〇	九	四	五	一	〇	四	〇	未初
巳正	三九	五九	五〇	〇一	一	一	八	二	〇	八	三	二	未正
巳初	三〇	五五	五九	〇五	一	六	五	四	〇	五	八	七	申初
辰正	二〇	一三	六九	四七	二	六	八	〇	〇	三	六	三	申正
辰初	〇八	三八	八一	二二	六	三	九	六	〇	一	四	七	酉初

第七表：

秋分春分	日高弧		余弧		直表一尺影			横表一尺影			
	度	分	度	分	尺	寸	分	厘	尺	寸	分	厘	
午正	五四	三七	三五	二三	〇	七	〇	四	一	三	九	五	午正
午初	五一	五七	三八	〇三	〇	七	七	六	一	二	六	六	未初
巳正	四四	五五	四五	〇五	〇	九	九	五	〇	九	八	八	未正
巳初	三五	一二	五四	四八	一	四	〇	四	〇	六	九	九	申初
辰正	二四	〇三	六五	五七	二	二	一	四	〇	四	四	一	申正
辰初	一三	一一	七七	四九	四	五	三	九	〇	二	一	一	酉初

第八表：

白露清明	日高弧		余弧		直表一尺影			横表一尺影			
	度	分	度	分	尺	寸	分	厘	尺	寸	分	厘	
午正	六〇	三二	二九	二八	〇	五	五	九	一	七	四	九	午正
午初	五七	二八	三二	三二	〇	六	三	二	一	五	五	三	未初
巳正	四九	三八	四〇	二二	〇	八	四	二	一	一	六	六	未正
巳初	三九	一七	五〇	四三	一	二	一	二	〇	八	一	一	申初
辰正	二七	四三	六二	一七	一	八	八	四	〇	五	二	〇	申正
辰初	一五	二八	七四	二二	三	五	一	三	〇	二	七	六	酉初
卯正	〇三	二五	八六	三五	十五	五	八	六	〇	〇	五	五	酉正

第九表：

处暑谷雨	日高弧		余弧		直表一尺影			横表一尺影			
	度	分	度	分	尺	寸	分	厘	尺	寸	分	厘	
午正	六六	〇六	二三	五四	〇	四	七	三	二	二	三	二	午正
午初	六二	二九	二七	三一	〇	五	一	五	一	九	〇	〇	未初
巳正	五三	四九	三六	一一	〇	七	二	五	一	三	五	五	未正
巳初	四二	五一	四七	〇九	一	〇	六	九	〇	九	二	二	申初
辰正	三〇	五九	五九	〇一	一	六	四	九	〇	五	九	五	申正
辰初	一八	四八	七一	一二	二	八	九	九	〇	三	三	五	酉初
卯正	〇六	三七	八三	二三	八	三	〇	九	〇	一	一	一	酉正

第十表：

立秋 立夏	日高弧		余弧		直表一尺影				横表一尺影				
	度	分	度	分	尺	寸	分	厘	尺	寸	分	厘	
午正	七〇	五九	一九	〇一	〇	三	四	〇	二	八	六	三	午正
午初	六六	四五	二三	一五	〇	四	二	四	二	三	〇	〇	未初
巳正	五七	一二	三二	四八	〇	六	三	八	一	五	三	七	未正
巳初	四五	四五	四四	一五	〇	九	六	六	一	〇	一	七	申初
辰正	三三	四〇	五六	二〇	一	四	八	七	〇	六	六	〇	申正
辰初	二一	二七	六八	三三	二	五	一	二	〇	三	八	八	酉初
卯正	〇九	二三	八〇	三七	五	八	八	八	〇	一	六	一	酉正

第十一表：

大暑 小满	日高弧		余弧		直表一尺影				横表一尺影				
	度	分	度	分	尺	寸	分	厘	尺	寸	分	厘	
午正	七四	四八	一五	一二	〇	二	六	七	三	六	二	二	午正
午初	六九	五三	二〇	〇七	〇	三	六	一	二	六	九	四	未初
巳正	五九	三六	三〇	二四	〇	五	八	〇	一	六	八	八	未正
巳初	四七	四八	四二	一二	〇	八	九	九	一	〇	九	二	申初
辰正	三五	三七	五四	二三	一	三	八	三	〇	七	一	〇	申正
辰初	二三	三八	六六	二二	二		八	〇	〇	四	二	二	酉初
卯正	一一	三二	七八	二八	四	七	九	八	〇	一	九	五	酉正

第十二表：

小暑 芒种	日高弧		余弧		直表一尺影				横表一尺影				
	度	分	度	分	尺	寸	分	厘	尺	寸	分	厘	
午正	七七	一五	一二	四五	〇	二	二	二	四	三	三	八	午正
午初	七一	三九	一八	二一	〇	三	二	五	二	九	八	七	未初
巳正	六〇	五九	二九	〇一	〇	五	四	九	一	七	八	五	未正
巳初	四八	五八	四一	〇二	〇	八	六	一	一	三	七	申初
辰正	三六	四八	五三	一二	一	三	二	四	〇	七	四	一	申正
辰初	二四	四一	六五	一九	二	二	一	三	〇	四	五	五	酉初
卯正	一三	五二	七七	〇八	四	二	九	〇	〇	二	一	五	酉正

第十三表：

夏至	日高弧		余弧		直表一尺影				横表一尺影				
	度	分	度	分	尺	寸	分	厘	尺	寸	分	厘	
午正	七八	○六	一一	五四	○	二	○	六	四	六	五	二	午正
午初	七二	二二	一七	三八	○	三	○	六	三	一	○	二	未初
巳正	六一	一九	二八	四一	○	五	三	九	一	八	一	九	未正
巳初	四九	二五	四○	三五	○	八	四	九	一	五	七		申初
辰正	三七	一二	五二	四八	一	三	○	六	○	七	五	二	申正
辰初	二五	一一	六四	四九	二	一	一	一	○	四	六	三	酉初
卯正	一三	二一	七六	三九	四	一	七	二	○	二			酉正
卯初	○一	二七	八八	三三	三十七	五	二	四	○	○	二	七	戌初

右表上二列为高弧、余弧，已详表前；下二列为直表①、横表②，二影以之测时，似较徽人径寸之晷为的，盖晷针所指非真南，唐僧一行，宋沈括，明徐光启，国朝杨光先、陆耀，皆尝言之。梅文鼎《揆日纪要》云：须于罗针所指正午之西稍偏取之，或云丙午之间缝针与臬影合，非也③。

---

① 作者自注：即平地直立者。
② 作者自注：即墙上横插者。
③ 作者自注：邑故李文符刺史凤生，乾隆中堪舆家也，著《地理形气合一指掌》有云：子癸同宫之正针云者，从《月令》之中气论也，太阳逢中气而后过宫；壬子同宫之缝针云者，从《月令》之初气论也，月交初气太阳尚未过宫。又云罗经地盘戊子正当虚危之间，此针当子午之中，故谓之中针。案：李说固属术家，然意以子癸为正针，则对面午丁针为真南可知。子癸亦即虚危间，唐一行尝以针较北极针所指即在此，极在虚六度，针实偏极右，北偏右，则南偏左矣，与此亦合。惟《历象考成》云：指南针有所偏向，其所偏向随地不同，不可为准。以此言之，不如表影之也。

卷三　补金石①

谈金石于闻喜，富矣哉！邻封无与比也。但癸尊庚鼎②，非复藏松桷之宫；韩铭陈碑③，究未葬桐乡之里。周阳作器，空传钩摹遗文④；淮蔡纪功，无复磨治剩字⑤。勿乃名存而实亡矣乎？然君子之于古也，惜焉、爱焉，苟有片语只字可见者，附葛扪萝所不惮矣。近河南武授堂氏撰二邑志⑥，皆立金石，天下贡为名笔。今窃取斯义，极力搜求辄得五六十通⑦，若不著录，则雨淋火燎，终归澌灭，非有志者所忍资也，且何以佐考证？志金石。

---

①杨深秀《闻喜县志补》卷三《补金石》中收录金石文献十五通，所收范围为汉至唐历代于闻喜出土、收藏的瓦当、画像砖、造像记及碑铭等诸名文物。宋代以前之文物多以图画的方式保留文物原本的样貌，并在其后以案语予以考证，部分碑文较多者免录原文；宋代以后之文物则只存名录，不录原文、不做考证。本集出于编撰体例考虑，择录较为重要者予以点校，并保留该卷卷首语。民国七年所撰之《闻喜县志》卷二十（上）全文收录杨深秀的《补金石》，1999年《闻喜县志》办公室整理后出版了点校本，本集即参照新出版的点校本民国七年《闻喜县志》（现代出版社1999年）进行点校。

②作者自注：商器。

③作者自注：汉有闻喜长韩仁铭，今在河南荥阳；陈实亦为闻喜长，今碑在河南永城。

④作者自注：《宣和（博古）图（录）》及薛尚功《（历代钟鼎彝器）款识（法帖）》皆有周阳侯家钟鼎，周阳乃闻喜地，侯则汉田胜也。

⑤作者自注：《平淮西碑》当时磨后，今邑中裴文忠祠有故相寿阳祁文端公于道光二十八年重书勒石，然年近不可以入《金石》。

⑥作者自注：《偃师》《安阳》。

⑦作者自注：尚有未访徧及不得拓本者，如宁国、兴国、大觉诸寺，确知皆有古碣，稽首后来君子珍重补之矣。

铜雀台瓦　建安十五年[①]

右瓦长八寸许,两角有刓缺,脊上磨平二寸作砚,左肩镌行草二行曰:崇祯辛巳桂月,得于杂扬官署,凤洲刻。

案:辛巳是崇祯十四年,此凤洲非王元美也。魏武奸雄,他事无可言,独其文采风流照映后世,即片瓦尚充几案珍玩,谯东精舍岂有此尤物耶?然每诵小谢玉座寂寞之句,辄为奸雄齿冷也。瓦今在邑人刑部员外郎杨深秀家,左下自镂一印,曰:杨氏雪虚声堂文玩。印长阔皆八分。

永嘉砖　永嘉元年[②]

右专【砖】在邑人杨深秀家,长尺有五寸,阔七八寸,拟斲为砚。上有栲栳文,专【砖】侧隶字古拙可玩也。"三"据《说文》乃籀文"四"字,意是四月而遗"月"字耳。或谓此古人所以记专【砖】数,犹汉器之有第几字,恐不然。盖此文刻于型模,故专【砖】字作凸起之形,理无一专【砖】一型之仆仆也。

案:此是怀帝元年时,天下已乱,未久即为刘聪执去,宗社邱墟。今此一专【砖】尚留于世,恐雨淋日炙不能涤青衣行酒之辱矣。邑丗邱氏墓专【砖】甚多,皆有枘笋相入,古气郁芉,实堪宝贵,特以无字遂无取者,不得与司马氏物

---

①此文是杨深秀《闻喜县志补》卷三《补金石》中的第一篇,标明时间为汉代,所记为其所收藏的曹操铜雀台瓦当一块,从中可以看出杨深秀对曹操在文化领域的成就颇为称道,并将自己的书斋堂号镂刻其上,足见其对金石学的热爱。

②此文是杨深秀《闻喜县志补》卷三《补金石》中的第三篇,标明时间为晋代,所记为晋怀帝永嘉元年砖一块,此物亦为杨深秀的私人藏品。文中杨深秀考证此砖字词及含义甚为精详,此外他从道德角度对魏晋时期司马氏与丗邱氏之间的政争给出了自己的评价,肯定了丗邱氏的忠义,而贬低司马氏以卑劣手段夺取政权的历史行径。

争重于世，可叹。然仲恭生见害于司马师，殁见黜于陈寿①，而忠义之气久久弥彰。见其专【砖】也，如比干墓之铜盘，无敢毁者。彼司马家儿，大物且不能守，年号印专【砖】乃长留姗笑之柄矣。杀一不辜而得天下，古圣人所以不为也。

毌邱氏造像记别石②

字多不录。

右石上刻佛像，下刻人名，四面皆同，高五尺，宽二尺，厚一尺，在邱村黄花洞，此洞前为寺而洞口在毌邱山腹，深莫可测。旧志云是梁时高僧宝志所居，亦未见确证。惟明人碑引郄后为蟒而志公为之忏悔始得超生，既不足证志公之居此地，又小说不根之言，未可以入志也。此石无文义，仅有人名百余，而毌丘氏十之九兼有郭舍贵、王匡女二名，与前石相同，知一时所造，不知何时分两地，一在此一在彼。今又合归一处，正如剑合延津，是又此石之幸也。

井榦题字③

右石在邑西三十五里柏林村，井上以辘轳轳轴者，书迹倔强④，有

---

①作者自注：《（三）国志》以反书之，自是晋人立言之体。

②此文是杨深秀《闻喜县志补》卷三《补金石》中的第四篇，标明时间为北魏，所记为闻喜毌邱氏在北魏时期制造佛像的造像记，文中未收录此碑碑文。《（光绪）山西通志》卷九十七《金石记（九）》中亦提及此碑，题名为《毌邱氏造像别石》，未录原碑文，全录杨深秀此篇案语，并在其后加案语考证此碑确为北魏时立。

③此文是杨深秀《闻喜县志补》卷三《补金石》中的第五篇，时代定为北魏，所录为北魏时闻喜柏林村所用之水井榦。《（光绪）山西通志》卷九十七《金石记（九）》中亦提及此物，题名与此同，未做考证，唯节录杨深秀此篇案语。

④《（光绪）山西通志》卷九十七《金石记（九）》此句记为"四字书迹倔强"，今从《闻喜县志补》。

隶意，知魏太和非唐太和也。尔时稷山亭尚属邑地①，故此村正在中间，不十年而割为高凉，兹村遂成边境矣②，观此石如见尔时事也。夫开成井阑，何子贞犹藏弇亭林祠，此石岂可不录？又此村有高堆名寺圪塔，往往出古物，惜未见也。

明皇命张九龄撰裴光庭神道碑敕　　无年月③

碑文：赠太师光庭，尝为重任，能徇忠节，忽随化往，空存遗事。其子屡陈诚到，请朕作碑。机务之繁，是则未暇，朝廷同伯，故以□卿。彼之行能，卿之述作，宛其鸿裁，因兹不朽耳。

右石，纵横皆三尺许。在裴柏村晋公祠。明皇行书，赵子函以为豪爽可喜。此敕与《孝经》后结字正同，故是得意笔也。前代帝王游心翰

---

①《（光绪）山西通志》卷九十七《金石记（九）》此句记为"尚属县地"，今从《闻喜县志补》。

②《（光绪）山西通志》卷九十七《金石记（九）》此句无"兹"字，今从《闻喜县志补》。

③此为杨深秀所撰《闻喜县志补》卷三《补金石》中的第七篇，时代定为唐代，山西省考古研究所编《山西碑碣》（山西人民出版社1997年，第96页）也收录有此篇，名为《裴光庭碑敕》。据《山西碑碣》记载，此碑立于闻喜县东北二十五公里之裴柏村裴氏祠堂中，碑身已遭破坏，只存上部少半截，碑有阴阳两面，均镌刻有唐玄宗之御书。此文所录为该碑阳面，张九龄所撰，全文八行，每行八字，共六十四字，字径约十厘米；碑阴为《裴光庭碑》，《山右石刻丛编》根据该碑拓本收录有《裴光庭碑》全文，但杨深秀所撰《闻喜县志补》中只有碑阳之《裴光庭碑敕》，并未收碑阴之《裴光庭碑》。《山西碑碣》于该碑之注释中收录有多种著作的相关考证，其中《山右石刻丛编》记载：光庭以开元二十一年薨，二十四年（736）建此碑；《宝刻类编》记载：元宗（玄宗）书光庭碑，张九龄撰，李林甫题额；《集古录跋尾》记载：唐裴光庭碑，张九龄撰，元宗御书。此外，该碑文还见于《太平寰宇记》《金石萃编》《宝刻类编》《集古录跋尾》《平津馆读碑记》《山西通志》等书。杨深秀对此碑之考证侧重点与《山西碑碣》不同，他对此碑文字考证不多，但梳理此碑之发掘、流传过程颇为精细，尤其考证了宋敏求、赵明诚等人对此碑的错误记录，具有较高的史料价值。《（光绪）山西通志》卷九十二《金石记（四）》中亦提及此碑，题名为《明皇谕张九龄撰裴光庭碑敕》，未录原碑文，亦无考据，只节录杨深秀此篇案语。本文点校参考《山西碑碣》《（光绪）山西通志》。

墨者，莫若唐之多。黄鲁直云，盖太宗以来，家法如此。《春明退朝录》云①，皇佑中，王沂公弟子融，侍郎，守河中还，以此上之，仁宗遂御篆赐沂公碑额曰：旌贤。惟宋次道误记所上为裴耀卿碑，赵明诚驳之是矣。而赵亦误以此为即光庭神道碑，殊不知乃与张九龄使撰神道碑之敕也。旧志称光庭神道碑半在裴柏祠，其误亦本德父，盖未尝详捡文义②，遂妄指为神道之断碑耳。

祁观元始天尊素像碑　贞观八年③

右碑，在邑东五十里观底村景云观④，高四尺，广二尺，碑额镂作神像，二十行，行三十六字，有棋局文书作北魏体，亦无撰书人姓名。祁文才称太上道民，太上者，《真诰》云太上高圣玉晨大道君也，乃上清真人，为老子之师，而或云即老子，非也。道民之称，《谢太傅帖》已有之，然黄山谷言安石是奉五斗米道者，此则奉老子，正不嫌同辞。所叙祁氏渊源称为尧后，以尧伊祁氏也。使持节、镇西大将军祁山君永系之殷不知何人，祁奚而称为周阳侯，亦不知出何书，大要其家传之附会耳。祁儁不见《魏书》，而魏有綦儁，的非此人？碑阴景山府队正乃府兵之制⑤，其余人名亦祁氏为多，此村之为西祁以此也。

---

①《（光绪）山西通志》卷九十二《金石记（四）》中记载此句为"《春明退食录》云"，今从《闻喜县志补》。

②《（光绪）山西通志》卷九十二《金石记（四）》中记载此句为"盖未尝详检文义"，今从《闻喜县志补》。

③此为杨深秀所撰《闻喜县志补》卷三《补金石》中的第八篇，时代定为唐代，文中未录原碑碑文。后《（光绪）山西通志》卷九十一《金石记（三）》中亦提及此碑，定名为《景云观天尊碑（有阴）》，亦未录原碑文，但节录了杨深秀的此篇案语，可见《金石记》的编修人杨笃对杨深秀学问之认可。

④作者自注：村即古西祁村。

⑤作者自注：见《沿革志》。

唐立隋裴镜民碑　贞观十一年[①]

右碑在裴柏晋公祠，已见宋赵明诚《金石录》，额题"益州总管司马裴君碑"九篆字，而赵作益州长史，似未见额也。李百药制，殷令名书，二十七行，行五十二字，有棋局文。其书精警，中有冕旒秀发之致，邑瓃宝也。[②]案：《北史》作镜人，避文皇讳，而此碑立于贞观，尚作镜民，从其实也。又《北史》只云仕隋，位兵曹郎而不详所历官阶，且并其阵亡事亦略而不载，使无此碑，则结缨裹革之国殇竟不著于后世矣。故古碣之可贵，不仅在区区书法中也。

于光庭移置唐兴寺碑　开元六年[③]

碑文：唐朝议大夫行闻喜县令上柱国临淄县开国男于君请移置唐兴寺碑并序。

殿中侍御史判职方员外郎高阳许景先撰，观道寺主僧师□书。

[①]此为杨深秀所撰《闻喜县志补》卷三《补金石》中的第九篇，时代定为唐代，文中未录原碑碑文。杨深秀考证此碑所记之裴镜民仕官履历及阵亡事为《北史》等书所阙，指出金石古碑的作用不仅在于流传书法，更有助于补充史料之不足。《（光绪）山西通志》卷九十一《金石记（三）》中亦提及此碑，题名为《隋益州总管司马裴镜民碑》，未录原碑文，杨笃在《金石记》中对此碑的字词、书法风格、历史流变等作了更为细致的考证，但在结尾仍节录杨深秀此篇案语，对此碑之历史价值进行了评价。

[②]点校本民国七年《闻喜县志》此句记为"邑瑰宝也"，今从《闻喜县志补》。

[③]此为杨深秀所作《闻喜县志补》卷三《补金石》中的第十篇，山西省考古研究所编《山西碑碣》（山西人民出版社1997年，第81-82页）也收录有此篇，名为《移置唐兴寺碑》，此碑立于闻喜县东镇北街保宁寺塔旁。此碑亦见于《寰宇访碑录》《平津读碑记》及《山右石刻丛编》等书。杨深秀对此碑之文字进行了详细考证，指出此碑虽立于唐玄宗时期，却并没有当时唐隶的肥厚之态，挺拔俊朗不落俗套，可谓是书法中的"虎贲"，可见其评价颇高。《（光绪）山西通志》卷九十二《金石记（四）》中亦提及此碑，题名为《移置唐兴寺碑》，未录原碑文，但进行了十分细致的考证并节录杨深秀此篇案语，杨笃在案语后"张说尝与徐坚评许景先文云：有如丰肌腻体，虽礼华可爱而乏风骨。见《大唐新语》"等句，似乎并不赞同杨深秀对此碑风格的看法。本文点校参考《山西碑碣》版本。

先万物者，始道德为宗；穷言象者，以乾坤为大。岂若道洽沙界，盘古无以化其迹；功包铁围，隶首不能纪其要。前后际断，众妙入于真乘；色相皆空，定慧生于正觉。言之不极其波若之蕴乎？闻喜唐兴寺者，我国家草昧之所置也。时櫜弓矢，缔构龙宫，悬玉镜于方丈，运宝图于罗卫，将祛八难式护四禅，乃于西山建斯精舍，布金幽径①，树福璇衡②。经始险蹊，人迹罕到。虽三空屡说，给园之众不俱；八解常流，方广之途尚阻。吔俗常迷于梦约③，聚落不闻□□□使十地空存，四生无拯，爰初构趾④，数十百年，旧令因循，不改其制。长者居士，既渴日于宝坊；清信比丘，徒挈瓶于谛议。时县令朝议大夫东海于公名光庭，即银青光禄大夫、瀛州刺史、东海郡公士俊之孙，金紫光禄大夫、中书侍郎同中书门下三品东海宪公之第五子也。承五鼎之华胄，禀三辰之粹精。阴德未沫，亢宗有后，在躬而礼义克举，余力而文章见称。好学多能，以为入官之具；清慎寡欲，尔见在公之心。由也四科，参乎一贯，理必合于投刃⑤，事无遗于下韝，故能变蟋蟀之风，展蒲卢之化。始乡退而修里，我有昌言；终里退而修家，人无遗善。此其操刀有裕，弹琴自闲，亦既底于王程⑥，将又崇于佛事。为蒲之所不及，理邺之所未行。加以识洞真扁，智融觉键。伏忍于三昧，悬解于六通。身若明珠，事无瑕秽。心犹平地，能生众善。且备调御，时现

---

① 《山西碑碣》此句记为"布金幽径"，本集从《闻喜县志补》。
② 《山西碑碣》此句记为"树福提衡"，本集从《闻喜县志补》。
③ 《山西碑碣》此句记为"吔[岷]俗常迷于梦幻"，本集从《闻喜县志补》。
④ 《山西碑碣》此句记为"爰初构趾"，本集从《闻喜县志补》。
⑤ 《山西碑碣》此句记为"理必合于杀刃"，本集从《闻喜县志补》。
⑥ 《山西碑碣》此句记为"亦既亘于王程"，本集从《闻喜县志补》，原字为"广"部与"丘"之组合字，实为"底"之异体字。

宰官①。精三异之妙术，敷六度之津要。由是历请天府，将徙梵宫，双树移坚固之林，八座改耆阇之岫。金山赫赫，与紫殿而飞来；绀宇"盹""盹"，化青楼而涌出。城池故绛，井邑新田。士女益于康庄，象马阗与里闬。一一香盖，悬宝缕之幢；种种天花，散金灯之地。得未曾有，闻所未闻。方将洗贪欲之肠贤，开盲聋之耳目。纳须弥于小芥，讵是难思；置海水于虚空，未为希有。佥以法云西蓄，佛日有蔀家之昧；今□智炬东摧②，迷途昭牵复之象。岂非如来灭后，将有主持。时夏县威神寺法师，俗姓张，法名忽碑。其先衣冠出南阳，精持律仪，薰修戒行。德超于四果，理贯于三伊。大道未行，同孔□之历聘③；众生有病，等毉王之授手，遂乘杯涑上④，振锡兆亭。扶聋俗于爱河⑤，诱焚如于火宅。示方便品，道波若流。亡羊于九部之津；去马于三乘之际。莫不争持宝盖，竞解□□。□耨池之栋宇，为苦海之舟航。起予者商，繄我明宰。时县丞清河张佑仁，主簿弘农杨浩，尉太原王临，尉太原王铣等，并瑚□名器⑥，鸾皇劲翮⑦，才无滞用，政有异声。乡三老进而言曰：敦礼劝农，嘉惠也；树法拯人，深慈也。我宰君善化，前古罕俦，岂使浚仪丰碑，空铭景行；龙宫后偈，独阙微言⑧。载勒坚金，永传妙界⑨。铭曰：

---

① 《山西碑碣》此句记为"且循调御时现宰官"，本集从《闻喜县志补》。
② 各版本此句皆五字，但以上下联对仗思之，似乎在"今"字之后缺一字。
③ 《山西碑碣》此句记为"同孔丘之历聘"，本集从《闻喜县志补》。
④ 《山西碑碣》此句记为"遂乘杯涑蒲"，本集从《闻喜县志补》。
⑤ 《山西碑碣》此句记为"扶聋俗于爱河"，本集从《闻喜县志补》。
⑥ 《山西碑碣》此句记为"并瑚琏名器"，本集从《闻喜县志补》。
⑦ 《山西碑碣》此句记为"鸾皇劲翮"，本集从《闻喜县志补》。
⑧ 《山西碑碣》此句记为"独阙澈言"，本集从《闻喜县志补》。
⑨ 《山西碑碣》此句记为"永传沙界"，本集从《闻喜县志补》。

佛言能净一刹土，是谓世间良福田。今我庄严招提手①，度脱功德海无边，犹如法云覆群品，亦如（佛）日在中天。皆是宰官惠明德②，群盺安乐离苦缘。树碑纪功永不朽，铢衣拂石亿万年③。

开元六年岁次戊午九月壬辰朔二日癸巳建。

右碑，在邑东三十里唐兴寺，二十三行，行四十八字，从古未经著录，同治庚午邑令闽林缥步访捶拓，始显于时。碑称于光庭祖父皆封东海公，《宰相世系表》于氏下虽载东海公数人，其官阶无一人与此合者，知《表》之挂漏者多矣。寺在宋时改为保宁院，今复故名。唐隶自明皇力趋妍媚，汉法荡然，一时风从，惟肥美是务。此碑书于开元，而不落习气，遣法清劲，如折刀头，犹是中郎之虎贲也。

裴行俭墓碑　开元十一年④

右碑，在邑东五十里永青村行俭墓前，即凤凰原也。高近丈，石剥蚀，几成无字碑矣。咸丰年，卫孝廉仁丰、杨孝廉来青携笻步访，得碑额"唐故礼部尚书裴公墓"九篆字，正面见"于"字知是隶书，暎日影而侧睨之，发髴末行有"开元十有一年"等字也⑤。文是张燕公撰，今见《文苑英华》。又墓南数十武复有裴氏一墓，其碑更大而侧卧土中，仅露碑侧，谛视亦无字，欲掘而起之，非八九十夫不可。

---

①《山西碑碣》此句记为"今我庄严招提宇"，本集从《闻喜县志补》。
②《山西碑碣》此句记为"皆是宰官惠明德"，本集从《闻喜县志补》。
③作者自注：铭中如下遗佛字。
④此为杨深秀所撰《闻喜县志补》卷三《补金石》中的第十一篇，时代定为唐代，文中未录原碑文。《（光绪）山西通志》卷九十二《金石记（四）》中亦提及此碑，题名为《礼部尚书赠太尉裴行俭碑》，未录原碑文，对此碑考证亦不多，主要节录杨深秀此篇案语。
⑤点校本民国七年《闻喜县志》此句记为"仿佛末行有"，今从《闻喜县志补》。

尊胜陀罗尼经幢　永泰元年①

经文不录。

永泰元年十二月□□□□□闻喜县令王守忠敬造。

右石幢高尺有六寸，六面，每面四寸，在邑东三十里上东镇尧舜禹汤庙，庙在元为三灵侯庙，在唐想是兰若，故有此物也。赵崡曰，凡石幢多书尊胜陀罗尼经，《石墨镌华》所载十余石皆然，可见尔时风气。今则并佞佛者，亦不知为此矣。闻喜县令而造此，不知何为。王守忠之名，《（宰相）世系表》有之，乃太原大房王氏大观之孙同人之子，顾《表》不云曾为闻喜令也。千余年后姓名、官职反附梵呗以传②，王君固有美政与？抑大雄氏之法力与？③又案：唐临晋县，《太原乡牒》文称，太原王氏居河东，其乡名太原乡，此乡于永泰元年因人户破散并省入解城乡。意守忠见宗族离徙，为是建幢徼福乎？年月不爽，庶近之。节录原牒。

谨案：唐《衣冠谱》第是开元初敕柳冲修撰④，载广州都督元珪、幽州都督寿阳公方平更称太原王氏。顷属羯胡逆乱，百姓逃去。永泰元年，

---

①此为杨深秀所撰《闻喜县志补》卷三《补金石》中的第十二篇，时代定为唐代，杨深秀文中即未收录原碑碑文，只记该碑落款，并于其下进行考证，其中"谨案"一段节录自大历十四年《太原乡牒》。《（光绪）山西通志》卷九十七《金石记（九）》中亦提及此经幢，题名为《王守忠经幢》，未节录原碑文，亦无考证，只节录杨深秀此篇案语。本集以杨深秀原文为底本，注释部分参照中华文库数据库所录《全唐文》卷〇九八六《太原乡牒》进行点校。

②《（光绪）山西通志》卷九十七《金石记（九）》记载此句为"千余年后姓名、职官反附梵呗以传"，今从《闻喜县志补》。

③《（光绪）山西通志》卷九十七《金石记（九）》记载此两句末尾为"欤"，应是。

④杨深秀此处案语节录自《太原乡牒》，牒中所论似有误。柳冲奉唐玄宗命所撰者为《大唐姓族系录》二百卷，《衣冠谱》六十卷为路敬淳撰，《新唐书·路敬淳传》记为《衣冠系录》，此书旧列史部传记类，已佚。故此处所据应为柳冲所撰之《大唐姓族系录》，似《太原乡牒》误认《衣冠谱》为柳冲所撰之《大唐姓族系录》。

县司遂废省前件乡，并人户入解城乡。颜等今属□孝理之时，宗望将坠，逢时不举。后嗣何知，望请复立太原乡名，且废解城之号。如解城古城临□□假乡檩若太原，名之不存，则宗无所据。伏请详览。如蒙矜允，仍望各牒诸县宗人知者。临晋县百姓前同州合阳令王颜等状，请改"解城乡"复名"太原乡"旧号，理崇族望，事叶敦本①，执案咨取处分。牒下所由者，中丞判下县具勘上者。得县申称，得里正程宪状："太原乡去永泰元年，为人户破散，符下合入解城有实。状伏请□上者②。"具状录申者："临晋县太原乡，去永泰元年并入【入】解城乡，今王颜状请却复太原乡，执咨取处分讫下县，准状仍任散牒宗人知者。"中丞判："允宗务本，曰敬且仁；克叶礼经，是谓通识。准处分者，准符各牒知者，故牒。③大历十四年四月十五日吏高曜牒、尉孙方晋。

福田寺碑　太和六年④

右碑，在邑东关福田寺，高四尺，宽三尺，二十六行，行三十字，裴少庆书。裴自是邑人，而《（新）唐（书）·（宰相世系）表》及其世牒皆不载，邑旧志固无从为立传也。书得髓北海，染指诚悬，绰绰入能品，乃近在外郛，未闻毡蜡及之者。今方自土中掘出，物显晦，固有时哉。碑字多构别体，古人所不拘，惟羑藜之羑即"羔"字。郭恕先《佩觿》有云，羑羊之羑为美，其顺非有如此者。盖以此字不合代"美"字用，今味碑语意，乃更代"羹"字用矣，顺非尤甚，河阳将作何语

---

①《太原乡牒》此句记为"事协敦本"，今从《闻喜县志补》。
②《太原乡牒》此句记为"伏请申上者"，今从《闻喜县志补》。
③该段案语至此句为止节录自唐大历十四年《太原乡牒》。
④此为杨深秀所撰《闻喜县志补》卷三《补金石》中的第十四篇，时代定为唐代，文中未录原碑碑文。杨深秀不仅考证了碑文中的字词，还据此碑信息补充了闻喜裴氏家族成员的相关记载。《（光绪）山西通志》卷九十三《金石记（五）》中亦提及此碑，题名为《福田寺置粥院碑》，未录原碑文，亦无考证，唯节录有杨深秀此篇案语。

耶？裴氏功业文章照耀宇宙，至以书名者，只行俭、灌、休三公，而圭峰一碑又不在故里。是碑也，虽晚出，直等诸岿然鲁灵光矣。

董池圣母庙碑　显德四年[①]

右碑，高五尺，广半之，在邑东四十里董泽庙中。二十七行，行五十四字。两侧有字，记诸村落之率钱者，想碑阴亦尝刻字，而为金贾葵磨去，另刻董父庙记矣。正面仅存文是骈体，虽剥泐，尚能考见大概。其制文者是绛州绛县主将董玭，[②]中云此庙于唐大历八年县官再建，[③]又云是日秦军作乱龙女助战，又云欧阳景府为当代之昌荣。盖必当时有兵变之事，为欧阳氏所剿定而史无稽矣。景府云者，唐制府兵，闻喜六府中有景山府也。军中奏凯，感神助而修祠，故主将为之制文。[④]其董玭未知即邑人否，然董姓皆董父之后，此地董父故封，子姓蕃衍，故宇文氏造像记列名之邑子什九是董氏；杜元凯亦云瀔水上皆董姓，瀔水即此董泽，至今犹董氏为多也，意者此君亦邑产与？磨古碑刻新文，宋元人每有之，此仅磨碑阴，尚非大恨。

---

①此为杨深秀所撰《闻喜县志补》卷三《补金石》中的第十五篇，时代定为周代，应指五代中之后周，文中未录原碑碑文。《（光绪）山西通志》卷九十三《金石记（五）》中亦提及此碑，题名与此同，未录原碑文，几乎全录杨深秀此篇案语，唯在"为欧阳氏所剿定"一句下加"案：汉乾祐元年，河中节度李守贞反，凤翔王景崇、永兴赵思绾共推守真［贞］为秦王，所谓三镇之叛也。秦军作乱似指其事，然距立碑之时已十年矣"等语。

②点校本民国七年《闻喜县志》此句记为"其制文者题前摄"，今从《闻喜县志补》。

③点校本民国七年《闻喜县志》于此句后尚有"虽修官舍，片石无镌"，今从《闻喜县志补》。

④点校本民国七年《闻喜县志》此句记为"又云乡耆启求名之意篆刻辞颂，是自唐至周，始勒此碑也"，今从《闻喜县志补》。

金石存目[①]

宋

尊胜陀罗尼经幢	开宝七年	在东镇唐兴寺
后稷庙碑	太平兴国三年	在北门外
重建汤庙碑	太平兴国四年	在南乡店头
保宁禅院碑	淳化元年	在东镇唐兴寺
尊胜陀罗尼经幢	淳化二年	同前
广教寺钟	明道元年	在南乡沙渠
大岳庙碑	至道元年	在西乡西宋村
大岳府君庙篆书碑	天禧五年	同前
尊胜陀罗尼经幢	天圣六年	在东镇寺
凝真观万寿宫记	天圣九年	在西关
后土庙碑	庆历年	在郭家庄
董父庙柱础	绍圣四年	在仓底庙
广教寺石刻诗	崇宁四年	在沙渠寺
圣母庙石柱	宣和年	在邑城南巷
武安王庙碑	政和七年	在西关
王案寺钟	政和年	在邑城钟楼

金

尊胜陀罗尼经幢	明昌六年	在东镇寺
裴氏族谱序	无年月	在两卿坊

[①]《闻喜县志补》卷三《补金石》中宋代以后之金石碑记均只存名录而无原文及考证。

董池神庙记	天眷四年	在仓底庙
宣圣庙碑	皇统四年	在文庙
又碑	泰和四年	同前
敕赐大清观牒	大定三年	在东宋村
敕赐大云寺牒	大定十三年	在神柏寺
重修宣圣庙碑	大定二十六年	在文庙

元

三灵侯庙碑	中统四年	在上镇
广教禅院碑	前至元六年	在沙渠寺
重修宣圣庙碑	前至元十一年	在文庙
加封孔子碑	大德十一年	在文庙
景福院碑	延祐三年	在川口白莲寺
宣圣庙记	延祐七年	在文庙
伯王庙碑	至顺四年	在赵村
八撒儿德政碑	至元年	在东镇龙王庙
洞霞观记	至元三年	在张家峪
凝真观碑	至正元年	在梨园
汤王庙碑	至正元年	在南关
云中襄懋公忽神神道碑	至正五年	在东镇
兴真万寿宫记	至正十三年	在梨园
大觉寺碑	至正十五年	在东宋村
长春观记	年月失考	在南巷
河底道观圆李先生碑	年月失考	在河底镇
兴国寺碑	年月失考	在太阴寺

《山西通志·星度谱上》

谱二之一　山西通志弟六

赐进士出身头品顶戴兵部侍郎兼都察院右副都御史巡抚山西提督军务臣张煦奉旨监修。

古之言天者，步算占验，本不同源。是以《周官》"保章"，凭相厥司各异。《汉（书）·艺文志》录天文、秫谱二家书，亦各自为类：一则氛祲之虚谈，一则敬授之实用也。方志，地书也，固于天无涉，其涉于天者，大氐凭实测核准望，而非灾祥怊怳之说所可羼入。旧时各志不识此义，顾乃侈陈分野，悉征占候。究其所录，什九出甘石、丹元及前明清类书，西人《经天该》诸本蹈袭敷衍，甚或点窜纷如，是于地理何涉矣。兹廓清瞽说，详测极度，演算成谱，以佐见行时宪之未备。首北极经纬，次节气、交食先后，次昼夜永短，次晨昏朦影，次太阳高卑，次暑影赢缩，次中星迭代。冈非可以前民用者，末殿以京省直线，而分星、岁差附焉，一以定地望之确形，一以救天文家之剿说也。

北极高度　北极偏度　节气交食先后　日出入早晚
昼夜刻　日出入前后朦影差

北极高度

京师北极出地高三十九度五十五分，山西省治北极出地高三十七度五十四分，低于京师者二度一分。合省之府州厅县居省治北者三之一，居省治南者三之二。盖自三十四度以上至四十度以上，计六度有奇云。

极高三十四度以上地			
	度	分	秒
解州芮城县	三十四	四十四	五十
解州平陆县	三十四	四十八	四十
蒲州府永济县	三十四	五十二	
蒲州府虞乡县	三十四	五十二	
绛州垣曲县	三十四	五十七	三十
解州本州治	三十四	五十八	

极高三十五度以上地			
	度	分	秒
解州安邑县	三十五	七	
蒲州府临晋县	三十五	八	五十
解州夏县	三十五	一十一	
蒲州府猗氏县	三十五	一十一	一十
绛州闻喜县	三十五	二十三	
蒲州府荣河县	三十五	二十三	
蒲州府万泉县	三十五	二十五	二十
绛州绛县	三十五	二十九	三十
泽州府凤台县	三十五	三十	
泽州府阳城县	三十五	三十	三十
绛州河津县	三十五	三十七	
绛州稷山县	三十五	三十七	三十
绛州本州治	三十五	三十七	四十
平阳府翼城县	三十五	三十八	三十
平阳府曲沃县	三十五	三十八	四十
泽州府沁水县	三十五	四十一	三十
泽州府陵川县	三十五	四十三	三十
泽州府高平县	三十五	四十六	
平阳府太平县	三十五	四十九	二十
平阳府浮山县	三十五	五十八	三十

极高三十六度以上地			
	度	分	秒
平阳府乡宁县	三十六		
平阳府襄陵县	三十六	一	
潞安府壶关县	三十六	二	三十
潞安府长子县	三十六	四	
平阳府临汾县	三十六	五	三十
平阳府吉州	三十六	六	一十
潞安府长治县	三十六	七	
潞安府屯留县	三十六	一十五	三十
潞安府潞城县	三十六	一十五	四十
平阳府岳阳县	三十六	一十五	五十
平阳府洪洞县	三十六	一十六	
隰州蒲县	三十六	一十六	三十
霍州赵城县	三十六	二十三	三十
潞安府襄垣县	三十六	二十八	
潞安府黎城县	三十六	二十八	
隰州大宁县	三十六	二十九	
霍州本州治	三十六	三十五	二十
沁州沁源县	三十六	三十六	
平阳府汾西县	三十六	三十八	三十
隰州本州治	三十六	三十九	
沁州本州治	三十六	四十一	二十
隰州永和县	三十六	四十七	三十
沁州武乡县	三十六	四十八	三十
霍州灵石县	三十六	五十二	四十

极高三十七度以上地			
	度	分	秒
汾州府介休县	三十七	三	
辽州本州治	三十七	三	
辽州榆社县	三十七	三	

极高三十七度以上地			
	度	分	秒
汾州府石楼县	三十七	三	四十
汾州府孝义县	三十七	一十	三十
汾州府平遥县	三十七	一十二	三十
汾州府汾阳县	三十七	一十八	五十
辽州和顺县	三十七	二十	五十
汾州府宁乡县	三十七	二十一	二十
太原府祁县	三十七	二十二	三十
太原府太谷县	三十七	二十六	
太原府文水县	三十七	二十八	三十
汾州府永宁州	三十七	三十二	五十
太原府徐沟县	三十七	三十四	三十
太原府交城县	三十七	三十六	
太原府榆次县	三十七	四十一	三十
太原府太原县	三十七	四十五	四十
平定州本州治	三十七	五十	三十
平定州寿阳县	三十七	五十四	三十

极高三十八度以上地			
	度	分	秒
汾州府临县	三十八	四	四十
平定州盂县	三十八	六	
忻州本州治	三十八	二十五	
太原府岚县	三十八	二十五	三十
忻州静乐县	三十八	三十	
忻州定襄县	三十八	三十二	
太原府兴县	三十八	三十六	三十
代州五台县	三十八	四十五	
太原府岢岚州	三十八	五十	三十
代州崞县	三十八	五十四	三十

极高三十九度以上地			
	度	分	秒
保德州本州治	三十九	四	
宁武府宁武县	三十九	六	
宁武府五寨县	三十九	六	
代州本州治	三十九	六	
宁武府神池县	三十九	一十二	
代州繁峙县	三十九	一十三	
朔平府朔州	三十九	二十六	
大同府灵邱县	三十九	二十六	三十
保德州河曲县	三十九	二十八	
大同府山阴县	三十九	三十二	五十
宁武府偏关县	三十九	三十三	
大同府应州	三十九	三十九	
大同府浑源州	三十九	四十一	五十
朔平府平鲁县	三十九	四十三	
大同府广灵县	三十九	四十六	
大同府怀仁县	三十九	五十二	
朔平府左云县	三十九	五十五	

极高四十度以上地			
	度	分	秒
大同府大同县	四十	五	
清水河厅	四十	五	
朔平府右玉县	四十	一十五	
宁远厅	四十	二十二	三十
大同府阳高县	四十	二十五	
大同府天镇县	四十	二十七	
和林格尔厅	四十	三十	
丰镇厅	四十	三十	

极高四十度以上地			
	度	分	秒
托克托城厅	四十	三十	
归化城厅	四十	四十九	
萨拉齐厅	四十	五十三	

谨案：古今历算，无不以北极为限，人在地上侧视北极，其出地有高下，以人所居之地南北不同也。特测望之法古疏今密，用法测省垣与内府舆图所列，算出亦无不合，则各府州厅县皆可依地图横格得其定纬矣。惟归绥七厅设置在后，旧图本无，后人补入图中而萨拉齐、托克托、和林格尔三处位置舛误。又河曲县于乾隆中移治东北九十五里，图亦未经改定，今一一更正，衡量加慎，作为定纬谱。庶寒暑进退，昼夜消长，皆可因是得率焉①。

右北极高度谱。

北极偏度

山西省治经度在京师子午中线之西，测得偏西三度五十六分三十秒，其余府州厅县居省治东者三之一，居省治西者三之二。盖自二度外至六度外，计五度有奇云。

偏西二度外地			
	度	分	秒
大同府广灵县	二	八	三十
大同府灵邱县	二	一十一	
大同府天镇县	二	二十七	
大同府浑源县	二	三十三	

---

① 作者自注：高度以南北计，北行二百里则极高一度，南行二百里则极低一度。度有六十分，每分当地上三里三分里之一。分有六十秒，每秒当地上十八分里之一。若以里计极高，则北行一里，极高十秒，南行反是。恒星之隐见，亦以是取准云。

偏西二度外地			
	度	分	秒
大同府阳高县	二	四十三	
平定州本州治	二	四十八	
辽州和顺县	二	五十一	

偏西三度外地			
	度	分	秒
辽州本州治	三	一	
潞安府黎城县	三	三	
平定州盂县	三	四	
代州五台县	三	五	
代州繁峙县	三	一十一	三十
泽州府陵川县	三	一十二	
大同府大同县	三	一十二	
丰镇厅	三	一十二	
大同府应州	三	一十四	
平定州寿阳县	三	一十六	
大同府怀仁县	三	一十七	三十
潞安府壶关县	三	二十二	
潞安府襄垣县	三	二十三	
潞安府潞城县	三	二十五	
辽州榆社县	三	二十六	
潞安府长治县	三	二十八	
忻州定襄县	三	二十九	
沁州武乡县	三	二十九	三十
大同府山阴县	三	三十二	
代州本州治	三	三十二	三十
泽州府高平县	三	三十五	三十
泽州府凤台县	三	三十七	三十
潞安府长子县	三	四十	
潞安府屯留县	三	四十	

偏西三度外地			
	度	分	秒
代州崞县	三	四十一	
沁州本州治	三	四十二	
忻州本州治	三	四十三	
太原府榆次县	三	四十四	
宁远厅	三	五十二	
朔平府左云县	三	五十三	
泽州府阳城县	三	五十三	三十
太原府太谷县	三	五十八	

偏西四度外地			
	度	分	秒
太原府徐沟县	四		
朔平府朔州	四	二	三十
太原府太原县	四	四	
沁州沁源县	四	六	三十
太原府祁县	四	一十一	
宁武府宁武县	四	一十一	
朔平府右玉县	四	一十一	
泽州府沁水县	四	一十二	
宁武府神池县	四	一十六	
汾州府平遥县	四	一十九	
朔平府平鲁县	四	一十九	
太原府交城县	四	二十	
平阳府岳阳县	四	二十三	
太原府文水县	四	二十九	
忻州静乐县	四	三十二	三十
平阳府浮山县	四	三十三	
汾州府介休县	四	三十八	
宁武府五寨县	四	四十	
平阳府翼城县	四	四十一	

偏西四度外地			
	度	分	秒
汾州府孝义县	四	四十三	
和林格尔厅	四	四十三	
霍州灵石县	四	四十三	三十
霍州本州治	四	四十四	
汾州府汾阳县	四	四十五	三十
平阳府洪洞县	四	四十六	
绛州垣曲县	四	四十六	
霍州赵城县	四	四十六	
清水河厅	四	四十六	三十
归化城厅	四	四十八	
太原府岚县	四	五十一	
太原府岢岚州	四	五十五	
绛州绛县	四	五十五	
平阳府临汾县	四	五十六	
平阳府曲沃县	四	五十七	
平阳府汾西县	四	五十八	三十

偏西五度外地			
	度	分	秒
平阳府襄陵县	五	三	
平阳府太平县	五	一十	
宁武府偏关县	五	一十	
托克托城厅	五	一十二	
绛州本州治	五	一十三	
解州夏县	五	一十七	
汾州府宁乡县	五	一十九	
绛州闻喜县	五	一十九	
汾州府永宁州	五	二十二	
隰州蒲县	五	二十三	
保德州河曲县	五	二十四	

偏西五度外地			
	度	分	秒
解州平陆县	五	二十五	
太原府兴县	五	二十七	
绛州稷山县	五	二十八	
解州安邑县	五	三十	
隰州本州治	五	三十一	
汾州府临县	五	三十一	
汾州府石楼县	五	三十六	三十
萨拉齐厅	五	三十六	三十
解州本州治	五	三十八	
保德州本州治	五	四十	
平阳府乡宁县	五	四十一	
蒲州府万泉县	五	四十二	
隰州大宁县	五	四十三	
绛州河津县	五	四十四	
蒲州府猗氏县	五	四十五	
隰州永和县	五	四十九	
解州芮城县	五	五十	
平阳府吉州	五	五十三	
蒲州府虞乡县	五	五十七	
蒲州府临晋县	五	五十九	

偏西六度外地			
	度	分	秒
蒲州府荣河县	六	四	
蒲州府永济县	六	一十五	

谨案：偏度云者，赤道上横分之经度也，赤道当地球之中，周围皆距北极九十度，得一象限，从北极起线直达南极，四围三百六十线，皆交于赤道而成直角，其线皆为子午线，本无东西之殊也，惟处中国，必

以京师为中线定一尊也。山西居中线之右，虽各府州厅县远近不一，要皆为偏西地焉。用以京师为主而详列其偏西之度，细及分秒，成偏度谱，斯节气早晚、交食浅深、先后皆由兹得率矣。

右北极偏度谱。

各处节气及交食先后

省治阳曲县节气早于京师者一刻，又九百分刻之四十六，在省治东者三十八处。

	节气比京师早			节气比省治迟		
	刻	分	秒	刻	分	秒
广灵县		八	三十四		七	十二
灵邱县		八	四十四		七	二
天镇县		九	四十八		五	五十八
浑源州		十	十二		五	三十四
阳高县		十	五十二		四	五十四
平定州		十一	三		四	三十四
和顺县		十一	二十四		四	二十二
辽 州		十二	四		三	四十二
黎城县		十二	十二		三	三十四
盂 县		十二	十六		三	三十
五台县		十二	二十		三	二十六
繁峙县		十二	四十六		三	
陵川县		十二	四十八		二	五十八
大同县		十二	四十八		二	五十八
丰镇镇		十二	四十八		二	五十八
应 州		十二	五十八		二	五十
寿阳县		十三	四		二	四十二
怀仁县		十三	十		二	三十六

	节气比京师早			节气比省治迟		
	刻	分	秒	刻	分	秒
壶关县		十三	二十八		二	十八
襄垣县		十三	三十二		二	十四
潞城县		十三	四十		二	六
榆社县		十三	四十四		二	二
长治县		十三	五十二		一	五十四
定襄县		十三	五十六		一	五十
武乡县		十三	五十八		一	四十八
山阴县		十四	八		一	三十八
代州		十四	十		一	三十六
高平县		十四	二十二		一	二十四
凤台县		十四	三十		一	十六
长子县		十四	四十		一	六
屯留县		十四	四十		一	六
崞县		十四	四十四		一	二
沁州		十四	四十八			五十八
忻州		十四	五十二			五十四
榆次县	一	十四	五十六			五十
宁远厅	一		二十八			十八
左云县	一		三十二			十四
阳城县	一		三十四			十二
在省治西者六十九处						
	节气比京师早			节气比省垣早		
	刻	分	秒	刻	分	秒
太谷县	一		五十二			六
徐沟县	一	一				十四
朔州	一	一	十			二十四
太原县	一	一	十六			三十
沁源县	一	一	二十六			四十
祁县	一	一	四十四			五十八

	节气比京师早			节气比省治迟		
	刻	分	秒	刻	分	秒
宁武县	一	一	四十四			五十八
右玉县	一	一	四十四			五十八
沁水县	一	一	四十八		一	二
神池县	一	二	四		一	十八
平遥县	一	二	十六		一	三十
平鲁县	一	二	十六		一	三十
交城县	一	二	二十		一	三十四
岳阳县	一	二	三十二		一	四十六
文水县	一	二	五十六		二	十
静乐县	一	三	十		二	二十四
浮山县	一	三	十二		二	二十六
介休县	一	三	三十二		二	四十六
五寨县	一	三	四十		二	五十四
翼城县	一	三	四十四		二	五十八
孝义县	一	三	五十二		三	六
和林格尔厅	一	三	五十二		三	六
灵石县	一	三	五十四		三	八
霍 州	一	三	五十六		三	十
汾阳县	一	四	二		三	十六
洪洞县	一	四	四		三	十八
垣曲县	一	四	四		三	十八
赵城县	一	四	四		三	十八
清水河厅	一	四	六		三	二十
归化城厅	一	四	十二		三	二十六
岚 县	一	四	二十四		三	三十八
岢岚州	一	四	四十		三	五十四
绛 县	一	四	四十		三	五十四
临汾县	一	四	四十四		三	五十八
曲沃县	一	四	四十八		四	二

	节气比京师早			节气比省治迟		
	刻	分	秒	刻	分	秒
汾西县	一	四	五十四		四	八
襄陵县	一	五	十二		四	二十六
太平县	一	五	四十		四	五十四
偏关县	一	五	四十		四	五十四
托克托城厅	一	五	四十八		五	二
绛州	一	五	五十二		五	六
夏县	一	六	八		五	二十二
宁乡县	一	六	十六		五	三十
闻喜县	一	六	十六		五	三十
永宁县	一	六	二十六		五	四十二
蒲县	一	六	三十二		五	四十六
河曲县	一	六	三十六		五	五十
平陆县	一	六	四十		五	五十四
芮县	一	六	五十		六	四
稷山县	一	六	五十四		六	八
安邑县	一	七			六	十四
隰州	一	七	四		六	十八
临县	一	七	四		六	十八
石楼县	一	七	二十六		六	四十
萨拉齐厅	一	七	二十六		六	四十
解州	一	七	三十二		六	四十六
保德州	一	七	四十		六	五十四
乡宁县	一	七	四十四		六	五十八
万泉县	一	七	四十八		七	二
大宁县	一	七	五十二		七	六
河津县	一	七	五十六		七	十
猗氏县	一	八			七	十四
永和县	一	八	十六		七	三十

芮城县	一	八	二十	七	三十四
吉 州	一	八	三十四	七	四十八
虞乡县	一	八	四十八	八	二
临晋县	一	八	五十六	八	十
荣河县	一	九	十六	八	三十
永济县	一	十		九	十四

谨案：时宪铺注者，京师之节气也。其节气表所列者，各省垣之节气也。至问以各州县之节气，莫不茫如。或且不知一地有一地之节气，而不同京省也。《历象考成》云：凡偏东一度，节气迟时之四分；偏西一度，节气早时之四分；月食亦同斯例焉。夫一刻析之得十五分，而每分析之亦得六十秒，是皆可据偏度一一算出者也。用立京师及省垣为主而条列每度节气时刻，一一对较其迟早云。

右节气交食先后谱。

日出入早晚昼夜刻长短

地区	各节气	日出			日入			昼		夜	
		时	刻	分	时	刻	分	刻	分	刻	分
芮城县 平陆县 永济县 虞乡县	冬至	辰	初初	十	申	正三	五	三十八	十	五十七	五
	小寒 大雪	辰	初初	七	申	正三	八	三十九	一	五十六	十四
	大寒 小雪	卯	正三	十四	酉	初初	一	四十	二	五十五	十三
	立春 立冬	卯	正三	二	酉	初初	十三	四十一	十一	五十四	四
	雨水 霜降	卯	正二	二	酉	初一	十三	四十三	十一	五十二	四
	惊蛰 寒露	卯	正一	一	酉	初二	十四	四十五	十三	五十	二
	春分 秋分	卯	正初		酉	正初		四十八		四十八	
	清明 白露	卯	正二	十四	酉	正一	一	五十	二	四十五	十三
	谷雨 处暑	卯	初一	十三	酉	正二	二	五十二	四	四十三	十一
	立夏 立秋	卯	初初	十三	酉	正二	二	五十四	四	四十一	十一
	小满 大暑	卯	初初	一	酉	正三	十四	五十五	十三	四十	二
	芒种 小暑	寅	正三	八	戌	初初	七	五十六	十四	三十九	一
	夏至	寅	正三	五	戌	初初	十	五十七	五	三十八	十

地区	各节气		日出			日入			昼		夜	
			时	刻	分	时	刻	分	刻	分	刻	分
垣曲县 解州 安邑县 临晋县 夏县 猗氏县	冬至		辰	初初	十一	申	正三	四	三十八	八	五十七	七
	小寒	大雪	辰	初初	七	申	正三	八	三十九	一	五十六	十四
	大寒	小雪	辰	初初	十		酉	初初		四十		五十六	
	立春	立冬	卯	正三	二	酉	初初	十三	四十一	十一	五十四	四
	雨水	霜降	卯	正二	三	酉	初一	十二	四十三	九	五十二	六
	惊蛰	寒露	卯	正一	二	酉	初二	十三	四十五	十一	五十	四
	春分	秋分	卯	正初		酉	正初		四十八		四十八	
	清明	白露	卯	初二	十三	酉	正一	二	五十	四	四十五	十一
	谷雨	处暑	卯	初一	十二	酉	正二	三	五十二	六	四十三	九
	立夏	立秋	卯	初初	十三	酉	正三	二	五十四	四	四十一	十一
	小满	大暑	卯	初初		戌	初初		五十六		四十	
	芒种	小暑	寅	正三	八	戌	初初	七	五十六	十四	三十九	一
	夏至		寅	正三	四	戌	初初	十一	五十七	七	三十八	八

地区	各节气		日出			日入			昼		夜	
			时	刻	分	时	刻	分	刻	分	刻	分
闻喜县 荣河县 万泉县 绛县 凤台县 阳城县	冬至		辰	初初	十二	申	正三	三	三十八	六	五十七	九
	小寒	大雪	辰	初初	九	申	正三	六	三十八	十二	五十七	三
	大寒	小雪	辰	初初	一	申	正三	十四	三十九	十三	五十六	二
	立春	立冬	卯	正三	三	酉	初初	十二	四十一	九	五十四	六
	雨水	霜降	卯	正二	三	酉	初一	十二	四十三	九	五十二	六
	惊蛰	寒露	卯	正一	二	酉	初二	十三	四十五	十一	五十	四
	春分	秋分	卯	正初		酉	正初		四十八		四十八	
	清明	白露	卯	初二	十三	酉	正一	二	五十	四	四十五	十一
	谷雨	处暑	卯	初一	十二	酉	正二	三	五十二	六	四十三	九
	立夏	立秋	卯	初初	十二	酉	正三	三	五十四	六	四十一	九
	小满	大暑	寅	正三	十四	戌	初初	一	五十六	二	三十九	十三
	芒种	小暑	寅	正三	六	戌	初初	九	五十七	三	三十八	十二
	夏至		寅	正三	三	戌	初初	十二	五十七	九	三十八	六

地区	各节气		日出			日入			昼		夜	
			时	刻	分	时	刻	分	刻	分	刻	分
河津县 稷山县 绛　州 翼城县 曲沃县 沁水县 陵川县 高平县 太平县	冬至		辰	初初	十三	申	正三	二	三十八	十四	五十七	十一
	小寒	大雪	辰	初初	九	申	正三	六	三十八	十二	五十七	三
	大寒	小雪	辰	初初	一	申	正三	十四	三十九	十三	五十六	二
	立春	立冬	卯	正三	四	酉	初初	十一	四十一	七	五十四	八
	雨水	霜降	卯	正二	四	酉	初一	十一	四十三	七	五十二	八
	惊蛰	寒露	卯	正一	二	酉	初二	十三	四十五	十一	五十	四
	春分	秋分	卯	正初		酉	正初		四十八		四十八	
	清明	白露	卯	初二	十三	酉	正一	二	五十	四	四十五	十一
	谷雨	处暑	卯	初一	十一	酉	正二	四	五十二	八	四十三	七
	立夏	立秋	卯	初初	十一	酉	正三	四	五十四	八	四十一	七
	小满	大暑	寅	正三	十四	戌	初初	一	五十六	二	三十九	十三
	芒种	小暑	寅	正三	六	戌	初初	九	五十七	三	三十八	十二
	夏至		寅	正三	二	戌	初初	十三	五十七	十一	三十八	四

地区	各节气		日出			日入			昼		夜	
			时	刻	分	时	刻	分	刻	分	刻	分
浮山县 乡宁县 襄陵县 壶关县 长子县 临汾县 吉　州 长治县 屯留县 潞城县 岳阳县 洪洞县 蒲　县	冬至		辰	初初	十四	申	正三	一	三十八	二	五十七	十三
	小寒	大雪	辰	初初	十一	申	正三	四	三十八	八	五十七	七
	大寒	小雪	辰	初初	二	申	正三	十三	三十九	十一	五十六	四
	立春	立冬	卯	正三	四	酉	初初	十一	四十一	七	五十四	八
	雨水	霜降	卯	正二	四	酉	初一	十一	四十三	七	五十二	八
	惊蛰	寒露	卯	正一	二	酉	初二	十三	四十五	十一	五十	四
	春分	秋分	卯	正初		酉	正初		四十八		四十八	
	清明	白露	卯	初二	十三	酉	正一	二	五十	四	四十五	十一
	谷雨	处暑	卯	初一	十一	酉	正二	四	五十二	八	四十三	七
	立夏	立秋	卯	初初	十一	酉	正三	四	五十四	八	四十一	七
	小满	大暑	寅	正三	十三	戌	初初	二	五十六	四	三十九	十一
	芒种	小暑	寅	正三	四	戌	初初	十一	五十七	七	三十八	八
	夏至		寅	正三	一	戌	初初	十四	五十七	十三	三十八	二

地区	各节气		日出			日入			昼		夜	
			时	刻	分	时	刻	分	刻	分	刻	分
赵城县襄垣县黎城县大宁县霍州沁源县汾西县隰州	冬至		辰	初一		申	正三		三十八		五十八	
	小寒	大雪	辰	初初	十二	申	正三	三	三十八	六	五十七	九
	大寒	小雪	辰	初初	三	申	正三	十二	三十九	九	五十六	六
	立春	立冬	卯	正三	五	酉	初初	十	四十一	五	五十四	十
	雨水	霜降	卯	正二	五	酉	初一	十	四十三	五	五十二	十
	惊蛰	寒露	卯	初一	三	酉	初二	十二	四十五	九	五十	六
	春分	秋分	卯	正初		酉	正初		四十八		四十八	
	清明	白露	卯	初二	十二	酉	正一	三	五十	六	四十五	九
	谷雨	处暑	卯	初一	十	酉	正二	五	五十二	十	四十三	五
	立夏	立秋	卯	初初	十	酉	正三	五	五十四	十	四十一	五
	小满	大暑	寅	正三	十二	戌	初初	三	五十六	六	三十九	九
	芒种	小暑	寅	正三	三	戌	初初	十二	五十七	九	三十八	六
	夏至		寅	正三		戌	初一		五十八		三十八	

地区	各节气		日出			日入			昼		夜	
			时	刻	分	时	刻	分	刻	分	刻	分
沁州永和县武乡县灵石县	冬至		辰	初一	一	申	正二	十四	三十七	十三	五十八	二
	小寒	大雪	辰	初初	十三	申	正三	二	三十八	四	五十七	十一
	大寒	小雪	辰	初初	四	申	正三	十一	三十九	七	五十六	八
	立春	立冬	卯	正三	六	酉	初初	九	四十一	三	五十四	十二
	雨水	霜降	卯	正二	五	酉	初一	十	四十三	五	五十二	十
	惊蛰	寒露	卯	正一	三	酉	初二	十二	四十五	九	五十	六
	春分	秋分	卯	正初		酉	正初		四十八		四十八	
	清明	白露	卯	初二	十二	酉	正一	三	五十	六	四十五	九
	谷雨	处暑	卯	初一	十	酉	正二	五	五十二	十	四十三	五
	立夏	立秋	卯	初初	九	酉	正三	六	五十四	十二	四十一	三
	小满	大暑	寅	正三	十一	戌	初初	四	五十六	八	三十九	七
	芒种	小暑	寅	正三	二	戌	初初	十三	五十七	十一	三十八	四
	夏至		寅	正二	十四	戌	初一	一	五十八	二	三十七	十三

地区	各节气		日出			日入			昼		夜	
			时	刻	分	时	刻	分	刻	分	刻	分
介休县 辽州 榆社县 石楼县 孝义县 平遥县 汾阳县 和顺县 宁乡县	冬至		辰	初一	二	申	正二	十三	三十七	十一	五十八	四
	小寒	大雪	辰	初初	十三	申	正三	二	三十八	四	五十七	十一
	大寒	小雪	辰	初初	五	申	正三	十	三十九	五	五十六	十
	立春	立冬	卯	正三	七	酉	初初	八	四十一	一	五十四	十四
	雨水	霜降	卯	正二	六	酉	初一	九	四十三	三	五十二	十二
	惊蛰	寒露	卯	正一	一	酉	初二	十四	四十五	十三	五十	二
	春分	秋分	卯	正初		酉	正初		四十八		四十八	
	清明	白露	卯	初二	十四	酉	正一	一	五十	二	四十五	十四
	谷雨	处暑	卯	初一	九	酉	正二	六	五十二	十二	四十三	三
	立夏	立秋	卯	初初	八	酉	正三	七	五十四	十四	四十一	一
	小满	大暑	寅	正三	十	戌	初初	五	五十六	十	三十九	五
	芒种	小暑	寅	正三	二	戌	初初	十三	五十七	十一	三十八	四
	夏至		寅	正二	十三	戌	初一	二	五十八	四	三十七	十一

地区	各节气		日出			日入			昼		夜	
			时	刻	分	时	刻	分	刻	分	刻	分
祁县 太谷县 文水县 永宁州 徐沟县 交城县 榆次县	冬至		辰	初一	三	申	正二	十二	三十七	九	五十八	六
	小寒	大雪	辰	初初	十四	申	正三	一	三十八	二	五十七	十三
	大寒	小雪	辰	初初	五	申	正三	十	三十九	五	五十六	十
	立春	立冬	卯	正三	七	酉	初初	八	四十一	一	五十四	十四
	雨水	霜降	卯	正二	七	酉	初一	八	四十三	三	五十二	十四
	惊蛰	寒露	卯	正一	三	酉	初二	十二	四十五	九	五十	六
	春分	秋分	卯	正初		酉	正初		四十八		四十八	
	清明	白露	卯	初二	十二	酉	正一	三	五十	六	四十五	九
	谷雨	处暑	卯	初一	八	酉	正二	七	五十二	十四	四十三	一
	立夏	立秋	卯	初初	八	酉	正三	七	五十四	十四	四十一	一
	小满	大暑	寅	正三	十	戌	初初	五	五十六	十	三十九	五
	芒种	小暑	寅	正三	一	戌	初初	十四	五十七	十三	三十八	二
	夏至		寅	正二	十二	戌	初一	三	五十八	六	三十七	九

地区	各节气		日出			日入			昼		夜	
			时	刻	分	时	刻	分	刻	分	刻	分
太原县 平定州 阳曲县 寿阳县	冬至		辰	初一	四	申	正二	十一	三十七	七	五十八	八
	小寒	大雪	辰	初一		申	正三		三十八		五十八	
	大寒	小雪	辰	初初	六	申	正三	九	三十九	三	五十六	十二
	立春	立冬	卯	正二	八	酉	初初	七	四十	十四	五十五	一
	雨水	霜降	卯	正二	六	酉	初一	九	四十三	三	五十二	十二
	惊蛰	寒露	卯	正一	三	酉	初二	十二	四十五	九	五十	六
	春分	秋分	卯	正初		酉	正初		四十八			
	清明	白露	卯	初二	十二	酉	正一	三	五十	六	四十五	九
	谷雨	处暑	卯	初一	九	酉	正二	六	五十二	十二	四十三	三
	立夏	立秋	卯	初初	七	酉	正三	八	五十五	一	四十	十四
	小满	大暑	寅	正三	九	戌	初初	六	五十六	十二	三十九	三
	芒种	小暑	寅	正三		戌	初一		五十八		三十八	
	夏至		寅	正二	十一	戌	初一	四	五十八	八	三十七	七

地区	各节气		日出			日入			昼		夜	
			时	刻	分	时	刻	分	刻	分	刻	分
临县 盂县	冬至		辰	初一	五	申	正二	十	三十七	五	五十八	十
	小寒	大雪	辰	初一	一	申	正二	十四	三十七	十三	五十八	二
	大寒	小雪	辰	初初	七	申	正三	八	三十九	一	五十六	十四
	立春	立冬	卯	正三	八	酉	初初	七	四十	十四	五十五	一
	雨水	霜降	卯	正二	七	酉	初一	八	四十三	一	五十二	十四
	惊蛰	寒露	卯	正一	四	酉	初二	十一	四十五	七	五十	八
	春分	秋分	卯	正初		酉	正初		四十八		四十八	
	清明	白露	卯	初二	十一	酉	正一	四	五十	八	四十五	七
	谷雨	处暑	卯	初一	八	酉	正二	七	五十二	十四	四十三	一
	立夏	立秋	卯	初初	七	酉	正三	八	五十五	一	四十	十四
	小满	大暑	寅	正三	八	戌	初初	七	五十六	十四	三十九	一
	芒种	小暑	寅	正二	十四	戌	初一	一	五十八	二	三十七	十三
	夏至		寅	正二	十	戌	初一	五	五十八	十	三十七	五

地区	各节气		日出			日入			昼		夜	
			时	刻	分	时	刻	分	刻	分	刻	分
忻州 岚县 静乐县 定襄县 兴县	冬至		辰	初一	六	申	正二	九	三十七	三	五十八	十二
	小寒	大雪	辰	初一	二	申	正二	十三	三十七	十一	五十八	四
	大寒	小雪	辰	初初	八	申	正三	七	三十八	十四	五十七	一
	立春	立冬	卯	正三	九	酉	初初	六	四十	十二	五十五	三
	雨水	霜降	卯	正三	七	酉	初一	八	四十三	一	五十二	十四
	惊蛰	寒露	卯	正一	四	酉	初二	十一	四十五	七	五十	八
	春分	秋分	卯	正初		酉	正初		四十八		四十八	
	清明	白露	卯	初二	十一	酉	正一	四	五十	八	四十五	七
	谷雨	处暑	卯	初一	八	酉	正二	七	五十二	十四	四十三	一
	立夏	立秋	卯	初初	六	酉	正三	九	五十五	三	四十	十二
	小满	大暑	寅	正三	七	戌	初一	八	五十七	一	三十八	十四
	芒种	小暑	寅	正二	十三	戌	初一	二	五十八	四	三十七	十一
	夏至		寅	正二	九	戌	初一	六	五十八	十二	三十七	三

地区	各节气		日出			日入			昼		夜	
			时	刻	分	时	刻	分	刻	分	刻	分
五台县 岢岚州	冬至		辰	初一	七	申	正二	八	三十七	一	五十八	十四
	小寒	大雪	辰	初一	三	申	正二	十二	三十七	九	五十八	六
	大寒	小雪	辰	初初	九	申	正三	六	三十八	十二	五十七	三
	立春	立冬	卯	正三	十	酉	初初	五	四十	十	五十五	五
	雨水	霜降	卯	正二	八	酉	初一	七	四十二	十四	五十三	一
	惊蛰	寒露	卯	正一	四	酉	初二	十一	四十五	七	五十	八
	春分	秋分	卯	正初		酉	正初		四十八		四十八	
	清明	白露	卯	初二	十一	酉	正一	四	五十	八	四十五	七
	谷雨	处暑	卯	初一	七	酉	正二	八	五十三	一	四十二	十四
	立夏	立秋	卯	初初	五	酉	正三	十	五十五	五	四十	十
	小满	大暑	寅	正三	六	戌	初初	九	五十七	三	三十八	十二
	芒种	小暑	寅	正二	十二	戌	初一	三	五十八	六	三十七	九
	夏至		寅	正二	八	戌	初一	七	五十八	十四	三十七	一

地区	各节气		日出			日入			昼		夜	
			时	刻	分	时	刻	分	刻	分	刻	分
岢县 保德州 宁武县 五寨县 代州 神池县 繁峙县	冬至		辰	初一	八	申	正二	七	三十六	十四	五十九	一
	小寒	大雪	辰	初一	四	申	正二	十一	三十七	七	五十八	八
	大寒	小雪	辰	初初	十	申	正三	五	三十八	十	五十七	五
	立春	立冬	卯	正三	十	酉	初初	五	四十	十	五十五	五
	雨水	霜降	卯	正二	八	酉	初一	七	四十二	十四	五十三	一
	惊蛰	寒露	卯	正一	四	酉	初二	十一	四十五	七	五十	八
	春分	秋分	卯	正初		酉	正初		四十八		四十八	
	清明	白露	卯	初二	十一	酉	正一	四	五十	八	四十五	七
	谷雨	处暑	卯	初一	七	酉	正二	八	五十三	一	四十二	十四
	立夏	立秋	卯	初初	五	酉	正三	十	五十五	五	四十	十
	小满	大暑	寅	正三	五	戌	初初	十	五十七	五	三十八	十
	芒种	小暑	寅	正二	十一	戌	初一	四	五十八	八	三十七	七
	夏至		寅	正二	七	戌	初一	八	五十九	一	三十六	十四

地区	各节气		日出			日入			昼		夜	
			时	刻	分	时	刻	分	刻	分	刻	分
朔州 灵邱县 河曲县 山阴县 偏关县 应州	冬至		辰	初一	九	申	正二	六	三十六	十二	五十九	三
	小寒	大雪	辰	初一	五	申	正二	十	三十七	五	五十八	十
	大寒	小雪	辰	初初	十一	申	正三	四	三十八	八	五十七	七
	立春	立冬	卯	正三	十一	酉	初初	四	四十	八	五十五	七
	雨水	霜降	卯	正二	九	酉	初一	六	四十二	十二	五十三	三
	惊蛰	寒露	卯	正一	五	酉	初二	十	四十五	五	五十	十
	春分	秋分	卯	正初		酉	正初		四十八		四十八	
	清明	白露	卯	初二	十	酉	正一	五	五十	十	四十五	五
	谷雨	处暑	卯	初一	六	酉	正二	九	五十三	三	四十二	十二
	立夏	立秋	卯	初初	四	酉	正三	十一	五十五	七	四十	八
	小满	大暑	寅	正三	四	戌	初初	十一	五十七	七	三十八	八
	芒种	小暑	寅	正二	十	戌	初一	五	五十八	十	三十七	五
	夏至		寅	正二	六	戌	初一	九	五十九	三	三十六	十二

地区	各节气		日出			日入			昼		夜	
			时	刻	分	时	刻	分	刻	分	刻	分
浑源州 平鲁县 广灵县 怀仁县 左云县	冬至		辰	初一	十	申	正二	五	三十六	十	五十九	五
	小寒	大雪	辰	初一	六	申	正二	九	三十七	三	五十八	十二
	大寒	小雪	辰	初初	十一	申	正三	四	三十八	八	五十七	七
	立春	立冬	卯	正三	十二	酉	初初	三	四十	六	五十五	九
	雨水	霜降	卯	正二	九	酉	初一	六	四十二	十二	五十三	三
	惊蛰	寒露	卯	正一	五	酉	初二	十	四十五	五	五十	十
	春分	秋分	卯	正初		酉	正初		四十八		四十八	
	清明	白露	卯	初二	十	酉	正一	五	五十	十	四十五	五
	谷雨	处暑	卯	初一	六	酉	正二	九	五十三	三	四十二	十二
	立夏	立秋	卯	初初	三	酉	正三	十二	五十五	九	四十	六
	小满	大暑	寅	正三	四	戌	初初	十一	五十七	七	三十八	八
	芒种	小暑	寅	正二	九	戌	初一	六	五十八	十二	三十七	三
	夏至		寅	正二	五	戌	初一	十	五十九	五	三十六	十

地区	各节气		日出			日入			昼		夜	
			时	刻	分	时	刻	分	刻	分	刻	分
大同县 清水河厅 右玉县	冬至		辰	初一	十一	申	正二	四	三十六	八	五十九	七
	小寒	大雪	辰	初一	七	申	正二	八	三十七	一	五十八	十四
	大寒	小雪	辰	初初	十二	申	正三	三	三十八	六	五十七	九
	立春	立冬	卯	正三	十二	酉	初初	三	四十	六	五十五	九
	雨水	霜降	卯	正二	九	酉	初一	六	四十二	十二	五十三	三
	惊蛰	寒露	卯	正一	一	酉	初二	十四	四十五	十三	五十	二
	春分	秋分	卯	正初		酉	正初		四十八		四十八	
	清明	白露	卯	初二	十四	酉	正一	一	五十	二	四十五	十三
	谷雨	处暑	卯	初一	六	酉	正二	九	五十三	三	四十二	十二
	立夏	立秋	卯	初初	三	酉	正三	十二	五十五	九	四十	六
	小满	大暑	寅	正三	三	戌	初初	十二	五十七	九	三十八	六
	芒种	小暑	寅	正二	八	戌	初一	七	五十八	十四	三十七	一
	夏至		寅	正二	四	戌	初一	十一	五十九	七	三十六	八

地区	各节气		日出			日入			昼		夜	
			时	刻	分	时	刻	分	刻	分	刻	分
宁远县 阳高县 天镇县 和林格尔厅 丰镇厅 托克托城厅	冬至		辰	初一	十二	申	正二	三	三十六	六	五十九	九
	小寒	大雪	辰	初一	八	申	正二	七	三十六	十四	五十九	一
	大寒	小雪	辰	初初	十三	申	正三	一	三十八	四	五十七	十一
	立春	立冬	卯	正三	十四	酉	初初	一	四十	二	五十五	十三
	雨水	霜降	卯	正二	十	酉	初一	五	四十二	十	五十三	五
	惊蛰	寒露	卯	正一	五	酉	初二	十	四十五	五	五十	十
	春分	秋分	卯	正初		酉	正初		四十八		四十八	
	清明	白露	卯	初二	十	酉	正一	五	五十	十	四十五	五
	谷雨	处暑	卯	初一	五	酉	正二	十	五十三	五	四十二	十
	立夏	立秋	卯	初初	一	酉	正三	十四	五十五	十三	四十	二
	小满	大暑	寅	正三	二	戌	初初	十三	五十七	十一	三十八	四
	芒种	小暑	寅	正二	七	戌	初一	八	五十九	一	三十六	十四
	夏至		寅	正二	三	戌	初一	十二	五十九	九	三十六	六

地区	各节气		日出			日入			昼		夜	
			时	刻	分	时	刻	分	刻	分	刻	分
归化城厅 萨拉齐厅	冬至		辰	初一	十三	申	正二	二	三十六	四	五十九	十一
	小寒	大雪	辰	初一	九	申	正二	六	三十六	十二	五十九	三
	大寒	小雪	辰	初初	十四	申	正三	一	三十八	二	五十七	十三
	立春	立冬	卯	正三	十四	酉	初初	一	四十	二	五十五	十三
	雨水	霜降	卯	正二	十	酉	初一	五	四十二	十	五十三	五
	惊蛰	寒露	卯	正一	五	酉	初二	十	四十五	五	五十	十
	春分	秋分	卯	正初		酉	正初		四十八		四十八	
	清明	白露	卯	初二	十	酉	正一	五	五十	十	四十五	五
	谷雨	处暑	卯	初一	五	酉	正二	十	五十三	五	四十二	十
	立夏	立秋	卯	初初	一	酉	正三	十四	五十五	十三	四十	二
	小满	大暑	寅	正三	一	戌	初初	十四	五十七	十三	三十八	二
	芒种	小暑	寅	正二	六	戌	初一	九	五十九	三	三十六	十二
	夏至		寅	正二	二	戌	初一	十三	五十九	十一	三十六	四

谨案：节气既正，则揆日亟矣。时宪书谓之太阳表，亦只各省垣，不及其他府州厅县，且铺注之日惟二至，前后各直两节耳，余皆不直。交节或五六七八至十一二日一注，阅者易惝。兹详铺节气，二至前后距纬同者，对书之；细算时刻，一带东西高度同者，并列之。既祛烦杂，亦省重复。

右日出入早晚昼夜刻谱。

日出入前至朦影差

冬至朦影：

芮城县　平陆县　永济县　虞乡县　垣曲县　解州　安邑县　临晋县　夏县　猗氏县

以上十处早晚各六刻五分。

闻喜县　荣河县　万泉县　绛县　凤台县　阳城县　河津县　稷山县　绛州　翼城县　曲沃县　沁水县　陵川县　高平县　太平县

以上十五处早晚各六刻六分。

浮山县　乡宁县　襄陵县　壶关县　长子县　临汾县　吉州　长治县　屯留县　潞城县　岳阳县　洪洞县　蒲县

以上十三处早晚各六刻七分。

赵城县　襄垣县　黎城县　大宁县　霍州　沁源县　汾西县　隰州　沁州　永和县　武乡县　灵石县

以上十二处早晚各六刻八分。

介休县　辽州　榆社县　石楼县　孝义县　平遥县　汾阳县　和顺县　宁乡县　祁县　太谷县　文水县　永宁州　徐沟县　交城县　榆次县　太原县　平定州　阳曲县　寿阳县

以上二十处早晚各六刻九分。

临县　孟县　忻州　岚县　静乐县　定襄县　兴县

以上七处早晚各六刻十分。

五台县　岢岚州

以上二处早晚各六刻十一分。

崞县　保德州　宁武县　五寨县　代州　神池县　繁峙县　朔州　灵邱县　河曲县　山阴县　偏关县　应州

以上十三处早晚各六刻十二分。

浑源州　平鲁县　广灵县　怀仁县　左云县　大同县　清水河厅　右玉县

以上八处早晚各六刻十三分。

宁远厅　阳高县　天镇县　和林格尔厅　丰镇镇　托克托城厅　归化城厅　萨拉齐厅

以上八处早晚各六刻十四分。

春秋分朦影：

芮城县　平陆县　永济县　虞乡县　垣曲县　解州　安邑县　临晋县　夏县　猗氏县

以上十处早晚各五刻十三分。

闻喜县　荣河县　万泉县　绛县　凤台县　阳城县　河津县　稷山县　绛州　翼城县　曲沃县　沁水县　陵川县　高平县　太平县

以上十五处早晚各五刻十四分。

浮山县　乡宁县　襄陵县　壶关县　长子县　临汾县　吉州　长治县　屯留县　潞城县　岳阳县　洪洞县　蒲县　赵城县　襄垣县　黎城县　大宁县

以上十七处早晚各六刻整。

霍州　沁源县　汾西县　隰州　沁州　永和县　武乡县　灵石县

介休县　辽州　榆社县　石楼县　孝义县　平遥县　汾阳县　和顺县

以上十六处早晚各六刻一分。

宁乡县　祁县　太谷县　文水县　永宁州　徐沟县　交城县　榆次县　太原县　平定州　阳曲县　寿阳县　临县　孟县

以上十四处早晚各六刻二分。

忻州　岚县　静乐县　定襄县　兴县　五台县　岢岚州

以上七处早晚各六刻三分。

崞县　保德州　宁武县　五寨县　代州　神池县　繁峙县　朔州　灵邱县　河曲县　山阴县

以上十一处早晚各六刻四分。

偏关县　应州　浑源州　平鲁县　广灵县　怀仁县　左云县　大同县　清水河厅　右玉县

以上十处早晚各六刻五分。

宁远厅　阳高县　天镇县　和林格尔厅　丰镇厅　托克托城厅　归化城厅　萨拉齐厅

以上八处早晚各六刻六分。

夏至朦影：

芮城县

此一处早晚各七刻六分。

平陆县　永济县　虞乡县　垣曲县　解州　安邑县

以上六处早晚各七刻七分。

临晋县　夏县　猗氏县　闻喜县　荣河县　万泉县　绛县　凤台县

以上八处早晚各七刻八分。

阳城县　河津县　稷山县　绛州　翼城县　曲沃县　沁水县　陵川县　高平县　太平县　浮山县　乡宁县　襄陵县　壶关县

以上十四处早晚各七刻十分。

长子县　临汾县　吉州　长治县

以上四处早晚各七刻十分。

屯留县　潞城县　岳阳县　洪洞县　蒲县　赵城县　襄垣县　黎城县　大宁县

以上九处早晚各七刻十一分。

霍州　沁源县　汾西县　隰州　沁州　永和县　武乡县　灵石县

以上八处早晚各七刻十二分。

介休县　辽州　榆社县　石楼县　孝义县　平遥县

以上六处早晚各七刻十三分。

汾阳县　和顺县　宁乡县　祁县　太谷县　文水县　永宁州

以上七处早晚各七刻十四分。

徐沟县　交城县　榆次县　太原县　平定州

以上五处早晚各八刻整。

阳曲县　寿阳县　临县　盂县

以上四处早晚各八刻一分。

忻州　岚县

以上二处早晚各八刻二分。

静乐县　定襄县　兴县　五台县　岢岚州　崞县

以上六处早晚各八刻三分。

保德州

此一处早晚各八刻四分。

宁武县　五寨县　代州　神池县

以上四处早晚各八刻五分。

繁峙县　朔州　灵邱县　河曲县

以上四处早晚各八刻六分。

山阴县　偏关县　应州　浑源州　平鲁县　广灵县

以上六处早晚各八刻七分。

怀仁县

此一处早晚各八刻八分。

左云县　大同县　清水河厅

以上三处早晚各八刻九分。

右玉县　宁远厅　阳高县　天镇县

以上四处早晚各八刻十分。

和林格尔厅　丰镇厅　托克托城厅

以上三处早晚各八刻十一分。

归化城厅

此一处早晚各八刻十二分。

萨拉齐厅

此一处早晚各八刻十三分。

谨案：《历象考成》朦影者，古所谓晨昏分也。太阳未出之前，及已入之后，在地平下尚十八度，而地上已有光矣。故例以十八度为朦影之限，然太阳距赤道有南北，则朦影随时不同，盖二分少而二至多也。北极距天顶有远近，则朦影随地不同，盖北方多而南方少也。其分至多少之差，则冬至多于春秋分，而夏至愈多于冬至。其南北多少之差，则极高五十度以上，夏至前后竟不夜；极低数度以下，冬至之昼夜常停也。不知朦影者，未明而疑为日出，既昏而疑日尚未入，不且议太阳谱之误乎？兹故一一别之，以分、至四节日行之黄赤三规为主，而以各带之府州厅县条列于下，庶便检寻云。

右日出入前后朦影差谱。

《山西通志·星度谱下》

谱二之二　山西通志弟七

赐进士出身头品顶戴兵部侍郎兼都察院右副都御史巡抚山西提督军务臣张煦奉旨监修。

各处日高弧　各节晷影长短　各属中星　各处距京省直线　附山西分星岁差

各处日高弧

冬至	日高弧			日余弧		
	度	分	秒	度	分	秒
芮城县	三一	四六	一〇	五八	一三	五〇
平陆县	三一	四二	二〇	五八	一七	四〇
永济县	三一	三九	〇〇	五八	二一	〇〇
虞乡县	三一	三九	〇〇	五八	二一	〇〇
垣曲县	三一	三三	三三	五八	二六	三〇
解州	三一	三三	〇〇	五八	二七	〇〇
安邑县	三一	二四	〇〇	五八	三六	〇〇
临晋县	三一	二三	一〇	五八	三七	五〇
夏县	三一	二〇	〇〇	五八	四〇	〇〇
猗氏县	三一	一九	五〇	五八	四〇	一〇
闻喜县	三一	〇八	〇〇	五八	五二	〇〇
荣河县	三一	〇八	〇〇	五八	五二	〇〇
万泉县	三一	〇五	四〇	五八	五四	二〇

绛县	三一	〇一	三〇	五八	五八	〇〇
凤台县	三一	〇一	〇〇	五八	五九	〇〇
阳城县	三一	〇〇	三〇	五八	五九	三〇
河津县	三〇	五四	〇〇	五九	〇六	〇〇
稷山县	三〇	五三	三〇	五九	〇六	三〇
绛州	三〇	五三	二〇	五九	〇六	四〇
翼城县	三〇	五二	三〇	五九	〇七	三〇
曲沃县	三〇	五二	二〇	五九	〇七	四〇
沁水县	三〇	四九	三〇	五九	一〇	三〇
陵川县	三〇	四七	三〇	五九	一二	三〇
高平县	三〇	四九	〇〇	五九	一五	〇〇
太平县	三〇	四一	四〇	五九	一八	二〇
浮山县	三〇	三二	三〇	五九	二七	三〇
乡宁县	三〇	三一	〇〇	五九	二九	〇〇
襄陵县	三〇	三〇	〇〇	五九	三〇	〇〇
壶关县	三〇	二八	三〇	五九	三一	三〇
长子县	三〇	二七	〇〇	五九	三三	〇〇
临汾县	三〇	二五	三〇	五九	三四	三〇
吉州	三〇	二四	五〇	五九	三五	一〇
长治县	三〇	二四	〇〇	五九	三六	〇〇
屯留县	三〇	一五	三〇	五九	四四	二〇
潞城县	三〇	一五	二〇	五九	四四	四〇
岳阳县	三〇	一五	一〇	五九	四四	五〇
洪洞县	三〇	一五	〇〇	五九	四五	〇〇
蒲县	三〇	一四	三〇	五九	四五	三〇
赵城县	三〇	〇七	三〇	五九	五二	三〇
襄垣县	三〇	〇三	〇〇	五九	五七	〇〇
黎城县	三〇	〇三	〇〇	五九	五七	〇〇
大宁县	三〇	〇二	〇〇	五九	五八	〇〇
霍州	二九	五五	四〇	六〇	〇四	二〇
沁源县	二九	五五	〇〇	六〇	〇五	〇〇

汾西县	二九	五二	三〇	六〇	〇七	三〇
隰州	二九	五二	〇〇	六〇	〇八	〇〇
沁州	二九	四九	四〇	六〇	一〇	二〇
永和县	二九	四三	三〇	六〇	一六	三〇
武乡县	二九	四二	三〇	六〇	一七	三〇
灵石县	二九	三八	二〇	六〇	二一	四〇
介休县	二九	二八	〇〇	六〇	三二	〇〇
辽州	二九	二八	〇〇	六〇	三二	〇〇
榆社县	二九	二八	〇〇	六〇	三二	〇〇
石楼县	二九	二七	二〇	六〇	三二	四〇
孝义县	二九	二〇	三〇	六〇	三九	三〇
平遥县	二九	一八	三〇	六〇	四一	三〇
汾阳县	二九	一二	一〇	六〇	四七	五〇
和顺县	二九	一〇	一〇	六〇	四九	五〇
宁乡县	二九	〇九	四〇	六〇	五〇	二〇
祁县	二九	〇八	三〇	六〇	五一	三〇
太谷县	二九	〇五	〇〇	六〇	五五	〇〇
文水县	二九	〇二	三〇	六〇	五七	三〇
永宁州	二八	五八	一〇	六一	〇一	五〇
徐沟县	二八	五六	三〇	六一	〇三	三〇
交城县	二八	五五	〇〇	六一	〇五	〇〇
榆次县	二八	四九	三〇	六一	一〇	三〇
太原县	二八	四五	二〇	六一	一四	四〇
平定州	二八	四〇	三〇	六一	一九	三〇
阳曲县	二八	三七	〇〇	六一	二三	〇〇
寿阳县	二八	三六	三〇	六一	二三	三〇
临县	二八	二六	二〇	六一	三三	四〇
孟县	二八	二五	〇〇	六一	三五	〇〇
忻州	二八	〇六	〇〇	六一	五四	〇〇
岚县	二八	〇五	三〇	六一	五四	三〇
静乐县	二八	〇一	〇〇	六一	五九	〇〇

定襄县	二七	五九	〇〇	六二	〇一	〇〇
兴县	二七	五四	三〇	六二	〇五	三〇
五台县	二七	四六	〇〇	六二	一四	〇〇
岢岚州	二七	四〇	三〇	六二	一九	三〇
崞县	二七	三六	三〇	六二	二三	三〇
保德州	二七	二七	〇〇	六二	三三	〇〇
宁武县	二七	二五	〇〇	六二	三五	〇〇
五寨县	二七	二五	〇〇	六二	三五	〇〇
代州	二七	二五	〇〇	六二	三五	〇〇
神池县	二七	一九	〇〇	六二	四一	〇〇
繁峙县	二七	一八	〇〇	六二	四二	〇〇
朔州	二七	〇五	〇〇	六二	五五	〇〇
灵邱县	二七	〇四	三〇	六二	五五	三〇
河曲县	二七	〇三	〇〇	六二	五七	〇〇
山阴县	二六	五八	一〇	六三	〇一	五〇
偏关县	二六	五八	〇〇	六三	〇二	〇〇
应州	二六	五二	〇〇	六三	〇八	〇〇
浑源州	二六	四九	一〇	六三	一〇	五〇
平鲁县	二六	四八	〇〇	六三	一二	〇〇
广灵县	二六	四五	〇〇	六三	一五	〇〇
怀仁县	二六	三九	〇〇	六三	二一	〇〇
左云县	二六	三六	〇〇	六三	二四	〇〇
大同县	二六	二六	〇〇	六三	三四	〇〇
清水河厅	二六	二六	〇〇	六三	三四	〇〇
右玉县	二六	二〇	〇〇	六三	四〇	〇〇
宁远厅	二六	〇八	三〇	六三	五一	一〇
阳高县	二六	〇八	〇〇	六三	五二	〇〇
天镇县	二六	〇六	〇〇	六三	五四	〇〇
和林格尔厅	二六	〇四	〇〇	六三	五六	〇〇
丰镇厅	二六	〇一	〇〇	六三	五九	〇〇
托克托城厅	二六	〇一	〇〇	六三	五九	〇〇

归化城厅	二五	四二	〇〇	六四	一八	〇〇
萨拉齐厅	二五	三八	〇〇	六四	二二	〇〇

以上冬至午正日高弧

春秋分	日高弧			日余弧		
	度	分	秒	度	分	秒
芮城县	五五	一五	一〇	三四	四四	五〇
平陆县	五五	一一	二〇	三四	四八	四〇
永济县	五五	〇八	〇〇	三四	五二	〇〇
虞乡县	五五	〇八	〇〇	三四	五二	〇〇
垣曲县	五五	〇二	三〇	三四	五七	三〇
解州	五五	〇二	〇〇	三四	五八	〇〇
安邑县	五四	五三	〇〇	三五	〇七	〇〇
临晋县	五四	五一	一〇	三五	〇八	五〇
夏县	五四	四九	〇〇	三五	一一	〇〇
猗氏县	五四	四八	五〇	三五	一一	一〇
闻喜县	五四	三七	〇〇	三五	二三	〇〇
荣河县	五四	三七	〇〇	三五	二三	〇〇
万泉县	五四	三四	四〇	三五	二五	二〇
绛县	五四	三〇	三〇	三五	二九	三〇
凤台县	五四	三〇	〇〇	三五	三〇	〇〇
阳城县	五四	二九	三〇	三五	三〇	三〇
河津县	五四	二三	〇〇	三五	三七	〇〇
稷山县	五四	二二	三〇	三五	三七	三〇
绛州	五四	二二	二〇	三五	三七	四〇
翼城县	五四	二一	三〇	三五	三八	三〇
曲沃县	五四	二一	二〇	三五	三八	四〇
沁水县	五四	一八	三〇	三五	四一	三〇
陵川县	五四	一六	三〇	三五	四三	三〇
高平县	五四	一四	〇〇	三五	四六	〇〇
太平县	五四	一〇	四〇	三五	四九	二〇
浮山县	五四	〇一	三〇	三五	五八	三〇

乡宁县	五四	〇〇	〇〇	三五	六〇	此即三十六度整数
襄陵县	五三	五九	〇〇	三六	〇一	〇〇
壶关县	五三	五七	三〇	三六	〇二	三〇
长子县	五三	五六	〇〇	三六	〇四	〇〇
临汾县	五三	五四	三〇	三六	〇五	三〇
吉州	五三	五三	五〇	三六	〇六	一〇
长治县	五三	五三	〇〇	三六	〇七	〇〇
屯留县	五三	四四	三〇	三六	一五	三〇
潞城县	五三	四四	二〇	三六	一五	四〇
岳阳县	五三	四四	一〇	三六	一五	五〇
洪洞县	五三	四四	〇〇	三六	一六	〇〇
蒲县	五三	四三	三〇	三六	一六	三〇
赵城县	五三	三六	三〇	三六	二三	三〇
襄垣县	五三	三二	〇〇	三六	二八	〇〇
黎城县	五三	三二	〇〇	三六	二八	〇〇
大宁县	五三	三一	〇〇	三六	二九	〇〇
霍州	五三	二四	四〇	三六	三五	二〇
沁源县	五三	二四	〇〇	三六	三六	〇〇
汾西县	五三	二一	三〇	三六	三八	三〇
隰州	五三	二一	〇〇	三六	三九	〇〇
沁州	五三	一八	四〇	三六	四一	二〇
永和县	五三	一二	三〇	三六	四七	三〇
武乡县	五三	一一	三〇	三六	四八	三〇
灵石县	五七	〇七	二〇	三六	五二	四〇
介休县	五二	五七	〇〇	三七	〇三	〇〇
辽州	五二	五七	〇〇	三七	〇三	〇〇
榆社县	五二	五七	〇〇	三七	〇三	〇〇
石楼县	五二	五六	二〇	三七	〇三	四〇
孝义县	五二	四九	三〇	三七	一〇	三〇
平遥县	五二	四七	三〇	三七	一二	三〇

汾阳县	五二	四一	一〇	三七	一八	五〇
和顺县	五二	三九	一〇	三七	二〇	五〇
宁乡县	五二	三八	四〇	三七	二一	二〇
祁县	五二	三七	三〇	三七	二二	三〇
太谷县	五二	三四	〇〇	三七	二六	〇〇
文水县	五二	三一	三〇	三七	二八	三〇
永宁州	五二	二七	一〇	三七	三二	五〇
徐沟县	五二	二五	三〇	三七	三四	三〇
交城县	五二	二四	〇〇	三七	三六	〇〇
榆次县	五二	一八	三〇	三七	四一	三〇
太原县	五二	一四	二〇	三七	四五	四〇
平定州	五二	〇九	三〇	三七	五〇	三〇
阳曲县	五二	〇六	〇〇	三七	五四	〇〇
寿阳县	五二	〇五	三〇	三七	五四	三〇
临县	五一	五五	二〇	三八	〇四	四〇
孟县	五一	五四	〇〇	三八	〇六	〇〇
忻州	五一	三五	〇〇	三八	二五	〇〇
岚县	五一	三四	三〇	三八	二五	三〇
静乐县	五一	三〇	〇〇	三八	三〇	〇〇
定襄县	五一	二八	〇〇	三八	三二	〇〇
兴县	五一	二三	三〇	三八	三六	三〇
五台县	五一	一五	〇〇	三八	四五	〇〇
岢岚州	五一	〇九	三〇	三八	五〇	三〇
崞县	五一	〇五	三〇	三八	五四	三〇
保德州	五〇	五六	〇〇	三九	〇四	〇〇
宁武县	五〇	五四	〇〇	三九	〇六	〇〇
五寨县	五〇	五四	〇〇	三九	〇六	〇〇
代州	五〇	五四	〇〇	三九	〇六	〇〇
神池县	五〇	四八	〇〇	三九	一二	〇〇
繁峙县	五〇	四七	〇〇	三九	一三	〇〇
朔州	五〇	三四	〇〇	三九	二六	〇〇

灵邱县	五〇	三三	三〇	三九	二六	三〇
河曲县	五〇	三二	〇〇	三九	二八	〇〇
山阴县	五〇	二七	一〇	三九	三二	五〇
偏关县	五〇	二七	〇〇	三九	三三	〇〇
应州	五〇	二一	〇〇	三九	三九	〇〇
浑源州	五〇	一八	〇〇	三九	四一	五〇
平鲁县	五〇	一七	〇〇	三九	四三	〇〇
广灵县	五〇	一四	〇〇	三九	四六	〇〇
怀仁县	五〇	〇八	〇〇	三九	五二	〇〇
左云县	五〇	〇五	〇〇	三九	五五	〇〇
大同县	四九	五五	〇〇	四〇	〇五	〇〇
清水河厅	四九	五五	〇〇	四〇	〇五	〇〇
右玉县	四九	四九	〇〇	四〇	一一	〇〇
宁远厅	四九	三七	三〇	四〇	二二	三〇
阳高县	四九	三七	〇〇	四〇	二三	〇〇
天镇县	四九	三五	〇〇	四〇	二五	〇〇
和林格尔厅	四九	三三	〇〇	四〇	二七	〇〇
丰镇厅	四九	三〇	〇〇	四〇	三〇	〇〇
托克托城厅	四九	三〇	〇〇	四〇	三〇	〇〇
归化城厅	四九	一一	〇〇	四〇	四九	〇〇
萨拉齐厅	四九	〇七	〇〇	四〇	五二	〇〇

以上春秋分午正日高弧

夏至	日高弧			日余弧		
	度	分	秒	度	分	秒
芮城县	七八	四四	一〇	一一	一五	五〇
平陆县	七八	四〇	二〇	一一	一九	四〇
永济县	七八	三七	〇〇	一一	二三	〇〇
虞乡县	七八	三七	〇〇	一一	二三	〇〇
垣曲县	七八	三一	三〇	一一	二八	三〇
解州	七八	三一	〇〇	一一	二九	〇〇
安邑县	七八	二二	〇〇	一一	三八	〇〇

临晋县	七八	二〇	一〇	一一	三九	五〇
夏 县	七八	一八	〇〇	一一	四二	〇〇
猗氏县	七八	一七	五〇	一一	四二	一〇
闻喜县	七八	〇六	〇〇	一一	五四	〇〇
荣河县	七八	〇六	〇〇	一一	五四	〇〇
万泉县	七八	〇三	四〇	一一	五六	二〇
绛 县	七七	五九	三〇	一二	〇〇	三〇
凤台县	七七	五九	〇〇	一二	〇一	〇〇
阳城县	七七	五八	三〇	一二	〇一	三〇
河津县	七七	五二	〇〇	一二	〇八	〇〇
稷山县	七七	五一	三〇	一二	〇八	三〇
绛 州	七七	五一	二〇	一二	〇八	四〇
翼城县	七七	五〇	三〇	一二	〇九	三〇
曲沃县	七七	五〇	二〇	一二	〇九	四〇
沁水县	七七	四七	三〇	一二	一二	三〇
陵川县	七七	四五	三〇	一二	一四	三〇
高平县	七七	四三	〇〇	一二	一七	〇〇
太平县	七七	三九	四〇	一二	二〇	二〇
浮山县	七七	三〇	三〇	一二	二九	三〇
乡宁县	七七	二九	〇〇	一二	三一	〇〇
襄陵县	七七	二八	〇〇	一二	三二	〇〇
壶关县	七七	二六	三〇	一二	三三	三〇
长子县	七七	二五	〇〇	一二	三五	〇〇
临汾县	七七	二三	三〇	一二	三六	三〇
吉 州	七七	二三	五〇	一二	三七	一〇
长治县	七七	二二	〇〇	一二	三八	〇〇
屯留县	七七	一三	三〇	一二	四六	三〇
潞城县	七七	一三	二〇	一二	四六	四〇
岳阳县	七七	一三	一〇	一二	四六	五〇
洪洞县	七七	一三	〇〇	一二	四七	〇〇
蒲 县	七七	一二	三〇	一二	四七	三〇

赵城县	七七	〇五	三〇	一二	五四	三〇
襄垣县	七七	〇一	〇〇	一二	五九	〇〇
黎城县	七七	〇一	〇〇	一二	五九	〇〇
大宁县	七七	〇〇	〇〇	一二	六〇	此即一十三度整数
霍州	七六	五三	四〇	一三	〇六	二〇
沁源县	七六	五三	〇〇	一三	〇七	〇〇
汾西县	七六	五〇	三〇	一三	〇九	三〇
隰州	七六	五〇	〇〇	一三	一〇	〇〇
沁州	七六	四七	四〇	一三	一二	二〇
永和县	七六	四一	三〇	一三	一八	三〇
武乡县	七六	四〇	三〇	一三	一九	三〇
灵石县	七六	三六	二〇	一三	二三	四〇
介休县	七六	二六	〇〇	一三	三四	〇〇
辽州	七六	二六	〇〇	一三	三四	〇〇
榆社县	七六	二六	〇〇	一三	三四	〇〇
石楼县	七六	二五	二〇	一三	三四	四〇
孝义县	七六	一八	三〇	一三	四一	三〇
平遥县	七六	一六	三〇	一三	四三	三〇
汾阳县	七六	一二	一〇	一三	四九	五〇
和顺县	七六	〇八	一〇	一三	五一	五〇
宁乡县	七六	〇七	四〇	一三	五二	二〇
祁县	七六	〇六	三〇	一三	五三	三〇
太谷县	七六	〇三	〇〇	一三	五七	〇〇
文水县	七六	〇〇	三〇	一三	五九	三〇
永宁州	七五	五六	一〇	一四	〇三	五〇
徐沟县	七五	五四	三〇	一四	〇五	三〇
交城县	七五	五三	〇〇	一四	〇七	〇〇
榆次县	七五	四七	三〇	一四	一二	三〇
太原县	七五	四三	二〇	一四	一六	四〇
平定州	七五	三八	三〇	一四	一二	三〇

阳曲县	七五	三五	〇〇	一四	二五	〇〇
寿阳县	七五	三四	三〇	一四	二五	三〇
临县	七五	二四	二〇	一四	三五	四〇
盂县	七五	二三	〇〇	一四	三七	〇〇
忻州	七五	〇四	〇〇	一四	五六	〇〇
岚县	七五	〇三	三〇	一四	五六	三〇
静乐县	七四	五九	〇〇	一五	〇一	〇〇
定襄县	七四	五七	〇〇	一五	〇三	〇〇
兴县	七四	五二	三〇	一五	〇七	三〇
五台县	七四	四四	〇〇	一五	一六	〇〇
岢岚州	七四	三八	三〇	一五	二一	三〇
崞县	七四	三四	三〇	一五	二五	三〇
保德州	七四	二五	〇〇	一五	三五	〇〇
宁武县	七四	二三	〇〇	一五	三七	〇〇
五寨县	七四	二三	〇〇	一五	三七	〇〇
代州	七四	二三	〇〇	一五	三七	〇〇
神池县	七四	一七	〇〇	一五	四三	〇〇
繁峙县	七四	一六	〇〇	一五	四四	〇〇
朔州	七四	〇三	〇〇	一五	五七	〇〇
灵邱县	七四	〇二	三〇	一五	五七	三〇
河曲县	七四	〇一	〇〇	一五	五九	〇〇
山阴县	七三	五六	一〇	一六	〇三	五〇
偏关县	七三	五六	〇〇	一六	〇四	〇〇
应州	七三	五〇	〇〇	一六	一〇	〇〇
浑源州	七三	四七	一〇	一六	一二	五〇
平鲁县	七三	四六	〇〇	一六	一四	〇〇
广灵县	七三	四三	〇〇	一六	一七	〇〇
怀仁县	七三	三七	〇〇	一六	二三	〇〇
左云县	七三	三四	〇〇	一六	二六	〇〇
大同县	七三	二四	〇〇	一六	三六	〇〇
清水河厅	七三	二四	〇〇	一六	三六	〇〇

右玉县	七三	一八	〇〇	一六	四二	〇〇
宁远厅	七三	〇六	三〇	一六	五三	三〇
阳高县	七三	〇六	〇〇	一六	五四	〇〇
天镇县	七三	〇四	〇〇	一六	五六	〇〇
和林格尔厅	七三	〇二	〇〇	一六	五八	〇〇
丰镇厅	七二	五九	〇〇	一七	〇一	〇〇
托克托城厅	七二	五九	〇〇	一七	〇一	〇〇
归化城厅	七二	四〇	〇〇	一七	二〇	〇〇
萨拉齐厅	七二	三六	〇〇	一七	二四	〇〇
以上夏至午正日高弧						

谨案：古人以高弧测景求天于浑圆，今自各天顶南北至地平之边，皆一象限九十度，而自北极一点左右至赤道之带，亦皆一象限九十度。然则于一象限内减其地，北极高度所余者，即其地赤道之高度，亦即其地春秋分午正之高度也。自余节气二十有二皆取距纬之数，南减北加，无不可坐而致者；而于极度内直加减距纬，又可得各节余弧，更不假思索矣。特是仪器所测之数，每异于筹度所算之数，此有二故：一由地球起数有心有面，西人谓之地半径差；一由地气晃映可高可大，西人谓之清蒙气差；二者又有不同半径差，则视高小于实高，蒙气差则视高大于实高，一加一减，乃能密合。特高以地殊，地以节殊，节又以时刻殊。一一立谱，深嫌累重，爰只列分至午正之数，于测算之要亦足该焉。

右各处日高弧谱。

各节晷影长短

节气	太原府									
	直表一丈午正影					横表一丈午正影				
	丈	尺	寸	分	厘	丈	尺	寸	分	厘
冬至	一	八	三	二	八	〇	五	四	五	六
小寒 大雪	一	七	七	〇	二	〇	五	六	四	二
大寒 小雪	一	六	〇	五	八	〇	六	二	二	七
立春 立冬	一	三	八	九	九	〇	七	一	九	五
雨水 霜降	一	一	六	六	四	〇	八	五	七	三
惊蛰 寒露	〇	九	五	九	六	一	〇	四	二	〇
春分 秋分	〇	七	七	八	五	一	二	八	四	五
清明 白露	〇	六	二	四	四	一	六	〇	一	五
谷雨 处暑	〇	四	九	六	六	二	〇	一	三	八
立夏 立秋	〇	三	九	四	六	二	五	三	四	二
小满 大暑	〇	三	一	九	四	三	一	三	一	一
芒种 小暑	〇	二	七	二	九	三	六	六	四	六
夏至	〇	二	五	七	一	三	八	九	〇	〇

节气	平阳府									
	直表一丈午正影					横表一丈午正影				
	丈	尺	寸	分	厘	丈	尺	寸	分	厘
冬至	一	七	〇	二	七	〇	五	八	七	三
小寒 大雪	一	六	四	六	六	〇	六	〇	七	三
大寒 小雪	一	四	九	八	二	〇	六	六	七	四
立春 立冬	一	三	〇	一	二	〇	七	六	八	五
雨水 霜降	一	〇	九	四	五	〇	九	一	三	六
惊蛰 寒露	〇	九	〇	〇	八	一	一	〇	二	一
春分 秋分	〇	七	二	九	〇	一	三	七	〇	九
清明 白露	〇	五	八	一	三	一	七	二	〇	一
谷雨 处暑	〇	四	五	七	八	二	一	八	五	〇
立夏 立秋	〇	三	五	八	六	二	七	八	八	九
小满 大暑	〇	二	八	四	六	三	五	一	三	五

芒种 小暑	○	二	三	八	九	四	一	八	五	○
夏至	○	二	二	三	七	四	四	七	○	七

蒲州府

节气	直表一丈午正影				横表一丈午正影			
	丈	尺	寸	分	厘	丈	尺	寸	分	厘
冬至	一	六	二	二	三	○	六	一	六	四
小寒 大雪	一	五	六	九	九	○	六	三	六	九
大寒 小雪	一	四	三	一	○	○	六	九	八	八
立春 立冬	一	二	四	四	九	○	八	○	三	一
雨水 霜降	一	○	四	八	六	○	九	五	三	六
惊蛰 寒露	○	八	六	二	八	一	一	五	九	一
春分 秋分	○	六	九	六	七	一	四	三	五	二
清明 白露	○	五	五	三	一	一	八	○	八	○
谷雨 处暑	○	四	三	二	二	二	三	一	三	七
立夏 立秋	○	三	三	四	六	二	九	八	八	五
小满 大暑	○	二	六	一	九	三	八	一	七	五
芒种 小暑	○	二	一	六	七	四	六	一	三	九
夏至	○	二	○	一	三	四	九	六	六	九

潞安府

节气	直表一丈午正影				横表一丈午正影			
	丈	尺	寸	分	厘	丈	尺	寸	分	厘
冬至	一	七	○	四	四	○	五	八	六	七
小寒 大雪	一	六	四	八	二	○	六	○	六	七
大寒 小雪	一	四	九	六	八	○	六	六	八	一
立春 立冬	一	三	○	二	四	○	七	六	七	八
雨水 霜降	一	○	九	五	五	○	九	一	二	八
惊蛰 寒露	○	九	○	一	五	一	一	○	九	二
春分 秋分	○	七	二	九	六	一	三	七	○	五
清明 白露	○	五	八	一	九	一	七	一	八	四
谷雨 处暑	○	四	五	八	三	二	一	八	一	七
立夏 立秋	○	三	五	九	○	二	七	八	五	一

节气	丈	尺	寸	分	厘	丈	尺	寸	分	厘
小满 大暑	〇	二	八	五	四	三	五	〇	三	八
芒种 小暑	〇	二	三	九	七	四	一	七	二	一
夏至	〇	一	二	四	一	四	四	六	一	五

汾州府

节气	直表一丈午正影					横表一丈午正影				
	丈	尺	寸	分	厘	丈	尺	寸	分	厘
冬至	一	七	八	九	一	〇	五	五	八	九
小寒 大雪	一	七	二	八	七	〇	五	七	八	五
大寒 小雪	一	五	六	九	八	〇	六	三	七	〇
立春 立冬	一	三	六	〇	六	〇	七	三	六	一
雨水 霜降	一	一	四	二	五	〇	八	七	五	二
惊蛰 寒露	〇	九	四	〇	二	一	〇	六	三	六
春分 秋分	〇	七	六	二	二	一	三	一	二	〇
清明 白露	〇	六	一	〇	三	一	六	三	八	六
谷雨 处暑	〇	四	八	三	九	二	〇	六	六	六
立夏 立秋	〇	三	八	二	八	二	六	一	二	二
小满 大暑	〇	三	〇	八	一	三	二	四	五	三
芒种 小暑	〇	二	六	一	九	三	八	一	八	三
夏至	〇	二	四	六	五	四	〇	六	〇	二

泽州府

节气	直表一丈午正影					横表一丈午正影				
	丈	尺	寸	分	厘	丈	尺	寸	分	厘
冬至	一	六	六	三	二	〇	六	〇	一	二
小寒 大雪	一	六	〇	八	九	〇	六	二	一	五
大寒 小雪	一	四	六	五	三	〇	六	八	二	五
立春 立冬	一	二	七	三	八	〇	七	八	五	一
雨水 霜降	一	〇	七	二	一	〇	九	三	二	八
惊蛰 寒露	〇	八	八	二	二	一	一	三	二	五
春分 秋分	〇	七	一	三	三	一	四	〇	一	九
清明 白露	〇	五	六	七	六	一	七	六	一	七
谷雨 处暑	〇	四	四	五	四	二	二	四	五	二

节气	丈	尺	寸	分	厘	丈	尺	寸	分	厘
立夏 立秋	○	三	四	六	九	二	八	八	二	三
小满 大暑	○	二	七	三	八	三	六	五	二	三
芒种 小暑	○	二	二	八	三	四	三	七	九	五
夏至	○	二	一	二	八	四	六	九	七	九

大同府

节气	直表一丈午正影					横表一丈午正影				
	丈	尺	寸	分	厘	丈	尺	寸	分	厘
冬至	二	○	一	一	五	○	四	九	七	一
小寒 大雪	一	九	三	九	二	○	五	一	五	七
大寒 小雪	一	七	五	一	一	○	五	七	一	○
立春 立冬	一	五	○	七	九	○	六	六	三	二
雨水 霜降	一	二	六	一	六	○	七	九	三	三
惊蛰 寒露	一	○	三	五	六	○	九	六	五	六
春分 秋分	○	八	四	一	六	一	二	八	八	二
清明 白露	○	六	九	八	○	一	四	三	二	七
谷雨 处暑	○	五	四	五	○	一	八	三	四	八
立夏 立秋	○	四	三	九	三	二	二	七	六	二
小满 大暑	○	三	六	一	九	二	七	六	三	一
芒种 小暑	○	三	一	四	二	三	一	八	一	一
夏至	○	二	九	八	一	三	三	五	四	四

朔平府

节气	直表一丈午正影					横表一丈午正影				
	丈	尺	寸	分	厘	丈	尺	寸	分	厘
冬至	二	○	二	○	四	○	四	九	四	九
小寒 大雪	一	九	四	七	五	○	五	一	三	五
大寒 小雪	一	七	五	八	三	○	五	六	八	七
立春 立冬	一	五	一	三	六	○	六	六	○	六
雨水 霜降	一	二	六	五	一	○	七	九	○	四
惊蛰 寒露	一	○	三	九	三	○	九	六	二	二
春分 秋分	○	八	四	四	六	一	一	八	四	○
清明 白露	○	六	八	一	二	一	四	六	七	九

节气	直表一丈午正影					横表一丈午正影				
	丈	尺	寸	分	厘	丈	尺	寸	分	厘
谷雨 处暑	〇	五	四	七	三	一	八	二	七	二
立夏 立秋	〇	四	四	一	四	二	二	六	五	四
小满 大暑	〇	三	六	三	九	二	七	四	八	一
芒种 小暑	〇	三	一	六	二	三	一	六	二	八
夏至	〇	三	〇	〇	〇	三	三	三	三	二

宁武府　代州

节气	直表一丈午正影					横表一丈午正影				
	丈	尺	寸	分	厘	丈	尺	寸	分	厘
冬至	一	九	二	七	八	〇	五	一	八	七
小寒 大雪	一	八	〇	六	一	〇	五	三	七	六
大寒 小雪	一	六	八	三	四	〇	五	九	四	〇
立春 立冬	一	四	五	〇	〇	〇	六	八	八	〇
雨水 霜降	一	二	一	七	一	〇	八	二	一	六
惊蛰 寒露	一	〇	〇	〇	七	〇	九	九	九	三
春分 秋分	〇	八	一	二	七	一	二	三	〇	五
清明 白露	〇	六	五	三	九	一	五	二	九	三
谷雨 处暑	〇	五	二	二	九	一	九	一	二	二
立夏 立秋	〇	四	一	九	〇	二	三	八	六	六
小满 大暑	〇	三	四	二	六	二	九	一	八	七
芒种 小暑	〇	二	九	五	五	三	三	八	四	一
夏至	〇	二	七	九	五	三	五	七	七	六

辽州

节气	直表一丈午正影					横表一丈午正影				
	丈	尺	寸	分	厘	丈	尺	寸	分	厘
冬至	一	七	六	九	九	〇	五	六	五	〇
小寒 大雪	一	七	一	〇	四	〇	五	八	四	六
大寒 小雪	一	五	五	三	九	〇	六	四	三	五
立春 立冬	一	三	四	七	三	〇	七	四	二	二
雨水 霜降	一	一	三	二	〇	〇	八	八	三	四
惊蛰 寒露	〇	九	三	一	五	一	〇	七	三	五
春分 秋分	〇	七	五	四	九	一	三	二	四	六

节气	直表一丈午正影					横表一丈午正影				
	丈	尺	寸	分	厘	丈	尺	寸	分	厘
清明 白露	〇	六	〇	三	九	一	六	五	五	七
谷雨 处暑	〇	四	七	八	二	二	〇	九	一	一
立夏 立秋	〇	三	七	八	二	二	六	四	八	六
小满 大暑	〇	三	〇	三	一	三	二	九	九	一
芒种 小暑	〇	二	五	七	〇	三	八	九	一	三
夏至	〇	二	四	一	三	四	一	四	四	〇

沁州

节气	直表一丈午正影					横表一丈午正影				
	丈	尺	寸	分	厘	丈	尺	寸	分	厘
冬至	一	七	四	四	一	〇	五	七	三	三
小寒 大雪	一	六	八	六	〇	〇	五	九	三	一
大寒 小雪	一	五	三	二	六	〇	六	五	二	五
立春 立冬	一	三	二	九	七	〇	七	五	二	〇
雨水 霜降	一	一	一	七	七	〇	八	九	四	七
惊蛰 寒露	〇	九	一	九	八	〇	八	七	二	
春分 秋分	〇	七	四	五	一	一	三	四	二	一
清明 白露	〇	五	九	五	四	一	六	七	九	六
谷雨 处暑	〇	四	七	〇	六	二	一	二	五	四
立夏 立秋	〇	三	七	〇	四	二	七	〇	〇	〇
小满 大暑	〇	二	九	六	二	三	三	七	五	三
芒种 小暑	〇	二	五	〇	二	三	九	九	五	六
夏至	〇	二	三	四	六	四	二	六	一	七

平定州

节气	直表一丈午正影					横表一丈午正影				
	丈	尺	寸	分	厘	丈	尺	寸	分	厘
冬至	一	八	二	八	四	〇	五	四	六	九
小寒 大雪	一	七	六	六	〇	〇	五	六	六	二
大寒 小雪	一	六	〇	二	四	〇	六	二	四	一
立春 立冬	一	三	八	六	九	〇	七	二	一	〇
雨水 霜降	一	一	六	四	〇	〇	八	五	九	一
惊蛰 寒露	〇	九	五	七	七	一	〇	四	四	二

节气	直表一丈午正影					横表一丈午正影				
	丈	尺	寸	分	厘	丈	尺	寸	分	厘
春分 秋分	○	七	七	六	八	一	二	八	七	二
清明 白露	○	六	二	三	○	一	六	○	五	二
谷雨 处暑	○	四	九	五	三	二	○	一	九	○
立夏 立秋	○	三	九	三	四	二	五	四	一	八
小满 大暑	○	三	一	八	二	三	一	四	二	一
芒种 小暑	○	二	七	一	八	三	六	七	九	六
夏至	○	二	五	六	○	三	九	○	六	五

忻州

节气	直表一丈午正影					横表一丈午正影				
	丈	尺	寸	分	厘	丈	尺	寸	分	厘
冬至	一	八	七	二	八	○	五	三	三	九
小寒 大雪	一	八	○	八	一	○	五	五	三	一
大寒 小雪	一	六	三	八	五	○	六	一	○	三
立春 立冬	一	四	一	六	七	○	七	○	五	九
雨水 霜降	一	一	八	七	九	○	八	四	○	八
惊蛰 寒露	○	九	七	七	一	一	○	二	三	四
春分 秋分	○	七	九	三	一	一	二	六	○	九
清明 白露	○	六	三	七	○	一	五	六	九	九
谷雨 处暑	○	五	○	七	八	一	九	六	九	八
立夏 立秋	○	四	○	五	○	二	四	六	八	八
小满 大暑	○	三	二	九	三	三	○	三	六	三
芒种 小暑	○	二	八	二	六	三	五	三	八	九
夏至	○	二	六	六	七	三	七	四	九	五

保德州

节气	直表一丈午正影					横表一丈午正影				
	丈	尺	寸	分	厘	丈	尺	寸	分	厘
冬至	一	九	二	五	一	○	五	一	九	四
小寒 大雪	一	八	五	七	五	○	五	三	八	三
大寒 小雪	一	六	八	一	一	○	五	九	四	八
立春 立冬	一	四	五	二	三	○	六	八	九	○
雨水 霜降	一	二	一	五	六	○	八	二	二	六

节气	直表一丈午正影					横表一丈午正影			
	丈	尺	寸	分	厘	丈	尺	寸	分	厘
惊蛰 寒露	○	九	九	九	五	一	○	○	○	五
春分 秋分	○	七	七	七	○	一	三	二	六	九
清明 白露	○	六	五	三	○	一	五	三	一	二
谷雨 处暑	○	五	二	二	一	一	九	一	四	九
立夏 立秋	○	四	一	八	三	二	三	九	○	五
小满 大暑	○	三	四	一	九	二	九	二	四	三
芒种 小暑	○	二	九	四	九	三	三	九	一	四
夏至	○	二	七	八	九	三	五	八	五	六

解州

节气	直表一丈午正影					横表一丈午正影			
	丈	尺	寸	分	厘	丈	尺	寸	分	厘
冬至	一	六	二	八	六	○	六	一	四	○
小寒 大雪	一	五	八	七	○	○	六	三	○	一
大寒 小雪	一	四	三	六	四	○	六	九	六	二
立春 立冬	一	二	四	九	六	○	八	一	二	二
雨水 霜降	一	○	五	二	三	○	九	五	○	三
惊蛰 寒露	○	八	六	五	八	一	一	五	五	○
春分 秋分	○	六	九	九	三	一	四	二	九	九
清明 白露	○	五	五	五	四	一	八	○	○	六
谷雨 处暑	○	四	三	四	三	二	三	○	二	七
立夏 立秋	○	三	三	六	五	二	九	七	一	二
小满 大暑	○	二	六	三	八	三	七	九	○	五
芒种 小暑	○	二	一	八	六	四	五	七	五	三
夏至	○	二	○	三	一	四	九	二	二	五

绛州

节气	直表一丈午正影					横表一丈午正影			
	丈	尺	寸	分	厘	丈	尺	寸	分	厘
冬至	一	六	七	一	六	○	五	九	八	二
小寒 大雪	一	六	一	六	九	○	六	一	八	七
大寒 小雪	一	四	七	二	三	○	六	七	九	二
立春 立冬	一	二	七	九	六	○	七	八	一	五

节气	丈	尺	寸	分	厘	丈	尺	寸	分	厘
雨水 霜降	一	〇	七	六	九	〇	九	二	八	六
惊蛰 寒露	〇	八	八	六	二	一	一	二	八	四
春分 秋分	〇	七	一	六	七	一	三	九	五	三
清明 白露	〇	五	七	〇	六	一	七	五	二	六
谷雨 处暑	〇	四	四	八	二	二	二	三	一	三
立夏 立秋	〇	三	四	九	四	二	八	六	一	六
小满 大暑	〇	二	七	六	二	三	六	二	〇	六
芒种 小暑	〇	二	三	〇	七	四	三	三	四	九
夏至	〇	二	一	五	二	四	六	四	七	〇

隰州

节气	直表一丈午正影					横表一丈午正影				
	丈	尺	寸	分	厘	丈	尺	寸	分	厘
冬至	一	七	四	一	四	〇	五	七	四	二
小寒 大雪	一	六	八	三	三	〇	五	九	四	〇
大寒 小雪	一	五	三	〇	四	〇	六	五	三	四
立春 立冬	一	三	二	七	八	〇	七	五	三	三
雨水 霜降	一	一	一	六	二	〇	八	九	五	九
惊蛰 寒露	〇	九	五	八	六	一	〇	八	八	六
春分 秋分	〇	七	四	四	〇	一	三	四	四	〇
清明 白露	〇	五	九	四	五	一	六	八	二	二
谷雨 处暑	〇	四	六	九	六	二	一	二	九	二
立夏 立秋	〇	三	六	九	六	二	七	〇	五	六
小满 大暑	〇	二	九	五	五	三	三	八	四	一
芒种 小暑	〇	二	四	九	五	四	〇	〇	七	一
夏至	〇	二	三	三	九	四	二	七	四	七

霍州

节气	直表一丈午正影					横表一丈午正影				
	丈	尺	寸	分	厘	丈	尺	寸	分	厘
冬至	一	七	三	七	一	〇	五	七	五	八
小寒 大雪	一	六	七	九	三	〇	五	九	五	五
大寒 小雪	一	五	二	六	八	〇	六	五	四	九

节气	丈	尺	寸	分	厘	丈	尺	寸	分	厘
立春 立冬	一	三	二	四	九	〇	七	五	四	八
雨水 霜降	一	一	一	三	八	〇	八	九	七	八
惊蛰 寒露	〇	九	一	六	六	一	〇	九	〇	八
春分 秋分	〇	七	四	二	四	一	三	四	七	〇
清明 白露	〇	五	九	三	七	一	六	八	六	二
谷雨 处暑	〇	四	六	八	三	二	一	三	五	一
立夏 立秋	〇	三	六	八	四	二	七	一	四	五
小满 大暑	〇	二	九	四	三	三	三	九	七	五
芒种 小暑	〇	二	四	八	四	四	〇	二	五	四
夏至	〇	二	三	二	八	四	二	九	七	〇

归绥道

节气	直表一丈午正影					横表一丈午正影				
	丈	尺	寸	分	厘	丈	尺	寸	分	厘
冬至	二	〇	七	七	八	〇	四	八	一	三
小寒 大雪	二	〇	〇	一	七	〇	四	九	九	六
大寒 小雪	一	八	〇	四	四	〇	五	五	四	二
立春 立冬	一	五	五	〇	六	〇	六	四	五	一
雨水 霜降	一	二	九	四	三	〇	七	七	二	六
惊蛰 寒露	一	〇	六	二	五	〇	九	五	〇	一
春分 秋分	〇	八	六	三	七	一	一	五	七	八
清明 白露	〇	六	九	七	五	一	四	二	五	一
谷雨 处暑	〇	五	六	一	七	一	七	八	〇	二
立夏 立秋	〇	四	五	四	七	二	一	九	九	三
小满 大暑	〇	三	七	六	四	二	六	五	六	四
芒种 小暑	〇	三	二	八	四	三	〇	四	五	三
夏至	〇	三	一	二	一	三	二	〇	四	一

谨案：测土传于《周礼》，揆日咏于《卫风》。古圣人作邑定居，晷影其尤重矣。自后每朝作历，皆使人远出四方，分测日影；至元郭太史从兹得创法焉。质而言之，不过求浑圆于平面耳。自西人于圆外加切，其线盖在天外，目论者每疑为无用之术耳，食者且推为无尽之藏，其实

借以求日影乃得密合，固无事遣使四出之纷纷也。山西极度自三十四度余至四十度余，计一百八处，其隶属乃得二十。若一一推算，即穷年累岁未可终也。爰取余弧之正切为直表影，高弧之正切为横表影，只及午正，以概其余。

右各节暑影长短谱。

各属中星①

冬至	太原府 平定州（二处冬至夜，每一更应分八刻四分三十六秒）							
	通夜更鼓定时				记时中星			
	时	刻	分	秒	宿星	位	度	分	秒
初昏	酉	正一	〇五	〇〇	东壁一	偏西	〇三	〇七	一九
起更	酉	正二	一一	〇〇	土司空	偏西	〇〇	四五	〇九
					奎一	偏东	〇二	三六	二一
二更	戌	正三	〇〇	三六	胃一	偏西	〇二	一一	一一
					天囷大星	偏东	〇二	四三	一五
三更	亥	正三	〇五	一二	毕一	偏西	〇七	〇三	〇一
					五车大星	偏东	〇四	三三	五三
四更	子	正三	〇九	四八	天狼	偏西	〇三	三五	三四
					南河南星	东偏	〇九	四三	〇六
五更	丑	正三	一四	二四	柳一	偏西	〇六	五三	三八
					七星一	偏东	〇五	四一	二九
攒点	卯	初初	〇四	〇〇	翼一	偏西	〇二	二〇	五二
平旦	卯	初二	一〇	〇〇	五帝座 中星	偏东	〇〇	五三	二七

① 作者自注：丁亥年。

平阳府　潞安府（二处冬至夜，每一更应分八刻二分三十六秒）									
冬至	通夜更鼓定时				记时中星				
	时	刻	分	秒	宿星	位	度	分	秒
初昏	酉	正一	〇八	〇〇	东壁一	偏西	〇三	五二	一九
起更	酉	正三	〇一	〇〇	土司空	偏西	〇二	〇〇	〇九
					奎一	偏东	〇一	二一	二一
二更	戌	正三	〇三	三六	胃一	偏西	〇二	五六	一一
					天囷大星	偏东	〇一	五八	一五
三更	亥	正三	〇六	一二	毕一	偏西	〇七	一七	〇一
					五车大星	偏东	〇四	一八	五三
四更	子	正三	〇八	四八	天狼	偏西	〇三	二〇	三四
					南河南星	偏东	〇九	五八	〇六
五更	丑	正三	一一	二四	柳一	偏西	〇六	〇八	三八
					七星一	偏东	〇六	二六	二九
攒点	寅	正三	一四	〇〇	翼一	偏西	〇一	〇五	五二
平旦	卯	初二	〇七	〇〇	五帝座中星	偏东	〇一	三八	二七

蒲州府（计冬至夜，每更应分八刻一分）									
冬至	通夜更鼓定时				记时中星				
	时	刻	分	秒	宿星	位	度	分	秒
初昏	酉	正一	一〇	〇〇	东壁一	偏西	〇四	二二	一九
起更	酉	正三	〇五	〇〇	土司空	偏西	〇三	〇〇	〇九
					奎一	偏东	〇〇	二一	二一
二更	戌	正三	〇六	〇〇	胃一	偏西	〇三	三二	一一
					天囷大星	偏东	〇一	二二	一五
三更	亥	正三	〇七	〇〇	毕一	偏西	〇七	二九	〇一
					五车大星	偏东	〇四	〇六	五三
四更	子	正三	〇八	〇〇	天狼	偏西	〇三	〇八	三四
五更	丑	正三	〇九	〇〇	柳一	偏西	〇五	三二	三八
					七星一	偏东	〇七	二二	二九
攒点	寅	正三	一〇	〇〇	翼一	偏西	〇〇	〇五	五二
平旦	卯	初二	〇五	〇〇	五帝座中星	偏东	〇二	〇八	二七

汾州府 辽州（二处冬至夜，每一更应分八刻三分四十八秒）

冬至	通夜更鼓定时				记时中星				
	时	刻	分	秒	宿星	位	度	分	秒
初昏	酉	正一	〇七	〇〇	东壁一	偏西	〇三	三七	一九
起更	酉	正二	一三	〇〇	土司空	偏西	〇一	一五	〇九
					奎一	偏东	〇二	〇六	二一
二更	戌	正三	〇一	四八	胃一	偏西	〇二	二九	一一
					天囷大星	偏东	〇二	二五	一五
三更	亥	正三	〇五	三六	毕一	偏西	〇七	〇八	〇一
					五车大星	偏东	〇四	二七	五三
四更	子	正三	〇九	二四	天狼	偏西	〇三	二九	三四
					南河南星	偏东	〇九	四九	〇六
五更	丑	正三	一三	一二	柳一	偏西	〇六	三五	三八
					七星一	偏东	〇五	五九	二九
攒点	卯	初初	〇二	〇〇	翼一	偏西	〇一	五〇	五二
平旦	卯	初二	〇八	〇〇	五帝座中星	偏东	〇一	二三	二七

泽州府（冬至夜每一更应分八刻一分四十八秒）

冬至	通夜更鼓定时				记时中星				
	时	刻	分	秒	宿星	位	度	分	秒
初昏	酉	正一	〇九	〇〇	东壁一	偏西	〇四	〇七	一九
					土司空	偏东	〇三	二九	四九
起更	酉	正三	〇三	〇〇	奎一	偏东	〇〇	五一	二一
二更	戌	正三	〇四	四八	胃一	偏西	〇三	一四	一一
					天囷大星	偏东	〇一	四〇	一五
三更	亥	正三	〇六	三六	毕一	偏西	〇七	二三	〇一
					五车大星	偏东	〇四	一二	五三
四更	子	正三	〇八	二四	天狼	偏西	〇三	一四	三四
五更	丑	正三	一〇	一二	柳一	偏西	〇五	五〇	三八
					七星一	偏东	〇六	四四	二九
攒点	寅	正三	一二	〇〇	翼一	偏西	〇〇	三五	五二
平旦	卯	初二	〇六	〇〇	五帝座中星	偏东	〇一	五三	二七

大同府　朔平府（二处冬至夜，每一更应分八刻七分二十四秒）									
冬至	通夜更鼓定时				记时中星				
	时	刻	分	秒	宿星	位	度	分	秒
初昏	酉	正一	〇二	〇〇	东壁一	偏西	〇二	二一	一九
起更	酉	正二	〇四	〇〇	土司空	偏东	〇〇	五九	五一
					奎一		〇四	二二	二一
二更	戌	正二	一一	二四	胃一	偏西	〇一	〇八	一一
					天囷大星	偏东	〇三	四六	一九
三更	亥	正三	〇三	四八	毕一	偏西	〇六	四一	〇一
					五车大星	偏东	〇四	五四	五三
四更	子	正三	一一	一二	天狼	偏西	〇三	五六	三四
					南河南星	偏东	〇九	二一	〇六
五更	寅	初初	〇三	三六	柳一	偏西	〇七	五六	三八
					七星一	偏东	〇四	三八	二九
攒点	卯	初初	一一	〇〇	翼一	偏西	〇四	〇五	五二
平旦	卯	初二	一三	〇〇	五帝座中星	偏东	〇〇	〇八	二七

宁武府　保德州　代州（三处冬至夜，每一更应分八刻六分一十二秒）									
冬至	通夜更鼓定时				记时中星				
	时	刻	分	秒	宿星	位	度	分	秒
初昏	酉	正一	〇四	〇〇	壁一	偏西	〇二	五二	一九
起更	酉	正二	〇七	〇〇	土司空	偏东	〇〇	一四	五一
					奎一		〇三	三六	二一
二更	戌	正二	一三	一二	胃一	偏西	〇一	三五	一一
					天囷大星	偏东	〇三	一九	一五
三更	亥	正三	〇四	二四	毕一	偏西	〇六	五〇	〇一
					五车大星	偏东	〇四	四五	五三
四更	子	正三	一〇	三六	天狼	偏西	〇三	四七	三四
					南河南星	偏东	〇九	三〇	〇六
五更	寅	初初	〇一	四八	柳一	偏西	〇七	二九	三八
					七星一	偏东	〇五	〇五	二九
攒点	卯	初初	〇八	〇〇	翼一	偏西	〇三	二〇	五二
平旦	卯	初二	一一	〇〇	五帝座	偏东	〇〇	三八	二七

沁州（冬至夜，每一更应分八刻三分二十四秒）								
冬至	通夜更鼓定时				记时中星			
	时	刻	分	秒	宿星	位	度	分	秒
初昏	酉	正一	〇七	〇〇	壁一	偏西	〇三	三七	一九
起更	酉	正二	一四	〇〇	土司空	偏西	〇一	三〇	〇九
					奎一	偏东	〇一	五一	二一
二更	戌	正三	〇二	二四	胃一	偏西	〇二	三八	一一
					天囷大星	偏东	〇二	一六	一五
三更	亥	正三	〇五	四八	毕一	偏西	〇七	一一	〇一
					五车大星	偏东	〇四	二四	五三
四更	子	正三	〇九	一二	天狼	偏西	〇三	二六	三四
					南河南星	偏东	〇九	五二	〇六
五更	丑	正三	一二	三六	柳一	偏西	〇六	二六	三八
					七星一	偏东	〇六	〇八	二九
攒点	卯	初初	〇一	〇〇	翼一	偏西	〇一	三五	五二
平旦	卯	初二	〇八	〇〇	五帝座	偏东	〇一	二三	二七

忻州（冬至夜，每一更应分八刻五分二十四秒）								
冬至	通夜更鼓定时				记时中星			
	时	刻	分	秒	宿星	位	度	分	秒
初昏	酉	正一	〇四	〇〇	东壁一	偏西	〇二	五二	一九
起更	酉	正二	〇九	〇〇	土司空	偏西	〇〇	一五	〇九
					奎一	偏东	〇三	〇六	二一
二更	戌	正二	一四	二四	胃一	偏西	〇一	五三	一一
					天囷大星	偏东	〇三	〇一	一五
三更	亥	正三	〇四	四八	毕一	偏西	〇六	五六	〇一
					五车大星	偏东	〇四	三九	五三
四更	子	正三	一〇	一二	天狼	偏西	〇三	四一	三四
					南河南星	偏东	〇九	三七	〇六
五更	寅	初初	〇〇	三六	柳一	偏西	〇七	一一	三八
					七星一	偏东	〇五	二三	二九
攒点	卯	初初	〇六	〇〇	翼一	偏西	〇二	五〇	五二
平旦	卯	初二	一一	〇〇	五帝座 中星	偏东	〇〇	三八	二七

解州（冬至夜，每一更应分八刻一分二十四秒）									
冬至	通夜更鼓定时				记时中星				
	时	刻	分	秒	宿星	位	度	分	秒
初昏	酉	正一	〇九	〇〇	东壁一	偏西	〇四	〇七	一九
起更	酉	正三	〇四	〇〇	土司空	偏西	〇二	四五	〇九
					奎一	偏东	〇〇	三六	二一
二更	戌	正三	〇五	二四	胃一	偏西	〇三	二三	一一
					天囷大星	偏东	〇一	三一	一五
三更	亥	正三	〇六	四八	毕一	偏西	〇七	二六	〇一
					五车大星	偏东	〇四	〇九	五三
四更	子	正三	〇八	一二	天狼	偏西	〇三	一一	三四
五更	丑	正三	〇九	三六	柳一	偏西	〇五	四一	三八
					七星一	偏东	〇六	五三	二九
攒点	寅	正三	一一	〇〇	翼一	偏西	〇〇	二〇	五二
平旦	卯	初二	〇六	〇〇	五帝座中星	偏东	〇一	五三	二七

绛州（冬至夜，每一更应分八刻二分一十二秒）									
冬至	通夜更鼓定时				记时中星				
	时	刻	分	秒	宿星	位	度	分	秒
初昏	酉	正一	〇八	〇〇	东壁一	偏西	〇三	五二	一九
起更	酉	正三	〇二	〇〇	土司空	偏西	〇二	一五	〇九
					奎一	偏东	〇一	〇六	二一
二更	戌	正三	〇四	一二	胃一	偏西	〇三	〇五	一一
					天囷大星	偏东	〇一	四九	一五
三更	亥	正三	〇六	二四	毕一	偏西	〇七	二〇	〇一
					五车大星	偏东	〇四	一五	五三
四更	子	正三	〇八	三六	天狼	偏西	〇三	一七	三九
五更	丑	正三	一〇	四八	柳一	偏西	〇五	五九	三八
					七星一	偏东	〇六	三五	二九
攒点	寅	正三	一三	〇〇	翼一	偏西	〇〇	五〇	五二
平旦	卯	初二	〇七	〇〇	五帝座中星	偏东	〇一	三八	二七

隰州 霍州（二处冬至夜，每一更应分八刻二分整）

冬至	通夜更鼓定时				记时中星				
	时	刻	分	秒	宿星	位	度	分	秒
初昏	酉	正一	○八	○○	东壁一	偏西	○三	五二	一九
起更	酉	正三	○○	○○	土司空	偏西	○一	四五	○九
					奎一	偏东	○一	三六	二一
二更	戌	正三	○三	○○	胃一	偏西	○二	四七	一一
					天囷大星	偏东	○二	○七	一五
三更	亥	正三	○六	○○	毕一	偏西	○七	一四	○一
					五车大星	偏东	○四	二一	五三
四更	子	正三	○九	○○	天狼	偏西	○三	二三	三四
					南河南星	偏东	○九	五五	○六
五更	丑	正三	一二	○○	柳一	偏西	○六	一七	三八
					七星一	偏东	○六	一七	二九
攒点	卯	初初	○○	○○	翼一	偏西	○一	二○	五二
平旦	卯	初二	○七	○○	五帝座 中星	偏东	○一	三八	二七

归绥道（冬至夜，每一更应分八刻八分一十二秒）

冬至	通夜更鼓定时				记时中星				
	时	刻	分	秒	宿星	位	度	分	秒
初昏	酉	正一	○一	○○	壁一	偏西	○二	○七	一九
起更	酉	正二	○二	○○	土司空	偏东	○一	二九	五一
					奎一		○四	五一	二一
二更	戌	正二	一○	一二	胃一	偏西	○○	五○	一一
					天囷大星	偏东	○四	○四	一五
三更	亥	正三	○三	二四	毕一	偏西	○六	三五	○一
					五车大星	偏东	○五	○○	五三
四更	子	正三	一一	三六	天狼	偏西	○四	○二	三四
					南河南星	偏东	○九	一六	○六
五更	寅	初初	○四	四八	柳一	偏西	○八	一四	三八
					七星一	偏东	○四	二○	二九
攒点	卯	初初	一三	○○	翼一	偏西	○四	三五	五二
平旦	卯	初二	一四	○○	五帝座 中星	偏西东	○○	○六	三三

以上冬至各属中星共十三段

太原府（夏至夜，每更应分四刻一分二十四秒，又太原昏反在起更之后一分，故并而为一，余不为例）									
夏至	通夜更鼓定时				记时中星				
	时	刻	分	秒	宿星	位	度	分	秒
初昏起更	亥	初一	〇四	〇〇	氐一	偏西	〇八	三一	二二
					贯索大星	偏东	〇二	四六	三四
二更	亥	正一	〇五	二四	心一	偏西	〇一	二七	〇九
					尾一	偏东	〇五	五三	二〇
三更	子	初一	〇六	四八	帝座	偏西	〇三	〇〇	五五
四更	子	正一	〇八	一二	箕一	偏西	〇六	〇八	〇〇
					织女大星	偏东	〇二	二八	三九
五更	丑	初一	〇九	三六	河鼓大星	偏东	〇五	一一	一五
攒点	丑	正一	一一	〇〇	牵牛一	偏西	〇二	四五	一九
平旦	丑	正二	一〇	〇〇	天津大星	偏西	〇〇	三七	〇一
					婺女一	偏东	〇〇	二五	三三

平阳府 潞安府（二处夏至夜，每更应分四刻三分二十四秒）									
夏至	通夜更鼓定时				记时中星				
	时	刻	分	秒	宿星	位	度	分	秒
初昏	亥	初初	〇九	〇〇	氐一	偏西	〇六	〇一	二二
起更	亥	初初	一四	〇〇	贯索大星	偏东	〇四	〇一	三四
二更	亥	正一	〇二	二四	心一	偏西	〇〇	四二	〇九
					尾一	偏东	〇六	三八	二〇
三更	子	初一	〇五	四八	帝座	偏西	〇二	四五	五五
四更	子	正一	〇九	一二	箕一	偏西	〇六	二三	〇〇
					织女大星	偏东	〇二	一三	三九
五更	丑	初一	一二	三六	河鼓大星	偏东	〇四	二六	一五
攒点	丑	正二	〇一	〇〇	牵牛一	偏西	〇四	〇〇	一九
					天津大星	偏东	〇一	三七	五九
平旦	丑	正三	〇六	〇〇	婺女一	偏西	〇二	二〇	三三
					虚一	偏东	〇八	四〇	五〇

蒲州府（夏至夜，每更应分四刻五分整）								
夏至	通夜更鼓定时				记时中星			
	时	刻	分	秒	宿星	位	度	分	秒
初昏	亥	初初	〇二	〇〇	氐一	偏西	〇四	一六	二二
起更	亥	初初	一〇	〇〇	贯索大星	偏东	〇五	〇一	三四
二更	亥	正一	〇〇	〇〇	心一	偏西	〇〇	〇六	〇九
					尾一	偏东	〇七	一四	二〇
三更	子	初一	〇五	〇〇	帝座	偏西	〇二	三三	五五
四更	子	正一	一〇	〇〇	箕一	偏西	〇六	三五	〇〇
					织女大星	偏东	〇二	〇三	三九
五更	丑	初二	〇〇	〇〇	河鼓大星	偏东	〇三	五〇	一五
攒点	丑	正二	〇五	〇〇	牵牛一	偏西	〇五	〇〇	一九
					天津大星	偏东	〇〇	三七	五九
平旦	丑	正三	一三	〇〇	婺女一	偏西	〇四	〇五	三三
					虚一	偏东	〇六	五五	四八

汾州府（夏至夜，每更应分四刻二分十二秒）								
夏至	通夜更鼓定时				记时中星			
	时	刻	分	秒	宿星	位	度	分	秒
初昏	亥	初一	〇一	〇〇	氐一	偏西	〇七	四六	二二
起更	亥	初一	〇二	〇〇	贯索大星	偏东	〇三	一六	三四
二更	亥	正一	〇四	一二	心一	偏西	〇一	〇九	〇九
					尾一	偏东	〇六	一一	二〇
三更	子	初一	〇六	二四	帝座	偏西	〇二	五四	五五
四更	子	正一	〇八	三六	箕一	偏西	〇六	一四	〇〇
					织女大星	偏东	〇二	二二	三九
五更	丑	初一	一〇	四八	河鼓大星	偏东	〇四	五三	一五
攒点	丑	正一	一三	〇〇	牵牛一	偏西	〇三	一五	一九
					天津大星	偏东	〇〇	二二	五九
平旦	丑	正二	一四	〇〇	婺女一	偏西	〇〇	三五	三三

泽州府（夏至夜，每更应分四刻四分十二秒）								
夏至	通夜更鼓定时				记时中星			
	时	刻	分	秒	宿星	位	度	分	秒
初昏	亥	初初	〇五	〇〇	氐一	偏西	〇五	〇一	二二
起更	亥	初初	一二	〇〇	贯索大星	偏东	〇四	三一	三四
二更	亥	正一	〇一	一二	心一	偏西	〇〇	二四	〇九
					尾一	偏东	〇六	五六	二〇
三更	子	初一	〇五	二四	帝座	偏西	〇二	三九	五五
四更	子	正一	〇九	三六	箕一	偏西	〇六	二九	〇〇
					织女大星	偏东	〇二	〇七	三九
五更	丑	初一	一三	四八	河鼓大星	偏东	〇四	〇八	一五
攒点	丑	正二	〇三	〇〇	牵牛一	偏西	〇四	三〇	一九
					天津大星	偏东	〇一	〇七	五九
平旦	丑	正三	一〇	〇〇	婺女一	偏西	〇三	二〇	三三
					虚一	偏东	〇七	四〇	四八

大同府（夏至夜，每更应分三刻十三分三十六秒）								
夏至	通夜更鼓定时				记时中星			
	时	刻	分	秒	宿星	位	度	分	秒
初昏	亥	初二	〇五	〇〇	房一	偏东	〇四	一八	五三
起更	亥	初一	一一	〇〇	贯索大星	偏东	〇一	〇一	三四
二更	亥	正一	〇九	三六	心一	偏西	〇二	三〇	〇九
					尾一	偏东	〇四	五〇	二〇
三更	子	初一	〇八	一二	帝座	偏西	〇三	二一	五五
四更	子	正一	〇六	四八	箕一	偏西	〇五	四六	〇〇
					南斗一	偏东	〇四	一四	五一
五更	丑	初一	〇五	二四	河鼓大星	偏东	〇六	一四	一三
攒点	丑	正一	〇四	〇〇	牵牛一	偏西	〇一	〇〇	一九
平旦	丑	正一	一〇	〇〇	天津大星	偏东	〇三	〇七	五九

朔平府（夏至夜，每更应分三刻十三分三十六秒）									
夏至	通夜更鼓定时				记时中星				
	时	刻	分	秒	宿星	位	度	分	秒
初昏	亥	初二	○六	○○	房一	偏东	○四	○三	五三
起更	亥	初一	一一	○○	贯索大星	偏东	○一	○一	三四
二更	亥	正一	○九	三六	心一	偏西	○二	三○	○九
					尾一	偏东	○四	五○	二○
三更	子	初一	○八	一二	帝座	偏西	○三	二一	五五
四更	子	正一	○六	四八	箕一	偏西	○五	四六	○○
					南斗一	偏东	○四	一四	五一
五更	丑	初一	○五	二四	河鼓大星	偏东	○六	一四	一三
攒点	丑	正一	○四	○○	牵牛一	偏西	○一	○○	一九
平旦	丑	正一	○九	○○	天津大星	偏东	○三	二二	五九

宁武府 代州（二处夏至夜，每更应分三刻十四分四十八秒）									
夏至	通夜更鼓定时				记时中星				
	时	刻	分	秒	宿星	位	度	分	秒
初昏	亥	初一	一三	○○	房一	偏东	○六	○三	五三
起更	亥	初一	○八	○○	贯索大星	偏东	○一	四六	三四
二更	亥	正一	○七	四八	心一	偏西	○二	○三	○九
					尾一	偏东	○五	一七	二○
三更	子	初一	○七	三六	帝座	偏西	○三	一二	五五
四更	子	正一	○七	二四	箕一	偏西	○五	五六	○○
					南斗一	偏东	○四	○四	五一
五更	丑	初一	○七	一二	河鼓大星	偏东	○五	四七	一三
攒点	丑	正一	○七	○○	牵牛一	偏西	○一	四五	一九
平旦	丑	正二	○二	○○	天津大星	偏东	○一	二二	五九

夏至	通夜更鼓定时			记时中星			
	辽州（夏至夜，每更应分四刻二分十二秒）							
	时	刻	分	秒	宿星	位	度	分	秒
初昏	亥	初一	○○	○○	氐一	偏西	○七	三一	二三
起更	亥	初一	○二	○○	贯索大星	偏东	○三	一六	三四
二更	亥	正一	○四	一二	心一	偏西	○一	○九	○九
					尾一	偏东	○六	一一	二○
三更	子	初一	○六	二四	帝座	偏西	○二	五四	五五
四更	子	正一	○八	三六	箕一	偏西	○六	一四	○○
					南斗一	偏东	○三	四六	五一
五更	丑	初一	一○	四八	河鼓大星	偏东	○四	五三	一三
攒点	丑	正一	一三	○○	牵牛一	偏西	○三	一五	一九
					天津大星	偏东	○二	二二	五九
平旦	丑	正三	○○	○○	婺女一	偏西	○○	五○	三三

夏至	通夜更鼓定时			记时中星			
	沁州（夏至夜，每更应分四刻二分三十六秒）							
	时	刻	分	秒	宿星	位	度	分	秒
初昏	亥	初初	一三	○○	氐一	偏西	○七	○一	二二
					房一	偏东	○九	四八	五三
起更	亥	初一	○一	○○	贯索大星	偏东	○三	三一	三四
二更	亥	正一	○三	三六	心一	偏西	○一	○○	○九
					尾一	偏东	○六	二○	二○
三更	子	初一	○六	一二	帝座	偏西	○二	五一	五五
四更	子	正一	○八	四八	箕一	偏西	○六	一七	○○
					南斗一	偏东	○二	四三	五一
五更	丑	初一	一一	二四	河鼓大星	偏东	○四	四四	一三
攒点	丑	正一	一四	○○	牵牛一	偏西	○三	三○	一九
					天津大星	偏东	○二	○七	五九
平旦	丑	正三	○二	○○	婺女一	偏西	○一	二○	三三
					虚一	偏东	○九	四○	四八

平定州（夏至夜，每更应分四刻一分二十四秒）								
夏至	通夜更鼓定时				记时中星			
	时	刻	分	秒	宿星	位	度	分	秒
初昏起更	亥	初一	〇四	〇〇	氐一	偏西	〇八	三一	二二
					贯索大星	偏东	〇二	四六	三四
二更	亥	正一	〇五	二四	心一	偏西	〇一	二七	〇九
					尾一	偏东	〇五	五三	二〇
三更	子	初一	〇六	四八	帝座星	偏西	〇三	〇〇	五五
四更	子	正一	〇八	一二	箕一	偏西	〇六	〇八	〇〇
					南斗一	偏东	〇三	五二	五一
五更	丑	初一	〇九	三六	河鼓大星	偏东	〇五	一一	一三
攒点	丑	正一	一一	〇〇	牵牛一	偏西	〇二	四五	一九
					天津大星	偏东	〇二	五二	五九
平旦	丑	正二	一一	〇〇	婺女一	偏西	〇〇	〇九	二七

忻州（夏至夜，每更应分四刻零三十六秒）								
夏至	通夜更鼓定时				记时中星			
	时	刻	分	秒	宿星	位	度	分	秒
初昏	亥	初一	〇八	〇〇	房一	偏东	〇七	一八	五三
起更	亥	初一	〇六	〇〇	氐一	偏西	〇九	〇一	二二
					贯索大星	偏东	〇二	一六	三四
二更	亥	正一	〇六	三六	心一	偏西	〇一	四五	〇九
					尾一	偏东	〇五	三五	二〇
三更	子	初一	〇七	一二	帝座星	偏西	〇三	〇六	五五
四更	子	正一	〇七	四八	箕一	偏西	〇六	〇二	〇〇
					南斗一	偏东	〇三	五八	五一
五更	丑	初一	〇八	二四	河鼓大星	偏东	〇五	二九	一三
攒点	丑	正一	〇九	〇〇	牵牛一	偏西	〇二	一五	一九
					天津大星	偏东	〇三	二二	五九
平旦	丑	正二	〇七	〇〇	婺女一	偏东	〇一	〇九	二七

夏至	保德州（夏至夜，每更应分三刻十四分四十八秒）							
	通夜更鼓定时				记时中星			
	时	刻	分	秒	宿星	位	度	分	秒
初昏	亥	初一	一二	〇〇	房一	偏东	〇六	一八	五三
起更	亥	初一	〇八	〇〇	贯索大星	偏东	〇一	四六	三四
二更	亥	正一	〇七	四八	心一	偏西	〇二	〇三	〇九
					尾一	偏东	〇五	一七	二〇
三更	子	初一	〇七	三六	帝座	偏西	〇三	一二	五五
四更	子	正一	〇七	二四	箕一	偏西	〇五	五八	〇〇
					南斗一	偏东	〇四	〇四	五一
五更	丑	初一	〇七	一二	河鼓大星	偏东	〇五	四七	一三
攒点	丑	正一	〇七	〇〇	牵牛一	偏西	〇一	四五	一九
平旦	丑	正二	〇三	〇〇	天津大星	偏东	〇一	〇七	五九

夏至	解州（夏至夜，每更应分四刻四分三十六秒）							
	通夜更鼓定时				记时中星			
	时	刻	分	秒	宿星	位	度	分	秒
初昏	亥	初初	〇三	〇〇	氐一	偏西	〇四	三一	二二
起更	亥	初初	一一	〇〇	贯索大星	偏东	〇四	四六	三四
二更	亥	正一	〇〇	三六	心一	偏西	〇〇	一五	〇九
					尾一	偏东	〇七	〇五	二〇
三更	子	初一	〇五	一二	帝座	偏西	〇二	三六	五五
四更	子	正一	〇九	四八	箕一	偏西	〇六	三二	〇〇
					南斗一	偏东	〇三	二八	五一
五更	丑	初一	一四	二四	河鼓大星	偏东	〇三	五九	一三
攒点	丑	正二	〇四	〇〇	牵牛一	偏西	〇四	四五	一九
					天津大星	偏东	〇〇	五二	五九
平旦	丑	正三	一二	〇〇	婺女一	偏西	〇三	五〇	三三
					虚一	偏东	〇七	一〇	四八

绛州（夏至夜，每更应分四刻三分四十八秒）									
夏至	通夜更鼓定时				记时中星				
	时	刻	分	秒	宿星	位	度	分	秒
初昏	亥	初初	〇七	〇〇	氐一	偏西	〇五	三一	二二
起更	亥	初初	一三	〇〇	贯索大星	偏东	〇四	一六	三四
					房一		〇九	四八	五三
二更	亥	正一	〇一	四八	心一	偏西	〇〇	三三	〇九
					尾一	偏东	〇六	四七	二〇
三更	子	初一	〇五	三六	帝座	偏西	〇二	四二	五五
四更	子	正一	〇九	二四	箕一	偏西	〇六	二六	〇〇
					南斗一	偏东	〇三	三四	五一
五更	丑	初一	一三	一二	河鼓大星	偏东	〇四	一七	一三
攒点	丑	正二	〇二	〇〇	牵牛一	偏西	〇四	一五	一九
					天津大星	偏东	〇一	二二	五九
平旦	丑	正三	〇八	〇〇	婺女一	偏西	五〇	三三	
					虚一	偏东	〇八	一〇	四八

隰州 霍州（二处夏至夜，每更应分四刻三分）									
夏至	通夜更鼓定时				记时中星				
	时	刻	分	秒	宿星	位	度	分	秒
初昏	亥	初初	一二	〇〇	氐一	偏西	〇六	四六	二二
起更	亥	初一	〇〇	〇〇	贯索大星	偏东	〇三	四六	三四
					房一		〇九	一八	五三
二更	亥	正一	〇三	〇〇	心一	偏西	〇〇	五一	〇九
					尾一	偏东	〇六	二九	二〇
三更	子	初一	〇六	〇〇	帝座	偏西	〇二	四八	五五
四更	子	正一	〇九	〇〇	箕一	偏西	〇六	二〇	〇〇
					南斗一	偏东	〇三	四〇	五一
五更	丑	初一	一二	〇〇	河鼓大星	偏东	〇四	三五	一三
攒点	丑	正二	〇〇	〇〇	牵牛一	偏西	〇三	四五	一九
					天津大星	偏东	〇一	五二	五九
平旦	丑	正三	〇三	〇〇	婺女一	偏西	〇一	三五	三三
					虚一	偏东	〇九	二五	四八

归绥道（夏至夜，每更应分三刻十二分四十八秒）									
夏至	通夜更鼓定时				记时中星				
	时	刻	分	秒	宿星	位	度	分	秒
初昏	亥	初二	一〇	〇〇	贯索大星	偏西	〇二	二八	二六
起更	亥	初一	一三	〇〇	房一	偏东	〇六	〇三	五三
二更	亥	正一	一〇	四八	心一	偏西	〇二	四八	〇九
					尾一	偏东	〇四	三二	二〇
三更	子	初一	〇八	三六	帝座	偏西	〇三	二七	五五
四更	子	正一	〇六	二四	箕一	偏西	〇五	四一	〇〇
					南斗一	偏东	〇四	一九	五五
五更	丑	初一	〇四	一二	河鼓大星	偏东	〇六	三二	一三
攒点	丑	正一	〇二	〇〇	牵牛一	偏西	〇〇	三〇	一九
					天津大星	偏东	〇五	〇七	五九
平旦	丑	正二	〇五	〇〇	婺女一	偏东	〇一	三九	二七

以上夏至各属中星共十七段

太原府（春分夜，每更应分六刻三分）									
春分	通夜更鼓定时				记时中星				
	时	刻	分	秒	宿星	位	度	分	秒
初昏	戌	初二	〇二	〇〇	南河南星	偏东	〇〇	二五	四四
起更	戌	正初	〇〇	〇〇	北河南星	偏西	〇五	一八	一四
					舆鬼一	偏东	〇六	二一	一九
二更	亥	初二	〇三	〇〇	七星一	偏西	〇二	四一	四六
					张一	偏东	〇三	一九	〇五
三更	子	初初	〇六	〇〇	翼一	偏西	〇二	五〇	〇六
					五帝座中星	偏东	〇九	二四	一四
四更	子	正二	〇九	〇〇	角一	偏西	〇七	一〇	五六
五更	丑	正初	一二	〇〇	亢一	偏西	〇〇	一三	三五
					氐一	偏西	〇八	一三	四五
攒点	寅	初三	〇〇	〇〇	贯索大星	偏西	〇三	四三	二六
					房一	偏东	〇一	四八	四八
平旦	寅	正一	一三	〇〇	心一	偏西	〇三	二一	一一
					尾一	偏东	〇三	五九	一八

太原府（秋分夜，每更应分六刻三分）								
秋分	通夜更鼓定时				记时中星			
	时	刻	分	秒	宿星	位	度	分	秒
初昏	戌	初二	〇二	〇〇	河鼓大星	偏东	〇三	二〇	一五
起更	戌	正初	〇〇	〇〇	牵牛一	偏东	〇三	四四	四八
二更	亥	初二	〇三	〇〇	虚一	偏西	〇一	四七	五六
					危一	偏东	〇六	四七	五八
三更	子	初初	〇六	〇〇	营室一	偏西	〇三	三七	五六
四更	子	正二	〇九	〇〇	土司空	偏西	〇〇	一四	二三
					奎一	偏东	〇三	〇七	〇七
五更	丑	正初	一二	〇〇	娄一	偏西	〇〇	五二	三七
					胃一	偏东	〇六	一三	四二
攒点	寅	初三	〇〇	〇〇	昴一	偏东	〇一	三九	四五
平旦	寅	正一	一三	〇〇	毕一	偏西	〇一	二八	〇九

以上春秋分中星（春秋分天下皆同，所不同者，惟昏旦刻耳，要所差无多，故只及省城，余可依此推之也）

谨案：自来测验时刻者，昼量晷影，夜候中星，不易之法也。古人多善仰观，宫妾识嗜彼之名，武人解离于之象。及汉代农家谣谚，犹能以参当昏角射河，定终年作息之节。矧在圜冠之儒而有弗精哉。顾经星岁岁东移，《尧典》所称，《吕览》即有不同，《班志》又复大异。于是，虞氏安天，始启岁差之端，而一公乃畅发之。暨国朝天学日精，康熙、乾隆两更宿钤，兼定每年加减之率。夫然后承学之士，足不必履观台，而随时消息亦能密合矣。兹依本年宿度，遵协纪辨方，自夜达昼，分为七段，详定时刻，推其正宿而通以各星，东西略偏之度，谱次如右，庶于授时之政不无少助云。

右各属中星谱。

各厅州县至京省直线

省治阳曲县距京师直线七百四十二里小余一六二[①]。

各属州县	距京师直线	距省城直线
大同府广灵县	三百二十七里六一六	四百七十六里四三六
大同府灵邱县	三百五十〇里五八八	四百二十〇里六四〇
大同府天镇县	三百八十六里九八八	五百六十八里四一九
大同府浑源州	三百九十四里三八七	四百二十七里七三九
大同府阳高县	四百二十四里九三四	五百四十五里三八〇
大同府大同县	四百九十〇里一三四	四百五十六里七六九
丰镇厅	四百九十九里七九六	五百三十七里七四四
大同府应州	四百九十九里八四四	四百二十二里三四五
大同府怀仁县	五百〇〇四里〇九一	四百一十〇里九二八
代州繁峙县	五百一十二里四九二	二百九十三里六七一
代州五台县	五百三十三里七〇六	二百二十二里一四六
大同府山阴县	五百四十八里九二〇	三百三十九里三二四
朔平府左云县	五百六十九里〇三九	四百一十三里五四〇
代州本州治	五百七十一里八一二	二百五十一里四四五
宁远厅	五百九十五里三四一	四百九十一里一七八
平定州盂县	六百〇〇三里五九九	一百四十六里五六三
平定州本州治	六百〇〇七里四二八	一百八十一里四九〇
代州崞县	六百〇〇八里〇〇六	二百〇〇六里一五五
忻州定襄县	六百一十〇里三〇八	一百四十九里二八八
朔平府右玉县	六百四十一里二二一	四百五十六里九四〇
忻州本州治	六百五十四里七七〇	一百一十一里一六六
平定州寿阳县	六百五十四里九二八	一百〇〇七里
朔平府平鲁县	六百六十三里三〇一	三百八十六里五七七
宁武府宁武县	六百六十九里二三五	二百四十一里四〇四
和林格尔厅	六百七十五里五八一	四百九十二里二四八
宁武府神池县	六百七十六里三六一	二百六十二里七六二

[①] 作者自注：凡不满里者著其步尺之数，各属并同。

辽州和顺县	六百八十四里六二八	二百〇〇二里四八四
托克托城厅	七百一十八里七三三	五百二十七里〇六三
清水河厅	七百三十四里九一四	四百五十三里七八五
太原府榆次县	七百四十里〇〇四	〇〇五十四里四六五
辽州本州治	七百四十七里六六一	二百二十一里四一三
归化城厅	七百四十八里九五一	五百九十二里五四五
忻州静乐县	七百六十三里五一六	一百四十七里六三一
太原府太原县	七百七十二里六〇〇	〇〇三十二里七四五
太原府徐沟县	七百八十七里二二一	〇〇六十七里五七一
辽州榆社县	七百九十二里四一一	一百八十六里二一四
太原府苛岚州	七百九十五里二〇九	二百五十四里九六九
宁武府偏关县	八百〇〇〇里一二〇	三百七十二里五九七
太原府太谷县	八百〇〇一里四〇〇	〇〇九十三里五二二
萨拉齐厅	八百一十二里三四八	五百六十七里九五七
太原府岚县	八百一十六里一三七	一百七十〇里八〇一
沁州武乡县	八百三十五里九三六	二百二十九里六八六
太原府祁县	八百三十七里二四四	一百一十四里二七八
太原府交城县	八百三十七里四一二	〇〇八十七里
潞安府黎城县	八百四十六里二八六	三百一十六里〇二〇
保德州河曲县	八百五十〇里五八四	三百五十〇里一八四
太原府文水县	八百六十三里〇七三	一百二十三里五一三
汾州府平遥县	八百七十五里八八五	一百五十三里九三五
沁州本州治	八百七十七里三九二	二百四十五里一七二
潞安府襄垣县	八百七十八里六五五	二百九十七里三五六
太原府兴县	八百八十九里一二五	二百六十七里五五一
保德州本州治	八百九十五里三〇六	三百四十六里三七九
潞安府潞城县	八百九十八里五九五	三百四十一里三四一
汾州府汾阳县	九百一十六里七四六	一百七十六里一七〇
汾州府孝义县	九百三十〇里八六〇	一百九十四里六九六
沁州沁源县	九百三十四里三二九	二百六十二里三四五
汾州府介休县	九百三十五里三二二	一百一十一里一一二

潞安府屯留县	九百四十一里八三五	三百三十一里五四七
汾州府临县	九百四十二里二一二	二百四十七里七二九
潞安府长治县	九百四十四里〇三三	三百六十二里一九一
潞安府壶关县	九百四十八里〇〇六	三百七十一里八一九
霍州灵石县	九百六十七里七五五	二百四十一里八六六
潞安府长子县	九百七十一里三六九	三百六十七里九七八
汾州府永宁州	九百七十二里九〇三	二百三十七里五四七
泽州府陵川县	九百八十七里四〇一	四百四十八里八八三
汾州府宁乡县	九百八十八里八八四	二百四十七里七五八
霍州本州治	千〇〇□十里九五七	二百九十六里八三六
泽州府高平县	千〇〇一十三里一四四	四百二十八里七三二
平阳府岳阳县	千〇〇一十五里五四七	三百三十七里〇四九
平阳府汾西县	千〇〇三十二里七二〇	三百〇七里三三〇
霍州赵城县	千〇〇四十里〇二七	三百三十五里七七五
平阳府洪洞县	千〇〇六十里三〇一	三百五十七里八一一
汾州府石楼县	千〇〇六十里六一八	三百一十七里二九九
泽州府凤台县	千〇〇六十一里一三九	四百八十一里二七四
平阳府浮山县	千〇〇七十九里七二三	四百〇二里八四三
泽州府阳城县	千〇〇八十六里一三八	四百八十里〇八四
泽州府沁水县	千〇〇八十七里一五〇	四百四十七里二六一
隰州本州治	千一百〇〇〇里〇二九	三百六十二里一三八
平阳府临汾县	千一百〇〇五里八八〇	四百〇二里八四五
隰州永和县	千一百二十二里二五八	三百八十里四四七
隰州蒲县	千一百三十四里一六二	四百〇八里三三六
平阳府翼城县	千一百四十一里四八六	四百七十三里八六九
隰州大宁县	千一百四十二里八三一	四百〇九里七四六
平阳府太平县	千一百七十一里七三七	四百六十八里四一二
平阳府曲沃县	千一百七十六里六〇八	四百八十六里〇六六
绛州绛县	千一百九十四里二二一	五百一十四里七二〇
绛州本州治	千二百〇〇四里六八八	五百〇〇五里六五二
平阳府乡宁县	千二百〇〇七里五四五	四百八十一里六八〇

平阳府吉州	千二百一十八里六七六	四百八十六里三四二
平阳府襄陵县	千二百二十八里八一一	四百二十三里二三六
绛州稷山县	千二百三十六里一八一	五百二十七里九九五
绛州闻喜县	千二百五十三里七八九	五百五十八里九一八
绛州垣曲县	千二百六十三里五九二	六百一十〇里七八六
绛州河津县	千二百六十八里一五七	五百五十一里三八七
解州夏县	千二百八十〇里八八九	五百九十三里九七六
蒲州府万泉县	千二百九十六里九三五	五百八十三里一九五
解州安邑县	千三百一十五里二五七	六百二十一里三三五
蒲州府猗氏县	千三百三十二里九六六	六百二十八里五四〇
蒲州府荣河县	千三百四十三里九三二	六百二十二里三三一
解州平陆县	千三百五十三里〇四一	六百七十一里五九三
解州本州治	千三百五十三里五二四	六百五十八里九二四
蒲州府临晋县	千三百六十五里七六〇	六百五十四里六一八
蒲州府虞乡县	千四百〇〇四里五一九	七百〇一里八九五
解州芮城县	千四百〇〇九里〇九〇	七百一十三里五二九
蒲州府永济县	千四百三十九里〇〇一	七百二十七里七七二

　　谨案：绘地图者，准以天度确凿不移矣。天以赤道辰极为宗，众星无不拱北；地以赤县京畿为主，八方无不会中。若能一一求其直线，较四至八到为密也。晋裴司空制图，六体书佚而说仅存，其所云远近裹正者，非从其时帝都核之，将何所据以定哉？又迩来合绘天地度者，罔非以东西言经、南北言纬，或颇疑其倒置，不知定经线之东西者，所谓线则南北弧也；测纬线之南北者，所谓线则东西带也，是仍南北经而东西纬也。既定经纬，以勾股术算得弧线，即斜距京师之里数矣。盖马行之多少，止堪步龙荒之旷荡，而中国不能也；蛇形之迁曲，必须求鸟道之径直，而大路无凭也。兹一一谱出，上列为距京，下列为距省，一展卷而了如指掌，以补李宏宪、乐子正之未逮，不且为言地理者开一新率哉！

　　右各厅州县至京省直线谱。

附山西分星岁差

分星	行位	黄道经度（道光癸未 光绪丁亥）				赤道经度（道光癸未 光绪丁亥）			
		宫	度	分	秒	宫	度	分	秒
昴宿一	在最右	前酉	二六	五八	二一	前酉	二三	三七	四一
		今酉	二七	五二	四五	今酉	二四	三五	〇四
昴宿二	在右下	前酉	二七	〇七	四二	前酉	二三	四二	二五
		今酉	二八	〇二	〇六	今酉	二四	三九	五六
昴宿四	在右上	前酉	二七	一四	三一	前酉	二三	五一	三六
		今酉	二八	〇八	五五	今酉	二四	二九	〇六
昴宿五	在中心	前酉	二七	一五	三〇	前酉	二三	五九	二八
		今酉	二八	〇九	五四	今酉	二四	五六	四九
昴宿三	在左下	前酉	二七	一八	一六	前酉	二三	五二	五八
		今酉	二八	一二	四〇	今酉	二四	五〇	三一
昴宿六	在左上	前酉	二七	三三	〇八	前酉	二四	一六	三八
		今酉	二八	二七	三二	今酉	二五	一四	〇三
昴宿七	在最左	前酉	二七	四四	五二	前酉	二四	四一	三九
		今酉	二八	三九	一六	今酉	二五	三九	〇六
毕宿八	在右柄	前酉	二八	一〇	三一	前酉	二七	四四	〇七
		今酉	二九	〇四	五五	今酉	二八	三七	四九
毕宿四	在叉交	前申	〇三	二〇	三四	前申	〇二	二七	〇三
		今申	〇四	一四	五八	今申	〇三	二一	五五
毕宿三	在上三	前申	〇四	二四	二七	前申	〇三	一一	五六
		今申	〇五	一八	五一	今申	〇四	〇七	四二
毕宿七	在下三	前申	〇四	五五	一〇	前申	〇四	〇五	五二
		今申	〇五	四九	三四	今申	〇五	〇〇	五九
毕宿二	在上二	前申	〇五	〇四	四二	前申	〇三	五〇	〇八
		今申	〇五	五九	〇六	今申	〇四	四六	〇六
毕宿六	在下二	前申	〇五	二九	二五	前申	〇四	四七	五三
		今申	〇六	二三	四九	今申	〇五	四三	〇八
毕宿一	在上尖	前申	〇六	〇一	一一	前申	〇四	三五	一三
		今申	〇六	五五	三五	今申	〇五	三一	四一

317

毕宿五	在下尖	前申	〇七	二〇	〇〇	前申	〇六	二七	四二
		今申	〇八	一四	二四	今申	〇七	二三	一六
参宿七	在右足	前申	〇四	二三	〇〇	前申	一六	三二	〇八
		今申	一五	一七	二四	今申	一七	一八	五四
参宿五	在右肩	前申	一八	三〇	三三	前申	一八	五六	三八
		今申	一九	二四	五七	今申	一九	四八	四八
参宿三	在身西	前申	一九	五四	三八	前申	二〇	四五	四三
		今申	二〇	四九	〇二	今申	二一	三五	二六
参宿二	在身中	前申	二一	〇〇	四四	前申	二一	四九	四三
		今申	二一	五五	〇八	今申	二二	三九	〇五
觜宿二	在右上	前申	二一	〇八	五一	前申	二一	一七	二五
		今申	二二	〇三	一五	今申	二二	一〇	四九
觜宿一	在最下	前申	二一	一五	一八	前申	二一	二二	〇七
		今申	二二	〇九	四二	今申	二二	一五	四二
觜宿三	在最左	前申	二一	三九	二八	前申	二一	四八	一〇
		今申	二二	三三	五二	今申	二二	四一	三一
参宿一	在身东	前申	二二	一四	四五	前申	二二	五九	二九
		今申	二三	〇九	〇九	今申	二四	〇六	四五
参宿六	在左足	前申	二三	五六	四一	前申	二四	五一	二四
		今申	二四	五一	〇五	今申	二五	三七	三四
参宿四	在左肩	前申	二六	一八	〇〇	前申	二六	三四	五五
		今申	二七	一二	二四	今申	二七	一七	三六

谨案：自来方志必立星野一门，盖欲言天而不知所以言者，聊掇古籍充数而已。平心论之，颛顼一宫实先室壁，高辛二子各主参辰。下逮春秋，论国事者尚皆决诸分星，其法亦甚古矣。古义不容尽没，特占验灾祥，未可轻信耳。今山西行省所辖，虽未得古晋国之全，而南魏北赵东韩，实兼有三晋分地。依古说求之，昴、毕、觜、参，其分星也。顾言星者，往往涂饰敷衍，取盈卷帙而不知。兹四宿者，论古则周秦颇殊，论今则宫度渐变。论古而分地不同，疑义亦宜补载；论今而沿革有

异，大事尤当特书。①兹依道光宿钤列尔时四宿经度于前，各按每年东移之数加至本年，列其经度于后，俾剿袭者知数十年前者已不可用，而况隋唐以前乎？且聊以存分野旧说，其占验之术则置而不论云。

　　右分星岁差谱。

---

① 作者自注：乾隆十七年十二月改正觜参二宿次序。大学士忠勇公傅恒等议：觜参二宿相距最近，觜止三星，形如品字，其所占之度狭；参有七星，三星平列于中，四星角出于外，其所占之度广。古法以参宿中三星之东一星作距星，则觜前参后。康熙年间用西法算书，以参中三星之西一星作距星，遂改为参前觜后。故时宪书内星宿值日亦依此序铺注，以星度考之古法，以觜在前则距参一度，而分野之度狭；以参在后，则距井十度三十六分，而分野之度广。若如西法以参在前以觜在后，则参反距觜一度，而参宿距井之十度三十六分，移而归觜，似不如古法为优。乃改觜在前参在后，是古法觜前参后。康熙以来，则参前觜后，乾隆后又改从古法。今以赤道而论，元以前觜西参东，明以来乃成觜东参西矣。官度之例，自右而左，实沈五宫起于西而讫于东。觜东参西是参前而觜后，与古背矣。所以然者，以每岁觜宿之差多参宿之差少，参少则东移也缓，差多则东移也疾。故觜本在参西而移于东，乃不期然而然者，非元明人之有所改动也。然古序终不可背，是以诸公奏改也。

《山西通志·古迹考》

考四之一　山西通志弟五十

赐进士出身头品顶戴兵部侍郎兼都察院右副都御史巡抚山西提督军务臣张煦奉旨监修。

过大梁而问夷门，适长沙而吊汨罗。生不得见古人，流连遗躅如或遇之。晋在三古上，盖神圣之所钟，皇帝王霸之所骈萃也。迭作都、京，即散地名，见载记者甚早，亦甚蕃。洎汉唐来，益多闻人甲族，胜迹殆不可殚述，又治世恒为股肱郡，分裂则戎马冲，故城废垒所在多有焉。窃见前辈诸老师綦重古迹，泽州人相犹署午壁，淮安寄籍不忘潜邱，及代郡冯廉访以能知雀鼠谷所在见重咸丰年，矧方志也而可忽兹？兹辄掇取古籍，参旧闻而征亲历，首国都，次城邑宫室，以墟里田园附之，次祠宇陵墓，而以寺观终焉。分类相从，纬以时代，务期衷诸至当，庶可与沿革诸篇相表里云。

卷一　国都　上古、唐、虞、夏、商

地皇氏在龙门，今河津也

《遁甲开山图》，地皇兴于熊耳龙门山①。

有巢氏在石楼，今名未改

《遁甲开山图》：石楼山在琅琊，昔有巢氏治此山南。《路史》：今隰州有石楼县，本曰吐京，隋文帝改石楼，东南六十里有石楼山②。

谨案：原文于地皇所兴之龙门，则冠以熊耳；有巢所栖之石楼，则属诸琅琊。若皆无与于山西者，独长源的指石楼所在，且谓隋文之改县即由兹山纳称，似较仲宣为确矣。地皇事虽别无可考，然熊耳左右实无龙门之号，即伊阙借称龙门，三古上亦无此语，则仍归之西河之龙门为是，不得云黄熊未凿以前并其名无之也③。惟是阳子居尝叹太古之埶志，屈灵均亦疑邃古之谁传，孔子断自唐虞良有以也。兹非敢妄语圣人所不知，特古记所有者无亦过而存之耳。

又太原有郝骨氏之封，商封子期于郝，亦此地也

《路史》：太原有郝乡，太昊弟郝骨氏后。《广韵》：商帝乙封期于太

---

① 作者自注：《路史》作雄耳。
② 作者自注：旧通志有巢氏栖于石楼之颜。
③ 作者自注：《水经注》：龙门之上有古龙门，是即非禹所凿而在禹前者。

原郡郝乡，因氏焉。《元和姓纂》：郝出于郝省氏，太昊氏之佐也，帝乙时子期封太原郝乡，因氏焉。

承匡，女娲氏所生，疑即闻喜之邔

《路史》：炮娲云姓，一曰女希，太昊女弟，出于承匡，生而神灵，佐太昊正姓氏，职婚姻，通行媒，以重万民之判，是曰神媒。太昊氏衰，共工振滔洪水，堕天纲，绝地纪，覆中冀。于是女皇氏役其神力以与共工氏较，灭共工氏而迁之，然后四极正，冀州宁，地平天成，万物复生。炮娲乃立，号曰女皇氏。治于中皇山之原，所谓女娲山也，在位百三十载。《列子》：天地一物也，物有不足，故女娲氏炼五色石以补其阙。《淮南子》：女娲氏杀黑龙以济冀州。

《闻喜县新志》案：承匡之地，亦见《春秋》，文公十一年，叔仲彭生会晋郤缺于承匡，注以承匡为宋地，在陈留襄邑县，窃以杜氏误也。据传文，此会本为谋诸侯之从楚者，去年宋正从楚，今乃就宋地而谋之，可谓祕【秘】谋乎？考晋地自有匡，《说文》邔字下解曰：河东闻喜县乡名。窃意邔即承匡，古人地名随意加邑者，不可枚举，如化布文长子作邔子是也。至其地今在闻喜某方，前人俱未言及，后见闻喜县东二十里之冯家庄庙中有元碑，碑文谓此村古名聚头，春秋时尝作诸侯会地，乃恍然悟此地即邔，亦即承匡矣。何以言之？《说文》釆部有云：邑落曰聚。而此邑部连列闻喜县地者三，曰瞣，闻喜乡；曰鄚，闻喜聚；曰邔，闻喜乡。今瞣是闻喜裴村，[①]瞣是闻喜郫郫头，[②]邔之在冯家庄而为承匡之会地也，亦必古有口授。元人撰碑时，想是忽忘其名而彷佛记其事，故约略书其地曰聚头，则由《说文》邔字上正连鄚字注中之

[①] 作者自注：俗误仞为裴柏村，非。
[②] 作者自注：见《水经注》，今俗书作羊圈头，非。

聚字而名之，遂舛矣。约略书其事曰春秋时诸侯会地，则又忘其为二大夫主会。臆度有会，必是诸侯而称之，遂误矣。今定为匡，斯《春秋》《说文》之地皆有实落而隐若相承也。若僖公十五年，齐桓公会诸侯救徐，次于匡以待之，此则应在陈留。顾、杜又不云陈留襄邑，而云陈留长垣，仍不免繆差何耶？至娲皇上古之人，本难确指其生处，惟既云覆中冀、冀州宁、济冀州，冀州今山西地，则知其生当在山西闻喜之匡，而不能在陈留郡之两匡明矣。

祝融城有二，一在汾州西，一在辽州北

《方舆纪要》：汾州祝融城，在府治西，相传祝融氏所居。

旧志①：辽州城北二里辽阳城，相传祝融氏筑。

谨案：祝融说不一，《庄子》叙在伏羲之前，《路史》亦同；《礼记·月令》则与炎帝同直夏四月令而不辨前后；《春秋元命苞》则与羲农同列第九禅通纪，而不详世次；《帝王世纪》以为伏羲之九世孙，尚袭庖牺之号；《潜夫论》以伏羲、神农为三皇，其一或曰燧人或曰祝融，谯周《古史考》用前说，以燧人为皇；宋均《三皇纪》注则同后说，以祝融为皇；《白虎通》兼二说，疑即王符所本，又云：祝者属也，融者续也，言能属续三皇之道而行之，故谓祝融也；《孝经钩命诀》称，祝融之乐名属绩，意即属续之讹；②《通鉴》前编祝融氏，一曰祝诵氏，而汉武梁祠堂画像即题曰祝诵，③其次列第二在伏戏【羲】之后，神农之前，且画其手作搏击状，翁氏《两汉金石记》谓即《三皇本纪》所称征伐共工之象也。综而核之，疑皇甫谧、司马贞二说为得其实，若其都

---

① 编者注：旧志指觉罗石麟等于雍正十二年（1734）撰修的《山西通志》，下同。

② 作者自注：案：汉《郙阁颂》："禹导江河，以靖四海，经纪厥绩，艾康万里。"亦是书绩作续，知绩续之互讹久矣。

③ 作者自注：案：融之为诵，犹容之为颂也，《史记》：徐生善为容，《汉书》作颂。

则郑康成《诗谱》云：溜水在鄶，祝融之墟。至周重黎之后，处之为鄶国，今新郑东北三十里有古鄶城，《诗》作桧，《路史》作会，盖是本字也。至汾州之城，他无所证；辽州之城，则《史记·秦始皇本纪》作轑，徐广音老不言祝融也。词人所咏，乌足为证。①

露即今之潞城参卢，后为潞子

《路史》：参卢之封荼陵，有露水乡，有露水山，予访炎陵稽其始封，字亦作潞，盖商周间延于河东北尔。又神农之姚在于荼陵，而露水之乡、露水之山，若诸露之名，遍于荼陵、攸邑、潭衡之境，益以知诸露之始，有在于此。殷周之代，衍出幽冀上党之郊尔。

谨案：《吕氏春秋》云：人民敝潞，是以潞代露也。近人得古货布，其文皆春秋战国时晋地名，其潞之布文正作露，知古二字互用者多矣。《路史》所云幽者，今顺天府通州，为古潞县，亦有潞水；所云冀者，今汾州府石楼县，为古土军县，亦有地名露罗，以为汉之东露也；所云上党，即今潞城县。《春秋》宣公十五年，晋荀林父帅师灭赤狄潞氏，以潞子婴儿归是也。惟中行桓子前此败赤狄于曲梁，《路史》因此又云潞子都曲梁，旧说曲梁在今广平府之鸡泽县，据《上党记》则仍在潞城也。又潞亦作路②。

小颢者，蚩尤所居，在安邑

《路史》：参卢命蚩尤于此，今安邑有蚩尤城，宜是。

谨案：蚩尤城今名从善村，本即古解城也。地之所以名，解以蚩尤体解得名，见《路史》。《黄帝经》序云：蚩尤之血化为卤，又云化为渤

---

① 作者自注：宋张仲尹诗有云："颛顼分封不记年"，盖因唐人于此立祝融庙，且州志言颛顼之子祝融，故亦承其误耳。
② 作者自注：《上党记》：曲梁在城西十里，今名石梁。

澥，殆即今解池乎？《皇览》亦言，帝杀蚩尤，身体异处，故别葬之。参卢者，炎帝之后，帝榆罔也，《汉书》谓之参卢。

纶者，古国，伶伦所封，在荣河，亦即夏少康所居之纶

《左·哀元年传》：虞思于是妻之二姚而邑诸纶。杜注：纶，虞邑。《续汉书·郡国志》：河东郡汾阴县下刘昭注引《博物记》曰："古之纶，少康邑①。"

谨案：杜以纶为虞邑，未实指其地，意盖以虞国既在蒲□间，斯其邑约可知矣。《续汉志》：大书纶于梁国虞下，而于汾阴之久称纶者反不著，是以刘昭引《博物记》以补之尔。《蒲州府志》：于荣河县转据此以梁国之纶大书为可信，汾阴之纶只见注中为不足信。试思刘昭之注，郡国本自言以细注证发原书者，梁国之纶果是，昭何以略不加注？汾阴若实非纶，昭何必引《博物记》以证成之耶。如曰存以备异闻而已，然则章怀注《黄琼传》又称纶在洛州，所引《竹书》之言，刘昭不容不知，何不于河南尹注中亦引之以备异闻乎？至《会盟图》《地道记》皆以荣河之纶为上古封国，府志地表以为黄帝臣伶伦之封，盖本诸《路史》，兹故列纶于上古，要其为虞封少康之纶，亦确无疑义矣。

张在虞县

《路史》：挥之封然，黄帝臣自有张，若故河东解有张杨城。《史记》：曹参攻魏豹，将军孙遫军东张。《汉书》同，苏林曰：属河东。

谨案：《魏·地形志》、郦氏《水经注》皆谓张杨城在解县，独魏王泰《括地志》谓在虞乡县西北四十里。盖隋大业改南解为虞乡，唐武德

---

① 作者自注：又梁国虞县，司马彪自注云：有纶城，少康邑。刘昭无注。又《后汉书·黄琼传》：公交车征琼至纶氏，称疾不进。章怀太子注：纶氏即夏之纶国，少康之邑也。《竹书纪年》云：楚及秦伐郑纶氏，今洛州故嵩阳县城是也。

又改虞乡为解，而别置虞乡，贞观又省解入虞乡，三书所言实一地也。晋大夫张氏世食采焉，则国之入晋久矣。

郻在闻喜

《路史》：黄帝后，姬姓国有虔，今河东闻喜虔聚。《陈留风俗传》《风俗通义》皆云出黄帝。《说文》：郻，河东闻喜聚。

《闻喜县新志》案：《说文》之郻，小徐音渠焉，切是拳音也。至《水经注》：涑水又西径仲邮郻北。而此郻字各字书不收，及宋《集韵》亦无郻字，而云郻音虔，罗泌曾议其音之非，乃又出一酄字，注曰：驱圆切，音拳，乡名，在闻喜县。愚谓郻、郻、酄本一地，许君是而郦氏、丁氏皆误也。此国本名虔而音拳，许之加邑旁，古地名多有此例，其地后名邮郻①，实在涑水南，而有泉入涑。而郦曾记此邑有名拳之地，而忽忘其字，又亲见此地有入涑之泉，而强会其意，遂出郻以代郻耳，字虽误而水地皆明矣。至丁氏《集韵》之酄字，本当音谨，《春秋》之郓谨龟阴，《汉书》正作酄，是泰山郡刚寿县，从未有指为闻喜地者，丁度何所本而云然？仍应从许为是。

续疑在襄陵

《路史》：续，牙之国②。

谨案：此国入晋，《春秋》不著，盖在平、桓前矣。见于传者，狐鞫居称续，简伯注亦不言续之所在，惟鞫居以狐戎受氏，而狐厨则临汾西北之狐谷亭，见僖十六年杜注；顾氏炎武谓在今乡宁县③；戴氏震谓

---

① 作者自注：今闻喜涑北之干坑村本即古干河，而妄人乃指为郻，写作郻庆村，非也。郻在涑南，今邮郻讹为羊圈头，非干坑也。
② 作者自注：亦少昊氏后。
③ 作者自注：《日知录》唐晋条。

在今襄陵县①。恐续地亦不能相远也，存考。

阎疑在解

《路史》：仲奕国，晋之阎县。《左传》昭九年：周甘人与阎嘉争阎田。《太平寰宇记》：阎田，在解县。

谨案：此国列少昊下，以仲奕少昊之后也。国灭于晋，晋之阎则以采氏者耳。

郫即垣曲之郫邵也

《路史》：陒卑氏所出②，宜晋郫邑，一曰郫邵。《左·文（公）六年传》：贾季亦使迎公子乐于陈，赵孟使杀诸郫，杜注晋地。又《襄（公）二十三年传》：齐侯伐晋，戍郫邵，封少水以报平阴之役。《博物志》：垣县东九十里，有郫邵之陁③。

清即闻喜之清原也

《帝德考》：少昊曰清。《路史》：清，少昊父封。又，清地非一，一在郓，一在濮，一作故乐平，一在并。解注本曰：清原在解之闻喜，今安邑北五十，宣十五年，赤狄伐晋及清者。

《闻喜县新志》案：左氏宣十三年传：赤狄伐晋及清；杜云，清，一名清原。然清原娄【屡】见传中，单称清者，此传一而已。原即今闻喜之北原，清故城在原之西北隅，据此始知清原之称有自来矣。若《路史》所称他处之清凡三，亦未定何者确是少昊父封也。不过，以兹邑既有斯名，不能不存之尔。

---

① 作者自注：《汾州府志·沿革》。
② 作者自注：此国诸任之分。
③ 作者自注：案：邵原关今属济源。

梁余者，少昊氏后，在和顺

《左·闵（公）二年传》：梁余子养①。《河东图》：梁余在辽州和顺县。

曲沃亦少昊氏后，在闻喜

《路史》：少昊后，嬴姓国凡三十九，八曰曲沃。

《闻喜县新志》案：曲沃之名，见于经典最早据此，固不始于左传之桓叔也。然罗氏列此，未知所据何书，兼所列嬴姓之第三十五为鄑，则明明至春秋后矣。若此邑之得名，张坊引《尔雅》，沃泉县②出之言，以为即取绛山之瀑布以制邑名，斯即《水经注》所云"青厓若点黛，素湍如委练"者，实在今曲沃之景明村，盖古邑地广，虽景明亦在其封内也。或云土不硗曰沃，班孟坚固言，此地为沃土矣。居水曲而称沃壤，此其所以名与，亦通。

右上古③

其见于经者，始唐尧，则都于平阳

《帝王世纪》：尧都平阳，于诗为唐国。《括地志》：在翼城县西二十里。韦昭《国语》注本：太岳之野，夏禹所都之墟，周成王母弟所封之地。《史记·晋世家》：唐在河汾之东百里。《毛诗谱》：叔虞子燮父，以尧墟南有晋水，改曰晋侯。

谨案：唐，自尧纳称，终古不改，他处名唐者，皆由此递嬗而得

---

①作者自注：《路史》以为其国灭于晋，晋大夫因食采为氏。

②作者自注：音悬。

③原文繁体竖排，故有"右"，以此表明以上为"上古"时期的内容。下文如"右唐虞""右夏""右商"等，与此类同，不另注。

名。一在直隶定州。张晏曰：尧为唐侯国于中山，唐县是也；一在河南鲁山，蔡墨云，刘累惧而迁鲁县，张守节以为汝州鲁山县是也；一在湖北随枣之间，范匄曰：陶唐在周为唐，杜氏、韦曜云，成王灭唐封太叔，迁唐于杜，《春秋》有唐成公，《史记索隐》曰：灭唐徙之许郢之间，随州枣阳县东南一百五十里上唐乡故城是也。惟在平阳者，前为蒉蕟之阶，后作桐叶之封，中更御龙、豕韦之国，灼然无疑。而昭二十四年杜注乃谓尧都在太原晋阳。《史记·晋世家》正义亦谓叔虞之封在并州晋阳。夫春秋初年，霍山以北皆狄地，后方为祁氏之田，传文明甚。若谓叔虞初封已在此，则试思太岳之霍国、平阳之杨国、汾川之沈、姻、蓐、黄诸国，皆横亘其间，何由越数国、距六七百里而远统翼、沃、绛、鄂于其腹内，豫为他日南迁之地乎？盖尝详思其误：一误于班孟坚，有晋武公自晋阳迁曲沃之语；再误于司马彪、皇甫谧，有晋阳本唐国之说，而实皆踵徐才宗《国都城记》之言①，不过见燮父改号，取名晋水，遂疑必在晋阳耳。岂知平阳之平水本名晋水，见《地形》《括地》两志，不必出自太原龙山者始为晋水矣。应邵注《汉志》临晋县曰：以临晋水，故名。臣瓒曰：晋水在河之东。又《史记·魏世家》：秦拔我蒲坂、晋阳。《括地志》：晋阳故城，今名晋城，在蒲州虞乡县西三十五里，此亦河东有晋水之证也②。

其后耆在徐沟之尧城

李而洵《祁邑源流考》：昔禅通之叙五帝曰：太昊而后，炎帝继出，姓伊耆氏，盖以祁国、伊继国者而称名也。黄帝握符，子二十五人，得姓者祁、己、滕、箴、任、苟【荀】、嬉【僖】、姞【姞】、懁【儇】、

---

① 作者自注：书久佚，此见《史记集解》引。
② 作者自注：纲目注，秦取晋阳城，在蒲州城东四十里。

依、二姬、二酉，凡十四，故六一氏曰：黄帝之子，首食于祁，而世厥土。帝尧生于丹陵，徙于祁，故亦姓伊耆，殆依炎帝之旧与载。考《左》《国》《史》《鉴》《竹书》《开山》等集所载金同，且谓耆、祈、祁本一字，即太原府祁县，故今祁地北四十里曰尧城①。

谨案：今尧城在祁县北四十里，此谓即陶旧都，并引接壤之平陶以合之②，皆谓由尧得名，于古无征也。大氐古圣人之迹，各郡国皆乐得之以为荣，苟有一说足证，即可存以资考核。如霍州之唐城，虽别无所据，而犹有臣瓒一注，以为东去鼒十里；郦元一注，以为汾水过永安县西又东历唐城；两注相合，大可援为故实，若此城则并孤证无之。李氏云：耆、祈、祁本一字，非也。祈，黄帝后；祁乃少昊后耳；若耆，则《史记·周本纪》以为即西伯戡黎之黎，与此更无涉矣。所引庐陵之说，以祁为黄帝后，罗长源已驳之矣③。

实于祁不远

《路史》：祁县以薮名，自汉不改，地甚广，《金坡遗事》系小国，盖以祁奚邑尔。

谨案：此国《路史》列嬴姓下，盖少皞氏后，亦莫详其始封之祖，及引《金坡遗事》既云小国，又云盖以祁奚邑故名，是祁奚将为一国君乎？闻喜有唐元始天尊素像碑，称祁奚为周阳侯，可知古有此讹言也。申公巫臣子亦称邢侯，与此同僭④。

---

① 作者自注：又《都城记》晋阳县北二里唐城，尧所筑。
② 作者自注：在文水县境，以为在平遥县境者误。
③ 作者自注：俗云祁之尧城是尧造历处，此臆说也，尧造历何处乎？
④ 作者自注：祁奚，父称高梁伯，出《吕览》高注，伯，是大夫常号。

长子城者，丹朱之封也

《左·襄（公）十八年传》：晋人执卫行人石买于长子。《唐十道图》：长子城，丹朱所筑；丹朱，尧之长子，因名，亦曰丹朱城①。《汉志》以为周太史辛甲国。

谨案：旧通志翼城有唐城，亦云丹朱所封都也，恐当以长子者为是。《路史》之朱虚丹山，《荆州记》之丹川，《九域志》谓在邓而又称相州之丹朱陵，皆存疑可耳。《竹书纪年》又称屯留尚子，其实即长子，以声相近而讹也。

丹渊亦此地，盖书止称子朱，丹是国名，以水与山为称，是则人以地名，非地以人名也

《汉书·地理志》：尧处子于丹渊。《路史》：朱虚有丹山，丹水出焉。

旧志：丹朱岭在长子县南二十五里，岭南十五里为高平界，县志亦称丹朱陵。

案：《山海经》：苍梧之山，舜葬于阳，丹朱葬于阴。《括地志》：丹朱故城在邓州内乡县，而内乡亦有丹朱墓。《九域志》：邓有丹朱冢，相州之永和镇又有丹朱陵，山西浮山县为丹朱食邑，而平阳府及阳城县皆有丹朱墓，府志辨疑曰：陵为水溜其中，甚大，有古器，非唐虞制，大类秦汉以下物，此必尧喧父子之墓，而误以为丹朱陵也。或又曰：岭土皆赤色，故名丹朱陵。又丹朱城相传丹朱筑，县治西南，今废址少存。据《唐十道图》：尧长子丹朱所筑，古长子县治在此，后燕慕容垂修筑。

谨案：《路史》朱虚之丹水，朱虚乃琅琊属县，汉城阳景王刘章初封朱虚侯，即此；若丹朱之丹渊，则应是上党之丹水；《路史》为误引矣。《水经注》：丹水出上党高都县，故城东北阜下俗谓之源源水。《山

---

① 作者自注：旧通志：在县西，周二十里，址存。

海经》：沁水之东有林焉，名曰丹林，丹水出焉。《地理志》：高都县有莞谷，丹水所出，东南入绝水是也，盖《禹贡》所谓覃怀底绩者，即指沁水与此水而言。而伪孔传、小颜注皆释作近河地名，只是今怀庆府，则未为明皙也。且丹水共有三：一宏农有丹水县，其水出上雒冢领；二琅琊朱虚之丹山，丹水出焉；三即上党之丹水，出高都，高都亦即长平，俗以白起所杀赵卒，其血流入河，水尽成丹，此言善长已斥为鄙野。惟《汉书》详载彼两丹水，而独失载此丹水何也？

汾川台骀之国，在绛州曲沃县之间

《左·昭（公）元年传》：台骀能业其官，宣汾洮，障大泽，以处太原，帝用嘉之，封诸汾川；杜注：太原，晋阳也。

谨案：旧志：太原南十里，晋水下流汇为泽，广二十里，今为汾水所没，尽为民田，旁有昌宁公庙，即台骀神也。独洮水在河东闻喜，与汾并宣，似乎回远不相及。故《九域志》虽谓在太原，而《通典》以为绛州。曲沃有台骀神，《元和志》以为：台骀祠在曲沃西南三十六里。《路史》以为：汾川即正平之汾水，皆与杜预、王存之说不合。但三人语同，似宜从之，以绛曲沃为主也。汾洮在河东，而其国因之。传所云处太原者，盖全汾归其管辖，太原亦其别都耳。

其后四国，黄在霍州，沈、姒、蓐则无考

《左·昭（公）元年传》：台骀能业其官，宣汾洮以处太原，帝用嘉之，封诸畎川，沈、姒、蓐、黄实守其祀，今晋主汾而灭之矣。

谨案：杜注云，四国，台骀之后，然不能实指其地，窃意四国即在汾川，他不可考。惟《汉志》彘县注云：霍太山在东，周厉王所奔；莽曰黄城，或疑周厉王尝居此，故莽以黄图、黄屋表天子之居，而名为黄城。不知莽性多忌讳，断不肯取厉王事以制新名，其改彘为黄，意即黄国之故封，特书阙有间，无可博证耳，其余三国则无考久矣。

又，尧以大夏处实、沈，太原、解、绛，皆大夏也

《左·昭（公）元年传》：帝后不臧，迁实、沈于大夏，主参唐人；是因杜注，今晋阳县。又《定（公）四年传》：命以唐诰而封于夏虚，启以夏政，疆以戎索；杜注，夏，大夏，今太原晋阳也。太原近戎而寒，不与中国同，故自以戎法。《史记·齐太公世家》：桓公称曰，寡人西伐大夏，涉流沙；《正义》曰：大夏，今并州晋阳是也。又《泰【秦】始皇本纪》二世引韩子曰：禹凿龙门，通大夏；《正义》引《括地志》云，大夏，今并州晋阳及汾、绛等州是。

谨案：杜注皆未确，《正义》两注，后说近之矣。夫禹之凿龙门，在今河津；桓之纳晋惠，在今平阳，而均称为大夏。《吕览》称，伊尹说汤以至味，有云大夏之盐，是即今安邑之盐池也；又况迁实、沈者为尧，则大夏之名且在禹前，乃知地非因禹得名，禹盖因地建号，都安邑而国号夏，明安邑一带旧即大夏之墟矣。是以《括地志》明言与绛州夏县、禹都相近，故云大夏也。自元凯、守节之注出，而大夏北移。然太原称大夏虽无不可，若因此遂并尧、禹之都，亦谓在晋阳，则大谬矣。故不可以不辨。

梁者，秩宗伯夷之国，今汾阳也

旧志：梁，古伯夷之封国，书治梁及岐国，在西河狐岐。《禹贡》注：狐岐之山，胜水出焉。又吕梁山在离石县，王应麟《困学纪闻》：治梁及岐，若从古注，则雍州山距冀州甚远，壶口、太原不相涉，毫以道用。《水经注》以为：吕梁、狐岐，读此始知蔡传说宗毫氏，其言曰：梁岐皆冀州山，吕山，吕梁山也，在今石州离石县东北。《尔雅》云，梁山晋望，即冀州吕梁也。又《春秋》梁山崩，《左氏》《谷梁》皆以为晋山，则亦指吕梁矣。岐山，在今汾州介休县，狐岐之山，胜水所出，东北流注于汾，二山河水所经，治之所以开河道也。先儒以为雍州梁岐者，非是。

谨案：梁之名国，古有五，而魏惠王所迁、汉孝王所封者不与焉：一，神农氏之后，《春秋》庄三十二年，齐宋遇于梁邱；杜云，昌邑西南梁邱乡，今山东济宁州之金乡是也。二，高阳氏之后，《地理风俗传》谓：扶柳西北五十里有梁城，故汉之西梁县也，今直隶冀州南宫堂阳镇是，在束鹿县南六十里，亦曰五梁城。三，金天氏之后，《春秋》僖十九年，梁亡；《左传》桓九年，梁伯伐曲沃；《史记》秦德公三年，梁伯来朝，今陕西韩城县有少梁故城，是也。四，周平王子唐，封于南梁县，《道记》云"梁县西南十五里，今河南汝州是也"。五，即伯夷之国，以吕梁山得名，则今汾州汾阳县是也。

虞舜都于蒲坂，而虞国则在平陆

《方舆纪要》：蒲州，古蒲坂，舜都也。《寰宇记》《郡国志》云：州南二里有蒲坂城，舜所都也①。宋《山川记》：蒲坂城有舜庙，城外有舜宅。《路史》：蒲坂有沩水，径首山，下复一水曰汭。《寰宇记》：首山南流沩，北流汭。

谨案：舜遗迹名虞及姚者，凡有五：一在越州余姚，周处《风土记》《会稽旧记》皆云舜所生；顾野王云：舜后支庶所封之邑，舜姓姚，故曰余姚县。一在濮州雷泽，《括地志》云：雷泽县东十三里姚墟，《孝经》援神契云舜生于姚墟。一在宋州虞城，本商均所封之邑，杜元凯云，舜后诸侯也。一在兖州泗源，有舜井，其西阜名妫亭山，罗泌以为谢息之所迁者，亦名姚墟。惟河东大阳之虞，前乎舜者，为虞幕后乎？

---

① 作者自注：旧志，在城东南，周九里一百三十步。

舜者，为虞思，皆此一地，盖故虞国也。然帝都仍不在大阳，盖亦有数处焉。任昉谓在沅江，杜佑谓在长沙，罗泌谓在济南。究之，主蒲坂之说者为确。《穆天子传》："登薄山寘轸之隥，宿于虞。"薄山即亳山，亦中条十二名之一，而平陆、永济皆在中条旁也。

又有蒲国，在隰州

《路史》：河中之河东二里蒲津关，蒲衣之故国①。

谨案：此邑之名，似由蒲衣纳称。故秦为蒲反，后周唐为蒲州也。然蒲坂既为帝都，岂能同时别立诸侯？况蒲衣子实舜之友，又不得云非同时人也。窃以隰州旧为蒲子县，恐当为蒲衣子国，庶不相碍，《路史》之说不可从。《文献通考》：隰州，春秋时蒲城，重耳所居，旧志云今有蒲子村故城，即重耳居也②。杜预注《左氏传》、刘昭注《后汉志》，俱同此说。

董则董父之国，在闻喜

《竹书纪年》：晋武公元年，荀人、董伯皆叛。《路史》：己姓伯，董泽之陂也。《左·昭（公）二十九年传》：董父扰畜龙以服事帝舜，帝赐之姓曰董氏，曰豢龙，封诸鬷川。又《宣（公）十二年传》：董泽之蒲，可胜既【记】乎？杜注，河东闻喜县东北，有董池陂。

《闻喜县新志》：《说文》董篆下引杜林曰：董，藕根也。今董池产藕，窃意中古已然。帝舜赐以董姓之由，虽不可悉，然自古赐姓不外以官以地二者，飂叔子豢龙于此池，池生莲藕，舜因以藕根之董姓之，亦姬、姜、姒水得姓之例也。至池之号董，则以人耳。

---

① 作者自注：旧志，隰有蒲伊子山。
② 作者自注：或曰今蒲县，非也。

邰则后稷母家之国，在稷山

翟凤翥《姜嫄墓记》：稷山东南冰池村，世传后稷弃此；《诗》云"寘之寒冰，鸟覆翼之"是也。池东为姜嫄墓，山后荒垄数十亩，为有邰氏坟。先年地陷，人穴而入，石砌如宫室犹新，事甚异，迹甚古。《郡邑志》：稷播谷于此始，故名其山曰稷，上有后稷陵，下有姜嫄墓。案：谓嫄为帝喾元妃祀禖，生稷，俨然元子矣，以天子元子而弃之隘巷平林寒冰乎？且嫄既为帝妃，尚云无人道乎？不坼不副以赫厥灵，尚云怪乎？且帝喾，父也，天子而圣人也，乃诗曰：厥初生民，时惟姜嫄；又曰：赫赫姜嫄，其德不回。何叹母而不及父欤？郑氏谓，姜嫄，高辛氏世妃，乃喾后世子孙妃也。太史公《帝喾纪》止云娶陈锋娵訾氏，生放勋、挚，未及姜嫄。若云帝妃，则稷与尧为兄弟，尧在位七十载不能用，必待舜举之耶？然则嫄非帝妃明矣①。

《闻喜县新志》案：翟意以姜嫄本非帝妃，故生稷于野也。然意殊未畅，欲证嫄之非帝妃，则谯周之言较显于康成，欲论稷之生卒在此山，则当取展禽之语佐以窦苹之言而自了然矣。《索隐》引谯周《古史考》曰：弃帝喾之胄，其父亦不著，是明云弃非喾子矣。然则嫄之非帝妃，岂待言哉？《国语》：柳下惠言，稷勤百谷而山死。杜预注《左传》、司马彪志《郡国》，皆言闻喜县西北有稷山亭，《隋图经》引窦苹曰：稷播种百谷于此山，西南去安邑六十里，是可谓确证矣。第《史记》前云有邰氏女姜嫄生稷，后云尧封稷于邰；毛亨亦曰：尧见天因邰而生后稷，故因封于邰，是皆未敢深信。稷既是有邰自出，尧又剪邰祀而畀之，圣者为之乎？且受者安乎？尝考《路史》，稷所封之邰作斄，在武

---

① 作者自注：檃栝原文三之一。

功；姜嫄母家之邰作䣅，不云在武功，知别有一国，非同地①。且太王亶父又娶于䣅，《诗》所谓姜女也，是岂得混为稷后也哉？但罗氏欲求一䣅，乃引《左传》越使鲁还郓田，封境至于䣅上，以为姜嫄之䣅在此。窃谓未然。果尔，稷何以生于河东之稷山？姜嫄之墓、有邰氏之墓又安得在稷山左右耶？尝思汾川既为台䣅之国，稷山正在汾川，而此邰亦正书作䣅，恐嫄母家即台䣅氏，未可远引齐鲁之䣅也②。千古创论，敬以质之博雅君子。

砥石则昭明之国，在平陆东

《世本》：契子昭明居砥石。

谨案：契封于商，在陕西商州，与此相近，故知砥石即砥柱也，又名砥山。《吴越春秋》：鲧娶于有莘氏之女嬉于砥山，得薏苡而吞之，生禹。有莘之国，或在河南嵩县，或在陕西合阳县，俱与此近，故知砥山亦砥柱也。缘是昭明所居，故虽山而亦入国都云。

皮氏亦古国，在河津也

《逸周书》，穆王曰：信不行义不立，则哲士陵君，政禁而生乱，皮氏以亡。③

谨案：《括地志》：皮氏城在绛州龙门县西一百八十步；《正义》曰：在县西百四十步也；旧通志引《魏世家·襄王六年》：秦取我皮氏，十三年秦击皮氏二事，谓战国已有此名，驳前人言皮氏为秦所改者非其原

---

① 作者自注：案：《国语》周詹伯曰：魏、骀、岐、芮、毕为吾西土。是则以邰为骀，知古氂、邰、骀皆通用也。毛公所言：因生邰而遂封邰者，特别立一国，取原名名之，以表灵异。

② 作者自注：案：《左传》之狐骀，檀弓作台鲐，陆氏《经典释文》，台音胡，则知此台字乃壶字之形讹，不得以为台骀之国也，罗泌误引。

③ 作者自注：《路史》称，田齐之后有皮氏，乃人姓，与此异。

始，然不知引《逸周书》则亦未得其原始也。穆王历叙古亡国在有虞氏、夏后氏之间，知此国之肇封必不在夏、殷以后矣。①

右唐虞

夏禹都于安邑，今在夏县界

《帝王世纪》：禹或居安邑。《汉志》：禹自平阳迁安邑。《通典》：夏县，汉安邑县地，盖以夏禹所都，为名夏都，安邑城在今县北十五里。《夏本纪》：帝相出居商邱，少康复归安邑。《路史》：王以金成都阳城②，太原安邑。

谨案：郑氏《通志》：安邑即韩国也。金氏《通鉴前编》：夏后，禹践位于韩，与此正合。苏轼《指掌图》亦云：禹都安邑，当在夏、安邑之间。惟《汉志》有禹徙晋阳之语。皇甫谧遂作不定之辞，曰或居安邑矣。良由大夏在晋阳一说，孟坚、仲远、元凯、士安诸大儒俱为所惑，而不知平水古名晋水，则平阳亦得名晋阳矣③。故罗苹有平阳、晋阳七名一地之说。然大罗于禹都阳城之说④，则引臣瓒；于禹都太原之说，又引杜佑。虽或不确，亦并存以广异闻可矣。

武观城者，禹季子所居，在榆次

《通鉴前编》：启放王季子武观于西河而叛，启命彭祖之后寿思帅师征西河，武观来宾。《竹书纪年》：十一年，放王⑤武观于西河，十五年，武观以西河叛，彭伯寿帅师征西河，武观来归；注，武观即五观也。观

---

① 作者自注：尝疑此国即舜所封象之有庳，常常欲见，必不远于蒲都也，音相同，时又相同，惜无别证。
② 作者自注：罗以为泽之阳城。
③ 作者自注：《括地志》：晋阳故城，今名晋城，在蒲州虞乡县西三十五里。
④ 作者自注：即泽州阳城。
⑤ 作者自注：季子。

国，今顿邱卫县。《水经注》：洞过水西南流，径武观城西北；庐谌《征艰赋》曰：径武馆之故郛，问厥涂之远近。旧志：榆次西南二十里陈侃村，一名武馆城。

谨案：《尚书》载有扈之征而不言武观，《竹书》载武观之叛而不言有扈。据《说文》，扈在鄠县，而此云武观在西河，则一地也。《说文》言扈为夏后同姓，而此云王季子，则一族也。且《左传》曰夏有观扈，直连举之，似即一人也者。姚察《史记训纂》①云：户、扈、鄠三字一也。则五观确在鄠县，榆次安得有之？然榆次之武观城，经卢、郦两家纪载，亦不得谓伪也。意未放以前，武观实居榆次，既放于西河，始叛而征之欤？若《竹书》注又云在卫县者，则因卫县本雍榆城所改，古书必有称武观城在魏榆者，本指榆次而言，彼见雍榆亦有魏榆之名，而隋称卫县，遂误仞武观即在卫县耳。善读书者必能垂许斯论也。

又有稷后魏、芮二国，魏在安邑、蒲坂间，芮即今芮城也

《国语》：周景王十二年，王使詹伯辞于晋曰：我自夏王之代，以后稷之功，故受魏、骀、岐、芮、毕为吾西土。郑樵《通志》：魏河中河西县②；乐史《寰宇记》：芮城北五里有魏城，即万所封周八里。《左传》：桓三年，芮伯万之母恶芮伯之多宠人也，逐之出居于魏；杜注：芮国在冯翊临晋县③，魏国，河东河北县。闵二年赐毕万魏，以为大夫。《路史》：魏，今平陆有古魏城，南、西去河各二十余里，北距首山十里，所故魏风著十亩之诗，周同姓也，晋献灭之。又芮，伯爵，今陕之芮城西二十里有芮故城。《水经》：河水自河北城南，东径芮城。《九域

---

①姚察所著为《汉书训纂》，并不曾著《史记训纂》，此处似误。《史记纂训》为裴安时著。

②作者自注：河西县熙宁三年省入河东县。

③作者自注：今朝邑西南二里。

志》：有芮君祠，商代国，西伯初，虞、芮讼周，为司徒；《后汉·郡国志》：河北诗魏国，有韩亭。《六韬》[1]：文王质虞、芮之讼，暨师武伐殷，乃收虞师、芮师。

刘良臣曰：芮，姬姓，伯爵，盖自夏商以来，若耿国之类，非周初始封也。山西旧志据河东芮君庙记，本陆德明周非同姓不封之说，谓为周初所封同姓。不知当其未封之时，质成于文王者，又何人耶？且稽之传记，皆曰姬姓，无周封字也。或曰朱文公《魏诗传》亦称，周初封同姓，庙记盖本于此，曰文公就毕、魏而言，盖毕万乃文王第十五子毕公高之后。毕在今长安，国绝，至万为晋大夫，伐魏取之，献公以其地为万采邑，即芮地也。芮之称魏者，以芮伯万为其母所逐，秦人纳之，居于魏，相去裁一舍[2]，遂不称芮而称魏，犹魏侯䓨迁梁遂称梁王也。文公以非理义精微，未及详考。

马淑援曰：解，旧志载：州西南六十里有魏故城，今隶芮地；又毕万墓在焉，以为古魏近之矣。但《史记》未言古魏所在。《水经注》言：魏城处山河之间，亦未指定古魏而芮地。又相传河北城为文侯城，意此即古魏城乎？议者以城在今芮，遂谓芮即古魏，不知古魏、芮本比邻国，晋初以赐万，而芮并入于魏则其后也。况《国风》葛屦诸什，皆魏未灭时诗，朱子于魏风下明注曰：解即其地，在析城西、雷首北。是确指解为古魏矣。

旧通志储氏曰：据刘良臣谓，魏即芮；而马淑援又谓，古魏在解；郑康成《诗谱》：魏在《禹贡》冀州，雷首之北，析城之西，南枕河曲，北涉汾水，四至甚分明。《诗（经）》：彼汾沮洳、河水清且【且】涟漪等语可证。古魏地广，芮适在析城、雷首、河曲之中，则不得以魏专属

---

[1] 作者自注：《路史》引。
[2] 作者自注：芮伯城西二十里郑村，魏侯城北五里。

解州境，而万被逐居于魏，遂称魏而不称芮，其说尤可味也。

谨案：此魏、芮皆稷后，而封于夏后时，则质成之芮亦周同姓，而魏更勿论矣。独鲁诗世学谓毕公初封毕伯，成王时进为魏侯，传十余世，晋灭之；而毕万为晋大夫，又得食邑于魏。此言显与《国语》所云周先世受魏之说不合，且《左氏传》所记居魏者芮万，赐魏者毕万，又最易混为一人。刘氏之说，以魏、芮为一；储氏深以其言为可味，而不知实非也。马氏以魏、芮为比邻国，似又碍于乐史魏、芮二城相去五里之说，盖意岂有五里之内可以并立二国者乎①？若依司马彪、罗泌，皆谓魏在今平陆，则当时平陆实为虞封，仍不能并容两国。即服虔以魏在蒲坂，似亦尚未尽其境界。窃谓平陆为虞，固无可疑，而古魏当依郑夹漈与【于】此，马淑援之说在安邑及解为是。且金仁山言，安邑，古韩，证以《后汉志》，固言魏有韩亭，是魏之在安邑也章章矣。至芮之立国，据杜注则在今朝邑，据郦注则在今芮城；然与虞质成，以后相让之田号为闲原者，实在今平陆西六十里②。是地至河东矣，恐国不能只在河西也。是以郦道元注又引《竹书》晋武公元年，芮人乘京而自断之曰：匪直大荔，故芮也，此亦有焉，是其意明言芮兼跨大河东西矣。总之，平陆既为虞，则芮不能即在平陆；芮城既为芮，则魏亦不能仍在芮城；定为安邑、蒲坂间，则三国疆界自罗罗清疎而无实逼处，此之虑矣。

傅者，大繇之封，在平陆，即后傅说所隐之傅岩也

《路史》：傅，夏封之在虞、虢之间。《唐·宰相世系表》：大繇，黄帝后，封傅。

---

① 作者自注：案：乐史之言，王存亦同，实则所言魏灭者，芮万所居之魏，非毕万所赐之魏也，去今芮城五里非去古芮国五里也。古芮国都尚在今县城西二十里。

② 作者自注：东西七里，南北二十里。

谨案：地有傅墟、傅岩，即殷武丁梦得傅说处也，古有傅说祠。《路史》以为即古之北虞。北虞者，今平陆县，以地有吴山，吴、虞同字，故国名为虞尔。

帝杼居原，其城在沁水县

《竹书纪年》：帝杼元年，己巳，帝即位，居原五年，自原迁于老邱①。

谨案：《竹书》言，伯子杼帅师灭戈，而《传》云季杼灭豷②。杼者，少康之伯子，何又为季？《路史》言，越之先君无余即杼也；又云少康之庶子。《寰宇记》亦云少康庶子无余封会稽，世为越侯，岂余、予声近遂讹其二子为一人欤③？若果一人，则既承夏统而为帝，不能再开越国而为候，此其灼然可知者耳。至原之立都，《竹书》列之少康十八年，杼盖因父之遗烈而非自创也。《水经注》：济有二源，东源出原城，国名纪，云原伯爵，今泽之沁水县西北有故原城也④。

帝廑居西河，其地为今蒲州府

《竹书纪年》：帝廑元年，己未，帝即位，居西河。《路史》：允甲在位，四十岁后居西河。

谨案：西河之名，始见《禹贡》，连龙门为称，注在冀州西，故曰西河，则实河中一带，今为山西之蒲州也。若汾州之西河，夏时尚无此名也。

---

① 作者自注：《纪年》帝少康十八年迁于原。
② 作者自注：《世本》又云季伫作甲。
③ 作者自注：古书余、予互用，犹之荼、舒通用，今仍然也。
④ 作者自注：有详说，见下卷周之原下。

又刘累为御龙氏，国在今翼城、闻喜、绛一带

《左·昭（公）元年传》：迁实、沈于大夏，唐人是因；杜注，唐人谓刘累之等。又《昭（公）二十九年》，蔡墨曰：有陶唐氏既衰，其后有刘累学扰龙于豢龙氏，以事孔甲，能饮食之，夏后嘉之，赐氏曰御龙。

《闻喜县新志》案：《史记正义》引《括地志》云唐城在翼城县西二十里，夏后封刘累之孙于大夏之墟为侯；又云与绛州夏县禹都相近，故云大夏也。《左·昭（公）元年》元凯注以唐人为刘累之等，是矣；又以大夏为晋阳县则未的①。夫刘累学扰龙于豢龙氏，而后为御龙氏，晋蔡墨之言也。豢龙之董泽，在闻喜，就学者安能远在晋阳乎？虽传又云累后迁鲁县，在河南鲁山县，似若已去董泽者，不知魏王泰称夏后所封之唐侯，乃累孙而非即累身也。祖播迁而孙返故，理得绍封，亦不得执累迁鲁县一语以相难。顾数千年来，以闻喜为董父之国，人皆知之；以闻喜为刘累之国，则颇多疑讶。然吾所谓豢龙、御龙并封董泽左右者，仍于杜注得间，何则杜于䶮夷注曰：䶮，水上夷，皆董姓；明明只指春秋时耳，而于此注则曰：刘累之等，盖追溯夏时，即非仅董氏一族，而刘氏为主矣。合诸说互勘之，则累之国于宿主参，而在翼城迤西②，与绛州、夏县皆相近③，兼可就董泽学扰龙，非凿凿在闻喜境内而何？

至汤所伐之昆吾，在今安邑，有昆吾亭

《诗》：韦顾既伐，昆吾夏桀。《左传》注：昆吾同日而亡。

谨案：《帝王世纪》：汤伐桀，战于昆吾亭；《史记》：夏桀虐政、淫乱，而诸侯昆吾氏为乱，汤自把钺以伐昆吾，遂伐桀。可见昆吾与夏甚

---

① 作者自注：前大夏条已详辨，兹再辨刘累之国。
② 作者自注：据《括地志》言，唐城在今翼城县西二十里，其封疆必更西矣。
③ 作者自注：绛州在闻喜北，夏县在闻喜南。

近，故并伐之，可使同日而亡也。《路史》以为濮阳，盖据隋开皇所置昆吾县为言。然升自陑之说，出《书序》；战于鸣条，则诸书皆同。陑与鸣条，皆在安邑，则昆吾在安邑几内章章矣。皇甫谧所云昆吾亭，必汉代之名，汉去古近，其名亭，盖确有依据也。故《寰宇记》直以为安邑云。

所伐之三㚇即闻喜三嵕山之原，皆夏几【畿】内之国也

《史记》：汤伐桀，桀犇于鸣条，汤遂伐三㚇，俘厥宝玉。注引孔安国曰：三㚇，国名，桀走保之，今定陶也。

《闻喜县新志》案：此三㚇即三嵕。《上林赋》：凌三嵕之危；郭璞《三苍》注，三嵕山，在闻喜，亦即《左传》之瑕川也。或曰此山名，不得以为国名，不思《史记》明云，桀犇鸣条，汤伐三㚇，显是破竹之势；即伪孔亦云桀走保三㚇，以保三㚇释犇鸣条，可见三㚇、鸣条必不相远也。鸣条，今安邑地，而三嵕山即在接壤之闻喜，于当日情事为合，万无桀在鸣条，汤忽悬军远指定陶之理。《路史》据《九州要记》，亦误指瑕为定陶者，正以泥于济阴二字耳；不知定陶以陶邱东出，得为济阴，而闻喜东连垣曲，即沇水之所出，亦何不可称济阴乎？郭璞亲为闻喜人，且地学专家，是较杂记为可据矣。况闻喜旧有董父瑕川之封，见《左氏传》。《左传》之瑕，《汉书》之嵕，《书序》又作朘，是一字而偏旁不同。《史记》只作㚇，盖是本字也。此国是否董父之后，固无明文，要其不能远在定陶也，断断然矣。旧志谓即闻喜东南之焦山，恐非。焦山去瑕川稍远，不若紫金山为近。紫金山有三峰，今俗名三县顶，谓一属曲沃，一属绛，一属闻喜也。杨【扬】雄《较【校】猎赋》注，三嵕，言三峰聚也。释嵕字义更合矣。

而桀则迁国于垂，乃在凤台

《路史》：癸不务德，不申于国，始迁于垂。罗苹注，所谓天门，在泽州之晋城，太行之上有天门。

谨案：《吴起对魏武侯》：夏桀之国，左天门之阴而右天溪之阳，即谓此也。

其后有鄩则平陆、夏二县间也

《路史》：冥，夏后后①。《左·僖（公）元年传》：伐鄩三门；注，虞邑。右夏

汤都于亳，疑在垣曲

《书序》：自契至于成汤，八迁，汤始居亳。

张象《蒲亳都辨》：唐、虞、夏、殷，故都皆在平阳境，而旧志记，殷迁耿，不及亳者，未知亳之在垣曲也。垣曲，面景山、濒大河，近接葛伯寨，在五代周，名亳城县。《汉书音义》称，济阴亳县者，济水出济源山，而山在县东也；桐乡在其北，即伊尹放太甲处，今闻喜是也。汤陵在其西，历载祀典，今荥河是也。皆距垣不二百里，而汤妃墓庙俱在垣境，其为亳地明矣。《孟子》曰：汤居亳，与葛为邻。世传亳州为亳，长葛为葛，固谬妄不足与辨。传记所载，称亳者三：谓亳在谷熟者，皇甫谧也；谓亳在蒙县者，杜预也；谓亳在偃师者，郑康成也。称葛者二：一云宁陵有葛伯国，一云郾城有葛伯城。嘻何亳与葛之多也？盖尝考之穀熟，今夏邑也，然考城亦名穀熟。蒙大小二，大者在商邱北，小者在商邱南，于彼于此，茫无确指，果可信乎？《归德志》称，帝喾都商邱之亳城，汤自商邱迁焉。《河南志》又称，偃师县，帝喾所

---

① 作者自注：亦作鄩。

都也，成汤居西亳，即此。其在《左传》，帝喾封其子阏伯于商邱，以主大火，是以有阏伯之台之墓之庙，既封其子，又作之都，于理非宜；且既都商邱，何为又庙偃师？是二都矣。偃师最西去景山不远，说者引"景员维河"以实之；按，黄河自潼关而下，入阌乡县界，经灵宝、陕州、渑池、新安、孟津诸县，以达于开封，不闻经偃师也。所谓"员河"者安在？偃师近景山而不名景，亳、蒙城无景山而名景，亳所不解也。若其谓宁陵有葛国者，所以实亳在商邱之说也。然宁陵实宁城非葛乡，盖说者妄也。郾城去三亳甚远，安得有葛？盖起于好事者，欲以葛城在偃师，证成偃师之为亳，而偃郾音近，讹以传讹，遂蔓及之耳。《括地志》曰：汤冢在北亳；《皇览》曰：在济阴亳县；而刘向直谓汤无葬处，是皆不可信，则偃师之墓亦伪也。孔安国以桐为汤葬地，郑康成谓桐地有王离宫，皆不得其实；而《晋太康地记》云：尸乡有亳坂，东有城，为太甲所放处，信斯言也。若之，何其不名桐？而自秦以来，所谓桐乡者，乃在偪近垣曲之闻喜耶？垣曲，地僻而道险，名公巨儒罕有至者，故其遗迹不见于论述，而守斯土生斯地者，承讹袭舛，不复考核，如斯类者盖比比也，可胜道哉①。

葛与亳邻，即闻喜之葛寨

《孟子》：汤居亳，与葛为邻。又，汤使亳众往，为之耕。《史记》：葛伯不祀，汤始伐之。

谨案：旧通志，县南四十里葛伯寨，在汤山下，相传葛伯阻兵处。据张象，蒲以亳在垣曲，则葛当在此处，盖童子可以饷耕，理不得远也。

---

① 作者自注：文与李汝宽《桐宫辨》，《府州厅县考》已备引，此重出其《闻喜（县）志》，亦与前考相背，姑存异说。

太甲所放之桐，即闻喜县

《史记》：伊尹放太甲于桐宫；郑康成云，桐地有王离宫①。

李汝宽云，诸志皆以闻喜为桐宫，汤陵所在，予窃疑之。

案：《汉书·刘向传》历叙帝王陵墓，曰殷汤无葬处。师古曰：谓不见传记也。汉去古未远，刘向、班固为世大儒且不知汤之葬处，诸志何以知其在闻喜也？司马光，宋之大儒，其撰《闻喜宣圣庙记》亦未及此。金有张邦彦者，撰《宣圣庙记》，据一时儒生父老之言，谓文庙古之汤陵，引《尚书》及孔安国注以信之，而力诋魏文帝《皇览》言汤葬济阴之非，盖因地名桐乡，且多古柏而附会之也。夫安国注《尚书》桐宫，止云此汤葬地也，未言所在；邦彦何以知其指此也？记又曰：其地盖与清原相接，故鲁僖公三十一年，晋搜于清原；杜注云在闻喜县北。当时虽未明言闻喜，然亦桐之事实见于《春秋》者也。夫《尚书注疏》未言桐宫与清原相接，他书亦未有言之者，邦彦何以知其与清原相接，而以为桐之事实也？夫以桐乡为桐宫，已属无稽，又以文庙为汤陵，非齐东野人之语乎？及考《平阳府志》《山西通志》，虽以闻喜为汤陵，于荣河又皆云汤陵在县北百祥村西，元癸未岁沦于汾河，以石柩迁于别地；洪武初建寝庙于陵东，以便岁时致祭；正德元年，少卿乔宇颙准修祠。

又案：《文献通考》《明一统志》，皆云汤葬汾阴。

又案：隋制，祀汤于汾阴，汾阴即荣河也。

又案：邱文庄公《大学衍义补》云：我朝帝王陵庙，既命有司岁时修葺，又于三年一次，出祝文香帛，遣太常寺乐舞生赍往所在，命有司致祭，凡三十六帝，而殷汤与焉。虽未言其所在，然亦可见必知其所在而非闻喜矣。夫据《汉书》，则汤陵之所在不可知也。据《尚书》注，虽知桐为汤陵，而桐之所在不可知也。据《文献通考》等书及乔宇所

---

① 作者自注：《晋太康地记》，桐在尸乡，为太甲所放处。

题，虽直指荣河而犹未可尽信也。乃邦彦始则不知阙疑，而轻信儒生父老之言，既则济以博辨，而并失安国、元凯之意，以致正德间邑博王绅氏修志，遂以桐宫为邑之故，而州据县，府据州，省据府，诸志皆误，谁之咎也？若曲沃志又谓桐乡城在县西南驿乔村，世传伊尹放太甲于此，则汤陵忞多，而两地之父老贤于汉儒远矣。

《闻喜县新志》案：魏文帝《皇览》云：汤冢在济阴亳县；《括地志》云：汤冢在北亳，垣曲为宇文周之亳城县，即北亳矣。其称济阴者，前固云济水出济源山，实距垣曲之东，故垣曲得为济阴也。桐宫之放，伪古文谓密迩先王其训，此语必有所受①，最密迩，垣曲者，闻喜何乃谓在尸乡乎？况闻喜有宋保宁寺碑、宋沙渠寺碑、金宣圣寺庙碑，皆直称闻喜为桐宫。《路史》言闻喜西南八里有桐乡城，据《隋图经》，即桐宫，太甲所放处，是自古有定论矣。洎明李评事汝宽著说，力办【辩】其非，以为刘向叙帝王陵墓，独殷汤无葬处，后人何由知之？不思子政虽不知，子桓知而著之《皇览》，亦必确有依据也。且李意在汤陵之真伪，今亦无暇与细论，要桐宫决无可疑。盖成王剪桐戏叔虞，史佚成之，遂取地之名桐者，定封以实其桐叶之戏。知此地名桐，固自商以来未之有改，故至秦而犹为桐乡也。

祖乙迁于耿，在河津县

《书序》：祖乙圮于耿，作祖乙。《路史》：耿在龙门，又在慈州②。

谨案：《竹书》云：祖乙名滕，元年己巳自相迁于耿，二年圮于耿，自耿迁于庇。《史记》则云：祖乙迁于邢。《左传》：晋献公灭耿，以赐大夫赵夙；杜注：平阳皮氏县东南有耿乡。《汉志》：皮氏县有耿乡，故

---

① 作者自注：古文虽伪，要多采自古书者。
② 作者自注：今吉州也。

耿国。皆不言即祖乙所都之耿。或以相也、殷也，庇即邮也，皆在河北。《史记》亦言殷已都河北，则以邢当耿，而指为今之顺德府邢台县者，不出河北一带，似乎今河津县之耿乡，只可当晋侯所灭之耿国，不能为殷王所迁之耿都。然《水经注》明言汾水西径耿乡城北，故殷都也，帝祖乙自相徙此，为河所毁云云。今河津县之岸底王村，或写作按帝王村；旧志亦云：尚有宸座、中宫、金殿御诸地名，则又以河津为是。且昔人不晓亳都在河东，故因河北一语遂并耿亦移之邢矣。试思芮城，汉河北县；平陆，唐河北县；安见河东不可称河北乎？且河津之耿，濒大河，故为河所圮；若邢台，则去河远矣，河患奚自来哉？况郑康成云，耿都迫近山川，常圮焉，皇甫士安亦云然。今河津实迫近山川，邢台则平地也。以此论之，确在河津矣。惟彼县人改岸底王村为按帝王村，欲以实祖乙之迹，颇为不词。不知汉张次公封岸头侯，《史记》注引《晋灼》云：岸头，河东皮氏亭，是即魏哀王元年，秦取曲沃，犀首败走之岸门。其宫殿等名，则张次公之迹也。

箕子之封在榆社东南，或云在辽州

《路史》：箕子之前，箕伯之封，小国也，有虞氏后；《春秋》：犹有箕崇之国；《元和姓纂》：商之圻内，今太原，晋败狄于箕者。

谨案：《寰宇记》：箕城在榆社县东南三十里，晋败狄于箕，即此；又辽州，唐曰箕州，有先轸祠，在州南二里，二地相近，皆商之圻内。

微子之封在潞城东北

《史记·殷本纪》：帝乙长子曰微子启；《寰宇记》：微子城在潞城东北三十里。

谨案：《九域志》：博州有微子城，或云在鲁，或云在合阳，或云郿，或云聊城，或云寿张，或又云徐沛东南微山有微子冢。《路史》皆以为非，而潞城县东北十五里有微子城，更上五里有微子岭。阎若璩《四书释地》引郑康成谓，微、箕二国，俱在圻内。今潞城甚近殷都，疑近是也。

黎国即今黎城也

《商书》：西伯戡黎。服虔曰：子姓，侯爵。《毛诗物考》：任姓，侯爵。《路史》：黎，夏诸侯，九黎。

谨案：黎，《史记·殷本纪》作饥，《周本纪》作耆，又作阢，《玉篇》作䣝䣛，皆以同形同声相通也。今黎城东北二十里有故城。又《寰宇记》：上党县本黎侯国，今有黎亭，及西伯戡黎之所；又云：黎在上党东北，盖今长治、壶关、黎、潞诸县皆是也。《路史》云：子姓，侯爵，盖本之服氏，知式微之所咏、酆舒之所夺、荀林父之所立，皆此国也。

豕韦至商末，亦迁于翼城之唐

《路史》：防姓，韦也，见《世本》：或云刘氏，非。

谨案：豕韦即诗韦，顾既伐之韦也。自是古国，或云刘氏，其说亦有所考，盖刘累之后也。《国语》：范宣子曰："在商为豕韦氏，在周为唐杜氏。"韦昭注：商谓武丁之后为豕韦氏者，初祝融之后，彭姓，为大彭。大彭、豕韦二国为商伯，其后商灭豕韦，刘氏自御龙代豕韦，豕韦自商之末改国于唐；周成王灭唐而封弟；唐叔虞迁唐于杜，谓之杜伯。据韦氏此注，知成王所灭之唐，虽号豕韦，而仍刘氏也。此说他无可证，然高陵博雅，所见书多，且自言其韦氏先世源流，必本之谱牒所载可知，故列诸翼城之唐故城下。

蜚廉之国，亦曰非，即闻喜之蜚城

《路史》：非，蜚也，蜚廉国，龙门县南七里，有蜚廉故城，非子祖也。又：绛之正平蜚廉城，事纣所居。又䣌，河东闻喜䣌乡是。《说文》，䣌，河东闻喜乡。《唐书·宰相世系表》：裴氏出自风姓，颛顼裔孙、大业之曾孙皋陶生伯益，赐姓嬴氏，十二世而生飞廉，又六世生非子，封于秦，其支孙封䣌乡，因以为氏，今闻喜䣌城是也；六世孙陵，当周僖王之时，封为解邑君，乃去邑从衣为裴；一云晋平公封颛顼之孙针于周川之裴中，号裴君，疑不可辨。

《闻喜县新志》案：闻喜之䣌城，乃裴氏所由得姓。《说文》至专制一字，其来已久可知。惟是䣌之所以制字，从来以为非子之邑，窃谓不然。非子是蜚廉之裔，而蜚廉乃非国之君，蜚即非，亦即䣌，是非子亦由兹纳称者。准古国多加邑旁之例论之，非子可加虫而称蜚子，亦可加邑而称䣌子也①。䣌乡古在闻喜，许君载其字，欧阳公溯其源，则罗氏以为在正平及龙门者，恐皆未确。即不然，正平、龙门俱与闻喜接壤，意殷时皆在蜚廉封内，而其后虽分见三县，举尚蒙其故号耶？兹断以䣌当蜚为是。又案：唐表所云，颛顼之孙针者，即《春秋》所书秦伯之弟针，出奔晋，而《左氏传》称为后子者也。欧公似未洞悉，附订于此。

榆州，古国，在解州界

《博物志》：榆州孤而无使，曲沃伐之而亡。《路史》：仪之榆社，或云魏榆；注，晋之雍榆，亦曰魏榆。《左传》：昭公八年，石言于晋魏榆。服虔曰：魏，晋邑也，榆州，里名也②；林尧叟注，晋魏邑之榆地。

谨案：《博物志》所言，其文颇似《逸周书》穆王历叙古亡国语，第今本《周书》已无，不敢强附矣。《路史》以为榆社而注又以为雍榆，且石言之魏榆，独《水经注》以为榆次，而前服后林皆云魏邑之榆，则

---

① 作者自注：《汉书·王子侯表》：抑裴侯道小颜引郑音即非，又曰"肥乡县南五里即非城也"，可知非、蜚、裴、䣌之为同字矣。

② 作者自注：《水经注》所引。

实非榆次矣。且杜元凯云，雍榆在朝歌东，而隋又改雍榆城为卫县，则益远于榆次矣。尝考榆次之名，始见战国黄歇论智伯、荆轲遇聂盖、蒙骜攻太原三事耳。若雍榆之名，则《春秋》襄公二十三年，叔孙豹帅师救晋，次于雍榆，早已大书于经矣。由鲁救晋，应过朝歌，不应过太原，则杜氏之说信而有征，而榆次非雍榆也。且此国既名榆州，而服氏亦以榆为魏邑之州里名，其称州也相同，魏在今解属即榆州亦略可知矣。要之，既云为曲沃所灭，尔时曲沃小国，不过如桓叔、庄伯未为晋侯之时，其兵力固不能远至朝歌，亦不能至榆次、榆社也，仍定著解州属为是。

右商

考四之二　山西通志弟五十一

　　赐进士出身头品顶戴兵部侍郎兼都察院右副都御史巡抚山西提督军务臣张煦奉旨监修。

卷二 国都 周初至七国末

周有天下，封神农后于焦，在陕州，或曰在平陆县

《史记·周本纪》：武王追思先圣王，乃褒封神农之后于焦。《地理志》：宏农陕县有焦城，故焦国也。

谨案：《路史》指焦为谯郡，则于山西无涉。而《左传》宣公二年，秦伯围焦，亦即"许君焦、瑕"之焦；杜注明以为晋河外邑，故二汉志皆书焦城于宏农陕县，是仍于山西无涉也。惟旧志列焦国于平陆县下，若以为在平陆也者，然无所引证；窃揣其意，大氐因《左传》焦与瑕连称，谓瑕在河东，则焦必不能在他处耳。《闻喜新志》论之曰：古人并举之地，非尽接壤，泛南篇之"许君焦、瑕"，证以韩原篇而悉明。盖焦即东尽虢略，瑕即内及解梁城，乃是并举所许之起讫处也。至平陆一县，前人所指之古国，本已太密，虞也、夏也、郰也，已有不能兼容之势，又益之以焦，于何处位置之耶？谓焦有平陆地则可，而都不能在平陆也。

其实平陆为虞国，武王封虞仲者也

《史记》：武王封周章弟虞仲于周之北，故夏墟，是为虞仲，列为诸侯。《后汉书·郡国志》：大阳有吴山，上有虞城，亦谓吴城，秦昭王五十三年伐魏，取吴城是也①。《晋·太康地记》谓之北虞城。《路史》：仲雍后，陕之平陆吴山有故虞城、虞井，在平陆东北六十里。

旧通志储氏曰：虞都蒲坂，即蒲州永济也。虞乡相距六十里，在甸服内。临晋旧志谓，虞乡以舜都故名，他无所考问。武王克商，求泰伯仲雍后，得周章已为吴君，别封其弟虞仲于故夏墟，在河东大阳县，今夏县有大阳故关，即平陆县东北六十里古虞城，亦谓之西吴②；传十二世为虞公，即出奔共池者也。后晋假道伐虢，下阳遂被袭，迁其民于今孝义县之虞城，舜后与周后不可合为一也。有谓虞封上公，公侯方百里，安知虞乡不属虞仲乎？案：今虞、芮所让闲田尚存，繇王官谷越横岭至芮城，凡五十余里；繇解州城东循盐池王家井而南越山至平陆县，凡百里；古虞城又在今县东北六十里，去虞乡甚辽阔，越岭而辖似为未便；若虞乡达蒲坂，地差平坦，则以虞乡为舜后封似为近之。抑《史记》帝舜为有虞，皇甫谧注：舜嫔于虞，因以为氏，今河东大阳西山土虞城是。杜预注，虞思，虞舜后，诸侯也，思，有虞君也。《路史》：虞帝先世所封河东虞坂，所谓嫔于虞者，今解之虞乡；前编舜之先国于虞，为虞氏系出虞幕。《十三州志》云：平陆吴山上有虞城，舜始封，是"穆天子登薄山窴輅之隥，宿于虞"是也。又《路史》：平陆东北六十里吴山上有故虞城、虞井，本帝舜之后国，所谓西虞。合此数说，意舜后封域殊广且衮及平陆境内乎？史载舜子商均封国夏后之时，或失或续，不可详考。今归德府虞城县昔传禹封商均于此，在汉亦名虞县。而今荣河又称古纶地，《左传》载夏少康逃奔有虞，虞思妻之二姚而邑诸纶；旧注，纶即虞邑。《博物志》以汾阴为古纶，《汲冢古文》《括地志》《竹书纪年》皆谓在巩、洛间，此可阙疑。《路史》又以解为唐叔后，谓

---

① 作者自注：杨慎曰：吴，故虞字省文也。
② 作者自注：一作西虞。

叔虞子良食采于解邑，遂以邑为氏云。

谨案：古虞本舜之后，文王时与芮质成者也，武王灭之而封周章之弟；杜云在大阳，夏县有大阳关。《路史》谓舜先世之封河东虞坂，今解之虞乡，是尝意所称虞坂，亦即《穆天子传》所云"寅觌之隥，宿于虞"，隥亦坂之别称也。独乐史《寰宇记》及欧阳忞《舆地广记》谓，古虞在安邑，与此不同。窃谓古虞疆界甚大，南、西俱以河为限，何以证之？《左传》虞思妻少康以二姚，而邑诸纶；纶即今荣河，西至河矣；而杜以为虞邑，可见国都在平陆，疆围至荣河，而安邑之包其封内凿凿可据矣。若周之虞，则只有平陆片土，不能远统蒲州境。观左氏所言，可略见大致矣。

又，夏县或以为禹后所封之夏国，或以为序所封，名夏阳国

《路史》：今陕之夏县，周成封夏公在此，本侯爵。

谨案：周封二王后以杞承夏后祀，不闻别封夏公①。而《路史》又别有夏阳国，称为序之封；僖二年，晋灭之，兼引欧阳忞书，谓在平陆，然此一地也。公穀作夏阳，左则作下阳；且杜注以为虢邑，在河东大阳县；《谷梁传》则云"虞、虢之塞邑也"。夫杜元凯言，大阳者，今在平陆，似即同于欧阳忞之说。顾杜君卿不尝云夏县又有太阳关乎？由晋至虞、虢，中途正经夏县，则以夏县当夏阳，正合乎《谷梁》虞虢塞邑之语，亦不背乎杜氏太阳关为大阳之言。至平陆乃虞都，夏阳只是其邑，万不能即与国都为一地也。若或实以韩城之夏阳，则太迥远，非当时假途灭虢之所及矣。

---

① 作者自注：《周书》：王会解堂下之左殷公、夏公立焉，皆南面絻有繁露；注曰："杞、宋二公，冕有繁露"云云。据此知夏公即杞公，又何尝别有夏公哉？

余武王所封同姓，耿则河津也，或云吉州

《左·闵（公）元年传》：公将上军，太子申生将下军，以灭耿、灭霍、灭魏。杜注，平阳皮氏县东南有耿乡，三国皆姬姓。《路史》：耿，伯爵，河中龙门县十二里，故耿城；《都城记》：耿，嬴氏国，辨误以为皮氏东南耿乡，隋开皇十六年改定阳为耿州，今慈州之吉乡也。

霍则今霍州也

《史记·管蔡世家》：武王同母兄弟十人，其八曰霍叔，处其后，晋献公时灭霍。《晋世家》服虔注，永安县东北有霍太山。《路史》：霍，伯爵，僙也，始亦侯；《穆天子传》：霍侯薨，今晋之霍邑有霍太山、霍水。郭璞云，平阳、永安西南，汾水之西，有霍城，非六安之霍[①]。

谨案：古文，蔡仲之命，群叔流言，乃降霍叔于庶人，三年不齿，至书金縢。《史记·周本纪》及周公、康叔、管蔡诸世家只云管、蔡及群弟流言，并不显言霍叔，未可据伪古文即实坐霍叔之罪也。至其国都，则景纯言在汾水西，知非今之霍州城。《水经注》：晋献公灭霍，赵夙为御，霍求公奔齐，晋国大旱，卜之曰霍太山为祟【祟】，使赵夙召霍公奉祀，晋复穰纲目质，实云故城在霍州西三里是也[②]。

西虢亦有平陆地

《左·隐（公）三年传》：郑武公、庄公为平王卿士，王贰于虢；杜预注，西虢公也。《春秋》：僖元年，虞师、晋师灭下阳；杜预注：下阳在河东大阳县，上阳在陕县东南。《通鉴前编》：武王十三年，封虢仲于西虢，实故夏墟。苏辙《古史》：虢仲为西虢，晋献公所灭；虢叔为东

[①] 作者自注：六安之霍，梁天监、唐贞观皆设霍州。
[②] 作者自注：求公一作霍公求，又作哀公。

虢，郑所灭。

谨案：此则西虢亦在河东。《左传》僖（公）二年：虞师、晋师灭下阳，公、穀二家皆作夏阳。杜预云，下阳，虢邑，在河东大阳县；杜佑则云，夏县有太阳关，即大阳也。盖元凯力明西虢之在河东，君卿又恐平陆一县不能容而定著夏县，后杜之说正所以济前杜也。且此夏阳与他处异，他处之夏阳皆在河西韩城县，独此乃由绛至灵宝中间，正经夏、平陆二县，万不能西出韩城县也，故昔人皆以为夏县。所谓言岂一端，各有所当也。

郇则猗氏也

《诗》：四国有王，郇伯劳之。《路史》：郇，侯爵，《诗》云郇伯为诸侯，伯珣，郇也，今猗氏古郇城是；杜佑云，猗氏，古郇国；《元和志》云，西南四里，绛之正平西十五里；《竹书纪年》：次于郇者，或云邠之三水栒邑，非也；晋伐郇以赐原氏，则河东矣，汾水所经郇城也。徐铉云，荀姓，郇侯后，宜用郇字，世云今河东多此姓，不作荀音。

郭为观云，邑城南十八里，有郇伯故城，俗乃称为猗氏故城，而指临晋之亭东村小盖堡为郇伯城，误矣。按《水经注》：涑水又西径猗氏县故城北，又西径郇城；杜元凯《春秋释地》云：今解县西北有郇城；服虔曰：郇国，在解县东郇瑕之墟也。按《竹书纪年》云：晋惠公十五年，秦穆公送公子重耳，围令狐、桑泉、臼衰，皆降秦师，狐毛、先轸御秦至于庐柳，穆公使公子縶来与师言退舍，次于郇。《春秋》之文与《竹书》不殊，今解故城东北二十四里有故城，在猗氏故城西北，乡俗名为郇城。考服虔之说，又与俗符，贤于杜氏单文孤证矣。据此则解县西北之说，注已先驳之矣。考解故城有二，皆非今治。今治乃唐改隋虞乡县故治为之，而别于其西五十里置虞乡县。其故城一在临晋之城东、城西两村之间，乃北解也；一在卿头村，乃南解也，其故迹皆存。北解置于元魏间，不久而废。桑钦，汉时人。则《水经注》所谓又西过解县南，并注所谓西南径解县故城南者，皆指南解言也。其故址正在郇城西南二十余里，况涑水故道现在郇城南三里许，非注中西径郇城之明证乎？注又云郇在猗氏故城西北，今猗氏故址虽不可考，然以地势度之，必在今解、安二境之界。按注谓盐田本司盐都尉治，故杜预曰猗氏有盐池，后罢，尉司分猗氏、安邑，置县以守之，则其城必近盐田可知也。况注明谓涑水径猗氏故城北，今郇城迤东数十里，涑水故道宛在也，非径其北而何哉？如以郇为猗，则古城之脉，东北自鸣条冈来，坡陀连亘，略无隐伏之处，涑水安得越而西径乎？至于亭东村小盖堡，居峨嵋之原，地势高亢，南距涑水故道不啻五十里，又安得谓之径乎？又《春秋》传云：郇瑕地沃饶，近盐。今亭东去盐池七十里，岂得言近？峨嵋硗瘠之地，又岂得言沃饶乎？且即亭东之名义释之，亦断非故郇也。盖秦汉建置，大者曰县曰邑，小者曰乡曰亭，有尉有长，如泗上亭长、灞陵亭尉是也；然则亭东必是古亭遗址，亦犹北解故城之左右，以城东、城西名村也，岂得妄指为郇都乎？况古城遗址，周回十余里，四方八门，规模宏阔，其为国都之制而非县邑之制也，夫复何疑[①]？

谨案：以三水栒邑为郇，罗氏自引而自驳之，旧志又引应劭、臣瓒二说，及《汲郡古文》晋武公灭郇以赐大夫原氏黯，是为荀叔之文，据此以断郇不得在扶风界，是也。韦昭注《国语》：狐偃盟于郇，又以郇为郑地，非河东。罗氏据此遂以郇为荀，逯敫采本郑地，窃怪长源知郇之不在栒邑，而不知郇之亦非郑地，是知二五而不知十也。旧志既言郇侯为文王第十七子，又云文王第十五子，亦是自相矛盾；又称郇一音环，今有环音之氏而未闻荀音者，是则本大徐不作荀音之说而来。但以

[①] 作者自注：《隋·地理志》：河东郡虞乡，后魏曰安定，西魏改曰南解，又改曰绥化，又曰虞乡，此郭氏郇伯故城考之案据也。

今所见,晋中此姓甚多,襄陵之荀正作环音,曲沃之荀则仍如字,未可一概而论也。郭氏之考甚明晰,盖身为邑人,得诸目验故耳。

若绛州之荀城,则荀分两族,中行、智并称荀,一在故郇,一在此荀也。

《水经注》:汾水西南径魏正平郡东,又西径荀城东,古荀国也。

谨案:《路史》:荀,侯爵,珣,郇也,今猗氏西南古郇城是,是则荀即郇也,不知何以又在绛州。如云郦氏之误,则猗氏之故城去汾甚远;而绛之城乃汾所必经者,且郦氏所引《汲郡古文》晋武公灭荀以赐大夫原氏黡事,臣瓒亦引之以辨右扶风之栒,然尚非在绛之确证也。《元和志》则云:猗氏西南四里,绛之正平西十五里,似若为两地驿骑也者,不知绛西十五里,断不能到猗氏西南也。吉甫无乃欲息争而争益甚乎?窃以郇之得氏,实以灭郇赐采之故,逮至中行、智氏分宗以后,《春秋》仍皆书为荀,必不能两家皆仍猗氏一城也。故韦昭《国语》注:郑地且有郇矣,何况绛犹在晋地也。

原亦故国,周封同姓地,仍在沁水也

《左传》:毕、原、丰、郇,文之昭也。《路史》:伯爵,今泽州之沁水县西北,有故原城。

张五典云,旧志谓周文王第十六子封原,即此地。今考《左传》载晋文公伐原事,注云原在沁水西北,故旧志云尔。按:《国语》及《淮南子》诸书云:周襄王以阳、樊、温、原畿内四邑赐晋文公;其后温与原叛,文公伐之,三日不降;文公命班师曰:吾与诸大夫期三日,今三日不克,吾宁失原,不可失信于诸大夫。原人闻之,乃降;温人闻之,亦降;则原与温固接壤也。温即今温县,樊、阳皆在济源,俱属河南怀庆府,而原安得独在此地乎?盖沁水南流入河,亦经怀庆,所云沁水西北者,固指彼处而言也。叔虞封唐,在今翼城县,与沁水相去甚近,故云属唐①。

旧通志云：赵衰守原在王屋山北，温与阳、樊在王屋山南，然三日内闻风皆降，不必壤相接也。《古史考》：赵衰居原，在原平县，即今代州崞县。按周穆王封造父于赵城，晋献公赐赵夙耿，夙生衰，世为晋卿。原平去耿远而去赵城甚近，后襄子无邺北灭代而并智氏，强于韩、魏，列为诸侯；武灵王拓地至燕、代，西并云中、九原；崞县之原平，或襄子以后追祀其祖，非文公故封也。且霍太山以北文公时尚属狄地，未为晋有，至平公败狄于太原，晋阳乃为赵氏邑，则原城在沁水为核。

郜或疑在太谷

《路史》：告，子爵，今登封有废郜城，太原有告城，所谓箕郜也。《皇王大纪》：又封诸叔于郜、于雍、于原、于郇、于丰。《左·成(公)十三年传》：入我河县，焚我箕郜；杜注，晋二邑。

谨案：《路史》：郜为古国，是也；其称为登封之告成，则非也。彼自取告成于天之义②，而非古国名也。又引太原之告成以当传之箕郜。杜注初未指出何地，惟僖三十三年，晋败狄于箕，杜以为太原阳邑。《路史》：似本诸此，顾彼处言箕在阳邑，而未言郜。故箕郜虽连称，终不能合为一地，而即以箕当郜，矧阳邑之箕尚未敢定乎③？顾氏《日知录》曰：狄伐晋及箕，必近国之地；入我河县，焚我箕郜，又必边河之邑。是亭林初不以阳邑为箕而况于郜乎？夫太原郡地之自狄归晋，远在悼公和戎以后，而晋臣当文公时已有箕，郑父以邑为氏，可知箕必处乎未略狄土以前之故疆，不能出河东界外也。兹以无可左证，仍书之太谷

---

① 作者自注：《路史》、杜注及张氏说当互参之。
② 作者自注：《唐(书)·地理志》：阳城万岁登封元年，将封嵩山，改曰告成，登封亦在告成内，同岁改。
③ 作者自注：辨见前殷代箕子国条下。

而附订其误如右。又本《路史》子爵之说，列入国都篇云尔。

冀宜在岳阳，或云河津

《左·僖（公）元年传》：冀为不道，入自颠軨，伐鄍三门。杜注，冀，国名，平阳皮氏县东北有冀亭。《路史》：冀氏也，并于晋，郄芮封之，在皮氏东北。《北魏书·地形志》：晋州冀氏郡，建义元年割平阳郡置，领县二；冀氏县，割禽昌襄陵置，有冀氏城①。《旧唐·志》：冀氏，本汉猗氏县地。

旧通志案：猗氏，古属河东郡，以猗顿所居名，迄元明不改；独西魏改曰桑泉，后周复焉；隶汾阴郡，桑泉即今临晋北坡。临晋在隋开皇亦曰桑泉，有三巇山；金置临晋，亦有三巇山；后魏属河东郡者，曰猗氏；注云：有介山塘，属北乡郡者，曰北猗氏。注云：有解城，古解，在临晋三巇，属猗氏。西北隅二邑分合无常，自昔然矣。然胥属蒲州府境，惟屯留、岳阳，旧亦名猗氏。屯留有余吾之地，及寄氏之半；《魏书》注云：寄氏，二汉为猗氏，属北魏，景明元年复改，有猗氏城。岳阳在元属晋宁路，注云本猗氏县，属平阳府，至元三年省入岳阳，岳阳别有猗氏关。按屯留、岳阳接壤，在沁水、浮山北，去蒲属之猗氏且五百里。考前后汉猗氏隶河东郡，而上党郡属县又有猗氏，史笔精严，必无冗复。又《孔丛子》曰：猗顿之问术于陶朱公也，曰欲速富当畜五牸，乃适上党之西河，大畜牛羊于猗氏之南，十年后赀息不可胜计，名驰天下。然则北繇平潞，南逮蒲坂，将胥猗顿畜牧蕃息地耶？

谨案：杜解、罗史皆谓冀在皮氏，是河津也。及元魏置猗氏郡县于今之岳阳，相距至五百里，且岳阳亦有冀，缺故里，于古无征也。《旧唐·志》称此冀氏本汉猗氏县地，而旧志之猗氏辨遂以蒲州之猗氏与平

---

① 作者自注：今岳阳县东南一百三十里即冀氏故县。

阳之猗氏牵归一处，且云猗顿所居地宽，北繇平、潞，南逮蒲坂，皆其畜牧之场。不知彼一贫士，乌能跨两郡界而有之哉？且蒲州之猗氏，二汉皆属河东郡，平阳之猗氏则属上党郡，前汉本作陭氏，及后汉始讹为猗氏耳，安得举而混属之猗顿耶？又引《孔丛子》伪书称，猗顿适上党之西河，此语盖出两猗氏，既混之后，恐不足引为证也。尝疑后魏改陭氏为冀氏，殆即取冀缺事特书，缺有间不可得而详，但河津既属赵夙之邑，自不能再为却芮之邑，则即据《地形志》而以冀国定著冀氏县，庶不嫌其偪狭也。

贾在太平

《左·桓（公）九年传》：虢仲、芮伯、梁伯、荀侯、贾伯伐曲沃；杜注，荀、贾皆国名。又庄二十八年，杜注，贾，姬姓国也。《路史》：贾，伯爵，在华州之蒲城西南十八里，有故城。又《博物记》：临汾有贾乡，贾伯邑。

谨案：茂先称临汾为贾伯国，自较长源之引入蒲城者为确。第汉晋时之临汾，非即今平阳倚郭之临汾，实乃今太平县也。旧志：临汾辨甚核，撮录于此，《前汉·地理志》：河东郡第十六县为平阳。应劭曰：尧都也，在平河之阳。《后汉·郡国志》：河东郡第三县为平阳，尧都此。《晋·地理志》：平阳郡第一县为平阳，注云旧尧都。元《魏·地形志》：平阳郡第二县为平阳，注云属河东，太平真君六年并禽昌，太和十一年复。《隋·地理志》：临汾郡第一县为临汾，注云后魏曰平阳，并置平阳郡；开皇初改郡为平河，改县为临汾，而太平为临汾，置于古晋城。前汉河东郡第十二县为临汾，后魏河东郡第四县为临汾，晋分河东立平阳郡，第十县为临汾；至后魏太平真君时，始割临汾置太平县，以太平关易名。则今之临汾，乃二汉、晋、魏之平阳县，而二汉、晋、魏之临汾，即今之太平县也。又《隋·地理志》：绛郡第一县为正平。注云，旧曰临汾，置正平郡，开皇初郡废，十八年县改名焉，大业初置绛郡。此盖与太平同在古临汾之域而分置者也。

韩仍是安邑

《左传》：邗、晋、应、韩，武之穆也。《国语》：武王之子，应、韩皆不在。《诗》：奕奕梁山，维禹甸之；有倬其道，韩侯受命。郑笺，梁山，今在冯翊夏阳西北；韩，姬姓之国也，后为晋所灭，故大夫韩氏以为邑名焉。《春秋》僖公十有五年，晋侯及秦伯战于韩；杜注，韩，晋地；贾逵注曰：韩，晋韩原；《史记索隐》曰：在冯翊夏阳北二十里，今之韩城县。

顾炎武云，《竹书纪年》平王十四年：晋人灭韩；按：《左传》僖公十五年：晋侯及秦伯战于韩；上言涉河，下言及韩，又曰寇深矣。是韩在河东，非今之韩城也。故杜注解但云韩晋地。《正义》引《括地志》：韩原在同州韩城县西南，非也。文公十年，晋人伐秦，取少梁，始得今韩城之地，益明战于韩非此也。

张士佩云：韩，盖侯伯之国也，及大夫韩武子万食采于韩原，乃为邑。武子后韩献子厥，从封姓为韩氏，是为韩献子；其子宣子徙居州。州，苏忿生之州邑也。宣子后贞子徙居平阳，及韩分晋而初所食采之邑曰韩原者，乃为魏分焉。魏封今开封府，号大梁，而韩原时曰少梁焉。以界秦戍守重之也。韩原有龙门。龙门，雍州之域也。

旧通志云：韩国与韩原多混为一，皆缘未详封建始末之故。周始封之韩，《左传》：邗、晋、应、韩，皆武之穆是也。国都皆并州，于周职方为正北，故《诗》曰：溥彼韩城，燕师所完。当时，锡命奄受，追貊北国；后宣王因韩侯始立，来朝，使复其祖封，而诗人美之，此春秋以前之韩也。平王时，晋灭韩以赐桓叔之子万，为韩武子，其采在韩原。后三世韩厥献子，居卿位，宣子徙居州，贞子徙平阳，此春秋之韩也。

越数传而景侯虔与赵魏同列诸侯，分晋地，十余世至王安，乃尽入地于秦，为颍川，此春秋以后之韩也。考韩奕诗，郑笺谓在左冯翊夏阳西北，《括地志》谓在同州韩城县西南，朱注因以梁山为韩镇，而杜氏注第云，韩，晋地，不言所在。王肃又言，涿郡方城县有韩侯城。《魏·地形志》亦云：范阳郡方城县有韩侯城。《日知录》据《水经注》"圣水径方城县故城北，又东南径韩城"二语，以为韩国近燕，非同州之韩城，可备一说。夫赐地与食采之邑，必不甚远。今按《左传》：韩原战地，未知即武子采邑与否；而《传》云涉河，侯车败后，又云三败及韩，则韩原应在河东无疑，不然杜注何以云晋地耶？且史伯对郑桓公曰：武王之子，应、韩皆不在。杜注云，韩在河东郡界，此与王肃、《魏·地形志》诸说虽不尽合，而河东之有韩原，则可考矣。通志：安邑即韩国；《通鉴前编》：夏后禹践位于韩；《汉书》河北诗魏国，有韩亭。今襄垣县有韩城，传为赵襄子筑，后周置韩州于此。凡此又因时地而变名，但距河已远，未必即战于韩原之韩也。

谨案：亭林引《竹书》平王十四年：晋人灭韩，则是晋得韩城久矣。文公十年之取少梁，殆惠公时暂失于秦而兹克复之乎？盖自韩原一战，秦且征河东而置官司矣。至亭林不信《索隐》以韩城当韩原之说，以为韩之战当在河东，引涉河、寇深二语证之，诚为读书细心，然亦不能明指何地也。尝考郑夹漈有安邑古韩国之说，意《左传》所云武王之子应、韩皆不在者，即安邑之韩，而兹韩之战知亦当在安邑也。盖晋惠返国以前，赂秦纳解梁，秦穆战胜以后，征晋直至河东；二君相与许而背之、争而得之者，祇【衹】此解州之境，故师行直至安邑，为据解梁计耳。所谓征河东者，亦即征所应得之解梁耳。若《竹书》平王十四年晋灭韩，恐亦不能是韩城，何则？《左传》桓公九年，乃上距平王十四年尚有五十六年，而虢、芮、梁、荀、贾五国共伐曲沃，虢、芮、梁固在河外，荀、贾皆近在河东，斯时尚悍然与晋为难；晋于前五六十年亦安能越国而有韩城哉？是则所灭即安邑之韩章章矣。至亭林因《诗》有"燕师所完"及"北国追貊"之说，力主《诗》之韩当在顺天固安县，不在陕西韩城县。然则韩城之名，何自昉【妨】耶？窃谓当主王符《潜夫论》韩后西迁之说为合矣。杨太史绳武据《水经》，谓周有两韩，其实固安即韩城之初封，只抵一国，何亦不能举安邑之一韩耶？

应则或谓长子，恐非也

僖二十四年传，邢、晋、应、韩，武之穆也。

谨案：邢、应，杜皆无注。旧志于长子县有应城，在县东南四十里，一若为应国也者；不知长子当周武王时以封辛甲，不能再以封其子也。若大同之应州，则唐代所置，本以雁门、龙首二山南北相应，故名。见《辽史》，于此更无涉矣。

唐仍是翼城，叔虞之初封也，子燮父改称晋

《史记》：成王灭唐而封太叔焉。《国语》韦注，本太岳之野，夏禹所都之墟，周成王母弟所封之地。《毛诗谱》：叔虞子燮父以尧墟南有晋水，改曰晋侯。

顾炎武云：《左传》昭公元年，迁实、沈于大夏；定公四年，命以唐诰而封于夏墟。服虔曰：大夏在汾浍之间。杜氏则以为太原晋阳县。按晋之始见《春秋》，其都在翼；败韩之后，秦征河东，则内及解梁①，狄取狐厨②，涉汾而晋境稍蹙；文公始启南阳，得今之怀庆；襄公败秦于殽；自此，惠公赂秦之地复为晋有，而以河西为境。若霍太山以北，大都皆狄地，不属于晋。文公作三行以御狄；襄公败狄于箕，而狄患始

---

① 作者自注：在今临晋县。
② 作者自注：在今乡宁县。

稀；悼公用魏绛和戎之谋，以货易土①；平公用荀吴败狄于太原。于是，晋之北境至于洞涡、雊阴之间；而邬、祁②，平陵、梗阳③、涂水④、马首盂⑤，为祁氏之邑；晋阳⑥为赵氏之邑矣。若成公灭赤狄潞氏而得今之潞安，顷公灭肥而得今之正定，皆一一可考。吾于杜氏之解绵上箕而不能无疑，并唐叔之封晋阳，亦未敢以为然也。

晋自都绛之后，遂以曲沃为下国⑦，然其宗庙在焉。考悼公之立⑧，大夫逆于清原⑨，是次郊外，庚午盟而入，辛巳朝于武宫，是入曲沃而朝于庙；二月乙酉朔，即位于朝，是至绛都。而平公之立⑩，亦云改服修宫，烝于曲沃。但不知其后何以遂为栾氏之邑，而栾盈之入绛，范宣子执魏献子之手，赂之以曲沃⑪。夫以宗邑而与之其臣，听其所自为，端氏之封、屯留之徙，其所由来者，渐矣。

王世家云：翼，古夏墟也，高辛氏以封尧，曰唐尧，立为畿辅地；及舜受禅，使丹朱续尧后，复封唐，夏商仍焉。周成王时，唐有乱，周公灭之；成王以封太叔虞，是为唐侯。虞卒，子燮立，更曰晋。夫唐、晋者，国之名，其地则合翼、曲沃、绛为一，而都于翼者也。翼之为唐叔遗封，所从来久矣。乃昔之志太原者曰：叔虞封太原，后以晋水更名晋，悬瓮山盖有晋干冢云。而翼之先又代少闻人，无从置辨也。亦曰：叔虞始封于翼，至子燮乃迁晋水旁焉。于是，以讹传讹，郡志因之，通

---

① 作者自注：在文公后十六年。
② 作者自注：并今祁县。
③ 作者自注：今清源县。
④ 作者自注：在今榆次县。
⑤ 作者自注：今盂县。
⑥ 作者自注：今太原县。
⑦ 作者自注：僖公十年狐突适下国。
⑧ 作者自注：成公十八年。
⑨ 作者自注：杜氏曰：河东闻喜北有清原。
⑩ 作者自注：襄公十六年。
⑪ 作者自注：襄公二十三年。

志因之，而《都城记》《括地志》及《通鉴》《字汇》《一统》《广舆》诸书剿袭故说，百口同声，皆以太原为唐。呜乎！其亦弗思甚矣。夫天下惟理之可通者，为不易书之近古者为足据，舍此而言，皆诬也。尝取而论之，太原，古大卤地也，其为叔虞所封，经史迄无所见，揣其意不过据毛氏《诗谱》"唐在太原，太岳之野"耳；然其下即曰在今太原府曲沃及绛，皆在今绛州，信斯言也。将谓曲沃、绛州皆太原耶？又不过泥《春秋胡传》谱谓之太原，亦曰晋阳耳。且微论下文明言翼也，就所谓河汾东北者言之，将毋太原县亦在河汾东北乎？窃谓古者，地分而名别，降及后世，每以省会统郡邑。两书在赵宋时，想太原、晋阳已为省会矣。彼又未身至其地，特据今释古，举大该小，言翼而以太原、晋阳冠之耳。犹今以山西统平阳、以平阳统翼城也。宁得谓山西即平阳、而平阳即翼城哉？抑或者谓《括地》云：故唐城在并州，晋阳北二里；此不足征乎？然考《括地》云：定州唐县，为唐侯丹朱所封，又曰故唐城在绛州翼城县西二十里，即尧裔子所封。合之前说，不且一口三舌乎？不知唐县之说，周公灭唐后迁之彼，自为唐，杜氏而非其始也。他如史迁《舜本纪》以为丹朱封于蓟，而《晋世家》又曰唐在河汾之东，方百里；《通鉴》注以唐为在唐县，而其后又数大书翼。晋景公迁新田，本绛州也，而乃以为翼城；故绛，本翼城也，而乃为绛县，种种舛谬，更仆难数。所谓自相抵牾者也，岂顾辨哉？今执太原人而问之，曰子谓太原为唐矣。然周夷王三年，虢公尝伐太原之戎；宣王元年，尹吉甫亦伐玁狁于太原。是夷、宣时太原尚荒服也，宁有叔虞已封而尚为荒服者耶？矧其后灵王封太子晋于太原，名王子晋。若太原已有君，子晋其何处焉？世固有一国二君者乎？即曰太原不一地，虢尹所伐、子晋所封，或他地耳。然稽晋阳郡邑，古皆无太原名，独太原县有之，可曰彼则是而此则非欤？且晋昭侯尝封成师于曲沃矣。夫太原至曲沃七百余里，不审分封时，此七百里皆为晋有耶？否耶？以为皆晋有，然王制无七百里之封侯，而是时晋未大也，则不有可知矣。不则曲沃必有所主，晋虽强，能以他人之疆，索封其叔父哉？况曲沃伐晋，不一其举逼近，岂无虞、虢、耿、魏可伐，而假道杨、霍？正复不易顾，乃越国鄙远以取此区区无用之太原也，有是情乎？凡此皆理之必无者也。论者犹曰：南有晋水，一见于《毛诗谱》，一见于《都城记》，今太原有晋祠水矣，可若何？余曰：是大不然，左史无其说也。抑余闻之，子晋封太原，殁而人祠之，故曰晋祠；其地有水，因名晋水；祠与水皆以子晋得名者也。苏佑之说真瞽目之谈丹黄耳。至悬瓮之墓，不名唐侯而名晋王，则亦子晋之陵耳。缑山笙鹤，此异端矫诬之言，乌可信也？今以晋坟冒虞名，两人有知，不且哑然失笑哉？若翼之为地，左太行而望恒岳，非所谓太行、恒山之西乎？隶晋阳而负霍镇，非所谓太原、太岳之野乎？西迩汾水仅百里耳，非所谓汾河之东百里乎？先名翼而后名绛，曲沃为其属邑，非所谓曲沃及绛乎？邑西有故唐城，距邑二十里，非所谓县西二十里为尧裔子所封者乎？且城之西北曰唐城，是丹朱、叔虞之旧号也；东南曰蒴桐，是成王所由封也；东北曰同颍，是嘉禾所由献也。为问太原亦曾有此否耶？况左、国诸书，去古未远，又凿凿可据也。按《左传》鲁隐公五年，曲沃庄伯以郑人、邢人伐翼，王使尹氏、武氏助之，翼侯奔随；六月，曲沃叛王；秋，虢公伐曲沃而立哀侯于翼；六年，翼九宗、五正、顷父之子嘉父，逆晋侯于随；惠之四十五年，曲沃庄伯伐翼，弑孝侯，翼人立其弟鄂侯；鄂侯生哀侯，侵陉庭之田，陉庭南鄙，启曲沃伐翼，次于陉庭。韩万御戎，梁宏为右，逐翼侯于汾、隰；杜注云，翼，晋旧都，唐叔始封也。按《国语》，武公伐翼，杀哀侯；又骊姬曰：惟无亲故，能兼翼也。按《史记》，唐在河汾之东，方百里；又，曲沃，邑大于翼，翼，晋君都邑也；孝侯十五年，曲沃庄伯杀其君晋孝侯于翼。按《春秋胡传》，唐在河汾之东北，地方百里，而都于翼，平阳绛邑县东翼城是也；又，曲沃伐翼，翼侯奔随，立鄂侯之子光于翼；

晋迎翼侯于随，伐翼，获哀侯，曲沃灭翼；翼侯缗之二十七年，曲沃武公伐晋，灭之。而前引《括地志》亦曰在翼城；《索隐》亦云，翼，本晋都，自孝侯已下一号翼侯，平阳绛邑县东翼城是也。此历历可考于古者也，不识太原亦曾有翼名乎？吾知他即可假，翼必不可假；翼不可假而唐、晋庸可假耶？甚矣其诬也。至《括地志》又曰：平阳河水一名晋水，而郡之西，古亦有晋水，予则谓翼之滦水，即晋水也。何言之？滦水所经，今有晋、峡二村焉。晋，古音箭，今土人读为箭峡，而讹写涧下耳。其曰滦者，疑当时以死难赐栾共子，因人名地，去晋为滦，犹唐之晋、翼之绛，后人误以为滦也；而不知者犹曰栾氏食邑于曲沃。夫栾宾为傅，食邑曲沃则有之，若共子死哀侯之难，显与武公为敌，庸有食人食而背恩反噬者？此与土人栾巴之说皆妄也。今纵谓滦非晋水，要亦平阳之晋水耳，岂太原所可托哉？若翼之孝义村，确有叔虞冢在，鼎足而列，林木甚古，彼太原乌得而冒诸？以太原若彼，以翼若此，孰是孰非，甚了然矣。乃今犹曰太原为叔虞所封，翼为春秋绛邑，后改为翼，噫，何其陋也。君子谓，此辈坐不读书耳。余窃怪世之学者，渺见寡闻辄敢自逞其臆说；而一二稍知学者又迋迋论理，不求其通考，事不详其实，读书不观其备，而因陋就简以为害于天下。后世若此类不可胜数，皆见笑于有道者也。余生于翼，知翼事稔悉，故据实辨之，以俟考古者采择焉。后有通儒，当不以予言为诬已。

谨案：顾说甚精，无可议。王氏语亦甚博辨，而引及《明一统志》及梅氏《字汇》、蔡氏《广舆记》，岂知三书不足驳诘也。《诗》之薄伐猃狁至于太原，亭林别有辨，直驳集传以太原属今阳曲为朱子之误，王亦杂然引之。盖与篇中所引《胡氏春秋传》皆明人恪尊宋儒积习，而不知考证地理实非宋儒所长也。又言晋祠者，王子晋之祠，周灵王封子晋于此，此语出古太原王氏家牒，亦无稽之言也[1]。惟篇末栾共子一段可以释亭林之疑，而补征南之阙。翼之滦水即由栾氏得名，则知左氏所书，曲沃之赐栾而赂魏也，均已入翼城界内，虽尚统于曲沃，而实非即有宗庙而号下国之曲沃城也。若母弟初封，则断断以《括地志》翼城之唐为准也。燮父因晋水而改国名一事，前卷尧都下已引应劭、臣瓒、魏王泰诸书证；河东郡界之有晋水，援据确凿，故不重述。

而叔虞又居鄂，今乡宁也

《路史》：晋，故唐都，鄂，夏墟也。《世本》：叔虞居鄂。《左·隐（公）六年传》逆晋侯于随，纳诸鄂；注，晋别邑。宋忠《史记注》：鄂地，今在大夏。《括地志》[2]：故鄂城在慈州昌宁县东二里。

谨案：昌宁即今之乡宁也。《魏·地形志》：定阳郡昌宁，延兴四年置，有阴阳二城。《旧唐·志》：慈州昌宁，汉临汾县地，后魏分置太平县，又分太平置昌宁县[3]。旧志云，城南一里有鄂侯故垒，相传鄂侯南北两山城，今县治踞北垒也。据此，则《魏·地形（志）》所称阴阳二城者，殆即此两山城欤？

赵城县者，穆王所封造父之赵国也

《史记》：缪王以赵城封造父；徐广曰：赵城在河东永安县；《正义》引《括地志》：赵城在晋州，赵城县是本彘县地，后改曰永安，即造父之邑也。《路史》：今晋之赵城南三十五里，故赵城，造父封。

谨案：赵城为造父国，旧矣。而《寰宇记》乃曰：造父封在赵州，

---

[1] 作者夹注：临晋县有唐王颜所撰太原王氏世系碑，谓王氏非出灵王太子晋，实出平王太子泄父，良由同是周太子，故致混讹耳。

[2] 作者夹注：《史记正义》引。

[3] 作者自注：后唐改为乡宁。

妄也。彼本是赵郡，以战国之赵立名，乌得牵引造父。《路史》所云在今城南三十五里者，亦非。以《水经注》汾水又径赵城西南之准望证之，知所封即今县城也。此县置自唐义旗初至，宋政和三年，以县乃赵氏始封之地，又四面险阻，升为庆祚军，以军事领之，且赐造父祠为庆祚庙。罗长源，宋博闻者，何以不知其本朝之大典耶？又，《括地志》云：本彘县地者，亦未甚核；此县不止彘县地，尚有割自洪洞者，如《魏·徐晃传》：明言河东杨人，而今晃之故里汾水西徐村，乃在赵城界，是即古属杨而后割入赵者也。彼本县人，又以为赵简子邑树碑焉。盖据《城冢记》"女娲墓在赵简子城东五里"之文，而改城为邑也。

郮国即解之裴城也①，又解之智，亦古国

《穆天子传》：天子西征至于郮人，河宗之子孙，郮伯絮且逆天子于智。又，天子北游于谿子之泽，智氏之夫献酒。《博物记》：解县有智邑，当即智城。

谨案：晋之荀，首食采于智，为智庄子，传六世至瑶而灭。《博物记》以为智在解县，是今虞乡也。《穆天子传》所称郮人、谿子，皆古诸侯，今不能详其地，然既皆连智言之，则其国自当在河东，且谿字似即郮之别体，实若一国也者。罗氏发挥有言，凡地名称某氏者，皆古国也。《传》特书智氏之夫献酒，则智氏亦似是一国。姑并存之，以俟博识者考焉。

《闻喜县新志》案：《汉·功臣表》：周继封郮成，食邑则在池阳。《说文》云：右扶风鄠乡；又云，沛城父有郮乡。《汉表》又言，郮成在长沙；张守节引《舆地志》又言，郮成县，故陈仓县之故乡聚名也。言人人殊音，则服虔音营䎡之䎡，颜师古又音普肯反，惟《说文》读若

① 作者自注：郮，《说文》读若陪，即音裴也。

陪，而苏林音簿催反，同于《说文》。《索隐》引《三仓【苍】》，郮乡在城父，则同许后说，而音裴，亦同许、苏二家；今详核之，即是解州之裴城也。裴氏虽在闻喜，而周僖王曾有解邑君之封，在解之洗马川，故裴氏五眷有洗马裴二房。是穆天子西征至䣙，而䣙伯迎天子于本邑之智乡，于情事为合也。

厉王所居之彘，则今霍州

《国语》：于是，国人莫敢出言，三年乃流王于彘。韦昭注，彘，晋地，汉为彘县，属河东，今曰永安。《汉书·地理志》：彘，霍太山在东，冀州山，周厉王所奔。应劭注，顺帝改曰永安。

旧通志案：汉河东郡彘县，阳嘉三年更名永安，今霍州、赵城、汾西境皆是也；晋因之，后魏置郡县多名永安，非尽治汉晋以来故地，惟隶晋州之永安郡，治永安县城。注谓，治仇池壁，有霍山祠，赵城即故彘地。此外如元象元年，置永安，属五城郡，即今灵石；孝昌中置永安，治白坑城，属西河郡；太和十一年，分隰城置永安，属西河郡，即今孝义；太和二十一年，隶平阳郡之杨县，改隶永安郡，即今洪洞；东永安，属泰宁郡，即今阳城、沁水等地。他如隶蔚州之永安，即今广灵；隶廓州之永安郡，即今崞、繁峙二县；隶肆州之永安郡，兼统今忻州、定襄、静乐、五台等地；至于元象中置之永安，正光末置之永安，胥属营邱郡；以及湘州之永安郡，南郢州之二永安郡，皆非晋省所隶也。《隋志》：西河郡永安，注云，有雀鼠谷，谷在介休县西南。《水经注》：所谓古之津隘，今之地崄也。

谨案：旧志引杜预曰：赵城东北有彘城，是则彘地虽兼跨三邑，而其城实与赵城近也。此地本以彘水得称，《水经注》云：彘水出汾东北太岳山，《禹贡》所谓岳阳也，即霍太山矣；又西流径观阜北，又西流径永安县故城南，西南流注于汾水。盖彘水入汾，彘城亦临汾水，故诗人称厉王为汾王云。

杨亦姬姓之国，今洪洞县也

《汉书·杨【扬】雄传》：其先出自有周伯侨者，以支庶初食采于晋之杨，因氏焉。不知伯侨、周何别也。杨在河汾之间；应劭曰：杨，今河东杨县。《路史》：杨侯，周宣王子，幽王封之，今晋之洪洞南十八里有故杨城；《地道记》：杨，侯国。《唐书·宰相世系表》：杨氏出自姬姓，周宣王子尚父，封为杨侯。

谨案：旧志，杨侯故城在洪洞县城东南十五里范村，又名危城村。惟自汉置杨县以后，诸书引者往往混称杨氏县，不知杨是洪洞杨氏，则直隶地也。春秋时分羊舌氏田为三县，此县本名杨氏；至汉，县则只名杨县，而无氏字矣。又如《史记》之郅都减宣本，皆称河东杨人；而《汉书》于宣不误，独讹都为大阳人。至杨侯所出，班孟坚、杨子云皆言不知，而吕缙叔、罗长源并云周宣王子顾，一言伯侨、一言尚父，亦未审何以不同，且究宜以何者为是也。兹于传讹者，订正之；岐误者，两存之，庶有合于知之为知之、不知为不知之义云尔。

狐戎者，唐叔别子孙也，国在乡宁至永和一带

谨案：狐戎，左氏称大戎，其仕晋而显者六七人，且文公实其所出，兼有唐叔之遗烈也。惟其国，前人皆不能实指。窃以平阳西山一带，在晋有狐厨邑，在汉有狐讘县，在魏晋有狐谷亭[①]；其所以命名，皆取于狐者，非取狐戎而何哉？狐讘，今永和县，狐厨即狐谷，今乡宁县，然则狐戎之国，盖可知尔矣。

[①] 作者自注：见《左·僖（公）十六年（传）》杜注，是魏晋地名也。

翼者，亦即翼城，晋孝侯改名

《史记·晋世家》：翼，晋君都邑也。《左·隐公五年传》：杜注，翼，晋旧都，在平阳绛邑县东。《通典》：古翼城，汉绛县地①。

谨案：翼，即翼城，顾氏《日知录》言之确矣。若绛，顾氏谓太平县南二十五里之古晋城，乃或混绛、翼为一，大抵误于杜征南、郦侍御二人。《后汉·郡国志》：绛邑有翼城，注引杜预曰：故绛也，是其误之所由一也；郦元《水经注》引《诗谱》言，晋穆侯迁都于绛，至孙孝侯改绛为翼，翼为晋之旧都也，后献公又北广其城，方二里，又命之为绛，是其误之所由二也，顾两地之非一处也。罗长源言之颇核。《路史》：翼，孝侯居，因曰翼侯，盖与绛近；今翼城东十五里有翼故城，绛邑之东八十里云即绛改者，非也。观此可不待辨而明矣。

曲沃者，仍是闻喜，昭侯所封成师者也

《史记·晋世家》：昭侯元年，封文侯弟成师于曲沃，曲沃邑大于翼，成师号桓叔；桓叔卒，子鱓代桓叔，是为曲沃庄伯；庄伯卒，子称代庄伯立，是为曲沃武公；武公伐晋侯缗，灭之，王命武公为晋君，列为诸侯，更号曰晋武公。自桓叔初封曲沃，以至武公灭晋也，凡六十七岁，而卒代晋为诸侯。《索隐》曰：曲沃，河东之县名，汉武帝改曰闻喜也。

李汝宽云，今之闻喜，古曲沃也；今之曲沃，古新田也。何以知之？按《史记》，晋昭侯封文侯弟成师于曲沃，注《索隐》曰：河东之县名，汉武帝改曰闻喜也。故曲沃改桐乡，桐乡改闻喜，此不及桐乡，省文耳。晋骊姬请使申生处曲沃以速县，韦昭解曰：曲沃，晋宗邑，今河东闻喜是也。《春秋》鲁襄公二十二年：晋栾盈入于曲沃，林尧叟注

---

① 作者自注：《明志》：县东南十五里有古翼城。

曰：曲沃，在河东闻喜县。《前汉·地理志》：河东郡县二十四，有闻喜，注曰故曲沃。《后汉·郡国志》曰：闻喜邑，本曲沃；《晋·地理志》曰：闻喜，故曲沃。《文选》潘岳《笙赋》曰：河汾之宝有曲沃之悬匏焉，注引《汉书》曰：河东闻喜县，故曲沃也。《纲目集览》曰：闻喜，本绛州曲沃县，汉武帝改闻喜，此非闻喜古曲沃之证乎？鲁成公六年，晋迁于新田，曰有汾、浍以流其恶。至后魏始置曲沃县，亦犹汉武帝改修武为获嘉，其后又别置一修武也。今曲沃人识其邑里尚皆曰新田，而汾、浍二水，见在其境内；《曲沃志》亦曰：即春秋晋新田地；此非今曲沃古新田之证乎？或曰：诗传既曰唐叔子燮改国号曰晋，后徙曲沃，则曲沃即晋都也。又曰：昭侯封成师于曲沃，岂其以都邑而封成师乎？曰：史不云乎，曲沃邑大于翼，翼，晋君都邑也。盖是时，晋自曲沃迁都于翼，而以其故都曲沃封成师，是为桓叔也。其后，桓叔之孙武公卒灭晋而代为诸侯，仍都曲沃，至其子献公始都绛，即今绛州也。至景公复自绛迁于新田，复命为新绛，而以故都之绛为故绛。《山西通志》：于曲沃、绛县皆曰春秋晋都新田地，诚是也。至汉始以绛为绛县，未有曲沃也。至后魏始置曲沃县，即析绛县地而置之也。知此，则三县之沿革甚明，而曲沃之新志多误矣。沃人李廷宝氏撰志曰：鲁成公六年，晋人谋去故绛，韩献子曰：不如新田，土厚水深，居之不疾，有汾、浍以流其恶。今浍水在沃南二里，汾水在沃西一十八里，故《通考》以曲沃为晋所都新田之地，若今之闻，则去汾、浍远矣。宝之此证，谓今曲沃即古新田则是矣；以证今之沃为桓叔所封之沃，则非也。何者？桓叔所封之沃，乃古曲沃也，既以今之沃为新田，又以为古沃，岂以新田、古沃为一地乎？如其一地也，则晋人谋去故绛当云复都曲沃，何以言迁于新田也？况故都之水土，晋人岂不知之，而必待韩献子熟计之乎？实以《通考》之沃为古沃，不惟失马氏之意，且自为矛盾甚矣。他证多类此，要不俟乎予之赘也。

谨案：闻喜，古曲沃，言之者众矣，诚属确不可易。第凡言此者，往往别生支节，反乱本意，而予攻驳者以借口之资。如应劭注《汉书·地理志》，闻喜下云，今曲沃也，彼仲远生于东汉，东汉何时曾置曲沃县哉①？再四思之，其所言今字必是古字或故字之讹也。又，张守节注《史记·魏世家》：魏襄王五年，秦围焦、曲沃，指为陕县之曲沃店②。夫襄王十三年之秦取曲沃平周，守节固云绛州桐乡矣。何以数行未过，遽自相矛盾乎？又，孟坚《地理志》之自注，即诸家岐误之祖也。而刘昭之《郡国志》注则意在辨《班志》之误，一语即可了然。《班志》闻喜下注曰：故曲沃，晋武公自晋阳徙此，盖班仍为唐叔封晋阳一语所误，而故作此曲说以救之也。及《晋书》亦袭此语，遂成要典矣。试思桓、庄以来世居曲沃，武公自何时播越于大卤之地，必俟徙而始返其宗邑乎？至司马彪《续汉·郡国志》云，闻喜邑，本曲沃；刘昭注引《毛诗谱》注曰：曲沃，在县东北数里，与晋相去六七百里云云。尝疑昭语未晰，所谓与晋相去之晋，指封疆耶？指国都耶？如指封疆，则河以东皆晋域，不得言相去也；如指国都，则晋之立国，翼也、鄂也、绛也、新田也，其去闻喜均不能六七百里也，谁不知之？后反复寻求，始知刘氏之引《诗谱》，盖欲从后书注中订正前书之疏谬，特引而未发，兼晋字下脱一阳字耳。今试补其脱字曰：曲沃与晋阳相去六七百里，则武公之非自晋阳徙来也，不待正言而决矣③。观《班志》绛县下复云，晋武公自曲沃徙此，是又以今之绛县当晋之故绛，非武公之好迁，乃孟坚之多误也。故夫古书之讹脱，非细心读之，未有不荒惑而无主者矣。

---

① 作者夹注：曲沃，固是古地，然设县则在后魏之太和十一年，后汉无之，且亦非就古沃原地也。

② 作者夹注：《路史》引潘岳亦同此说。

③ 作者夹注：钱坫斠注《汉书·地理志》谓，武公二字乃成侯之讹，盖依郑康成《诗谱》、孔仲远《正义》之说也，然仍不可信。

下国新城，仍闻喜也

《左·僖公十年传》：秋，狐突适下国。杜氏注，下国，曲沃新城。又七日，新城西偏将有巫者，而见我焉。《水经注》云：涑水，又西南径左邑县故城南，故曲沃也，秦改为左邑县，《诗》所谓从子于鹄者也。《春秋》传曰：下国，有宗庙谓之国，在绛曰下国矣，即新城也。涑水自城西注，水流急浚，轻津无缓，故诗人以为激扬之水，言不能流移束薪耳。水侧即狐突遇申生处也。

谨案：从来以闻喜城为曲沃，既为沃，不能又为鹄矣。善长乃亦以此一城当之，不知曲沃在闻喜东六十里之横水镇，今之县城当依善长定作鹄，即秦所置之左邑城也。再，《左传》晋惠公烝于贾君，杜以为献公妃。试思献公初娶于贾，无子；然后齐姜、狐姬、戎子各生一子，就令元妃尚在，亦当近期颐矣，岂能复与夷吾乱乎？且其年尚大于夷吾之母，而夷吾忍为此乎？亭林依贾侍中说，谓贾君者，申生妃；夫然后恍然于鬼之所谓夷吾无礼者，即指此事而言，不然晋惠改葬其太子，正是有礼也，何乃谓无礼而欲罚有罪耶？

聚者，献公所筑，或谓在绛县，实则故绛也

《左·庄公二十五年传》：晋士蔿乃城聚而处之。林尧叟注，聚，晋邑[①]。

旧通志案：《史记》晋献九年：城聚，都之，命曰绛。贾逵曰：聚，晋邑。是本为聚邑，献公更名曰绛耳。太史公：龙门人以晋纪晋耳目，自审贾景伯为汝南许慎古学之师，安有疑者？或曰：《左传》献公八年城聚，九年城绛，今绛县志有车厢城，谓城聚处，群公子之所，然则司

[①] 作者自注：旧志，车厢城在城南十里，即晋侯城聚处，群公子之城也。

马子长竟未读左氏传者耶①?

绛都之命名，本以绛山、绛水得称

《左·庄公二十六年（传）》杜注：绛，晋所都也，今平阳绛邑县。《路史》：穆侯居有绛山、绛水，故绛城在翼城东南，今曲沃南二里，《元和志》以为周勃邑②。

顾炎武云，春秋时晋国本都翼，在今之翼城。及昭侯封文侯之弟桓叔于曲沃，桓叔之孙灭翼而代为晋侯，都曲沃，在今闻喜县③。其子献公城绛居之，在今太平之南、绛州之北④。历惠、怀、文、襄、灵、成六公，至景公迁于新田，在今曲沃县⑤，当汾、浍二水之间。于是命新田为绛，而以其故都之绛为故绛，此晋国前后四都之故迹也。

其称绛县，则又大矣

《左·襄（公）三十年传》：绛县人或年长矣。

谨案：《传》之绛县，不止今绛县也。当时，晋君世居于绛，成侯居曲沃，则曲沃名绛；昭侯徙翼，翼又名绛；献公城聚，聚即故绛；景公迁新田，新田即新绛。溯厥称名，大抵皆以绛山、绛水表望者。绛山，即紫金山，在今闻喜、曲沃、绛三县之交；东则今翼城，西则今绛州，其界皆距此山一二十里之内，若智伯言汾水可以灌安邑、绛水可以灌平阳。前人谓两语互讹，实是绛水可灌安邑耳。昔胡身之及阎百诗，皆不悟此语之倒，而强为之辞，且不信郦亭之切辨而遵魏王之谬说。其

---

① 作者自注：《府州厅县考》已引之，此重出故绛、新绛，前考有定论矣，以下诸辨录存异说。

② 作者自注：旧志，故址周九里十三步。

③ 作者自注：《汉志》：闻喜，故曲沃。

④ 作者自注：今太平县南二十五里，城址犹存。

⑤ 作者自注：杜氏曰：新田今平阳绛邑县，是后魏始名曲沃。

实智伯所谓绛水者，固非绛山所出西北入浍之绛水，乃绛县出之涑水也。涑水实径安邑故城南，灌城利用此矣。然则绛县之称，固统今之绛州及太平、曲沃、翼城、闻喜、绛五县而总言之，犹唐人之称畿县尔。汉代之绛县虽已小于古，尚有今曲沃、绛两县地，而城治今曲沃。故周勃为绛侯，开府在今曲沃，墓在今绛县，而祠在今绛州也。附录胡身之之误说，赵东潜之辨证于后以明之。

胡三省《资治通鉴注》曰：《水经注》云，绛水出绛县西南。盖以故绛为言，其水出绛山东，西北流而合于浍，犹在绛县界中。智伯所谓汾水可以灌安邑，或亦有之绛水可以灌平阳，未识所由。余谓自春秋之季至于元魏，历年滋多郡县之离合、山川之迁改，有不可以一时所睹为据者。《史记正义》曰：韩初都平阳，今晋州也。《括地志》曰：绛水，一名白水，今名沸泉，源出绛山，可接引灌平阳城。郦道元父范，历仕三齐，少长齐地，熟其山川，后入关，死于道，未尝至河东也，此盖因耳学而致疑。《括地志》：成于唐之魏王泰，罗致天下一时名儒以作此书，其考据宜详，当取以为据。

赵一清曰：按梅涧所引郦注与今本全相乖迕。阎百诗《潜邱札记》曰：汾水可以灌平阳，绛水可以灌安邑，此亦何须说。余尝往来于平阳、夏县，而悟二语具有妙解。盖汾水并可以灌安邑，至绛水则又不待言；绛水并可以灌平阳，至汾水则又不待言，交错互举，总见水之为害溥尔。然《梁书·韦叡传》却是吾闻汾水可以灌平阳、绛水可以灌安邑，不如《通鉴》所云。又，按顾景范曰：《括地志》亦因旧文，强为附会"汾水可以灌平阳，绛水可以灌安邑"。旧史云，"汾水可以灌安邑，绛水可以灌平阳"，乃文互耳。又云，涑水在蒲州东十里，有孟盟桥，其上流即绛水，自绛县历闻喜、夏县、安邑、猗氏至临晋县界，合姚暹渠而西出，又西南注于大河，俗名阳安涧水。《水经注》：涑水出雷首山，县北与蒲坂分水，是也。《战国策》：绛水可以灌安邑，以绛水为涑水，盖合闻喜、河北二涑水为一。今观道元注，绛水出绛山下流入浍，浍入汾，汾入河，不与涑水合也①。

新田者，景公所迁，亦曰新绛，今曲沃县也

《左·成公五年传》：晋人谋去故绛，诸大夫皆曰必居郇瑕氏之地，韩献子曰：不如新田；杜注，今平阳绛邑县。《魏·地形志》：正平郡曲沃，太和十一年置。《通典》：汉绛县地，春秋时晋曲沃地，台骀神在此②。《路史》：曲沃成侯之居以封桓叔，故地有晋先君之庙，献公城之居申生，曰新城；汉为曲沃，今隶绛；潘岳云，陕之曲沃是也。

李廷宝云：今之沃即桓叔所封之沃也。彼司马贞之注《史记》，颜师古之注《汉书》，林尧叟之注《春秋》，皆以为即今河东闻喜县，然乎？不然乎？《左传》著于邱明，《汉书》作于班固，未闻其有是说也。独范蔚宗之作《后汉书·地理志》③，而曰闻喜邑本曲沃。三子不察而遂云然，而其实则曲沃非闻喜也。或曰：子以三子之说为不然，有据耶？曰：有据也。考之于《诗》、稽之《左传》，其可证者有三焉：《诗·唐风》扬之水之篇曰："从子于沃，从子于鹄。"解之者曰曲沃，沃也，鹄，曲沃邑也，今沃南十里有安鹄村，即古之鹄也，此其可证者一也。《左传》晋献公二十一年，太子申生奔新城，以其新为太子城，曲沃故谓之新城，今曲沃关城之内晋共世子有祠，祠殿有墓，其来最古，沃之北七里又有太子滩，其传最远，若今之闻喜，则皆无此矣，此其可证者二也。鲁成公六年，晋人谋去故绛，韩献子曰：不如新田，土厚水深，居之不疾，有汾浍以流其恶。今浍水在沃南二里，汾水在沃西

---

① 作者自注：东潜此辨亦误，河北县之涑水，安能合闻喜县之涑水耶？
② 作者自注：旧志，汉绛县故城在曲沃县南。
③ 作者自注：案：《后汉书》志本司马彪作，号曰《续汉志》，其书实不出范蔚宗，其郡国一志亦不名地理也，李氏此语乃有二误。

一十八里，故《通考》以曲沃为春秋时晋所都新田之地，若今之闻，则去汾、浍也远矣，此其可证者三也。或曰：必若此言，则汉武闻南越破改闻喜之言亦不足信乎？予考之《一统志》，云曲沃，秦改为左邑，汉武经左邑之桐乡闻南越破，因置闻喜县。今桐乡在沃之西南四十五里，由是观之，则汉之闻喜当在沃境之内，至其后始迁于涑水之南为今之闻喜耳。今数子以古之曲沃为今之闻喜也，不亦误耶？噫，不特此也，师古又谓故曲沃，晋武公自晋阳徙此，《晋书》亦传袭而弗察其谬，而不知自晋阳徙曲沃者，晋成侯也；又五世而至穆侯，则徙于绛；又二世而至昭侯，则徙于翼；昭侯封桓叔于曲沃，又二世而至武公，则灭翼；又一世而至献公，则徙于绛；又六世而至景公，则徙于新田；今以武公为徙曲沃也，则又差之远矣。孟子曰：尽信书则不如无书。予因子子之误，作《曲沃辨》。张坊云，今之沃犹古之沃也，亦何分于今古哉？新城为太子城，城乃今县治，故城在县治西南二里，至今遗址宛然，是即晋成侯所徙之都、桓叔所封之国也。绛山不改，沃水常悬，祖宗诸陵之魂魄，新城世子之英灵，千年如在，呼之可即出也。况其见于《毛诗》《春秋》《国语》《左传》《史记》《前汉书》者，原有一一确证，何尝有在今闻喜之疑据，及闻喜为今曲沃之明文也耶？盖尝详绎经史，浏览形势，置身千载之上，纵目三晋之中，为之推求其故。一由于诸书注曲沃之错会《汉书》也，一由于诸书注新田之游移绛县也。后人之读书也，皆统注疏以观经史，即就注疏以注经史，而未尝舍注疏以玩经史之原文也。秦分天下为三十六郡，曲沃属绛县，隶河东郡，县名左邑，故城在涑水西南，与曲沃中隔绛山，分汾、浍、洮、涑两川原也。《汉书·武帝纪》：元鼎六年，将幸缑氏，至左邑桐乡，闻南越破，以为闻喜县；春至汲新中乡，得吕嘉首，以为获嘉县。《地理志》：河东郡县二十四，左邑、闻喜、绛并列焉；乃汉末汝阳应劭《集解》：闻喜，今曲沃也，秦改为左邑，汉武帝于此闻南越破，改曰闻喜，是班氏原云以左邑之桐乡为闻喜也①，非改左邑为闻喜也，奈何遂并今曲沃亦解为闻喜也？如左邑县并改为闻喜县，是汲县亦应改为获嘉县矣，又何以绛、左、闻喜并列为县也？是成何注法耶？然自应解一行，后儒不察，皆墨守而恪遵之，一本错则千本俱错，由是吴之韦昭本之解《国语》矣，晋之杜预本之注《左传》矣，刘宋林尧叟②本之注《春秋》矣，范氏本之作《后汉书》矣，北魏郦道元本之注桑钦《水经》矣，唐之孔颖达、司马贞、颜师古本之《正义》《毛诗》《索隐》《史记》注《前汉书》矣，降而两宋不能更易其说，况其后焉者乎？夫未尝亲历其地，又惮于搜罗、考辨、诠解今古大部头书，不能慎重阙疑，徒闭户秉笔，依样传讹。而《寰宇》《一统》、通府县志互相解释，无怪其相沿千载矣。二百余年之胜地，精华尽泄，欝结都，宣霸图，其消歇矣。迨三晋纷争，七雄交战，兵燹百劫，简策悉成灰烬，陵茔鞠为茂草，遂致汉兴两都，少有名人大衣冠从而识焉者也。即霸图遗文，尚赖东鲁之大圣大贤、一经三传大书而特传之，至今之书法谨严、文章典重、含英咀华、脍炙人口者，伊谁之力也？而当年城郭都鄙，自晋以来无复有人焉。考其地而切注之曰新田，本古绛县，即绛邑县地，今何地为绛邑县故墟也？将两都混而为一，珥笔者每从而疑问之，逡巡而莫能下，纵有名贤临文注释，虽明知其为曲沃，将何地以处新田？含毫千里，皆窘步而棘手。然生斯土者，尚尔传讹；见之古者，又有明诠。故其势不得不将曲沃一地分而为二，以古曲沃归闻喜，以今曲沃为新田也。岂知圣人修史，晋沃原分两地，曰栾盈复入于晋、入于曲沃，公羊由乎曲沃而入也。左氏作传，底本得之最确，曰土厚水深，有汾、浍以流其恶，且民从教十世之利也，犹留

---

① 作者自注：班氏只言左邑桐乡，不云左邑之桐乡也，夫河东郡二十四县皆因秦旧，班氏明明言之，如将此加一之字，则桐乡为左邑之一乡，而秦之河东只有二十三县矣。特史文误连左邑，小颜遂妄加注以就之，此更加一之字，尤谬。

② 作者自注：案：止当云宋，不可云刘宋，林非南朝人也。

之典籍以待后人。俾千载之秘，终于昭雪；圣贤之功，千古不磨，万世为烈矣。夫与其剿袭陈言，曷不批阅经史，纵览形胜以徐观焉而自得之。今于经史原文，识得新田真地，则从曲沃下国以望唐、翼、晋水、故绛、新绛粲若列星，了如指掌，而晋之为晋，沃之为沃，应不待辨而自明也。自非然者，坐新城，抚故都，沃泉悬，鹄邑拱，绛山犹峙，浍水常流，祖宗、夫人之陵寝尚存，世子申生之庙墓如故，而成、厉、靖、僖、献五世之徙都，桓叔、庄伯、武公之封国，岂悉迁之桐乡之野、洮涑之滨耶？沃何分于今、古，去千年之障翳，开万古之群蒙，是在善读书者之自领之而已矣。

又云，《春秋左传》鲁成公六年、晋景公十五年夏四月丁丑，晋迁于新田，是为新绛。二百有九年之晋国在是，景、厉、悼、平、昭、顷、定七公之春秋在是，出、哀、幽、烈、孝、靖六朝之共主在是，栾、郤、士、荀、智、魏、赵、韩名卿大夫之功烈在是，是必确有其地者，在当不徒与曲沃故都两地而同为一地也。余往来阅历多有年所矣，迨量移来沃，以素所学征之所见，意确有其地，欲实指其墟而遗老无存，文献无征。上下千年，纵横百里，漠然徒见山高而水清。乃为稽之邑乘、刘鲁生《（曲沃）县志》，则曰王官城，县西南二里，又号晋城，景公徙居新田；引《通考》云：曲沃，春秋时晋所都新田之地。赵彦复《沃史》则曰：曲沃，古未之著也，自昭侯封成师而沃著，曲沃之名始此，犹之一同也。献公欲远世子而城之，由城得新，乃署新城，或曰新田，亦犹是也。潘锦《（曲沃）县志》则曰：晋昭侯封成师于曲沃，献公去沃都绛，使太子申生居焉，遂为之城，号曰新城，即新田也。景公还都新田。复为考之府、通、一统，而《平阳府志》《山西通志》《明一统志》皆云"王官城在曲沃西南二里"，《左传》晋人去故绛徙新田，谓之新绛,即此①。至《一统志》云:绛邑故城在曲沃西南,晋新田地,景公迁都于此,亦谓之新绛,引《左传》《水经注》以明之;又引旧志南对紫金山,有中城、外城,其南为浍水冲没,东、西、北遗址尚存。暨《括地志》:汉县,本晋都新田,在绛州曲沃县南二里,因绛山为名;考之《元和志》《肇域记》《寰宇记》,亦同。又以古曲沃为今闻喜,证之《左》《国》《史记》《两汉(书)》《晋书》之注疏,今之曲沃则古之新田也。证之魏王泰《括地志》,而辟《文献通考》、杜氏《通典》,以今之曲沃为春秋曲沃邑之为非。是诸说杂陈,毫无定见,乃知下有建白,上有修名,近代著述编辑了事,馆局凭何采入耶?及阅闻喜李汝宽驳沃人李廷宝《曲沃辨》云,宝谓汾、浍二水在沃西南,今闻喜之去汾、浍也远矣,以今曲沃为古新田则是矣。至桓叔所封,乃古曲沃也,既以今之曲沃为新田,而又以为古沃,岂以新田、古沃为一地乎?如其一地也,则晋人谋去故绛,当云复都曲沃,何以言迁于新田也耶者哉?斯言也,吾因之而转觉向所见之不谬,而二李之辨皆是也,而皆非也矣。夫韩献子曰:不如新田土厚水深,有汾、浍以流其恶。若夫曲沃,其去汾水也亦远矣,乌能流其恶耶?必也其在今侯马驿之间乎?地在二水之交,去曲沃三十余里,土厚水深,背汾面浍,交流其恶,其无疑者一;地去晋平公虒祁宫十里,禾黍高低为故国离宫,其无疑者二;地去汾水故梁十三里,水柱参差为游观津梁,其无疑者三;春秋栾盈复入于晋,入于曲沃,传齐兵上太行,张武军于荧庭,平公炁于曲沃,警守而下会于溴梁,道里适便,其无疑者四;《水经》浍水又西南过虒祁宫南注,宫在新田,其宫地面背二水,西则两川之交会也,汾水又屈从县西南流注,水经绛县故城北,又经虒祁宫北,横水有故梁,盖晋平公之故梁也,其无疑者五;《晋书》绛邑县隶平阳郡,即汉绛县治也,晋初杜

---

① 作者自注:此合新城、新田为一地,又以王官城当之。

预注《左传》，新田，今平阳绛邑县，是其无疑者六；《唐书》绛州有新田府，设折冲都尉，雄兵镇卫，江王孙李希悦曾驻其地，其无疑者七；况川原平衍，千里大会，连城接雉，宛然故都，表里河山，依稀霸国，其无疑者八。朝代虽分，今古山川仍留故地，此其非昭然可据者哉？彼拘守古曲沃之在闻喜，李汝宽不读经史原文误之也。牵合古新田之在曲沃，李廷宝不览山川形势误之也。直指曲沃古城为王城、为绛邑、为新田，前志钞袭建置沿革误之也。眼前胜地，千载晦迹，一经指出而百有五年之《春秋》，百有四年之《史记》，纲目列国君、公、名卿、大夫之朝会、盟聘、围、伐、灭，入孔子笔之于经，邱明、公、谷发明于传，司马、朱子记书于史，至今犹想见其处。古人云，读万卷书，行万里路，始可著书，愿与同事诸君六辔沃，若两骖雁行以参互考订焉。将疑义与析，欣赏共之也。

  谨案：曲沃在今闻喜，新田在今曲沃，传记历历详哉！其言之也，独李廷宝首发异论，强谓今沃即古沃。张坊从而和之，又虑今沃既为古沃，将必有人以新田在何处致诘者，既不便仍并新田于曲沃，而混归一地又不肯，遂泯新田于乌有而推归他处，不得已而妄指为今沃境之侯马驿。又复伪造古迹以实之，于侯马浍水上建札说亭，于侯马北门外树大字碑。于是乎，今沃一地兼得晋之二都，其县治则曲沃，其驿镇则新田，而闻喜遂毫无所预，而班固、应劭、杜预、司马彪、郦道元、李善、李泰、李吉甫、杜佑、乐史、欧阳忞、王存诸书无一可信者矣。甚矣其妄也。夫欲证古地而翻旧案，非有确证不可。李氏之三证，一则《唐风》之从子于鹄，鹄固曲沃邑也，顾乃以沃境之安鹄村当之，不知地之名某家村者，晋俗多读作某姑村，家有姑音不可改为鹄也，如可改则闻境之名某姑村者益众，将皆为鹄邑之证乎？二则引《左传》太子居曲沃，而举今沃关城太子祠墓以实之，不知死葬之所不可作生居之证也。如曰所葬即所居，则献公、文公墓在绛县槐泉，即将谓曾都于槐泉乎？况申生之墓乃夷吾所葬，明明见内外传，乌得因缢于曲沃一语而即以其墓当古曲沃乎？三则引《左传》新田有汾、浍以流其恶，且云二水皆见在沃境而闻喜去之甚远，不知此正足证今沃之是新田而非曲沃矣。彼韩厥固云新田有汾、浍，何尝云曲沃有汾、浍哉？今以闻喜去二水甚远而遂断其非曲沃也，不亦慎乎！至张坊书出，则愈益博辨，其痛诋应仲远《地理志》注闻喜下有"今曲沃也，秦改为左邑"九字之误。误诚有之，坊所诋则不中窾要也。夫此语之误有二：一则今字乃古字之讹也；一则此注乃合左邑注之尚有光武并省一节，而应未及也。盖二汉初无曲沃县，应乃汉人，则今字之为讹字较然。又今闻喜城是曲沃而秦为左邑①，若武帝所置闻喜乃桐乡城所改，而不关左邑，左邑故尚存，《地理志》显然可证，及后志始无左邑而闻喜加称闻喜邑，志首固云世祖所并省也。盖省去左邑而兼移闻喜于左邑城，且称之为闻喜邑。仲远未言此一节，颇似左邑之注误入闻喜下者，坐是遂为坊所诋耳。实则秦之左邑在西，桐乡在东，《水经注》明明可见，廷宝强谓桐乡亦在今沃之驿桥村，又碍于《汉武本纪》桐乡改为闻喜之一言，遂并云汉闻喜亦在今沃境矣，其不顾骇人听闻乃至此哉！张之八证，大氏亦引经史，然每条傅合己说处皆无实义，是与李同病矣。第两人之说多有为所移者②，故全录而辨之。张尤敢为大言，欲洞悉其形势，当合前绛、翼、鄂、沃诸篇通观之③。

又案：《路史》：有汉为曲沃，今隶绛之语，是亦惑于应仲远之误注者。储六雅固云，罗于曲沃源流不甚了了，诚然。小罗又云，曲沃西南、闻喜西南八里有桐乡故城，而引《隋图经》以证之，其语复涉模

---

① 作者自注：闻喜旧志云，秦以安邑在此县之右，故名此为左邑。
② 作者自注：张志有王光禄鸣盛所撰序，然与张说仍不甚附会。
③ 作者自注：案：以今曲沃为故绛，以新田在侯马驿，与《水经注》合，惟以今曲沃即古曲沃则大谬。

棱。夫刘昭后志注明云，曲沃在闻喜县东北，小罗何得改为西南？乃又并举曲沃、闻喜，既非证闻喜之即为古曲沃，兼复牵掣桐乡，究竟桐乡在曲沃西南耶？闻喜西南耶？何以能同距八里耶？若《隋图经》则只称闻喜，未尝连及曲沃也。此皆李、张之误之所本，故并辨之。

随者，翼侯所奔或以为介休

《左·隐公五年传》：曲沃庄伯以郑人、邢人伐翼，王使尹氏、武氏助之，翼侯奔随。杜注，随，晋地。《六年传》：逆晋侯于随，纳诸鄂。《文公十三年传》：随会在秦。《国语》：武子是以受随、范。韦注，晋二邑也。

谨案：随，旧无考。范，皆谓山东范县。若论齐景公输范氏粟，秦昭王斩范中行之涂，俱指朝歌，则范实在山东，故《孟子》有"自范之齐"之文也。随与范连称，宜若与范不能相远者，然终无人实指其所在，惟顾祖禹《方舆纪要》以为在介休县东。第思春秋初，晋地甚小，翼侯所奔非但不能至东昌，实亦不能至介休也。此与平遥之称尹氏采邑者，皆未可从也①。

而重耳所居之蒲，在隰州或云即蒲县

《左·庄公二十八年传》：重耳居蒲。杜注，蒲，今平阳蒲子县。旧通志：蒲子村在隰州北八十里，相传晋文公所居之地。又，州东北五十里蒲子城斩袪垣，即《左传》寺人披斩重耳袪处。又，蒲县亦有蒲子城，县西翠屏山晋文公庙内松柏森蔚，有岁寒亭。

---

① 作者自注：据昭二十三年杜注，尹在巩西南偃师。《路史》：今汾州有尹吉甫墓，即其邑。恐非。

翟柤在吉州

《国语》：晋献公田见翟柤之氛。韦注，翟柤，国名。《路史》：北地古翟国后，徙西河。《盟会图》云：今慈州。《地道记》：伐卫懿公者。

二屈者，夷吾所居，亦在吉州也

《左·庄公二十八年传》：蒲与二屈，君之疆也。杜注，二屈，今平阳北屈县，或云二当为北。

谨案：二屈者，一在吉州北二十里，一在大宁县南，皆云夷吾所居，意《传》之二字不误也。

又案：翟柤及耿皆在吉州，或为古国，或为翟国。故骊姬言，二屈君疆无主，则启戎心，正以灭耿之后，晋边密与翟接，出猎而望见翟氛，翟之近可知，翟之强可知矣。强，故可以灭卫；近，故可以侵晋，而终为晋灭也。盖其侵晋也，取狐厨受铎；而其为晋灭也，郤缺获白狄子于箕。狐厨受铎，固在乡宁，即与吉州接壤；而箕地从来谓在阳邑，顾亭林切切辨之以为不然，而未能举附近地以实之。据《隋志》：蒲子县东北有故箕城，或是也。

隗者，赤狄之总称，不止一国，潞氏已见前篇

《国语》：史伯告郑桓公曰：当成周者，西有虞、虢、晋、隗、霍、杨、魏、芮。韦昭注，八国，姬姓也。《路史》：赤狄皆隗姓，参卢后。

谨案：七国已见前，惟隗国未见。史伯谓当成周之西，则必在今山西可知；而内外传皆无隗国事。惟《僖（公）二十四年传》，狄人伐廧咎如，获其二女叔隗、季隗。兼《路史》言：赤狄皆隗姓，潞氏、甲氏、留吁、铎辰、皋落及此廧咎如，皆是也。然则隗非国名，乃指赤狄之姓耳。至孝义有虞城、虢城，在县东北十里内，旧志谓晋灭虞、虢，迁其民于此，则不见经传，不得举以当八国之数也。

余垣曲之皋落氏

《左·闵（公）二年传》：晋侯使太子申生伐东山皋落氏。杜注云，赤狄别种，皋落，其氏族。

谨案：《盟会图疏》：在潞州，今绛之垣县西北六十里，故皋落城，是世曰倚薄。然疏既确指为垣县，何以又曰潞州？垣与潞虽俱在太行，相连不断，而实相距三四百里，岂得混为一地？至世曰倚薄者，薄即亳也，为中条十二名之一，《水经注》引服虔即作倚亳。且垣曲为汤所都之北亳；宇文周时置亳城县。此城实倚中条，而据亳都之胜，故曰倚亳也。旧有云在平定之乐平者，非；尔时晋境不能远至彼处，古人言之详矣。金兴定四年，郭文振请升乐平为皋州，虽因乐平有皋落城而定名。不知《左传》昭十二年，晋荀吴假道于鲜虞，遂入昔阳。杜注明云，昔阳，肥国都，乐平沾县东有昔阳城。岂有既为肥国兼为皋落国者乎？其误不待辨也。

壶关之廧咎如

《左·僖（公）二十四年传》：狄人伐廧咎如，获其二女叔隗、季隗。杜注，赤狄别种。

谨案：《上党记》：壶关有地名无臯[①]，为申生所伐之皋落氏。不知皋落自在垣县，而此臯实即廧咎之咎，同声互用也。《书·皋陶谟》《汉书》《竹书》《风俗通》皆作咎，繇知皋字即咎，不妨歧出。且皋落之国，古人不言出何姓，而此廧咎如为隗姓，则《传》有明文矣。隗姓之潞氏既在上党，则潞氏别种之廧咎如，理不能远在他境也。

[①] 作者自注：即皋字。

沁州之甲氏

《春秋》：宣十六年，晋人灭赤狄甲氏及留吁。杜注，赤狄余党。《传》：留吁、铎辰。杜注，铎辰不书，留吁之属。

谨案：旧志，铜鞮有甲水，疑即甲氏是也。而《金·地理志》云：武乡有胡甲水，亦即此一水可知。然《隋志》铜鞮下注曰：开皇十八年改为甲水县，大业初省入铜鞮。《旧唐书》又云，铜鞮，汉县，武德三年分置甲水县，六年省。二史所说不同，不识隋唐开国之初，何故旋置旋省，如出一辙也。顾两朝皆称为甲水，则其为甲氏良属可信。盖古之赤狄后人称为赤胡①，则后人言胡甲即古之狄甲氏可知也。以胡代狄，其例固可类推也。

屯留之留吁、铎辰

《路史》：屯留故城南，即故留吁国也，与潞俱附中国为赤部胡。旧志《屯留辨》：屯留，一名余吾，一名纯留，一名戎屯，一名留吁。

谨案：留吁、纯留，见《左传》；屯留，见《战国策》；余吾，见《汉书》；戎屯，见《水经注》；赤部胡，见《索隐》；实即赤狄也。杜氏又云，故上党地有赤沙城，旧志漏而未引。

及茅戎之名徐吾氏者，亦在上党，合之潞氏，皆所谓隗矣

《春秋》：成公元年秋，王师败绩于茅戎。《传》二月癸未，败绩于徐吾氏。杜注，徐吾氏，茅戎之别也。《春秋爵姓存灭表》：茅戎，戎别种，今山西解州平陆县东南有茅城。

谨案：茅戎，杜并未详其地；顾栋高《大事表》指为平陆东南之茅城。而元凯于"秦伯伐晋，遂自茅津济"下注为大阳西南之茅亭，且曰

---

① 作者自注：见《索隐》。

即茅城；知此是茅津之正名也，茅戎则不知在何处。然考此年春，晋侯本使瑕嘉平戎于王詹，嘉处瑕，故称瑕嘉。嘉本守桃林之塞者，桃林今为潼关，就近可平戎，戎地必在陕阌左近，则指为平陆之茅城者，良亦可信。若曰茅津之戎耳①，盖本攒茅之田。《太公金匮》作赞茅②，而《左传》先茅之县赏胥臣，先字疑亦赞字之形脱也。杜注乃谓先茅绝后，故取其县以赏胥臣，是以先茅为人名，非也。先氏初无名茅者③，《传》亦无夺先氏县事。

又案：杜以徐吾氏为茅戎之别，据左氏，郑大人有徐吾氏，不知其命氏之由。又，汉上党郡有余吾县，亦曰徐吾，今屯留界也。溯名县之由，恐即以徐吾之戎纳称。然回远不相及，岂茅戎后来所迁乎？盖屯留为留吁，则知茅戎亦其同类也。

若白狄，则乐平之肥也

《左·昭（公）十二年传》：晋荀吴伪会齐师，因假道于鲜虞，遂入昔阳；八月壬午灭肥，以肥子绵皋归。杜注，昔阳，肥国都，今乐平沽县东有昔阳城。《路史》：昔阳，本肥，今平定之乐平东五十里有昔阳故城。

顾亭林《日知录》：《汉书·地理志》"巨鹿"下曲阳，应劭曰：晋荀吴灭鼓，今鼓聚昔阳亭是也。《水经注》：泜水东径肥累县之故城南，又东径昔阳城南，本鼓聚。《十三州志》曰：今其城昔阳亭是矣。京相璠曰：白狄之别也，下曲阳有鼓聚。其说皆同。《史记·赵世家》惠文王十六年：廉颇将攻齐昔阳，取之。夫昔阳在巨鹿，故属之齐。岂得越太行而有乐平乎？

---

① 作者自注：《水经注》：茅津故茅亭，茅戎邑也，津亦取名焉。
② 作者自注：《金匮》：桀怒汤，召而囚之夏台，汤乃行贿，桀遂释之而赏之赞茅。
③ 作者自注：据马氏《世系表》。

谨案：昔阳，《传》两见，一在此年灭肥下，一在二十二年灭鼓下；杜注皆以为乐平沾县；而郦道元《水经注》亦两见，一同杜说在沾县，一则谓在下曲阳县。刘炫遂执下曲阳之说，谓肥、鼓二国并在巨鹿。顾氏引应、阚、郦、京诸说，亦谓应在巨鹿而不得在乐平。然顾只辨昔阳为鼓都，将何以处此年肥之昔阳？岂一昔阳而入之两次乎？窃谓昔阳实应有二，在下曲阳者，鼓之都；在沾县者，肥之邑；特二名相同，既俱在昭公时，又俱灭于中行穆子。杜只以沾县一注概之，坐是遂为刘所规耳①。乐史明昔阳在鲜虞之南，谓穆子恐肥为备，因假道而袭之，实足灼见当日情事。罗泌则谓巨鹿之昔阳亦名夕阳，然则沾县者名昔阳，巨鹿者自名夕阳，两地并存，亦不碍于顾说矣。又《太平寰宇记》谓，肥国在卢龙。近曾钊驳之曰：《传》书"入昔阳，遂灭肥"，则肥必与昔阳近，昔阳在今晋州东南，卢龙在今京师东数百里，相距甚远，且其地非道齐所由晋伪会齐师，欲路出于肥，攻其不备而灭之也。乃迂道千里而涉其境，其伪尚可售耶？是肥必不在卢龙审矣。卢龙旧有肥如城，应劭曰：肥子奔燕，燕封之于此，非故国也。顾复初以为在藁城西南七里，庶为近之。顾氏《日知录》曰：既入昔阳而别言灭肥，则肥与昔阳不得为一，安得以昔阳为肥都也？昔阳既肥都，何以复言下曲阳有肥累城而疑肥之名取于彼也？肥乃小国，境必不远，岂取名巨鹿之城而建都乐平之县耶？窃谓顾说固甚辨，然谓昔阳非肥都可也，必谓非肥所有则过矣。若非肥地，《传》何以与灭肥连书？今考直隶之肥乡县，立名实由肥国。赵武灵王臣有肥义，疑亦肥之后也。若旧志又谓县有皋落城，则误也。皋落自在垣曲，况乐平既为肥国，不能复为皋落国也，辨已见前卷。

---

① 作者自注：刘著书名曰□□□。

盂之尐繇也，皆是也

《韩非子》：智伯欲伐尐繇而道不通，乃铸大钟遗之。尐繇之君除道将纳之，赤章蔓枝谏，不听，因断毂而驱至于齐，七日而尐繇亡。旧志，盂县治东里许，春秋仇犹国故墟，周九里。又，智氏灭仇犹置原仇城，又县东桃园村北有仇犹君钓鱼台。又，相传牧民街太湖石下有智伯钟。

谨案：尐或作仇繇，或作由犹，又作夙繇，夙字乃尐字之形讹也。今盂有尐繇山，尚以此国得名，据此知今之盂断非春秋之盂也。夫魏子分祁氏之田，其事在前；智伯灭尐由之国，其事在后。分祁氏时已有盂县，而尐由尚自为国，晋卿无缘预分人国为县也。故昔人谓盂即今阳曲东北之大盂城，然窃意当时盂丙所治之盂，其地亦有在今盂县界中者，特今盂县之县城则自为仇由而非盂耳。

及三晋分后，韩都于平阳

《竹书纪年》：晋烈公元年，韩武子都平阳。《史记》：康子卒，子武子代。

谨案：韩出于曲沃桓叔，尚为晋之公族。灭智伯者康子，武子即康子子也。惟《汉志》云：武子元孙贞子居平阳；《路史》亦云：然与《竹书》不同，此当以《竹书》为准，盖《竹书》虽多错谬，如共侯一世，据《史记》乃是懿侯；而《史记》于此时亦颇淆乱，谓韩昭侯十年，韩姬弑其君悼公，则实不知悼公何君也。况灭郑后始都河南，乃韩哀侯时事，此时固尚在河东也。若云贞子方居平阳，则武子以来三世竟何居哉？又《路史》云：桓叔之桓亦地名，愈不可从。桓实成师之谥，非地名也。又，今襄垣有韩城，在甘泉之阳，传为赵襄子筑，故县名襄垣；后周置韩州于此，亦因其有韩城之名故也。然此语不见书传，恐宇文之置韩州，只因上党本韩地故耳，不必别作附会。若必云赵襄子筑，则何不名赵城而名韩城乎？至今之韩城又因周之州名名之耳。

魏都于安邑，而文侯城则芮城、孝义皆有之

马淑援曰：芮地，又相传河北城为文侯城，意此古魏城乎？又《孝义县志》，魏文侯宅在县治东，又有台在宣化坊。

谨案：此二城，皆伪也。芮之城为古魏城，乃万之始封，非斯之新都，马氏之言审矣。已辨见前篇魏国下。至孝义之有宅，皆由陋者以后之西河傅合古之西河，是以伪作文侯之迹耳。戴氏震尝言，今之汾州，战国时不属魏而属赵，一语可破无穷之伪迹。然则孝义之《吴城县志》以为吴起筑者，亦出附会明矣。独不解文侯墓何以见在孝义。唐开元有杨仲昌碑，宋嘉祐有谢景初碑，又宋袁藏云、赵瞻皆有文侯城诗，皆云在孝义也。夫孝义为赵之中阳，明明见于《史记》，岂有魏君而葬赵境者乎？斯则附会之说已在唐前，其误人也久矣。文人、诗人随声附和，真具定识者几人？故其文与诗皆不可据为典要也。

赵都不在山西境，而所筑泫氏以逼晋者，则在今高平

《竹书纪年》：晋烈公元年，赵献子灭泫氏。

旧通志案：《水经注》曰：洹水出上党洹氏县洹山，山在长子县。今考上党，古无洹氏县邑，惟秦汉有泫氏县，今高平是也。有泫水出丹朱岭，下即丹水是也。丹水亦属高平，丹朱岭即长子与高平分界处。又考《唐书》有洹水县，本隶相州，天佑三年后属魏州，亦非洹氏县。

谨案：《国策》：襄子构智伯之难出亡，问所之，左右曰，长子城厚完。泫氏，据旧志虽非即长子，究与长子不远，而襄子欲传伯鲁之子孙，伯鲁子代成君先死，乃立代成君子浣，是为献侯。《竹书》：尚作献子，从其实也。献子之筑泫氏，殆即襄子之遗命，与因其厚完而更筑之，所云百雉害国之意也夫？

晋君则先处端氏，今沁水地

《史记》：赵成侯十六年，与韩魏分晋，封晋君以端氏。

后处屯留，即今县也

《史记》：赵肃侯元年，夺晋君端氏，徙处屯留。《竹书纪年》：晋桓公二十年，赵成侯、韩共侯迁桓公于屯留。

谨案：《纪年》与《史记》相抵牾。《史记》：晋静公俱酒，孝公颀之子也；《纪年》：则以孝公为桓公而无静公，一不同也。《史记》：徙晋君于屯留者，赵肃侯；《纪年》：仍作成侯，二不同也。《史记》：韩哀侯六年，韩严弑其君哀侯而子懿侯立；《纪年》：韩山坚贼其君哀侯，而韩若山立，乃共侯而非懿侯，三不同也。《史记》：三国迁静公先端氏而后屯留；《纪年》：则二国直迁桓公于屯留，四不同也。然今端氏聚则实有其地，人尚指晋君迁处，未可径叙屯留而置此不道也①。又按旧志，端氏城即今端氏镇，在沁水县东九十里，唐徙泽州治于此。端氏聚则韩、赵、魏迁晋君处，在县东四十五里，非一地。若屯留，则去晋之铜鞮宫不远，或者以故宫馆君乎？又，今凤台有高都城，旧志云三卿分晋后晋公奉祀于此，在县东三十里。然书传无晋君处高都之说，据《战国策》，则高都韩地而近于东周，故苏厉谓东周君曰，又能为君得高都，恐未必在泽州。总之书传，参差不一，莫如周末为甚，从其著者可也。

后赵武灵王并楼烦，今岢岚、宁武皆是

《战国策》，武灵王曰：吾国西有楼烦、秦、韩之边，而无骑射之备，变服骑射以备燕、参、胡、楼烦。《史记》：赵惠文王二年，主父行新地，遂出代西，遇楼烦王于西河而致其兵。又，武灵王破林胡楼烦，

---

① 作者自注：明李梦阳诗：系马荒城下，空翠围峯峦。一闻端氏名，怀古生长叹。

筑高阙塞。《汉书·地理志》：雁门郡楼烦，应劭注曰，故楼烦，胡地。

旧志：林胡楼烦在今宁武府西北及岢岚州东北，高阙塞在今归化城西北，楼烦见周《王会图》，子爵。又楼烦王城距静乐县百里，马家庄之东，址存。

旧志又云：宁武，古楼烦国。楼烦城在静乐县南七十里，一在崞县，或云在西百里马家庄。要之，静乐、宁武皆楼烦地也。宁武在宋为宁化军，金为宁化州，领宁化一县，乃明宁化所也。静乐东北百六十里有管涔山，唐置管州于此。静乐永安镇与宁武接界，两县治相距百八十里，东八十里为朔州。宁武北三十里即神池县治，有虎北等山，官庄、狼窝等村隶焉。神池西八十里即五寨县治，有店坪等山，小辛、下庄等村隶焉。五寨在静乐西北，距五寨荷叶坪山界凡百里，由五寨而北百四十里即偏关县治，东至老营所，西北至草地、边墙均八十里，而偏关西南即保德州河曲县治也。宁化所在永安镇北，与宁武所相距四十里。

顾炎武云：楼烦乃赵西北边之国，其人强悍习骑射。《史记·赵世家》：武灵王行新地，遂出代西，遇楼烦王于西河，而致其兵。致云者，致其人而用之也，是以楚汉之际多用楼烦人别为一军。《高祖功臣侯年表》：阳都侯丁复以赵将从起邺，至霸上为楼烦将。而《项羽本纪》：汉有善骑射者楼烦①，则汉有楼烦之兵矣。《灌婴传》：击破柘公，王武斩楼烦将五人；攻龙且，生得楼烦将十人；击项籍军陈下，斩楼烦将二人；攻黥布别将于相，斩楼烦将三人。《功臣表》：平定侯齐受以骁骑都尉击项籍，得楼烦将，则项王及布亦各有楼烦之兵矣。盖自古用蛮夷攻中国者始自周武王，牧野之师有庸、蜀、羌、髳、微、卢、彭、濮，而晋襄公败秦于殽，实用姜戎为犄角之势。大者王，小者霸，于是武灵王踵此，用以谋秦，而鲜卑、突厥、回纥、沙陀自此不绝于中国矣。

----

① 作者自注：原注应劭曰：楼烦，胡也，今楼烦县。按，楼烦地大，不止一县之人。

平阳者,惠文弟赵豹之封也

旧通志,平阳君赵豹,惠文王弟,二十七年封。

右,周初至七国末。

考四之三　山西通志弟五十二

　　赐进士出身头品顶戴兵部侍郎兼都察院右副都御史巡抚山西提督军务臣张煦奉旨监修。

卷三　国都　秦汉至元明

秦初，太原尝为国，以封白仲及嫪毐。又五马亭在壶关、潞城界，太原守令狐范以列侯食封者也

《史记·秦本纪》：始皇八年，嫪毐封为长信侯，予之山阳地，又以河西太原郡为毐国。《魏书·地形志》：上党郡壶关有五马门，令狐征君墓。《唐书·宰相世系表》：武安君白起赐死杜邮，始皇思其功，封其子仲于太原。又，令狐氏世居太原，秦有太原守五马亭侯范。

谨案：《汉书·百官公卿表》：爵二十级，皆秦制，以赏功劳。彻侯金印紫绶，避武帝讳曰通侯，或曰列侯。《续汉书·百官志》：列侯功大者食县，小者食乡、亭，得臣其所食吏民。是乡侯、亭侯之名，虽始见于后汉，实皆沿秦旧制也。今潞城壶关并有五马村①，当即秦亭所在。《地形志》所云五马门者，为令狐范之遗封，而汉壶关三老令狐茂亦或即范裔，盖其子孙又因食封而奠居也。故据唐表并录入为秦侯封之仅见者，至旧志所列临晋君杨朗亦见于表，然表固云叔向子孙居河内。朗为秦将，封临晋君，因居冯翊。唐以前之临晋不在河东，尤其明证。

楚汉之际西魏王豹都平阳，而安邑亦有魏豹城

旧志，蒲州北门外越城，周一百三十步；西魏大统四年造浮桥，九

---

① 作者自注：东五马、西五马属潞城，南五马属壶关，并在平顺乡南。

年筑城，一云魏豹所筑。又，安邑县西一里古城，魏文侯筑，东西两垒对峙，韩信擒魏豹于此，亦名魏豹城。又，芮城县东二十五里牛高村，亦名魏豹城。

谨案：《汉书》本传，项羽封诸侯，欲有梁地，乃徙魏豹于河东，都平阳，为西魏王。今平阳无豹遗迹，若蒲州之城，则其盛兵蒲坂，塞临晋所筑也。安邑之城，则韩信以木罂缶渡，军袭安邑是也。独芮城之城不可知，或浅人见《韩信传》有云伏兵从夏阳渡，彼误彻夏阳为夏县，遂疑渡河必自平、芮，因而造作此古迹乎？不知虞、晋所灭之夏阳，以地形核之，当在夏县。即不然，亦在平、芮间。韩信所渡之夏阳，则当依注，定为陕西韩城也。一以韩城与临晋毗连，临晋乃今之朝邑；二则临晋陈船之地，汉有天下后，仍为船司空，当日或已有船厂，故信至即得陈船耳，未可执一而论也。

又案：安邑城西之城，俗名魏豹城者，旧志以为魏文侯筑，亦未确也。《史记》：魏武侯二年，城安邑王垣，则固不在文侯时。又今运城后土庙、城隍庙之石柱皆雕作蟠龙，壮丽非常，实从此魏城中掘出者，人皆传为豹所作宫殿柱。考豹为魏王，通计三十八月耳，五月而救赵，十五月而从项于入关，十七月而国分为殷，三十二月而降汉，三十三月而从汉伐楚，三十四月而叛汉，三十八月而为韩信所虏，国亡。计匆匆三年中，固无暇厚敛雕墙也。《战国策》苏秦曰：魏惠王说于卫鞅之言，先行王服，乃身广公宫，制丹衣柱，建九斿，从七星之旓。盖惠王故都安邑，斯时僭即天子之位，故广宫而制柱。此所掘出之龙柱，岂非《国策》制柱之确证耶？何得指为豹耶？

赵歇、陈余迭王代，皆在山北，其国都乃蔚州，今属直隶，惟李左车封广武君，则代州西之古城也

《史记·张耳陈余传》：项羽乃分赵，立耳为常山王，治信都，而徙赵王歇王代；《秦楚之际月表》曰都代也。又，陈余袭常山王耳，耳败走，余皆收赵地，迎赵王于代，复为赵王。赵王德余，立以为代王，余为赵王弱国初定，留傅赵王而使夏说以相国守代。《韩信传》：广武君李左车。

尹耕《代国考》：自汉以来代国有三，曰：山北也、山南也、山东也。山北之代，旧国也，始于商汤，历代因之，齐桓之所服、赵襄之所并、代成安阳之所封、公子嘉之所奔、赵歇陈余之所王、夏说之所守、王喜之所弃、陈豨之所监者是也，今蔚之废城也。山南之代，徙都也，始于高帝十一年，分山北为郡而稍割太原地益之，以自为国，文帝之始封、中年之所徙、入继之所自、临幸之所复、以及子武子参之所分、后武徙淮阳子参之所合，皆是也，所谓晋阳中都也。山东之代，再徙也，始于武帝元鼎中，汉广关以常山为阻，徙代于清河；后王莽继绝，改号广宗；王义之所都、子年之所处、如意之所复皆是也，所谓清河也①。

旧通志：代州西一十五里，前汉置广武县，属太原；后汉、晋、北魏胥属雁门；隋开皇十八年改县为雁门。《括地志》：广武故城在雁门县，勾注山南四十五里。《通典》：在雁门县西南。《明一统志》：在代州西一十五里。《图经》：在勾注陉口之南，即汉械系娄敬地，后魏移置上馆城。按《魏·地形志》：原平县有广武城，当在雁门之南，隶崞县，而明广武城南距代州六十里，在雁门之北，俱非广武故城也。

《代州志》：汉广武故城在州西十五里，今名古城村。楚汉之际，李

---

① 作者自注：案：公子嘉奔代在高柳，代成君封安阳在桑干川，并见《水经注》，其地皆在蔚北。窃疑夏说为陈余所守之代，恐亦不在蔚州，何则？《韩信传》言信灭魏之后，击赵之前破代禽夏说，喋血阏与，阏与在辽、沁；《曹参传》言，击夏说军于邬东，则在介休，皆去蔚绝远。果使守之者在蔚，何以破之者乃在汾、沁间也？况后此封文帝为代王，则在中都，以中都而称代，必有所权舆。知夏说所守之代，即已在山南，故文帝建国就近，遂袭其号而仍名代。尹氏蔚人，所著代郡诸考，率多牵就，惟此篇为明燎。然元鼎再徙，已改号清河矣，而即名为山东之代，何耶？至谓代始于商汤，仍《两镇三关志》之说，亦勇于自信矣。

左车号广武君，以此。《通志》谓隋开皇十八年改雁门县，非隋改县，在北魏徙治上馆之后，即今州城，此地乃雁门故郡，不得云雁门故县。又，金广武故城在州西北六十里，今名旧广武；《金史·地理志》：代州广武县，旧属朔州是也；《一统志》：在崞县南四十里；《通志》：广武旧站即魏所徙郡治，并误。辨详沿革，广武城在州境者有三：一为州西古城，汉故县也；一广武旧站，金故县也；一广武营，今名新广武，明所建雁门守御所也。若崞县南之唐林，石晋时亦名广武，与北魏北豫州之广武郡，东燕州、东夏州之广武县皆名同地异。

谨案：广武故城，据州志则勾注南北各有二城。旧志既知汉故城在州西十五里，乃于朔州马邑下复列广武故城，以为韩王信之屯兵广武者即此。且曰汉为县，隶太原郡，其人物复列李左车于潞安，盖据《潞城志》广禅山有广武君墓也，而于传中则云封广武君，即今代西之故广武城，其参错若是。

右秦及楚汉之际

汉初，韩王信自晋阳徙治马邑，本代地也，故亦名代。后更以故代封兄喜及子如意，其后乃并山南地曰代，立子恒为代王，即文帝也。初都晋阳，后徙中都。中都，今平遥也

《史记·诸侯年表》：代国，高祖二年十一月，韩王信元年，都马邑；五年，降匈奴，国除为郡；六年初，王喜元年；九年，匈奴攻代，代王弃其国，亡归汉。后置代，都中都；十一年二月丙子，初王恒元年。恒，高祖子。

《汉书·韩王信传》：高帝五年春，与信剖符，王颍川；六年春，乃更以太原郡为韩国，徙信以备胡，都晋阳；信请治马邑。

又，《高祖纪》：六年正月壬子，以云中、雁门、代郡五十三县立兄宜信侯喜为代王；以太原郡三十一县为韩国，徙韩王信都晋阳；九月，匈奴围韩王信于马邑，信降匈奴。七年冬十月，上自将击韩王信于铜鞮，斩其将，信亡走匈奴，与其将曼邱臣、王黄共立故赵后赵利为王，收信散兵，与匈奴共距汉。上从晋阳连战，乘胜逐北，至楼烦会大寒，士卒堕指者什二三，遂至平城为匈奴所围。七日，用陈平秘计得出，使樊哙留定代地。十二月，匈奴攻代，代王喜弃国，自归洛阳，赦为合阳侯。辛卯，立子如意为代王。九年春正月，徙代王如意为赵王。十年九月，代相陈豨反。十一年冬大破之。太尉周勃道太原入定代地，将军柴武斩韩王信于参合。上还雒阳，诏曰：代地居常山之北，与夷狄边，赵乃从山南有之，远，数有胡寇，难以为国。颇取山南太原之地益属代，代之云中以西为云中郡，则代受边寇益少矣。王、相国、通侯、吏、二千石择可立为代王者。燕王绾、相国何等三十三人，皆曰子恒贤，知温良，请立以为代王，都晋阳①。

谨案：以山南太原郡地益属代，据《高纪》在如意既徙之后、文帝始封之前。然韩王信事与此事首尾相连，信之原都晋阳，后可改为代以封文帝，实信之新都马邑早已直据代，而混喜与如意，是知韩、代错杂不始于十一年之诏也。前则赵、代不分，故赵嘉、赵歇皆称代王；后则韩、代相乱，故大陵、中都皆属代国也。观此事中所涉之楼烦、平城，虽在晋阳以北，而高帝之击也，在铜鞮；周勃之入也，在太原；皆晋阳以南地。可见山南之益诸代，亦由交涉已久，遂因其自然之势而已矣。故《史记年表》直以韩王信与王喜、文帝相次统□于代，不复别书韩名。

又案：中都有三，惟汉文所都之中都在平遥，此外汉前、汉后之中都皆不在平遥也。《左传》昭公二年，晋侯谓陈无宇非卿，执诸中都。杜注，中都，晋邑，在西河界休县东南。夫自汉置中都，魏晋仍旧未

---

① 作者自注：如淳注《文纪》言，都中都。又，文帝过太原，复晋阳、中都二岁，似迁于中都也。案：如说是也，前都晋阳，后都中都，故推恩龙潜之地，两县皆得复二岁也。

废，元凯不取见有之县注之，而必远□邻封东南，是其确有依据可知。今介休东南冀壁□庙中有宋碑，其文曰定□之阳，为旧中都城故址，此今介休境之中都前于汉而春秋即著者，不在平遥，一也。《北魏·地形志》：太原郡中都县下注曰：有榆次城。然考北魏时太原郡本自有榆次县，注于中都下，又著榆次城，无乃复乎？及乐子正始言真君九年，徙中都治废榆次县西南，始悉《地形（志）》注之榆次城者，盖废县而非见置之县也。此今榆次境之中都，后于汉而拓跋始见者，不在平遥，二也。至若文帝之中都见于史者，《史记·秦本纪》惠文君后元九年，伐取赵中都、西阳，《赵世家》同。张守节引《括地志》曰：中都故县在汾州平遥县西十二里。此则真文帝之都也已。

文帝分故藩为二，子参为太原王，都晋阳；武为代王，都中都，寻改封武而徙参王代，都晋阳如故

《汉书·诸侯王表》：代孝王参二年立为太原王，王三年更为代王。孙刚王义，元鼎三年徙清河，梁孝王武二年立为代王，三年徙淮阳王，十年徙梁。《文三王传》：代孝王参初立为太原王，四年徙为代王，复并得太原，都晋阳如故。

谨案：文帝王代始都晋阳，后徙中都，是有二都矣。故即位后可分王二子，特其迁徙之由无年可考。据《汉书·异姓诸侯王表》：高帝五年以太原为国，王韩信始，九月信反，降匈奴；高后七年，赵王吕禄始，高后兄子，八年八月汉大臣共诛禄，一似禄所封之赵即在太原。虽其时太原属代，文帝初都，无别封他人之理。然前此吕台封王，已割齐之济南郡为奉邑；太后杀高帝子且数人，岂以代王为意者？《表》直书禄于太原一格中，必有依据。惟《外戚传》言，太后杀高祖子赵幽王、共王、燕王，遂立诸吕为王。《高五王传》亦云：杀三赵王，灭梁、赵、燕以王诸吕。以《表》证之，则高后元年封吕台为吕王，其徙梁王恢王赵，以梁封吕产，又杀赵王以赵封吕禄，在七年；其杀燕王建子，以燕封吕通，在八年；与《高后纪》太后临朝即封台、产、禄、通四人为王不合，当以《表》及《传》语为是。则禄自席赵王之遗封，不必夺代邸之故郡也。姑附存其说于王国后，不敢为定论焉。

其侯国宗室，则壶关以封惠帝子武，在今长治县

《汉书·外戚恩泽侯表》：壶关侯武，以孝惠子侯，高后元年四月辛卯封，六年为淮阳王。

《水经注》：漳水又东北径壶关县故城西，又屈径其城北，故黎国也，有黎亭县，有壶口关，故曰壶关矣。吕后元年，立孝惠后宫子武为侯国①。

谨案：孝惠子凡七人，弟一子者，吕太后使张皇后取后宫美人子名之，立四年，出怨言，太后幽之永巷，废死，此一少帝也。余六人，三曰强，四曰朝，五曰不疑，七曰泰。而常山王义本名宏，又名山，乃弟二子，前少帝废后，立为帝。东牟侯与滕公载就外邸杀之，而迎文帝，又一少帝也。壶关侯武乃弟六子，后为淮阳王，亦为诸大臣所杀。《汉书》列之《外戚恩泽侯表》中者，盖目为吕氏党而不以帝子待之也。考《吕后纪》云：太后崩，大臣相与阴谋，以为少帝及三弟为王者，皆非孝惠子，复共诛之。《周勃传》云阴谋，以为少帝等皆非惠帝子，吕太后以计诈名他人子，令孝惠子之。文帝赐南粤书亦曰：高后取他姓子为孝惠皇帝嗣云云。可知七人实孝惠子，谓非孝惠子者，乃平、勃等阴谋以大诬吕氏之罪耳。而诸子徒以童孤横被惨杀，且诬为他姓子，直至孟坚犹列之外戚，即如注亦尚云非帝子，则平、勃等之酷毒为何如耶？俞

---

① 作者自注：案：即今潞安府治也。隋分置上党县，寻省壶关入上党；唐复置县，则今之壶关县也。隔越重山，非漳水所经矣。

正燮引《郦生传》"天下称郦况卖友"之言，以为天下皆知孝惠之枉，可谓善读者矣。因武侯壶关，并论及之。

代共王子九人，绾侯离石、罢军侯蔺、迁侯皋狼，皆今永宁州地，忠侯隰城亦在州境，其后改封端氏，又今沁水县地也

《汉书·地理志》：西河郡皋狼、蔺、离石、隰城、河东郡端氏。《水经注》：河水又南得离石水口，水出离石北山，南流径离石县故城西。《史记》：秦昭王伐赵，取离石者也。汉武帝元朔三年，封代共王子绾为侯国，后汉西河郡治也。其水又南出，西转径隰城县故城南，汉武帝元朔三年，封代共王子忠为侯国，王莽之慈平亭也。胡俗语讹，尚有千城之称，其水西流注于河也。

《汾州府志》：皋狼，今永宁州西北及临县之境。《战国策》：知伯使人之赵，请蔡、皋狼之地，赵襄子弗与；语转字异，亦曰郭狼。武灵王召楼缓谋曰：我先王取蔺、郭狼；知伯所请蔡、皋狼即武灵王称蔺、郭狼者。蔺字转写讹作蔡；皋、郭，语之转耳。蔺，今永宁州西及临县之南境，离石即永宁州境。《史记·赵世家》：成侯三年，当魏武侯之十五年，魏败我蔺；《魏世家》作败赵北蔺，张守节云在石州，赵之西北是也。二十四年，当秦孝公之十一年，秦攻我蔺；肃侯二十二年，当秦惠文君之十年，秦取我蔺、离石；武灵王十三年，当秦惠文君改元之十二年，秦攻我蔺。《六国表》作击蔺阳；而《战国策》：秦攻赵蔺、离石、祁，拔郑、朱封，秦王曰：夫蔺、离石、祁之地，远于赵而近于大国。其事与秦伐赵攻阏与相连属，在赵惠文王二十九年、秦昭王三十七年，盖边邑时失时复，靡常也。《水经注》：离石水南流径离石县故城西，又南出，西转径隰成【城】县故城南，其水西流注于河。据此，则汉之隰城县远在离石水之西。而顾祖禹《读史方舆纪要》云，隰城故城，府西七十里，汉县，又引或曰三国魏省隰城入兹氏，皆非也。《后汉·郡国志》：

已无隰城，当省入离石，去兹氏则远，不得越离石而省入兹氏。晋始改成为城。所言在府西七十里者，今亦无考①。

贤侯临河疑即临水，今临县所从名也；郢客侯土军，在今石楼，汉初尝以封宣义者；遇侯千章，或云今兴县；要皆汉西河郡地也。惟顺侯邵，别在河东；嘉侯利昌，无考

《汉书·地理志》：西河郡千章，临水土军。《水经》：河水又南过土军县西；注，吐京郡治即土军县之故城也，胡、汉译言，音为讹变矣。其城圆长而不方。汉高帝十一年以封武侯宣义，为侯国②。《郡国志》：河东郡垣有邵亭。《汉志释略》：临水，今临县西北；千章，今兴县西。

《汾州府志》：临县，唐武德三年置临泉县；金改临泉为临水。案：汉西河郡有临水县，或以为即临县，然《水经注》与唐宋地志绝不涉及，无可证实。石楼县本汉土军县地，北魏置吐京郡；隋开皇初，郡废为吐京县，十八年改曰石楼；唐武德元年析置长寿、临河二县，贞观元年省入石楼③。

谨案：汉武用主父偃计，令诸侯得推恩、分子弟，以地侯之，其国必稍自削弱，故代之分封者有九国；而见于地志者止七县：其邵侯顺或即垣曲界之邵亭，后魏因之置邵州者，不在代疆内；利昌侯嘉其名不别见，疑亦乡亭也。据《表》，其后诸国皆他徙，而侯嘉独席旧封，传至

---

① 作者自注：案汉表，皋狼作皋琅，隰成【城】作湿城，皆讹文。而师古云，湿音宅合反，尤谬。盖《水经》讹灅为漯，又讹漯为湿，漯字当音宅合反，颜误仞作彼文也。至皋狼，地在西河，证以《国策》《史》《汉》，皆合释之者，从无异说，而表文则地属临淮，已无可征，旧志乃云在今武乡县，更不知何所本也。

② 作者自注：汉表，武侯讹式侯，传四世至曾孙生，元朔二年坐罪免。案，代共王子皆以元朔三年封，则宣氏国除后，次年即改封遇也。

③ 作者自注：案：此则石楼亦有临河，未尝不可援为汉侯国之证。戴氏以史文不著，并临水俱从阙，是其精审处。又考汉朔方郡，实有临河县，然去代过远，决非当时推恩分封所至，终以西河郡临水为近，是。

四世，则亦不在代疆内。疑此二国，史失其本封，仅以后徙之地著之《表》也。汉西河郡跨河为治，河西之县多析自上郡，河东之县率割自太原。西河郡为武帝元朔四年新置，诸王子皆封于元朔三年，是立国甫一年而本封已改为西河属县。又十二年为元鼎三年，王义徙王清河，而代国亦复为太原本郡，此尤削弱之显见者。惟《史记·秦本纪》称拔赵三十七城，置太原郡，《高祖纪》称以太原郡三十一县为韩国，文帝封代当仍韩旧，而《汉书·地理志》太原郡止二十一县，然则改属西河者固不仅此七县，而七县之为河以东地灼然无疑也。

其功臣故封，曹参之侯平阳，缯贺之侯祁，陈遬之侯猗氏，今府县仍其名

《水经注》：汾水又南径平阳县故城东，晋大夫赵鳌之故邑也。应劭曰：县在平河之阳，尧舜并都之也。《竹书纪年》：晋烈公元年，韩武子都平阳。汉昭帝封度辽将军范明友为侯国①。《太平记》：晋州临汾县平水，图云平阳，故县西南十五里有平水，即晋水也②。并州祁县，故祁城，汉祁县城也。在县东南五里③。蒲州猗氏县，《汉书·地理志》：猗氏属河东郡，在今县南二十里猗氏故城是也。

周勃之侯绛，则曲沃也；靳疆之侯汾阳，则岚县也；齐受之侯平定，则偏关河西鄂尔多斯地也；皆非今之州县

《汉书·地理志》：河东郡绛，太原郡汾阳，西河郡平定。《水经注》：浍水又西南与绛水合，水出绛山东，西北流注于浍。应劭曰：绛

---

① 作者自注：案：《汉表》作平陵侯，《匈奴传》同，郦氏偶误，或所见本异也。《地理志》右扶风有平陵。

② 作者自注：案：故城今名刘村。

③ 作者自注：县志云七里。

水出绛县西南，盖以故绛为言也。又，汾水南径汾阳县故城东，川土宽平，岠山夷水。《地理志》曰：汾水出汾阳县北山，西南流者也。汉高祖十一年，封靳疆为侯国。

《太平记》：绛州曲沃县，本晋旧都；绛县，汉属河东郡，今县南二里绛邑故城是也。又云浍水经故城南，西流合绛水；周勃为绛侯，即其地①。岚州宜芳县秀容城，即汉汾阳县城，在郡西南三十里②。

《汾州府志》：《东观汉纪【记】》西河郡治平定县③。唐李吉甫《元和郡县图志》：汉武帝元朔四年置西河郡，理富昌县。吉甫盖因《地理志》首列富昌故云。然《后汉书》始云：凡县名先书者郡所治也，孟坚作志，未有斯例。阎百诗《潜邱札记》曾论之，如"梁国先书砀而治睢阳，汝南郡先书平舆而治上蔡"是也。百诗于西河亦从《元和志》，则偶失检耳。

周昌之侯汾阴，在今荣河；其石之侯阳阿，在今阳城；杜恬之侯长修，在今绛州；驹几之侯骐，在今乡宁；以及匈奴降王赐之侯垣，即今垣曲；小月氏【氏】王扞者之侯𩗴讘，为今永和；夏侯婴之兹氏，则兼封者也，在今汾阳，其县名皆见于汉志

《汉书·地理志》：河东郡汾阴、垣、长修、狐讘、骐，太原郡兹氏，上党郡阳阿。《夏侯婴传》：封沂阳侯，击项籍下邑，追至陈，定

---

① 作者自注：案，此即应仲远所云故绛也，本书又以为新田，殊混。

② 作者自注：《岚县志》，今城址方十里，八景中有秀容古堞。案，乐氏以汾阳与秀容为一城，与《水经注》不合，注于"汾水南径汾阳故城东"后云，又南径秀容城东。《魏土地记》曰，秀容，胡人徙居之，立秀容护军治，东去汾水六十里。则汉故城当在秀容城之北，然汾阳至后汉已省，魏别立城方十里，或与汉城址相毘连也。

③ 作者自注：记云西河郡治平定县，离石在郡南五百九里，永和九年以匈奴寇掠，徙郡离石。

楚，益食兹氏①。

《太平记》：蒲州宝鼎县，汉为汾阴县，属河东郡，高帝封周昌为侯国，即此，今县北九里汾阴故城是。绛州正平县长修故城，《郡国县道记》云在州西北三十里，长修故城是也，汉高帝十一年封杜恬为侯国，后汉省。慈州乡宁县，周显德三年以吕香县并入焉。骐邑，《郡国县道记》：汉骐县，后汉省，武帝封属国，驹几为侯，汉志云侯国；又《表》注称在北屈县界，旧地理书并失所在，今郡东一百四十里，则今邑是也。按，县东南约六七十里有马头山，盖山形似马，因以为名，骐则马之骏异者，县因山为名，知即今县是也②。绛州垣曲县，故垣县在今县西北，汉为县城③。隰州永和县，本汉狐讘县，今县西南三十五里故城是汉理所。

《阳城县志》：郦善长云，阳泉水东径阳陵城南，即阳阿之故城也，汉高帝七年封卞欣为侯国④。以大势核之，汉时阳阿当在今沁水东南、阳城西北；若北魏阳阿县，则今凤台、高平、沁水三县间，盖在阳城东北矣。今言郡地者，以凤台大阳镇为即古阳阿故县，此以指北魏者则可耳，非汉侯国也。今阳城县西北地有阳邑者，当是汉阳阿县之遗处，以《水经》及注证之：《水经》沁水南过阳阿县东，今沁水自郭壁入县境至润城，则正在阳邑东，而凡今县之北境，义城、蒿谷至王村，在沁水左右者，疑并阳阿侯国地，故经云沁水南过阳阿县东也；注则谓沁水南过

---

① 作者自注：旧通志，兹氏城，今汾阳县十五里，一名甄子城，后魏西河郡治，巩村亦有遗址。
② 作者自注：《元和志》：马头山在吕香县东南六十里，吕香故县在乡宁县东八十里也。
③ 作者自注：案：故城在今县西北二十里。
④ 作者自注：《汉·地理志》无阳阿县，《史记》《汉书·侯表》亦无卞欣，岂当时旋置旋废，故《班志》不载而善长别有所据以为征耶？案：《史》《汉·表》并作阳河侯，其石【实】阳河乃阳阿之讹；《地理志》上党郡县十四，阳阿在十三；《郡国志》阳阿侯国字不误。此云志无阳阿，殊谬。

阳阿县故城西。又引《魏土地记》建兴郡治阳阿县，建兴乃慕容永所置，讫魏末犹因之者，则正当道元之世，故曰沁水径阳阿县故城西，所指乃北魏之阳阿县地，与在汉者异。斯其在凤台、高平、沁水间者，注与经各为著书，不必相循而无伤抵牾，特注所谓故城者，疑必其文有误。盖郦元身处北魏，其县未废，不得于此顿称故城[①]。至其下阳陵城，即阳阿之故城，则善长指言汉县遗址尚存，是有故城之目为当然，不诬耳。

谨案：阳阿，据《水经注》及《地形志》证之，沁西之城一，即道元所谓阳陵城也。在阳城县沁东之城二：一为慕容始置，所谓郡西四十里有沁水南流者；一为北魏徙置，所谓阳阿水南流径建兴郡者，并在凤台县。而《元和志》则云：辽州辽山县，后汉于此置阳阿县，属上党郡，是有四城矣。幸其建置之代确有可考，不得不推阳陵为最先。盖由沁西徙辇阳，又自辇阳徙置沁东，卒乃为北魏建兴郡耳。钱氏坫【坫】《汉志斠注》谓当在泽州府城之西、阳城县之北，似尚模棱。《阳城志》颇辨，节录之而略正其疏误云。又案：长修，《汉志》无注，《郡国县道记》云：绛西北三十里有长修故城，钱坫以为今稷山县，不知非也。稷山在汾南，而长修故城在汾北，一不合也；稷山为绛州西南，而长修故城在绛西北，二不合也；《水经注》：汾水径长修城南，受修水又径清原城，又径翼亭，由受华谷水，又径一故城，然后径稷山耳，尚隔三城二水，乌得为一，三不合也；且稷山县本闻喜县西北之稷亭，后魏始析出，兼割龙门县地置高凉县，隋乃更名稷山耳，汉时尚无城也，使长修

[①] 作者自注：案：《魏土地记》所云，建兴郡在凤台西北之大阳镇，乃慕容永所置，其北魏之郡又在其南之桃固岭，故郦注于"濩泽水入沁"后又云"沁水又东南，阳阿水左入焉，水北出阳阿川，南流径建兴郡西，又东径午壁东，而南入山，转西南流入于沁水"。于此建兴郡不著，故字足征为魏时所治之城，而《土地记》所言为故城矣。今大阳镇有北齐造像碑，文云"大齐河清二年，岁次癸未五月，阳阿故县村合邑长幼等敬造石像一躯"，可为的证。

414

故城即在此地，北魏不待割别县而创置矣，四不合也。此地今仍在绛州境，即州西北之泉掌村也。周韦孝宽欲于华谷及长秋筑城，长秋即长修，语音有重轻耳，道里准望皆与《县道记》合。

又案：垣侯，《史》《汉》所言一人耳，而垣为桓，则孟坚之误，或坏字也。垣即魏武侯所城之王垣，司马贞明云在河东，罗泌亦以固之。作桓者，为非也。然罗又尝以曲沃桓叔之桓为地名，实为舛误之尤者，勿亦见班氏之以垣为桓，遂疑此县固有桓名，并疑为桓叔之初封乎？又《史记·秦本纪》昭襄王十五年，《正义》曰：前秦取蒲坂，复与魏，魏以为垣，今又取魏垣，复与之，后秦以垣为蒲坂皮氏。据此，则疑垣非垣曲，然蒲坂之名垣，乃故魏地名，汉无之也。《索隐》以此垣为河东县名，则断断以垣曲为是，必非袭用亡魏暂称之地名，可知矣。

又案：瓡讘，徐松《地理志集释》瓡为瓠之讹字，《汉志》作狐者。又瓠之假借也。《路史》谓徐作执非。而《史记·建元以来侯者表》，徐广固音胡，未尝作执也。惟《王子侯表》徐广曰瓡，一作报。且《汉志》北海郡有瓡县，小颜则云，即执字。然则《王子侯表》之"瓡节侯息"，应从颜作执，而属北海郡。若此，则应从徐作瓡而属河东郡，未可混为一地也。

华毋害之侯绛阳，亦在今曲沃；郦疥之侯高梁，在临汾；张次公之侯岸头，在河津；龙桀之侯襄城，在襄垣；冯解散之侯阏与、江喜之侯辕阳，并在辽州，率为古邑聚名；其朝鲜相子张陷之侯几、匈奴降王谭毒尼之侯下摩，并属河东，亦皆不见于志，盖即食封于乡、亭者也

《水经》：浍水出河东绛县东，浍交东高山，西过其县南，又西南过虒祁宫南注。《春秋》：成公六年，晋景公谋去故绛，欲居郇瑕；韩献子曰，土薄水浅，不如新田，有汾、浍以流其恶；遂居新田，又谓之绛，即绛阳也，盖在绛浍之阳。汉高帝六年，封越骑将军华毋害为侯国。县南对绛山，面背二水，虒祁宫在新田绛县故城西四十里，晋平公之所构也。《水经》：汾水西南过高梁邑，南注潏水，即巢山之水也；西北流，与劳水合，乱流西北，径高梁城北，西流入于汾水；汾水又南径高梁故城西，故高梁之墟也。《春秋》：僖公二十四年春，穆公纳公子重耳于晋，害怀公于此。《竹书纪年》：晋出公十三年，智伯瑶城高梁。汉高帝十二年以为侯国，封恭侯郦疥于斯邑也。又，《水经注》：清漳水又南得梁榆水口，水出梁榆城西大嶥山，东北径梁榆城南，即阏与故城也。秦伐赵阏与，惠文王使赵奢救之，纳许历之说，破秦于阏与，谓此也。司马彪、袁山松、《郡国志》并言涅县有阏与聚；庐谌《征艰赋》曰：访梁榆之虚郭，吊阏与之旧都；阚骃亦云，阏与，今梁榆城是也，汉高帝八年封冯解散为侯国。清漳水又东南与辘水相得，辘水出辘阳县西北辘山，南流径辘阳县故城西南。

谨案：绛阳，《汉表》作终陵，误。《路史》引《表》又作终陕，尤误。故绛、新绛其说纷然，而郦氏独举绛阳为新田，绛县其地在曲沃、绛州间①，而去曲沃之侯马驿为近。高梁城，《括地志》在临汾东北三十七里，《太平记》引《河北图》同，即善长所云涝水所经者。其汾水所经之高梁故城，则今县北十里之高河镇也。善长证为疥封邑，当与范阳郦亭同深数典，非漫无决择者也。岸头，晋灼曰，河东皮氏亭即魏哀王元年犀首败走于岸门之地，故《表》亦注曰，皮氏，今河津之岸底王村也，说详前卷。《地理志》襄城属颍川郡，高后初以封惠帝子宏为侯国，三年进常山王，其后韩王信孙韩婴以匈奴相降，亦封襄城侯，邑二千石，《表》皆不注所在。独龙桀之封注云襄垣，盖宏、婴封国本为大县，故无容注，若桀则食封止四百户，为乡亭之侯，注襄垣正以别于颍川之

---

① 作者自注：《寰宇记》虒祁宫在绛州南六里，则州距新田约三十里。

县耳。《元和志》：襄垣以赵襄子所筑故名，其故城据《水经注》有二：一为漳水所经，在今县东北；一为铜鞮水所经，在今县西。此襄城未审何属。阏与亦有二城，一在沁州，《元和志》所谓乌苏城也；一为今和顺县，即郦注所云梁榆城也。而冯解散封国，《史》《汉》均作阏氏，注以为阏与，或所见本有异。戴东原云，近刻封冯解散为侯国作为阏氏侯国，当是后人据《史记》所增是也。《史记·秦本纪》：始皇十一年，王翦攻阏与橑阳。橑阳，徐广曰，在并州；张守节曰，《汉表》在清河；《十三州志》云：橑阳，上党西北百八十里；《元和志》谓后魏明帝改橑阳为辽阳，正道元时事，而注仍书作橑。其文与阏与相属而不以江喜侯国为证，或泥于《表》文，然清河绝无可征也，辨详辽州考沿革下。《下摩表》注在猗氏，今无可指实。几，《汉表》注云在河东，不言何县。考《战国·赵策》，秦败阏与，反攻魏几，廉颇救几，大败秦师。《史记·赵世家》：惠文王二十三年，楼昌将攻魏几，不能取；十二月，廉颇将攻几，取之。《正义》曰：音祈。《传》云：伐齐几，拔之。几邑，或属齐，或属魏，当在相、潞之间也，今河东无考。司空图《山居记》：虞乡县有机磴；而永济县南八十里，今又有基城；然皆不邻齐、赵，恐非也。张氏云，相、潞之间者，亦无考。

其外戚，则驷钩之侯邬，在介休；赵兼、田胜先后侯周阳，在闻喜；丁满之侯平周，亦汾州地也

《汉书》：太原郡邬、介休，西河郡平周。《水经注》：侯甲水西合于婴侯之水，径邬县故城南，晋大夫司马弥牟之邑也，谓之邬水。涑水又西南过周阳邑南注，其城南临涑水，北倚山原。《竹书纪年》：晋献公二十五年正月，翟人伐晋，周有白兔舞于市，即是邑也。汉景帝以封田胜为侯。《十三州志》：平周县在介休县西五十里，汉置，隶西河郡。《括地志》：周阳故城，在绛州闻喜县东二十九里也。《方舆纪要》：邬城在介休县东北二十七里。

《闻喜县新志》案：周阳，同名者有二，而实非；异名者有三，而实是，不可不详晰辨之也。所谓同名者，《外戚》《世家》《索隐》曰：周阳县名属上郡，今检《地理志》无之，则《索隐》之言不足据也。然上郡虽无此县，却有阳周一县，小司马误引之耳，此名同实异者，一也。《汉书·王子侯表》：淮南厉王子赐为庐江王，初封阳周侯，赵一清引作周阳，谓当在九江、庐江境内；盖司马以周阳为阳周，赵又以阳周为周阳，然赵既云九江、庐江，则名同实异者二也。所谓异名者，《唐书·宰相世系表》：裴氏之先，晋平公封颛顼之孙针于周川之裴中，盖周川即甞城，所在亦即周阳也，此名异实同者一也。《竹书纪年》：晋献公二十五年，狄人伐晋，周有白兔舞于市，此周亦即周阳。《水经注》：以为南临涑水北倚山原，此名异实同者二也。《史记·魏世家》：秦取我曲沃、平周，张守节注：曲沃在桐乡，平周在介休；试思秦人取邑，必连取之，平周既与曲沃连称，断不能在桐乡以北五百里外之介休也。盖平周即周阳也，此名异实同者三也。全祖望驳《索隐》之作阳周，以为《酷吏传》之周阳，由以父赵兼封周阳侯，受姓则明明不作阳周，可谓直捷了当。而《外戚·上官后传》昭帝初欲立周阳氏女为后，想亦兼由之息女，而非田氏之所出也。

后汉王国，世祖以太原封兄子章，都晋阳；又以代封卢芳，都高柳，寻并除国为郡

《后汉书·光武纪》：二年四月甲午，立兄子章为太原王，十一年徙为齐王。《卢芳传》：芳，字君期，安定三水人，诈自称武帝曾孙刘文伯，豪杰共立芳为西平王，匈奴迎芳，欲令还汉地。建武五年入塞，都九原县，掠有五原、朔方、云中、定襄、雁门五郡；十二年，其云中太守桥扈举众降光武，芳攻云中，久不下，其将随昱留守九原，欲胁芳降，芳亡入匈奴；十六年，芳复入居高柳请降，乃立芳为代王；明年冬朝，正月自道还，与其相闵堪等相攻连月，匈奴遣骑迎芳出塞，后十余年卒。

谨案：芳初为匈奴所立，都九原，后受光武封，都高柳。高柳，代郡属县，《地理志》：西部都尉治。《郡国志》：以县名先书为郡所治，代郡领县十八，首高柳，是其地在后汉时始为郡治。惟《水经注》引梅福上封事云，代谷者，恒山在其南、北塞，惟其北谷中之地，上谷在东，代郡在西。代谷即汉代县，今之蔚州，秦以来尝为代王所都，宜必郡治所在；而云代郡在西，似前汉之郡治已不在代县而在高柳，其地为今阳高，在蔚州西北百八十里也①。故郦氏亦直曰高柳，故代郡治，秦始皇虏赵王迁以国为郡，盖赵公子嘉自立为代王者，亦在是矣。章怀注，高柳故城，在云州定襄县。唐定襄县在今大同府西北二十八里，为北魏平城之西郭，其县甚大，凡今之大同、怀仁、高天镇及朔平之左云、右玉，皆当时县境也。

其侯国宗室，则濩泽以封更始孙巡，在今阳城；端氏以封武成侯子遵，本旧国也。

《太平记》：泽州阳城县，本汉濩泽县地，属河东郡，因濩泽为名，今县西三十里故城即汉理所。端氏县，本汉旧县也，故城在今县西北三十里即汉理②。钱坫《汉书斠注》：在今泽州府沁水县东四十五里。

功臣，则鲍永之侯中阳，更始所封，在今宁乡县

《后汉书·鲍永传》注：中阳县属西河郡，今汾州孝义县也。

---

① 作者自注：《地理志》：首桑干，宜为郡治，而在代城北九十里，亦不甚合，故知梅福所指者，必西部都尉治之高柳。

② 作者自注：案：其地今名西城，以在端氏镇西北也。

《汾州府志》:《水经·河水篇》南过西河圁阳县东,又南过中阳县西,又南过土军县西。郦道元云:中阳故城在东,东翼汾水隔越重山,不滨于河也。道元所谓中阳故城,当为魏之中阳县;《水经》之中阳,乃汉县之旧。许叔重《说文解字》云:滵水出西河中阳县之西,南入河。然则汉中阳县滨河,明矣。《史记·赵世家》:武灵王十年,秦取我西都及中阳;《秦本纪》及《六国表》作取赵中都、西阳,传写讹误也。二地同时被兵,宜相去不远,皆在离石之南、土军之北,于今宁乡县境近之,但无可证实耳。《水经注》:文水径兹氏县故城,东为文湖,又东南径中阳县故城东,胜水东径六壁城南,又东径中阳故城南,又东合文水。《元和志》:于孝义县下云,魏移西河郡中阳于今理,永嘉后省入隰城。吉甫详中阳为三国魏移置,是汉中阳与魏实两地,其所本之书,道元殆偶失检欤?张守节以平遥县西之中都即西都,尤谬。《汉书·地理志》:中都属太原郡,中阳、西都属西河郡,不得混而一之。

景尚之侯余吾,今屯留之旧县也;郭凉之侯广武,仍代州之故城也;万普侯泫氏,在今高平;冯鲂侯阳邑,在今太谷;马成侯平舒,在今广灵;随宪侯武进,在今和林格尔;或以为赵虑、闵堪侯高柳,又与卢芳为同封也。平阳者,曹参旧国,裔孙宏及湛皆尝续封;而汉末又以封张济,与张杨之侯晋阳、吕布之侯平陶,皆不就国者也

《水经注》:漳水又东,涑水注之,涑水西出发鸠山,东径余吾县故城南。汉光武建武六年,封景丹子尚为侯国。涑水又东,径屯留县故城北①,绝水又东南流,径泫氏县故城北。《竹书纪年》曰:晋烈公元年,赵献子城泫氏,绝水又东南与泫水会,水导源县西北泫谷,东流径一故

---

① 作者自注:案:今屯留县西北十八里有余吾镇,《上党记》云:故城在屯留县西北三十里,乃据屯留县故城而言,与此注合。

城南，俗谓之都乡城，又东南径泫氏故城南。世祖建武六年，封万普为侯国①。祁夷水出平舒县东，径平舒县之故城南泽中，后汉世祖建武七年，封扬武将军马成为侯国。《魏土地记》曰：代城西九十里有平舒城②。白渠水出塞外，西径定襄武进县故城北，西部都尉治，王莽更曰伐蛮，世祖建武中封赵虑为侯国也③。雁门水东南流，径高柳故城北，故代郡治也。秦始皇虏赵王迁，以国为郡，王莽之所谓厌狄也。建武十九年，封代相堪为侯国④。

其外戚恩泽，则邓鲤亦侯濩泽；冯顺袭毋【母】公主爵，亦侯平阳；而窦武特以定策功进闻喜侯，即今县也

《一统志》：汉元鼎六年，分左邑县地置闻喜县，东汉罢左邑，移闻喜县治焉。

凡两汉侯国地名，错出不能决，其必在山西境者，谱并从略，今附见其前汉侯者，曰平陆、曰襄陵、曰张、曰乐平、曰甘泉、曰黎、曰卤、曰鄡城、曰长平、曰平周；后汉者，曰临晋、曰武乡、曰高平亭

《史记·惠景侯者表》：平陆侯礼，楚元王子，侯，三千二百六十七

---

① 作者自注：案：故城在今高平县南十里，注所云绝水为今丹河，实即泫水也。注因《汉志》讹文而误说，详沿革下。

② 作者自注：案：在广灵县西十里，俗名平水镇，即平舒之转音也。

③ 作者自注：案：在今和林格尔厅之东，《太平记》作武晋，云在云州云中县东一百四十里，唐初云州定襄县本治今厅之北，后乃徙今大同府，而改定襄曰云中。《记》所言之地，在未徙时当云云州定襄县，然在定襄东百四十里，则今宁远厅境也。《后汉书·卢芳传》：芳将随昱弟宪封武进侯，此赵虑别无所见，其封在建武时，不应一县两侯，或即随宪之讹文。

④ 作者自注：雁门水即阳高县北南洋河，堪上当有柳字。

户。《索隐》曰：县名，属西河①。《建元以来侯者表》：襄陵侯圣，广川缪王子，元鼎元年十月封。《索隐》曰：《表》在巨鹿，《志》属河东②。

《功臣表》：张侯毛泽以中涓骑从起丰，以郎将入汉，从击诸侯，侯，七百户③。又，芒侯昭跖，九年侯，昭嗣，有罪，国除；孝景三年，昭以故侯将兵击吴楚，复封张④。乐平侯卫母择，以队卒从高祖起沛，属皇欣，以郎击陈馀，用卫尉侯，六百户⑤。甘泉侯王竟，以车司马汉

---

① 作者自注：案：西河跨河为郡，不仅今之山西也。而滨河之地皆山西所辖，平陆县次居临水、土军之下；或距河不远，当依平定侯例列入；或疑此县当在河东，陆乃陵之讹字。《左》昭（公）十二年：分祁氏之田为七县，司马鄥为平陵大夫。杜独无注：以《吕氏春秋》大陵讹大陆证之，或亦互讹也。但《汉志》右扶风有平陵县，《表》文即为讹，则其侯封亦当在三辅。

② 作者自注：案：武帝令诸侯得推恩封子弟为侯，此襄陵必在广川国内，《汉书》作襄堤，必有一讹，姑无深求也。

③ 作者自注：《汉表》作张节侯毛释之。

④ 作者自注：案：张，《汉表》不注所在；《史记》表毛泽下，《索隐》曰：县名，属广平。或云毛泽所封之张若在广平，则跖昭之张不能亦在广平；况《集解》裴骃引苏林曰张属河东，可见毛之封亦不在广平也。考《史记》，曹参攻魏豹将孙遬，军东张，则东张固在河东矣。《魏·地形志》：北解县有张杨城。《括地志》：张杨故城，在虞乡县西北四十里。《水经》：涑水又南过解县，又西南注于张杨池。郦注引《竹书纪年》：齐师逐郑太子齿奔张城是也。且晋大夫固有张氏，即以地为氏者，此谓之东张，则必有西张可知。今夏县西有地名张里，或即王符《潜夫论》所言之西张矣。是河东已有两张，毛、跖二侯无难并封。然终不敢为定论，存疑焉耳。

⑤ 作者自注：案：乐平，注不言所在，今平定之乐平本为上党之沾县，后汉献帝始置乐平郡，或当时沾县中有此乡名，因以名郡，盖汉之侯封用乡名者甚多也。班作乐成而罗泌固从班者，亦作乐平可知，《汉表》本是乐平也。又《外戚表》之乐成侯，《史记》亦本作乐平，然《郡国志》于东郡乐平注侯国，则东汉中叶时，侯封亦在彼，故不能从旧志以属平定也。

王元年初从起高陵,属刘贾,以都尉从军,侯①。

《汉书·功臣表》:黎侯召奴,召平子,以父齐相封户千八百户②。卤侯张平,高祖十二年六月以击黥布、卢绾功,由南阳侯进封邑二千七百户③。郦城侯周缮以舍人从起沛,至霸上,入定三秦,食邑池阳;击项籍荥阳,绝甬道,从度平阴,遇韩信,军襄国;楚汉分鸿沟,以缮为信,战不利不敢离上,侯二千二百户④。《外戚表》:长平侯卫青以将军击匈奴取朔方,封邑三千八百户,后破右贤王,益封至万六千三百户⑤。

---

① 作者自注:《汉书·功臣表》:有景严侯王竟。《闻喜县志》案:《汉表》之王竟,其功状即《史表》之王竟,无一字异者,而《汉表》作景侯,或颇疑其歧异。至其二国名,注皆不言所在,窃以即闻喜之甘泉景山,一侯而二名兼称也。盖闻喜有干河,见《山海经》曰:水冬干而夏清,实维干河。即《史记》之伐韩到干河是也;亦曰甘谷,隋移县治于甘谷是也;亦曰甘泉,元置甘泉镇是也。闻喜又有景山,亦见《山海经》曰:景山南望,盐贩之泽;《诗》之陟彼景山,景员维河,皆此一地;及唐置景山折冲府是也。亦可单称景,《国语》宰孔曰:景、霍以为城是也。然则王竟封于闻境,子长以水称,孟坚以山称,实一地耳。盖赵兼、田胜之封在景、武以后,此则开国功臣本非同时,勿以一县不能两侯疑之也。案:汉初以隶作篆,增减随意,薛氏款识甘泉行灯,甘泉作景;元城县祀三公山碑中,景字作㬌。窃意《史》《汉》之异,当由篆文所致,《史表》:分景为甘泉,《汉表》:合甘泉为景耳,不能决其孰是,特《汉志》无景县,而乡亭容有甘泉之称,姑从《史记》。

② 作者自注:《地理志》东郡有黎县,上党郡壶关有黎亭,其为县侯、亭侯无可考。

③ 作者自注:旧志代郡有卤城,《史记》作菌。案:代郡卤城在今繁峙县东,县志云安定郡本有卤县,不得以卤城当之。

④ 作者自注:案:《史记》作蒯成,《索隐》云,《地道记》属北地;今考《穆天子传》,天子西征,至于郦人,河宗之子孙,郦伯絮且逆天子于智。智地据《博物志》在解县,则今虞乡也。夫至郦而迎于智,郦地必与智毘连。《传》称郦人者,乃国名,《路史》固云地有某人某氏者,皆故国也。《表》称郦成者,乃城字,犹《左传》苦成叔《国语》作苦城叔子也。或疑周缮封池阳,不知池阳者,初所食郦城者,后所封,《表》并言始末。

⑤ 作者自注:案:《地理志》长平属汝南郡,若上党之长平,则《郡国志》所云法氏有长平亭者,北魏以前未尝以名郡县,青初封即三千八百户,决非一亭所能赋者。虽《水经注》曾引以证此长平,究为不合。

平周侯丁满以哀帝舅子侯，千七百三十九户①。

旧通志：临晋侯杨赐字伯献，太尉震孙，秉子，中平元年以言黄巾事封；二年薨，子彪袭。建安十一年，国除②。

武乡侯严干，建安中以讨郭援功封③。高平亭侯曹干，魏王操子，建安二十年封，二十二年徙赖亭侯④。又，乐平侯梁棠，梁贵人父竦之子，和帝时封，子安袭⑤。

右前后汉

曹魏以河东为王国，文帝封其子霖及末造司马昭累封八郡，得山西全地，由晋公进爵王，禅代时遂为国号

《晋书·文帝纪》：甘露四年五月，天子以并州之太原、上党、西河、乐平、新兴、雁门，司州之河东、平阳地方七百里，封帝为晋公，

---

① 作者自注：《地理志》：西河郡平周；《十三州志》：在介休西五十里。按今介休西二十里即为孝义县地，如阚骃言则当在今孝义县南，然决非西汉故县者。此本为兹氏南境，属太原郡，其西河郡治平定，在今河套。东汉永和五年始南徙五百九里，治离石，所统三十六县并省过半。当时必有与郡同徙者，如隰成、中阳，皆先滨河，后乃移置太原郡境也。薛尚功《钟鼎款识》有汉平周钲所记县名，有平周、平定、圜阴三县，其文云：平周授圜阴。圜阴在今陕西葭州，去孝义三百余里。如当时平周已治此，岂能于三百里外作器相授乎？近人著《汉志释略》，注为临县西地，当是。盖平周、圜阴均处河滨，彼此相望，通工易事，习以为常。观后来宋置宁晋军，犹治河西之葭芦砦，正与汉西河跨河为郡之治相仿，是其地明明在临县而不据以列入者。《汉表》注平周在湖阳，为今河南之唐县，未尝不可以二字名地，故不敢决为必在山西也。又《功臣表》有平州侯王陕，以武州作武周例之，州、周二字，古恒通用，平州亦即平周也，而注引《地道记》县属巴郡，愈当从略。

② 作者自注：案：临晋实是朝邑，灼然无疑。由汉以来，诸杨多封临晋，则以杨氏关西著望，皆宏农华阴人，与临晋不远，故因而封之。旧志尝历引小颜、章怀诸说，断为非今县，而以伯献及晋之杨骏仍一例，列其爵封，殊混。

③ 作者自注：案：上党武乡，晋初始置，《汉功臣表》注，属琅邪。

④ 作者自注：案：《汉志》临淮、安定二郡并有高平，此未知何属，亦或别为亭名也。若泽之高平，乃后魏末【末】所置。

⑤ 作者自注：说详前。

加九锡，进位相国，晋国置官司焉。

其五等之封，公国宗室抗封屯留，琬封长子，琮封平阳，并为今县地

《潞安府志》：屯留故城，在今县南十里；长子故城，在今县西南八里。

侯国若毋邱俭之安邑，在今夏县；郭淮之阳曲，在今定襄；皆非今县也

《太平记》：陕州夏县，古安邑城，在县西北一十五里；忻州定襄县，本汉阳曲县，属太原郡。

旧通志：阳曲，秦为狼孟，在今县北六十里；汉置阳曲，在今县东北八十里，乃忻州定襄县界也；汉末徙太原县北四十五里。魏武筑城于太原之北、狼孟之南，隋改阳直，又徙治汉汾阳故城，在今县治西七十里[①]。复分盂县，寻废。唐初析阳直置汾阳，又省阳直，更汾阳曰阳曲，在城东六十五里；后又徙治阳直废县，今县东北六十里有罗阴城，名罗阴村，即隋之洛阴府，唐初别置之罗阴县也。武德时置蔚州，贞观时置燕然县，皆侨治并州阳曲。宋徙阳曲于今西郭十五里，即三交城西北六七里，有古城遗迹，意即魏阳曲护军治。《水经注》：所谓洛阴水径阳曲城北，汾水径阳曲城西南注者也。历元明而阳曲附郭，遂永为会城。然宋金以前，阳曲在北，皆由远迁近，未可以今县治为古阳曲也。

谨案：阳曲之名，最早最久而地屡移，亦最杂，旧志固十得七八矣。淮生于汉，则今定襄县人也；封于魏，则在今阳曲县地界矣。盖魏武筑城太原北、狼孟南者，今阳曲北六十里之黄土寨，有狼马沟，狼马

---

① 作者自注：案：汉汾阳在今岚县南三十五里，此因唐分置汾阳而有汾阳故城之名耳。《寰宇记》但云汾阳故县。

本即狼孟语音之讹尔。汾阳故城在今县西七十里，隋文帝自以姓杨，恶阳曲之名，改为阳直而徙治之；唐又于故阳曲城置汾阳县。寻隋唐二代，阳曲、汾阳互易、屡迁，则以二县相近故然。观淮之始封阳曲，而后人改封汾阳，乃知二县之相乱，固不始于隋唐，而魏晋以来已然矣。

又案：俭既初袭高阳，及进封又在安邑，何以不用本县地耶？盖秦代左邑之设，即以安邑在右名之，若曰此固左安邑耳。可知古时安邑、闻喜两县，一彼一此，时相出入。故唐武德之复置桐乡也，所用者，闻喜之古名；而所割者，安邑之边地。然则俭之封，仍不失功大封本县之例焉耳。

其张辽之侯晋阳，孙资之侯中都，王昶之侯京陵，皆太原故县；徐晃之侯杨，平阳县也

《后汉书·郡国志》：太原郡晋阳、中都、京陵。《元和志》：晋州洪洞县，汉为杨县，属河东郡，后汉同魏置平阳郡，杨县属焉。西河郡平遥县，京陵故城，在县东七里，汉京陵县①。

谨案：晃定封杨侯，以其为杨人故耳。然其故里，则今人皆云在赵城县界。洪洞、赵城均唐初所置，赵城析自霍邑，洪洞以后魏镇城得名。《寰宇记》云：在今县北六里，而据所引姚最《行记》百雉相临控据险要者，实乃今赵城南二十里之上纪，略距杨县故城约三十里②。然则唐之置赵城，固有割自杨县北者，不仅析霍邑所置也。不然，则宋升赵城为庆祚军时，曾扩大其疆域，因南取洪洞地益之也。今县与古镇且划为两境，而晃之故里，不与本传相应，固其宜也。

---

① 作者自注：文水县下云，平陶城，汉平陶县也。在县西南二十五里，属太原郡；后魏改为平遥县。后西胡内侵，迁居京陵，在今汾州界。

② 作者自注：故城在洪洞东南十五里，今之范村，亦名危城。

乡亭侯若钟繇、孟达、杜袭、司马干、司马骏并侯平阳，不必为郡人；而清阳亭以封裴潜，高阳亭以封毌邱舆【兴】，武观亭以封王昶，则皆食封于其县者也

《后汉书·郡国志》：河东郡，平阳侯国。《晋书·地理志》：平阳郡，平阳侯国。

《闻喜县志》案：《水经注》，汾水西南径长修县故城南，又西径清原城北，故清阳亭也。城北有清原，晋侯搜清原作三军处也。考此乃《僖公三十一年传》：晋搜于清原作五军以御狄，而善长误引作三军，故全祖望讥其左学之疏。又《宣公十二年传》：赤狄伐晋及清，亦此地也。魏代封爵功大者，乃得封其本县。闻喜裴氏世为著姓，鱼豢《魏略》固言之矣。故以本县之地封之，亦犹徐晃杨人封杨侯，孙资中都人封中都侯尔。至清阳城即在闻喜之北原，故亦曰清原。其城去县城北三十里，马融《广成颂》曰采清原，固从来著名之地也。又案，高阳县今在直隶，然魏世名臣功大者，皆以本县封之。兴既为闻喜人，则所封之高阳当是闻喜乡名。观后来裴憬亦闻喜人，亦封高阳亭侯，益可知其为本县地名无疑。盖闻喜之北原，古有清阳亭，见《水经注》；又名高侯原，见《晋书·载记》。然则高阳殆尔时乡名之仅存者，亟宜表出也。

谨案：曹魏地制大都因东汉之旧，而西晋又因魏旧者也。故考三国疆域，必以二志为据。《郡国志》，平阳、南平阳并为侯国，而魏郡邺复有平阳城；刘昭注《史记》靳歙别下平阳者也。东郡燕亦有平阳亭，刘昭注《左传》卫侯饮孔悝酒于平阳者也。若并泰山郡之东平阳，见于《前汉志》者，计之以之得名者凡五。旧志于乡侯列有钟繇、杜袭、司马干，于亭侯列有孟达、司马骏，其平阳亭明在东郡，其乡则当为邺下之城。然证以诸人之姓望里居，或不尽合，而河东之郡县最古，列入犹可也。至乐平、武乡皆始置于晋，大利始置于隋，武进、西都久废于

汉，而并书其乡亭侯，则太疎矣①。

右三国魏

晋因魏制，王国以郡，有太原、西河、乐平、代诸国。宗室如辅及瓖都晋阳、斌都兹氏、延祚与代王演宴，皆未就国者也；而演嗣子廓徙中都为县王。其后托【拓】跋猗卢封代公，尽有陉北地，为异姓王

《晋书·地理志》：太原国，秦置，统县十三；晋阳侯国相、西河国，汉置，统县四：离石、隰城、中阳、介休；乐平郡，泰始中置，统县五：沾、上艾、寿阳、轑阳、乐平；代郡，秦置，统县四：代、广昌、平舒、当城。《魏书·地形志》：乐平郡，后汉献帝置。

《汾州府志·水地图》注曰：《水经》原公水出兹氏县西羊头山；郦道元注云，县，故秦置也。魏黄初二年，西河恭王司马子盛庙碑文云，西河旧处山林，汉末扰攘，百姓失所；魏兴更开疆宇，分割太原四县以为邦邑，其郡带山侧塞矣。王以咸宁四年，改命爵土，其年十二月丧国，臣大农阎崇、离石令宗群等二百三十四人刊石立碑以述勋德，碑北庙基尚存也。今案《晋书》：西河缪王斌，字子政，魏中郎，武帝受禅封陈王，三年改封西河；咸宁四年薨，子隐立，谥字与《水经注》微异。《武帝纪》：泰始元年十二月丁卯，封皇叔父斌为陈王；咸宁三年八月癸亥，徙陈王斌为西河王；四年十二月乙未，西河王斌薨，而碑文称咸宁四年改命爵土，岂其就徙封之国在四年，不复推本言之欤？《水经注》以碑系之魏黄初二年，莫识其故。《元和志》云：魏黄初二年，乃

---

① 作者自注：志有乐平乡侯王朗、乐平侯董昭、明武乡亭侯傅嘏、大利亭侯孙礼、武进亭侯鲁芝。考《水经注》，濡水经大利亭，合于易水，地在容城、云中诸县，汉末【末】属新兴，陉岭以北并为弃地。西河郡之西都不见于《郡国志》，皆废省已久；而凉州别有西都，为西平郡治。明元郭皇后西平人，故追封其父满为西都侯也。又，陈留圉有高阳亭，亦见《郡国志》，然乡亭之名同者众，不能一一核实也。《闻喜（县）志》甚辨，并录之。

于汉兹氏置西河郡。然则黄初二年，实魏置西河郡之始，庙碑必有记置郡所起者。或碑文残阙【缺】，上存黄初二字，道元未深察遂以碑系于是年，非也①。自黄初二年下至晋咸宁四年，凡五十八年，又二百七年为北魏太和八年，西河郡始治兹氏城。吉甫因《水经注》西河王庙碑在兹氏，又系之魏黄初，遂以为是时即置郡兹氏，亦非也。司马斌葬兹氏，故有庙碑在此，其国仍都离石。《晋书·地理志》：西河领县四，首离石。盖魏晋相承，皆因汉永和三年以来郡治之旧。碑文言其郡带山侧塞，宜为离石而非兹氏甚明；况碑末称离石令宗群等，以该三县，魏晋之西河郡未尝移治兹氏，非单文孤证矣。

全祖望曰，西河，本汉郡，建安之乱空荒其土，黄初复立耳割太原之地以隶之。考《晋志》，太原郡统县十三，皆汉之旧；所少者，介休、兹氏、虑虒三县。碑云分割四县，盖破三为四也。《晋志》：西河郡统县四：离石、隰城、中阳、介休，其三县又皆是汉西河郡故县名。盖以此三县之名，加之兹氏、虑虒之地耳。

谨案：西河郡之隰城、中阳二县，本皆滨河，曹魏徙置于太原兹氏，而割介休同属西河；又改兹氏为隰城，是西河郡所领四县，原属之县虽有三而实只离石一县，其割太原之县虽只二而并分置之地，计之则三县，其郡治所在，虽无确据，而以《水经注》文义证之，终以《元和志》而言，治兹氏城为近是。考离石即今永宁州治，距此三县均在百五十里外，孤处万山，中隔五部。戴氏初据《水经注》脱讹之本，必辨为郡治，已与碑文所云旧处山林、更开疆宇者不合。县名先书或沿旧制，地志中此类颇多，不能执一而论也。至分割四县，浑举见制，而全氏创破三为四之说，乃并太原旧属之虑虒数入，不知其地为今五台，在太原

---

① 作者自注：案：四库本作魏黄初二年分太原复置西河郡，晋徙封陈王斌于西河故县，有西河缪王司马子政庙。戴棱云，近刻脱分太原至故县，有凡二十字，又缪讹作恭，政讹作盛。

极北境，距汾州四百七十里，越国鄙远，尤昧于地理矣。

公国，则王浑之京陵，温羡之大陵，薛兴之安邑，皆汉魏旧县；祖纳之晋昌，则当时分定襄所置也。

侯国，则李熹之祁，伏滔之闻喜，张华、刘琨之广武，李矩之平阳，亦汉魏旧县；刘舆之定襄，则汉末省定襄郡，合为一县以属新兴郡者也，即今县也。

谨案：今之定襄，乃汉阳曲县地，汉末建安时始移阳曲于太原界，而于故地置定襄县，隶新兴郡。晋又分此县置晋昌县，亦属新兴郡。惠帝并改新兴郡名晋昌郡，领县五，曰九原，曰云中，曰广牧，而晋昌、定襄二县仍并列焉。是则旧志称晋改定襄县为晋昌县者，非其情实矣。观刘庆孙、祖士言之并封二县，则知二县之皆存，初非一县之递改也。

乡亭侯，贾模之平阳乡，司马隆安之平阳亭，亦因魏旧；王彝之杨乡，宜在洪洞；傅畅之武乡亭，今县所治之南亭川也

《太平记》：辽州榆社县，本汉涅氏县地；晋于今县西北三十五里置武乡县，又威胜军武乡县；石氏分上党涅、沾二县置武乡郡，县属焉。后魏太和十五年，自古涅城移郡于武乡郡之南亭川。

谨案：晋置武乡县，在今榆社，其南亭当即傅畅所封之武乡亭也，以在当时郡县之南，故谓之南亭。记移郡，疑移县之讹，其古涅城亦似有误，说详《府州厅县考》。

若东晋所封王峤之九原公，丁潭之永安公，与拓跋氏表封之定襄、广武、云中、楼烦诸侯，皆虚封也。自晋以后，见于谱者，名号大抵相同，不复考及

《魏书·卫操传》：刘渊、石勒之乱，劝桓帝匡助晋氏，东瀛公司马

腾闻而善之，表封定襄侯；又，操所与宗亲入国者有范班，折冲将军、广武亭侯，桓帝所表授者也。又，卫雄、姬澹与操俱入国，桓帝之赴难也，《表》列其勋效，雄迁至左将军，云中侯；澹至信义将军，楼烦侯。

　　谨案：《晋书·地理志》：于襄陵、临汾、汾阴并注云公国；晋阳，注云侯国。而列传公侯之封可见者，无此四县。犹《汉表》侯者三十余人，而《志》仅骐为侯国，皆由作史者失于检照也。

十六国之在山西境者，汉刘渊初都离石之左国城，在今永宁州；继迁蒲子，在今隰州；卒乃定都于平阳，仍临汾河西之故城也

　　《太平记》：石州，两汉为西河郡地，有南单于庭，即左国城。《前赵记》曰：今离石左国城，单于所徙庭是也。晋惠帝以刘元海为离石都尉，故元海起事于此①。隰州隰川县，本汉蒲子县，至晋不改。《十六国春秋》曰：刘元海僭号称汉，初理于蒲子，后徙平阳，故城在县东北一里②。晋州临汾县刘元海城，晋永嘉之乱，元海僭称汉，于此置都，筑平阳城。

　　旧通志：金城，临汾县西南二十里，晋永嘉末刘渊筑，此为陶唐金城，都之。今名金唐村，北魏志有龙子城，当即此。

后赵石勒，初封上党，以为本国

　　《晋书·载记》：刘聪署勒使持节、散骑常侍、都督冀幽并营四州杂夷征讨诸军事、冀州牧，进封本国上党郡公，邑五，万户，开府幽州，东夷校尉如故。太兴二年，勒即赵王位，令记室佐明楷、程玑撰《上党国记》。

---

　　① 作者自注：案：即今永宁州新东关之北隅也，一云在州东北二十里。
　　② 作者自注：《晋书·载记》：永嘉元年，元海进据河东，遂入都蒲子，平阳属县垒壁皆降。

谨案：勒本上党武乡人，故称上党为本国而分上党置武乡郡，封内皆置内史。又徙并州治上党，其后又罢州以部司监之；然自称赵王、僭尊号皆在襄国，未尝反居故乡。《寰宇记》：辽州榆社县，晋于县西北三十五里置武乡县，属上党郡。前赵石勒即此邑人，于县置武乡郡。又云县城即故武乡也，石勒时筑。《前赵录》曰：勒僭号，还令曰：武乡，吾之丰、沛，其复之三叶。案此，则武乡郡县皆在榆社，非今之武乡也。

秦苻丕嗣位于晋阳，因留都焉

《晋书·载记》：苻坚长庶子也，僭号二年亡[①]。

西燕慕容永都长子，在今县，或云在长治县南

《太平记》：潞州长子县，慕容永僭号于此，称西燕，为慕容垂所灭。

《长治县志》：后魏长子城，今名故城村，在县南十六里。《水经注》，陶水南出陶乡，北流经长子城东，西转径其城北；准其地望即今故城村。《水经注》记长子城三，惟此不称为故，以北魏之县实治其地，道元举时制而言也。

谨案：《寰宇记》：五龙山在上党县东南二十里，慕容永时有五龙见于此山。《潞安府志》：慕容永墓在城内西南营，又城西南五里有村名长子门，见于县志。窃疑西燕所都之长子，当即长治之故城，五龙山在都城南，而长子门即当时之北门也。《魏书·慕容传》称，永奔北门，为垂所获，数而戮之。则西南营之墓，去其死所亦不远。而永以太元十九年灭，至二十一年垂亦死，并州地悉入于魏。故仍故城为县，无所改徙，皆情事之可推而知者也。

右西晋及十六国

[①] 作者自注：详前谱及大事记。

后魏起朔漠，始祖托【拓】跋力微南徙定襄，都盛乐，在今和林格尔厅北。猗㐌居参合陂，在今宁远厅东。猗卢受晋封代王，乃立两都，北都仍居盛乐，南都平城，则今大同也

谨案：盛乐故城，在今和林格尔厅北二十三里，名土城子。参合城即今宁远厅治，参合陂在厅东，汉雁门郡沃阳县之盐泽、疆阴县之诸闻泽也。又有参合陉，在厅西北五十里，和林格尔厅东八十里，俗名西沟门、石匣子，并详《府州厅县考》归绥道下。

猗㐌子贺傉徙都东木根山，在宁远厅北，或称勿根山；孙翳槐复都盛乐，至什翼犍即代王位于繁畤，亦徙都焉，而别筑新城于其南，亦曰云中

《方舆纪要》：东木根山在大同府北，《志》云五原有木根山，此山在河东，故曰东木根山；晋太宁二年，代王贺傉徙居之。魏主宏尝言，远祖世居北荒，平文皇帝始居东木根山。平文，郁律谥也。盖郁律亦都此，云或讹为勿根山。晋太元十四年，后燕慕容德等击代叛部，贺讷追至勿根山是也。

谨案：顾氏说，非也。郁律乃贺傉子，先立，甚得众心；桓帝猗㐌后恐不利于其子，乃害之而立贺傉，人情未顺，始徙都木根山。明明创筑之城，非因旧也。夫害其人、据其位、避其臣民之不顺者，万无反就其故城之理也。又况《郁律纪》曾无一字及木根山乎？魏主宏言其远祖，容有隐约不的之辞，不得便以为确据也。若其山，则归绥境内无可证实，当在察哈尔牧厂间矣。

又案：《魏书》序纪，烈帝筑新盛乐城于故城东南居之。昭成帝三年，移都于云中之盛乐宫；四年，筑盛乐城于故城南八里。《水经注》

引《魏土地记》曰：云中城东八十里，有盛乐城，今云中郡治一名石卢城；又曰，云中宫，在云中县故城东四十里。所言云中县为汉云中，即赵武灵所筑之城，自秦以来为郡者也。所言云中郡，为汉定襄，乃什翼犍所筑之城，道武置郡，其后为镇，又为朔州改云州者也。其适中四十里之云中宫，亦称云中太室，为道武原庙所在，亦或登国中所迁之云中也。盛乐本汉定襄郡治，东汉郡徙，始属云中；北魏置郡，遂名云中。史家便文，时而从古，则曰定襄盛乐；时而从今，则曰云中盛乐；犹诸帝皆葬金陵，《魏书》云：中金陵、盛乐金陵，亦无定辞也。然盛乐城亦实有三，力微始居定襄故城，翳槐筑新城于故城东南十里，至什翼犍又别筑城于故城南十里，今之上下二土城当为其遗基①。魏之先世，本为行国，诸帝奠都，从无世居，大概有所营建即谓之城，亦谓之宫。昭成即位于繁畤之北，亦即道武皇始元年所幸之繁畤宫也②。其地当在应州东北，《一统志》云在浑源州，与《水经注》不合③。

道武帝始改代为魏。天兴元年，自云中迁平城，为代都，亦曰代京，历明元、太武、文成、献文、孝文，皆都之。今之大同府，其司州代尹治也，视故都为偏东云

《方舆纪要》：道武帝自盛乐徙都平城，谓之代都，置代尹，始营宫室，建宗庙，立社稷。东至代郡，西及善无，南极阴馆，北尽参合，皆为畿内。《城邑考》：今城东五里无忧坡上有平城外郭，南北宛然，相传

---

① 作者自注：上土城在厅北十八里，其北五里为下土城，今黄水河径上土城北，与《水经注》"白渠水西北径成乐城北"、《魏土地记》"成乐城，今云中郡"合，故知为什翼犍所都。

② 作者自注：什翼犍时为质于石虎，翳槐卒，其弟孤自往襄国迎立之。故甫踰陉岭即践位，而道武亦自中山来幸也。

③ 作者自注：《水经注》，崞川水，西出山，谓之崞口，北流径繁畤故城西。崞川水，今之浑河，出山入应州界；浑源则在山内矣。

后魏时故址。旧志：魏筑平城，外郭周三十二里；又广西宫外垣，周二十里是也。

谨案：《水经注》：如浑水下记代郡略云，如浑水径北宫，又南分为二水，一水西出，南入苑中，径平城西郭，又至平城故县南，又南出郊郭；一水南径白登山西，服虔云白登，台名也，去平城七里，今平城东十七里有台，即白登台也；又南径平城县故城东，司州代尹治，皇都洛阳以为恒州，其水自北苑南出，历京城云云。考《魏书·帝纪》，皇始三年，起鹿苑，北距长城，东包白登，属之西山，广轮数十里，凿渠引水注之苑中。鹿苑，即注之北苑也。注引《魏土地记》，平城西二十里为武州塞口，今本讹二为三；又云平城东十七里有白登台，与今府治形势略符，而宫城则稍西。辽之西京约与相近，若唐置云州，则全在其西郭。故《寰宇记》云中县云，火山在县西五里，白登山在县东三十里。而魏之故都当时称为东城，《辽史》太祖与李克用会于东城，即注所谓司州代尹治、迁洛后以为恒州者也。

道武以秀容川封尔朱氏为世业，有今宁武府全境为北秀容。孝文赐爵梁郡公，其后遂居南秀容，则今岚县也

谨案：高祖赐尔朱代勤爵梁郡公，《寰宇记》在鄀阳北二十里，盖误。据《尔朱荣传》称，梁郡，肯岚之南山，则地在岚州，不在朔州也。羽健故封，传称环所居，割地三百里。记云，秀容川东北接恒州，南接肆州，西限大河，北接朔州，则确为今之宁武、岚、静地。盖其初封在偏、宁间，故称岚州为南秀容；后居新兴，又以今忻州为南秀容，而岚州为北秀容矣。详见《府州厅县考》。

高欢于魏末建大丞相府于晋阳，居之以为霸业

北齐置尚书省，谓之并省，建大明城，即晋阳宫城也。又分晋阳置

太原，即东城也。诸帝岁幸，皆即位于此，为别都

《北史·本纪》：东魏永熙元年，齐神武以晋阳四塞，乃建大丞相府而定居焉。《元和志》：府城，故老传晋并州刺史刘琨筑，今案城高四丈，周回二十七里，城中又有三城，其一曰大明城，即古晋阳城也，高齐于此置大明宫，因名大明城。姚最《序行记》：晋阳宫西南有小城，内有殿号大明宫，即此也。城高四丈，周回四里。又一城南面因大明城，西面连仓城，北面因州城，东魏孝静帝于此置晋阳宫，隋更名新城。又太原县本晋阳县地，高齐河清四年，自今州城中移县于汾水东。《隋书·地理志》：太原山川重复，实一都之会，本后齐别都，人物殷阜。

右后魏及北齐

唐高祖起义太原，故明皇置为北都，又改为北京，后仍为北都，而蒲州亦尝置为中都云

《元和志》：太原府，天授元年置北都；神龙元年，依旧为并州大都督府；开元十一年，元宗行幸此州，以王业所兴，又建北都，改并州为太原府，立起义堂碑以纪其事；天宝元年，改北都为北京。今太原有三城，府及晋阳县在西城，太原县在东城，汾水贯中城南流[①]。又，开元元年五月，改蒲州为河中府，仍置中都，丽正殿学士韩覃上疏陈其不可；六月，诏复停为州。乾元三年，又改为河中府；大历中，元载为相，又上建中都议，不省。

其藩镇世守者，则刘悟徙昭义军，节度有今潞、泽二府，辽、沁二

[①] 作者自注：案《方舆纪要》武后长寿元年，置北都，则在天授后矣，然当与改文水为武兴同时。又云，《唐书》至德初，命李光弼为北都留守史，盖因旧称书之，非是时又改京为都也，宝应初始复曰北都。

州，及直隶之顺德地，凡三世据潞州

《唐书·藩镇传》：泽、潞传三世而灭，有州五。又，刘悟杀李师道，拜义成节度使；穆宗立，徙昭义军①。卒，赠太尉，表其子从谏嗣。昭义自悟时治邢州，而人思上党，从谏还治潞。悟苛扰，从谏宽厚，故下益附，文宗待遇加等。见事柄不一，遂心轻朝廷，有骄色，因与朝廷猜贰。武宗立，兼太子太师。从子稹，从谏以为嗣。从谏死，诸将请如河朔故事，诏敕稹护丧还东都。稹不奉诏，有诏夺从谏、稹官，敕诸军进讨。于是河阳王茂元、河东刘沔、魏博何宏敬、成德王元逵、河中陈夷行讨之。稹乞降，帝怒诏，敢言罢兵者戮贼境上。大将郭谊与王协议，使董可武诱稹至北第斩首，悉取从谏子在襁褓者二十余，并从子积、匡、周等杀之，诛张谷等十一，族夷之。函稹首献京师，告庙社，帝御兴安门受之。稹初不意帝怒，即见讨及茂元录诏示稹，举族号恸，欲自归而愚懦不决云。自悟至稹三世，凡二十六年。

王重荣亦据河中三世，有今平阳、蒲二府及解、绛二州

《唐书·王重荣传》：重荣，并州祁人。父纵，太和末为河中骑将。重荣以父仕为列校，与兄重盈皆以武毅冠军擢河中牙将，更擢右署。多权诈，众所严惮，虽主师【帅】莫不下之，稍迁行军司马。黄巢陷长安，分兵略蒲。节度使李都乃臣贼，内惮重荣，表以自副。贼调取横数，使者百辈，坐传舍，益发兵，吏不堪命。重荣胁说都曰：我所诡谋纾难，以外援未至，今贼又收吾兵，则亡无日矣，请绝桥婴城自守。都曰：吾寡谋，不足绝之，祸且至，愿以节假公，遂奔。重荣乃悉驱出贼使斩之，遂主留后。贼使朱温、黄邺合攻重荣，重荣感励士众，大败

---

① 作者自注：《方舆纪要》注，先是，至德初置上党节度，寻曰泽潞节度，大历十年始有昭义之名。

之，贼弃粮仗四十余艘。即拜检校工部尚书，为节度使。选兵攻温，温惧，遂举同州降。重荣表为同华节度使，赐名全忠。巢怒甚，将精兵数万壁梁田。重荣攻之，贼大败，执其将赵璋，巢中流矢走，乃与李克用连和，平巢复京师，以功检校太尉、同中书门下平章事，封琅琊郡王，加太傅。神策军溃，天子走凤翔，襄王熅僭位。重荣斩熅，长安复平。部将常行儒引兵夜攻府，重荣出诘，且杀之，推立重盈。重盈入杀行儒，军复安。昭宗立，进太傅兼中书令，封琅琊郡王，父子兄弟相继帅守。重盈死军中，以其兄子珂继重荣，推为留后。珙与弟瑶争河中，珂急请婚于李克用。克用荐之天子，许嗣镇，克用以女妻之。全忠怨珂，谓其将张存敬曰：珂恃太原侮慢我，尔持一绳缚之。珂乞师太原，不能进，全忠至自洛。全忠，王出也，始事重荣，约为舅甥，德其全，已指日月曰：我得志，凡氏王者，皆事之。至是，忘誓言，过重荣墓，伪哭而祭。珂出迎，握手泣下，居旬日，举珂室徙于汴，后遣人贼之于华州。自重荣传珂，凡二十年。

案：河中固为蒲州，而李茂贞等三镇攻珂时，克用拔绛州，斩王瑶以救珂，据知其有绛州矣。朱全忠遣张存敬攻珂，由含山袭，绛州、晋州皆降，以何戍之？晋州，今平阳府，据知其有平阳矣。平阳、绛既皆在管内，则解州可知矣。况尔时解未设州，本属河中耶①？王氏地大如此，故能降朱温、平黄巢，若能矢忠不移，因何至于灭乎？

李克用封晋王，都太原，其子庄宗嗣王称帝，亦皆于此，及灭梁，徙都汴而太原仍为西京，又为北都

《五代史记·本纪》：唐乾宁元年，昭宗慰劳克用，拜忠正平难功臣，封晋王。又，天佑五年正月，存勖即位于太原。又，同光元年四

---

① 作者自注：解州设于后汉乾祐元年，本系割河中府三县所立。

月，即帝位，改元，国号唐，以太原为西京；十月，灭梁，都汴，太原复为北都。

石晋受命亦在太原，仍置留守，以为北京

《五代史记·晋高祖本纪》：天福元年十一月，筑坛于晋阳城南，即皇帝位[①]。

刘汉，太原既为故里，又龙兴之地，故仍置北京

《五代史记·汉高祖本纪》：开运四年二月，即皇帝位于太原；五月甲午，以太原尹刘崇为北京留守；丙申，如东京。

北汉遥承兄绪，传国三世，有十州之地，仍都太原

《十国春秋·北汉世祖本纪》：崇遣牙将李鋋奉书于周太祖，求子赟归太原。知赟不得归，始有自立意。乾祐四年二月戊寅，即位于晋阳，仍用乾祐年号。所有者，并、汾、忻、代、岚、宪、隆、沁、辽、麟、石诸州之地[②]。

右唐及五代

辽以云州为西京，金因之，并在今大同府

《辽史·地理志》：西京大同府，重熙十三年升，城周二十里，东门

[①] 作者自注：案：石晋无置北京明文，而出帝有"北京留守刘知远进百头穹庐"之文，则太原仍为北京可知矣。

[②] 作者自注：吴氏任臣案：《通鉴》则崇所有者，并、汾、忻、代、岚、宪、隆、蔚、辽、沁、麟十二州之地。《欧史·职方考》（即欧阳修《新五代史·职方考》——点校者）则云，自太原以北十州，为东汉而无蔚、隆二州之名。要而论之，晋高祖割山前七州、山后九州岛以畀契丹，而蔚州实在其中，则《通鉴》以蔚州为北汉有者，误也。隆州乃北汉所置，详载《地理表》中，今列其名以补《欧史》之阙。

曰迎春，南曰朝阳，西曰定西，北曰拱极。元魏宫垣，占城之北面，双阙尚在焉。《金史·地理志》：大同府西京留守司，大定五年，名其门，南曰奉天，东曰宣仁，西曰阜成。

金末建九公府，以保河朔，皆有封地，在山西者三。虽军旅崎岖，居无定所，事宜附见：郭文振，晋阳公，有今太原、宁武、辽州及寿阳、乐平二县；胡天作，平阳公，有今平阳、隰二属及绛州属之垣曲、绛二县；完颜开，上党公，有今潞、泽二府及沁州属

《金史·郭文振传》：兴定元年，招降太原东山二百余村，得壮士七千人。奏秋高直取太原，河东可复。诏许之。又诏升乐平县为皋州，寿阳县西张寨为晋州，从文振之请也。是岁，封晋阳公，河东北路皆隶焉。《胡天作传》[1]：兴定四年，封平阳公，以平阳、晋安府隰州隶焉。天作请以晋安府之翼城县为翼州，以垣曲、绛县隶之，置平水县于汾水西，朝廷皆从之[2]。《张开传》：赐姓完颜氏，兴定三年，充潞州招抚使、林州元帅府；十月以权昭义军节度使、权元帅左都监，与郭文振共复太原；四年，封上党公。

谨案：金代封建之事，发于贞祐四年右司谏术甲直敦。其时尚未甚急，而直敦即请以封建保河朔，可谓先见矣。尚书省顾寝其议，至兴定三年，太原不守，河东州县不能自立，诏百官议之，乃复参用移剌光祖、石抹穆、完颜伯嘉之议，而封九公焉。惜乎知之已晚，而亦未尽得其人，故卒不能保河朔也。晋地归三人辖，惟平定归恒山府云。

元太祖长子术赤别食平阳，封次子茶合台别食太原，封其后诸王居

---

[1] 作者自注：或作天祚。
[2] 作者自注：案：本传天作诛死后，宣宗以同知平阳府事史咏权行平阳公府事，徙其军于河中府。

太原者，有阿只吉，平阳诸王有国襄陵及潞州者

旧通志：术赤大王，太祖长子，太宗八年拨平阳四万一千三百二户；十年，增正定晋州一万户；至元五年，始给之①。荼合台大王，太祖次子，太宗八年拨太原四万七千三百三十户；十年，增正定深州一万户，延祐六年实有一万七千二百一十一户，丝六千八百三十八斤②。

《长治县志》：府学有宋渤潞州学田记石刻云，至元二十八年，藩王小薛分牧上党，学田籍牧间，守吏以白王，王召学正程世文下教书异之。

麻革《襄陵修学记》：天朝开国，裂土以建同姓，震宫得河东道，仍割州之吉邑之襄陵、潞城畀嗣王，治襄陵。选年德茂者八何赤统其事，八何赤译言为人师者③。

谨案：《元史》简略，术赤仅其子拔都一人附见其封国及平阳分地，犹约言之察合台，则并太原封地不详矣。考太宗八年丙申，置平阳经籍所，麻革尝与编集记，则作于甲寅，为宪宗四年所言，即此十数年中事，特未知嗣王为即拔都，抑其弟行子侄也。旧志及史但载其食户及岁赐之数，为世祖以后之制，其就封则无明文。如记所云，诚有裨掌故矣。

余若顺宁王阿沙不花，食邑天城；赵工不鲁纳食邑德宁，又岚、管、临三州，并居诸王功臣。塔察儿以云中郡公，世镇闻喜，亦皆实封也

《元史·列传》：阿沙不花，康里国王族也。入侍世祖，世祖赐土

---

① 作者自注：《元史》：术赤，国初以亲王分封西北，其地极远，去京师数万里，驿骑急行二百余日，方达京师。以故其地郡邑风俗皆莫得而详，其位下，旧赐平阳、晋州、永州，分地岁赋中统钞二千四百锭，自至元乙卯岁始给之。

② 作者自注：《元史·成宗纪》：元贞元年，平阳民欣【诉】诸王小薛曲列失伯部横恣，遣官鞫之；大德元年，以诸王阿只吉驻太原，民困于供亿，诏诘问之。

③ 作者自注：《元史》：术赤子拔都，太宗时率皇子征西番有功；定宗崩，三岁无君，众未知所立，拔都独推戴宪宗，诸王大臣共议，乃定。

田、给奴隶，使居兴和之天城。塔察儿，博尔忽从孙也，太宗伐金，从师授行省兵马都元帅，下河东诸州郡。

《元史·本纪》：天历二年，岚、管、临三州所居诸王八剌马、忽都火者等部曲乘乱为寇，遣宗正府官往督有司捕治之。至顺二年，赵王不鲁纳食邑沙静、德宁等处蒙古部民饥，命河东宣慰发仓振之。

《闻喜县志》：塔察儿墓在东镇西峪，神道碑为孛术鲁翀撰，题曰：元昭毅大将军、云中郡公、谥襄懋忽神公之墓。又东镇八撒儿遗爱碑，张希良撰，皆称塔察儿统兵驻闻喜东镇，子孙袭居，其曾孙名伯里合不华。史只言其下河东、拔河中、屯河上，不知其世镇闻喜，且并其云中郡公之封，襄懋之谥皆略而不书。旧志既误以为名懋忽，又讹懋为茂。旧通志则曰，云中侯茂忽神，不知忽神者，其氏，史作许慎兀氏，又作旭申氏，今国语解作学顺氏。八撒儿者，万户府名，国语解作巴咟尔，则其世袭统军之职也①。

谨案：《元史》称，国初所下州县皆以分赐功臣，今可考者，仅此数事。又，《食货志》载有勋臣拨户云：搭丑万户，定宗二年，拨平阳一千一百户；伯八千户，宪宗七年，拨太原一千一百户；塔察儿官人，太宗八年，拨平阳二百户；猱虎官人，宪宗七年，拨平阳一千户；按察儿官人，定宗二年，拨太原五百户；按滩官人，中统元年，平阳户七百五十一；黄兀儿塔海，太宗八年，拨平阳一百四十四户；按札儿拓跋氏，太宗七年，赐平阳户六百一十有四，驱户三十，猎户四。以其中搭【塔】察儿例之子孙必皆有分县，世食租税，而自《闻喜（县）志》外，无一详者矣。

---

① 作者自注：原案云，钱大昕《元史·氏族表》载，塔察儿子二人，孙四人，其封平阳郡公侯者二人，一密察儿，一即伯里阁不花，即谥襄懋，不知钱氏误以祖谥注孙名下耶？抑墓即其孙，而碑尚蒙祖号称之耶？且碑系至正五年立，恐即伯里阁不花之碑耳。

明太祖建藩，诸子皆令就国。㭎封晋王，都太原；桂封代王，都大同；模封沈王，都潞安

其以支庶分封者，晋藩二十五王，别城者二；代藩二十五王，别城者十；沈藩二十六王，皆居潞

《明史·诸王表》：晋恭王子庆成王、永和王别城汾州。代简王子山阴王、襄垣王别城蒲州，灵邱王别城绛州，宣宁王、隰川王别城泽州；又，隐王子定安王别城忻州，惠王子乐昌王别城朔州①。

右辽金元明

---

① 作者自注：已详《爵封谱》。

附录一

杨深秀传[①]

杨君字漪村，又号眘眘子，山西闻喜县人也。少颖敏，十二岁录为县学附生。博学强记，自十三经、史、汉、通鉴、管、荀、庄、墨、老、列、韩、吕诸子，乃至《说文》《玉篇》《水经注》，旁及佛典，皆能举其辞，又能钩玄提要，独有心得，考据宏博，而能讲宋明义理之学。以气节自厉，岩峣独出，为山西儒宗。其为举人，负士林重望。光绪八年，张公之洞巡抚山西，创令德堂教全省士以经史考据词章义理之学，特聘君为院长，以矜式多士。光绪十五年成进士，授刑部主事，累迁郎中。光绪二十三年十二月，授山东道监察御史。二十四年正月，俄人胁割旅顺大连湾。君始入台，第一疏即极言地球大势，请联英、日以拒俄，词甚切直。时都中人士，皆知君深于旧学，而不知其达时务，至是共惊服之。君与康君广仁交最厚，康君专持废八股为救中国第一事，日夜谋此举。四月初间，君乃先抗疏请更文体，凡试事仍以四书五经命题，而篇中当纵论时事，不得仍破承八股之式。盖八股之弊积之千年，恐未能一旦遽扫，故以渐而进也。疏上，奉旨交部臣议行，时皇上锐意维新，而守旧大臣盈廷，竞思阻挠。君谓国是不定，则人心不知向，如

[①] 本文辑自梁启超《戊戌政变记》，中华书局，民国三十年（1941）版，参照《戊戌政变记（外一种）》（上海古籍出版社2014年）版本进行点校。梁启超作为戊戌变法的参与者，知晓一些他人所不知的杨深秀的轶事，故收录其所作此文为附录，以期读者对杨深秀有一个较为全面的认识。

泛舟中流而不知所济。乃与徐公致靖先后上疏，请定国是，至四月二十三日，国是之诏遂下，天下志士喁喁向风矣。初请更文体之疏，既交部议，而礼部尚书许应骙庸谬昏横，辄欲驳斥；又于经济科一事，多为阻挠。时八股尚未废，许自恃为礼部长官，专务遏抑斯举。君于是与御史宋伯鲁合疏劾之，有诏命许应骙自陈。于是旧党始恶君，力与为难矣。御史文悌者，满洲人也。以满人久居内城，知宫中事最悉，颇愤西后之专横，经胶旅后，虑国危，闻君门下有某人者，抚北方豪士千数百人，适同侍祠，竟夕语君宫中隐事，皆西后淫乐之事也。既而曰："君知长麟去官之故乎？长麟以上名虽亲政，实则受制于后，请上独揽大权。"曰："西后于穆宗则为生母，于皇上则为先帝之遗妾耳。天子无以妾母为母者，其言可谓独得大义矣。"君然之。文又曰："吾奉命查宗人府囚，见澎贝勒仅一裤蔽体，上身无衣，时方正月祁寒，拥炉战栗，吾怜之，赏钱十千，西后之刻虐皇孙如此，盖为上示戒，故上见后辄颤。此与唐武氏何异？"因慷慨诵徐敬业《讨武氏檄》"燕啄王孙"四语，目眦欲裂。君美其忠诚，乃告君曰："吾少尝慕游侠能踰墙，抚有昆仑奴甚多，若有志士相助，可一举成大业，闻君门下多识豪杰，能觅其人以救国乎？"君壮其言而虑其难。时文数访康先生，一切奏章，皆请先生代草之，甚密。君告先生以文有此意，恐事难成，先生见文则诘之。文色变，虑君之泄漏而败事也，日腾谤于朝以求自解，犹虑不免，乃露章劾君与彼有不可告人之言。以先生开保国会，为守旧大众所恶，因附会劾之，以媚于众。政变后之伪谕，为康先生谋围颐和园，实自文悌起也。文悌疏既上，皇上非惟不罪宋杨，且责文之诬罔，令还原衙门行走。于是君益感激天知，誓死以报，连上书请设译书局译日本书，请派亲王、贝勒、宗室游历各国，遣学生留学日本，皆蒙采纳施行。又请上面试京朝官，日轮二十八人，择通才召见试用，而罢其老庸愚不通时务者。于是朝士大怨。然三月以来，台谏之中，毗赞新政者，惟君之功为最多。

湖南巡抚陈宝箴力行新政，为疆臣之冠，而湖南守旧党与之为难，交章弹劾之，其诬词不可听闻。君独抗疏为剖辨，于是奉旨奖励陈而严责旧党。湖南浮议稍息，陈乃得复行其志。至八月初六日垂帘之伪命既下，党案已发，京师人人惊悚，志士或捕或匿，奸焰昌披，莫敢撄其锋。君独抗疏诘问皇上被废之故，援引大义，切陈国难，请西后撤帘归政，遂就缚。狱中有诗十数章，怆怀圣君，睠念外患，忠气之诚，溢于言表。论者以为虽前明方正学杨椒山之烈不是过也。君持躬廉正，取与之间虽一介不苟，官御史时家赤贫，衣食或不继，时惟庸诗文以自给，不稍改其初。居京师二十年，恶衣菲食敝车羸马，坚苦刻厉，高节绝伦，盖有古君子之风焉。子钹田，字米裳，举人，能世其学，通天算格致，厉节笃行，有父风。

  论曰：漪村先生可谓义形于色矣。彼逆后贼臣，包藏祸心，蓄志既久，先生岂不知之？垂帘之诏既下，祸变已成，非空言所能补救，先生岂不知之？而乃入虎穴，蹈虎尾，抗疏谔谔，为请撤帘之迂论，斯岂非孔子所谓愚不可及者耶？八月初六之变，天地反常，日月异色，内外大小臣僚以数万计，下心低首，忍气吞声，无一敢怒之而敢言之者，而先生乃从容慷慨，以明大义于天下，宁不知其无益哉？以为凡有血气者固不可不尔也。呜呼！荆卿虽醢，暴嬴之魄已寒；敬业虽夷，牝朝之数随尽。仁人君子之立言行事，岂计成败乎？岂计成败乎？漪村先生可谓义形于色矣。

附录二

杨深秀传[1]

杨深秀，字仪村，本名毓秀，山西闻喜人。少颖敏，谙中西算术。同治初，以举人入赀，为刑部员外郎。假归，值晋大饥，阎敬铭衔命筹赈，深秀条上改革差徭法，困少苏。光绪十五年，成进士，就本官迁郎中，转御史。尝言："时势危迫，不革旧无以图新，不变法无以图存。"

二十四年，俄人胁割旅顺、大连湾，深秀力请联英、日拒之，词甚切直。时朝廷锐意行新政，而大臣恒多异议。深秀乃与徐致靖先后疏请定国是，又以取士之法未善，请参酌宋、元、明旧制，厘正文体。下其议于礼部，尚书许应骙心非之，未奏也；会议经济特科务减额，于是深秀合宋伯鲁弹其阻挠。上令应骙自陈，奏上，劾康有为夤缘要津，请罢斥，词连深秀，上不之诘也。御史文悌劾深秀传布有为所立保国会，并暴有为交通内外状，德宗责以代人报复，反获咎。深秀益感奋，连上书请设译书局，派王公游历各国，并定游学日本章程，皆报可。又请试庶官，日番二十人，料简贞实，而汰其庸愚罢老不谙时务者，由是廷臣益侧目。湖南巡抚陈宝箴图治甚急，中蜚语，深秀为剖辨之，上以特旨褒宝箴，宝箴乃得行其志。

八月，政变。举朝惴惴，惧大诛至，独深秀抗疏请太后归政。方疏

---

[1] 本文辑自《清史稿》卷四百六十四，本文以中华书局1977年版为底本进行点校，标题自拟。

未上时，其子黻田苦口谏止，深秀厉声叱之退。俄被逮，论弃市。

深秀性鲠直，尝面折人过，以此丛忌。官台谏十阅月，封事二十余，上稿不具存，惟狱中诗三章流传于世。著有《虚声堂稿》《闻喜县新志》①。

---

① 此即杨深秀所作《闻喜县志》中《志斠》《志补》《志续》，见本集下卷方志辑文。

附录三

杨深秀传[①]

　　杨深秀，字漪村，山西闻喜人。光绪己丑进士，勇敢负气，好读僻书，尤精金石、谱牒之学。张之洞巡抚山西，闻其名，聘为令德堂山长。康有为初入京，与相见即褒奖不置，称为西北一人。戊戌三月，疏言经文之体肇自宋代，宋人之文传于今日者，如王安石、苏洵、苏辙、陆九渊、陈傅良、文天祥诸大家，类皆发明经意，自抒伟论，初无代古人语气之谬说，亦无一定格式之陋习。明世沿习既久，防弊日周，于是创为代圣贤立言之说，谓不得用秦汉以后之书述当时之事。夺微言大义之统，为衣冠优孟之容，风俗之坏，实自兹始。中叶以后始盛行四股、六股、八股破承起讲之格，虽名为说经之文，实则本之唐人诗赋，专讲排偶声调。如宋元调曲，但求按谱填词，而荒词谰言、骈拇枝指又加甚焉。请特下明诏，斟酌宋元明旧制，厘正文体，凡各试官命题，必须章一节一句，语气完足。其制艺体裁，一仿宋人经义、明人大结之意，先疏证传记以释经旨，次博引子史以征蕴蓄，次发挥时事以觇学识，不拘格式，不限字数。其有仍用八股庸滥之格、讲章陈腐之言者，摈勿录。其有仍用八股口气，托于代圣贤立言之谬说者，以僭妄诬罔、非圣

[①] 本文辑自胡思敬所作《杨深秀传》，闵尔昌纂录《碑传集补》（第十卷），收入周骏富辑《清代传记丛刊》，明文书局1985年。本集即以此版本为底本进行了校对，从此文中可以看到对杨深秀一定的负面评价，与"维新党人"康梁等对杨深秀的评价颇为不同。

无法论。当时虽格于部议不行，其后天子毅然诏废制艺，实自此疏发之。上海设译书局，遣派学生出洋，皆采用其言。深秀尝与文悌值宿斋宫，尽闻宫中隐事，夜半奋髯，起曰：八旗宗室中，如有徐敬业其人，我则为骆丞矣。或以韬晦戒之，则曰：本朝气数已一息奄奄待尽，尚能诛谏官乎？其狂肆如此。宋伯鲁与杨深秀同官山东道监察御史，同以百口保康有为。党祸兴，伯鲁遁去，深秀犹上疏诘有为罪名，请太后撤帘归政，遂被逮戮，死西市。

附录四

侍御杨仪村先生事略①

先生讳深秀，字漪春，又字蟻村，一字月存，一字仪村，号眘眘子，闻喜人，故居县北仪章村。八岁父母卒，育于从伯父崇炘。少聪颖，读书数行下。十二岁能诗赋及画，应童试，为彭学使瑞毓所激赏，取入学，赐手书小楷以勖之。先生益自奋于朴学，不专攻应举文字。同治庚午乡试举第三，先生时年二十二岁。明年入都时，寿阳相国祁文端既殁，京官中惟荣河寻给练鎏炜、寿阳阎户部汝弼尚抱残守缺，以朴学相尚。先生为寻氏赋齐镈钟诗，一时才名噪辇下。先生意不屑也，独从阎户部问业，究汉人治学家法，学益大进。于是九经三传外，若《史记》《汉书》《通鉴》、管、荀、庄、墨、老、列、韩、吕、诸子以及《说文解字》《玉篇》《广韵》《水经注》、释氏经论均能举其辞达其旨，

---

① 此文辑自常赞春纂《山西献征》卷四《忠义》，山西省文献委员会民国二十五年（1936）审印。题名保留原题，行文字词均保留原貌，标点及段落为编者所校。常赞春（1872—1941），字子襄，号柞闲吟盦，山西榆次人。近代山西著名教育家、国学家、文学家、书法家。他光绪二十八年（1902）中举，宣统元年（1909）考入京师大学堂，师从林纾等经学大家，1917年受聘于山西大学为文科教授，次年授国会众议院议员。著有：《常子襄国学文编》《山西献征》《榆次县志》《常氏家乘》等。据文中所述可知，民国三年（1914）时，山西省奉令具文记录杨深秀之事迹，遂有此文。常赞春的生活年代与杨深秀颇有重合，可算作是同时代人，且其师林纾本主张维新、忠于光绪帝，因而对维新志士多有了解。常赞春身为山西当地人有机会接触当时人，了解情况较为详细，且此文作于民国时期，离清末较近，评价亦相对客观，故可信度较高，史料价值较大。后侯伍杰编《山西历代纪事本末》（商务印书馆1999年）中《杨深秀在山西》一文，即以此为重要史料阐述其学术及执教状况，后学界有关杨深秀之研究，多本侯著之论。

或以考据通其结轖。晋士谈文学者，咸首推先生。先生家素封，又以京师人海，师友切磋其益无方，遂报捐京曹，以员外郎分刑部。趋公之余不废学问及吟咏，奴子辈或肆绐欺，不计也。

光绪八年，张文襄之洞抚山西，与王学使仁堪议，仿浙诂经精舍、粤学海堂例，设令德堂，课晋高才生。时先生膺通志局之聘，又主太原崇修书院讲席。重以令德堂协讲聘，其总校为洪洞王先生轩，襄校为乡宁杨先生笃，先生与赵城张先生于铸同襄校。间日讲肆，先生讲《尚书》，主今文家言，极高谈雄辩之概。诸生课余请业，均竟委穷源，循循无倦。士有学术特长者，先生恒乐与晋接，如曲沃仇懋候【侯】汝嘉、苏康候【侯】晋，夏县周康候【侯】晋，安邑武养斋育元，平定黄小松承恩，均以文学名，先生昵就之。至曲沃卫庄游天鹏、盂县吴赓琴锡钊素负狂妄名，先生亦昕夕畅聚。顾独于迷溺时文者，诋諆不容口，故俗儒以是为口实。

先生故精畴人术，分纂《山西通志》时创筹算新法，又为天尺球诸图，均较旧法加精密，及是成《星度谱》二卷、《古迹考》八卷。十五年己丑成进士，群以魁选翰苑现期许。先生亦自视不随俗委蛇，殿试日大抒凤抱，策文特鸿博翔实。时恭忠亲王监试，见先生凝思搁笔，促之。先生瞠目上试，不之理，触王怒，须臾饬撤卷。先生时尚有数行未毕，径交卷，急趋出，实则卷未交者尚夥也。榜发，置先生于末。先生向供职刑部，及是，陈明以原职用。未几，补郎中，寻授山东道监察御史。

光绪二十四年，俄人胁割旅顺、大连湾。先生首疏即极言地球大势，请联英日以拒俄，词甚切直。疏出，都下明达之士相与传钞。其夏，先生复抗疏请更文体。时清德宗锐意维新，览奏，交部议行。先生又以国家变法之初，非示有定程，徒滋纷扰，于是疏请定国是，徐侍读致靖亦有陈请。于是四月二十三日国是诏下，而志士之称变法策新政者遂争鸣所见焉。先生既喜抱负之得行，而陕西宋御史伯鲁尤同年同志，合疏言事为最多。时满御史文悌者颇好言事，其疏稿多请康工部有为为属草，又目击孝钦后专横状，窃愤愤。知先生所交有大侠王五，其徒数千人，皆北方豪士。于是乘侍祠时，颇以内事语先生且求助，语颇激。先生感其诚且恐其事难成也，尝言诸康有为，康旋诘文，文虑先生之泄而召祸，遂露章劾先生及宋伯鲁，且连康有为。当奉严旨诘责，不问弹劾事。先生于是深感主知，益务进言，如设译书局、请派亲王贝勒宗室游历各国、遣学生留学外国、轮日面试京官择用通才罢不职者，均经采纳施行。湖南巡抚陈宝箴力行新政，为乡绅所讦，先生独抗疏力辩，实则先生与陈非素交也。时以新政故，一切旧臣多失职，怨望者潜构于孝钦后。先生门下多有为先生危者，劝先生且敛抑毋触祸，先生慨谢之。八月初六，孝钦后复垂帘听政，且严捕康有为及其党。先生更抗疏诘问其故，并称皇帝健康，请太后归政，于是逮捕下狱。及十二日，命刑部翌日讯鞫。十三日则亟命毋庸讯鞫，缚赴市曹处斩。先生时年五十岁，与先生同死者为湖南谭嗣同、四川杨锐、刘光第，福建林旭，广东康广仁。先生赴义时仰天微笑点首。又狱中作七律三章，词极温厚和平，且怆怀圣君、惓念外患，论者拟以明方正学杨椒山云。

　　先生治经主今文，最嗜公羊学。书法遒厚，得李北海法。画山水有王麓台意，且画马诗苍莽自喜，论者比诸袁京卿昶。然自成进士后，家日落。乡人在京虽多巨商，先生但年节一往以敦乡谊，衣食或不继，无丝毫乞贷，惟鬻诗文书画以自给，敝车羸马恶衣菲食，有寒士所难堪者，先生则处之泰然。所著说经考史及演算诸草均散佚，惟《雪虚声堂诗钞》三卷付刻。先生自以为少作不甚可存，然幸存者惟此也。

　　身后藁葬京中，宣统二年，诏先朝党事被祸诸臣听归葬，于是太平刘观察笃敬厚赗归葬于乡。民国三年，令山西省长官具先生事状付史馆且优邮，同乡更议为先生建祠，事未举，先奉其主于闻喜会馆焉。

附录五

杨深秀传[1]

杨深秀，号仪村，原名毓秀，字恬愠。景帝立，以字嫌御名，废字，因改名。敏而好古，遇未见书必多方购求，或假借不得，读不释也。喜论古今，辨难风起，终日不倦，无可与论，则寝食不释卷。晚年尝言："一日无新书，心即忡怔。"故释典、道藏、术艺，以及小说无不读，尤精历算。间画山水，气势雄厚。

幼负过目不忘誉，年十二入县学，科试冠军，食饩。旋以第三人举于乡，屡不第，纳赀为郎，分刑部。光绪戊寅，假归里。值大饥后，丁减其半，土尽荒。邑当川陕之冲，差徭繁重。旧分四坊二十里，坊十甲，里九甲，甲置首，司催征，岁久而粮户散迁四境。里甲又非村庄名，但著之籍，众互称某村人，无称里甲者。故充甲首者，寻访易漏，恒赔累倾家。又，分甲值年以供徭役，值年之甲，其担负每三四倍于正粮。时朝邑阎文介敬铭奉命筹赈兼善后，深秀乃趋谒条陈，请革其弊。文介即命清厘差徭，因改为正粮一两征钱二百，举绅经理，民甚便之。旋即奏请通行，定名清徭局。征粮之弊，文介难之，嘱以待后，至民国元年，子坡田任本县知事，于是撤散里甲，反复核校，凡阅六月，然后村置一簿，粮归村收，甲首之役始免，其志固终遂矣。

---

[1] 余宝滋修，杨坡田纂《（民国）闻喜县志》，《中国地方志集成》（第60册），凤凰出版社2005年，第515—516页。本集以此为底本录入，题目自拟。杨坡田为杨深秀之长子，在杨深秀生命的最后时期一直随侍左右，知晓许多他人所不知之秘事，有较高的史料价值。

次年纂修本县志，书成，聘修《山西通志》，居太原。九年，兼主讲崇修书院、令德堂，以经义诂训为本，而兼重词章。一时留并诸生皆勉求。博闻强记，其诗古文辞皆蔚然可观。人材之盛，乃百余年所未有。光绪己丑第进士三甲，以原官即用，旋补刑部江西司员外郎，转山东道监察御史。尝言："作言官当审时，圣明之世，庶政举贤才进，言官当以弹劾不肖为天职，去一不肖则进一贤才，裨益多矣；叔季之世，言官但言事耳，无须劾人，去一恶人，来者加厉，何益乎？革一弊，兴一利，国与名并受福矣，何必不为鸾凤而为鹰鹯乎？"

尝愤甲午之耻而无由申，既获言职，遂以澄清天下为己任。见康有为志趋略同，因定交。屡上变法之奏，如定国是、联友邦、废科举、兴学校、考庶官、举人才诸大政，皆倡议以为天下先，景帝胥采纳之。戊戌八月，太后劫景帝，复训政，十三日遇害。

深秀性鲠直而热诚，朋友急难，恒忘身顾之。尝于拮据时索别业寄银，银至适有山东友来言已数日不举火，原封付之。而好面折人非，论学问一字不假借。贤者多敬畏之，不肖者皆貌恭而心忌之。刚毅任晋抚时，往来颇稔。及授大学士，偏拜山西京官，独不往贺，又不答拜，曰："本朝不许言官与宰臣往来，吾守法也。"先是，有内廷总管白姓者，投刺告门者曰："吾与主人有乡谊，慕名请见，如有所图，吾能为力刺。"入谢不见，曰："内监例不得交汉官，吾岂假宦者汲引乎？"招忌敛怨，皆此类也。

是年，值会试，子钺田侍京，因疡生于颊就医友寓。八月初九日午前，至友寓谕钺田曰："连日探信，知上已被囚，四新参皆不得见，未省作何计划，今惟有往南苑招董军耳。吾今即拟亲往，动以忠义，俾救主上，上反正，则新政大行；不成，彼不过缚送我耳。"钺田微劝，厉声叱之。方出门，有寓邻来告，缇骑已至寓。顿足曰："昨晚始得确耗，迟一日，事不可为矣。"又返坐，训钺田以大节数语，又与友人谈笑，少顷从容返寓就逮。狱壁钞出遗诗三章，辞曰：

久拼生死一毛轻，臣罪偏由积毁成。
自晓龙逢非俊物，何尝虎会敢徒行。
圣人安有胸中气，下士空思身后名。
缧绁到今终不怨，未知谁复请长缨。

长鲸跋浪势凭陵，靖海奇谋愧未承。
每耻汉边多下策，尚思殷武有中兴。
孤臣顿作隍中鹿，酷吏终羞殿上鹰。
平日敢言成底事，覆盆秋水已成冰。

自信清操不受污，①孤忠毕竟待天扶。
丝纶阁下千言尽，车盖亭边一字无。
经授都中愧盲杜，诗成狱底学髯苏。
朝来鹊喜频频送，尚忆墙东早晚乌。

著有闻喜县《志斠》《志补》《志续》十二卷，《雪虚声堂诗钞》三卷，《仪村奏稿》一卷，《仪村文稿拾遗》一卷。子三：鈹田、墨田、弧田。鈹田，清举人，咨议局议员，民国任本县知事；孙去尘，清附生，山西大学豫科毕业，举人，拣选一等，以知县用，民国本县县视学，候补众议院议员。去壅，去塞。墨田，清生员，举宣统制科，分省县丞，民国本县警务长；孙去域，肄业中学；去坡。弧田，廪生，工画，尤善小篆，卒于清末；孙去垢、去坷，俱毕业大学。

---

① 作者自注：缺七字，上七字报纸所补。

附录六

杨深秀(一八四九——一八九八)[①]

杨深秀,字漪村,本名毓秀,又号蛰蛰子,山西闻喜人。同治初,以举人入赀为刑部员外郎。光绪十五年,成进士,授刑部主事,累迁郎中。二十三年冬,授山东道监察御史。

[①] 本文辑自汤志钧编《戊戌变法人物传稿》,收入周骏富辑《清代传记丛刊》,明文书局1985年。本集即以此版本为底本进行收录。此文中诗句有部分字词与他处记载有所不同,因已在本集上卷中予以说明,此处不再赘述。此文对戊戌变法期间杨深秀上疏议政有详细论述。